EDMUND HUSSERL

Ding und Raum

Vorlesungen 1907

Herausgegeben von

KARL-HEINZ HAHNENGRESS

und

SMAIL RAPIC

mit einer Einleitung von

Smail Rapic

Text nach Husserliana, Band XVI

FELIX MEINER VERLAG
HAMBURG

PHILOSOPHISCHE BIBLIOTHEK BAND 437

CIP-Kurztitelaufnahme der Deutschen Bibliothek

Husserl, Edmund:
Ding und Raum : Vorlesungen 1907 / Edmund Husserl. Hrsg. von Karl-Heinz Hahnengress und Smail Rapic. Mit einer Einl. von Smail Rapic. – Hamburg : Meiner, 1991
(Philosophische Bibliothek ; Bd. 437)
ISBN 3-7873-1013-4
NE: GT

 Satz: Satz-Offizin Hümmer, Waldbüttelbrunn. Druck: W. Carstens, Schneverdingen. Gedruckt auf alterungsbeständigem, säurefreiem Werkdruckpapier. Einbandgestaltung: Jens Peter Mardersteig. Buchbinderische Verarbeitung: Lüderitz & Bauer, Berlin. Printed in Germany.

INHALT

Einleitung. Von Smail Rapic XI
Editorische Notiz LXXIX
Bibliographische Hinweise LXXXI

Edmund Husserl
Ding und Raum. Vorlesungen 1907

EINLEITUNG
§ 1. Die Welt der natürlichen Erfahrung und der wissenschaftlichen Theorie 3

1. ABSCHNITT
DIE GRUNDLAGEN EINER PHÄNOMENOLOGISCHEN THEORIE DER WAHRNEHMUNG

1. Kapitel
Grundbestimmungen der äußeren Wahrnehmung

§ 2. Einschränkung des Forschungsgebietes. Der Vorbegriff der äußeren Wahrnehmung 8
§ 3. Wesenserkenntnis der Wahrnehmung im Ausgang von phantasierten Wahrnehmungen 11
§ 4. Intentionalität als Wesensbestimmung der Wahrnehmung 14
§ 5. Leibhaftigkeit und Glaubhaftigkeit. Perzeption und Stellungnahme. 15
§ 6. Aussagen über Wahrnehmungen und Aussagen über Wahrnehmungsgegenstände. Reelle und intentionale Bestandteile der Wahrnehmung 17
§ 7. Vordeutung auf die Methode der weiteren Untersuchung 19

2. Kapitel
Die methodische Möglichkeit der Wahrnehmungsanalyse

§ 8. Die absolute Gegebenheit der Wahrnehmung in der phänomenologischen Reflexion. Erweiterung des Begriffs der Wahrnehmung. 21
§ 9. Selbststellende und darstellende Wahrnehmungen. Untrennbarkeit von Perzeption und Glaube in der selbststellenden Wahrnehmung 23

§ 10. Identitäts- und Unterschiedsbewußtsein in der darstellenden Wahrnehmung 25
§ 11. Auflösung einer Schwierigkeit: Auch intentionale Bestandteile der Wahrnehmung in der Weise der Selbststellung gegeben 30
§ 12. Das Verhältnis von Teil und Ganzem in der darstellenden Wahrnehmung. Partiale und totale Identifizierung . . . 33
§ 13. Abweisung eines Mißverständnisses: Gliederung des gebenden Bewußtseins nicht Gliederung des Gegenstandes . . . 37

II. Abschnitt

Analyse der unveränderten äusseren Wahrnehmung

3. Kapitel
Die Elemente der Wahrnehmungskorrelation

§ 14. Empfindungsinhalte und dingliche Qualitäten 42
§ 15. Darstellende Inhalte und Auffassung (Perzeption) . . . 45
§ 16. Der Gegenstand der Auffassung als Erscheinung. Eigentliche Erscheinung 49
§ 17. Wesensmäßige Zusammengehörigkeit bestimmter Gattungen von sinnlichen Daten und gegenständlichen Bestimmtheiten 54
§ 18. Die Gegebenheitsweise uneigentlich erscheinender Bestimmtheiten 55

4. Kapitel
Die Konstitution der zeitlichen und räumlichen Extension des Erscheinenden

§ 19. Die zeitliche Extension der Erscheinung. Die präempirische (präphänomenale) Zeitlichkeit 60
§ 20. Die räumliche Extension der Erscheinung: materia prima und materia secunda 65
§ 21. Die räumliche Ausbreitung der dinglichen Qualitäten und der darstellenden Inhalte 68
§ 22. Die Bedeutung der verschiedenen Raumfüllen für eigentliche und uneigentliche Gegebenheit. Visuelle und taktuelle Komponenten der Erscheinung 72
§ 23. Eigentliche Erscheinung (Seite) und anhängende Bestimmtheiten 78
§ 24. Dingumgebung und Wahrnehmungszusammenhang . . . 80
§ 25. Visuelles und taktuelles Feld 82

III. ABSCHNITT

ANALYSE DER KINETISCHEN WAHRNEHMUNGSSYNTHESIS. WAHRNEHMUNGSVERÄNDERUNGEN UND ERSCHEINUNGSVERÄNDERUNGEN

5. Kapitel
Die Gegebenheit des ruhenden Dinges in kontinuierlichen Wahrnehmungsabläufen

§ 26. Die verschiedenen Möglichkeiten der Wahrnehmungsveränderung 85
§ 27. Mannigfaltige Erscheinungen des unveränderten Dinges. Der Prozeß der Näherbestimmung 88
§ 28. Änderung der darstellenden Inhalte und Änderung der Auffassung 91
§ 29. Näherbestimmung und Umbestimmung 93
§ 30. Kontinuierliche Synthesis mannigfaltiger Wahrnehmungen 99
§ 31. Möglichkeit der Umkehr der Erscheinungsreihen bei Raumgegenständlichkeiten im Gegensatz zu Zeitgegenständlichkeiten 104

6. Kapitel
Möglichkeit und Sinn adäquater Wahrnehmung von Raumdingen

§ 32. Intention und Erfüllung im Wahrnehmungsprozeß. Steigerung und Minderung der Gegebenheitsfülle 105
§ 33. Die Rolle der uneigentlichen Erscheinung im Prozeß der Näherbestimmung. Das Ideal adäquater Wahrnehmung 110
§ 34. Bewegung und Lage im Feld – objektive Bewegung und Lage 117
§ 35. Das Feld als endliches Darstellungsmittel. Notwendige Inadäquatheit der Dingwahrnehmung 121
§ 36. Optimale Gegebenheit und Interessenrichtung 125
§ 37. Interessenrichtung und Begriffsbildung 129
§ 38. Klarheit und Deutlichkeit in der Gegebenheit des Wahrnehmungsdinges 132
§ 39. Zusammenfassung. Die Dingwahrnehmung als prinzipiell unabschließbarer Prozeß 135

7. Kapitel
Rekapitulation. Die Wahrnehmungsanalysen im Rahmen der phänomenologischen Reduktion.

§ 40. Der Sinn der phänomenologischen Wahrnehmungsanalysen 139
§ 41. Einstellung auf das Ding und Einstellung auf die Erscheinung (gegebene Seite) des Dinges 144
§ 42. Veränderte und unveränderte Wahrnehmungen 149
§ 43. Die Rolle der Glaubenssetzung in der kinetischen Wahrnehmungssynthesis 151

IV. ABSCHNITT

DIE BEDEUTUNG DER KINÄSTHETISCHEN SYSTEME FÜR DIE KONSTITUTION DES WAHRNEHMUNGSGEGENSTANDES

8. Kapitel
Der phänomenologische Begriff der Kinästhese

§ 44. Vordeutung auf weitere Themen der Untersuchung . . . 154
§ 45. Ruhe und Bewegung des unveränderten Dinges in bezug auf Ruhe und Bewegung des wahrnehmenden Ich 156
§ 46. Darstellende und kinästhetische Empfindungen 159
§ 47. Einlegung der kinästhetischen Empfindungen in den Leib 161

9. Kapitel
Die Korrelation zwischen visuellem Feld und kinästhetischen Verläufen

§ 48. Die Darstellungsmittel des visuellen Feldes 164
§ 49. Funktioneller Zusammenhang visueller Daten und kinästhetischer Verläufe. Einauge und Doppelauge 169
§ 50. Ablauf der Bilder bei Augen- und Objektbewegung . . . 175
§ 51. Erscheinungsverlauf bei bloßen okulomotorischen Änderungen 176
§ 52. Übertragung der erörterten Sachlage auf das gesamte Objektfeld 182
§ 53. Das visuelle Feld als Ortssystem und seine möglichen Transformationen 184

10. Kapitel
Das Ding als Einheit in einer kinästhetisch motivierten Erscheinungsmannigfaltigkeit

§ 54. Das Einheitsbewußtsein in den Bild- und kinästhetischen Verläufen 186
§ 55. Kinästhetisches Ablaufsystem und eigentliche Erscheinung 190
§ 56. Die Zeitstruktur der kinästhetischen Abläufe 197
§ 57. Das kinästhetische Gesamtsystem der visuellen Sphäre. Das okulomotorische Feld 200

V. ABSCHNITT

DER ÜBERGANG VOM OKULOMOTORISCHEN FELD ZUM OBJEKTIVEN RAUM. DIE KONSTITUTION DER DREIDIMENSIONALEN RAUMKÖRPERLICHKEIT

11. Kapitel
Erweiterungen des okulomotorischen Feldes

§ 58. Die Begrenztheit der bisherigen Analysen. Übersicht über weitere Typen von Erscheinungsabwandlungen 204

§ 59. Erweiterung des Objektfeldes. Objektsetzung über die Sphäre wirklicher Darstellung hinaus 209
§ 60. Objektivation aufgrund unvollständiger Darstellungsmittel 212
§ 61. Vordeutung auf die Konstitution des Raumes. Der Raum als Ordnungszusammenhang der Dinge 216
§ 62. Das Neueintreten von Bildern ins Feld. Erläuterung am Beispiel der Wahrnehmung einer Allee 219
Exkurs: Die Einheit der Wahrnehmungsauffassung als Einheit der objektivierenden Zeitsetzung 223

12. Kapitel
Die Typik der Erscheinungsabwandlungen im okulomotorischen Feld

§ 63. Einfältige Erscheinungen und Erscheinungsverläufe. Die Schichtung des Konstitutionsproblems 225
§ 64. Entfernung, Abstand und Tiefe als Vorkommnisse im okulomotorischen Feld 227
§ 65. Verschiebung und Drehung 229
§ 66. Korrektur eines Mißverständnisses: Dehnung und Entfernung nicht gleichzusetzen 231
§ 67. Fortsetzung. Weitere Erscheinungsabwandlungen im okulomotorischen Feld. Verschiebung und Drehung als Orientierungsveränderungen 233
§ 68. Die besondere Bedeutung der Dehnung für die Raumkonstitution 238
§ 69. Darstellung des dreidimensionalen Objektes in zweidimensionalen Bildern 240

13. Kapitel
Die Konstitution des Raumes durch Überführung des okulomotorischen Feldes in eine Dehnungs- und Wendungsmannigfaltigkeit

§ 70. Die Zugehörigkeit der Bilder zu einem identischen Objekt 243
§ 71. Die konstitutive Funktion der Dehnung (Annäherung und Entfernung) 246
§ 72. Die konstitutive Funktion der Wendung. Lineare Dehnungsmodifikation und zyklische Wendungsmodifikation 249
§ 73. Zusammenfassung. Die Konstitution des Raumes und ihre Stufen 255

14. Kapitel
Ergänzende Betrachtungen

§ 74. Abgrenzung des Einzeldinges aus dem Dingzusammenhang bei objektiver Ruhe 256
§ 75. Nachtrag. Die Auffassung einer Verdeckung als Entfernungsabstand 258

§ 76. Die Gegebenheitsweise des leeren Raumes 259
§ 77. Die Gegebenheitsweise des Körperinneren 262

VI. ABSCHNITT

DIE KONSTITUTION OBJEKTIVER VERÄNDERUNG

15. Kapitel
Qualitative Veränderungen des Wahrnehmungsgegenstandes

§ 78. Zusammenhang von Raumgestalt und qualitativer Füllung 263
§ 79. Das Ding als das Identische der qualitativen Veränderung 264
§ 80. Die Gesetzmäßigkeit der Erscheinungsabwandlungen bei qualitativer Veränderung 269

16. Kapitel
Die Konstitution der bloßen Bewegung

§ 81. Fundierung aller Veränderung in Identität 272
§ 82. Bewegung als Lageveränderung und die zugehörigen kinästhetischen Motivationen 275
§ 83. Sich Bewegen und Bewegtwerden des Leibes. Grenzen der kinästhetischen Konstitution des Leibkörpers 278

SCHLUSSBETRACHTUNG

§ 84. Reale Existenz und reale Möglichkeit 285

Beilage I: Kritische Bemerkungen Husserls zu Gedankengang und Ablauf der Vorlesungen, zusammengestellt v. Hrsg. . . . . (337) 295

Namenregister 301
Sachregister 301

EINLEITUNG

I

Husserls Vorlesung „Hauptstücke aus der Phänomenologie und Kritik der Vernunft" aus dem Sommersemester 1907, deren Hauptteil der vorliegende Band enthält, stellt den ersten umfassenden Entwurf einer transzendentalen Phänomenologie dar. Darin tritt mit besonderer Deutlichkeit Husserls Übergang von der frühen Phänomenologie seiner „Logischen Untersuchungen" (1900/01) zur transzendentalen zutage, die im Mittelpunkt seiner weiteren Lebensarbeit steht. Die fünf Vorlesungsstunden umfassende Einleitung, in der er den Gegenstand und die Methode der transzendentalen Phänomenologie bestimmt, wurde wegen ihrer besonderen Bedeutung für die Entwicklung seines Denkens separat unter dem Titel „Die Idee der Phänomenologie" veröffentlicht.[1] Im anschließenden Hauptteil konkretisiert Husserl diese Idee anhand einer „Phänomenologie des Dinges" und „des Raumes". Damit ordnet sich diese Vorlesung – Husserl bezeichnet sie in seinen Aufzeichnungen als „Dingvorlesung" – der Aufgabe ein, die er die er in einer Tagebuchnotiz vom 25. September 1906 folgendermaßen formuliert hat: „Wir brauchen nicht nur Erkenntnis der Ziele, der Richtlinien, der Richtmaße, der Methoden, der Stellungnahmen zu anderen Erkenntnissen und Wissenschaften. Wir brauchen auch die wirkliche Durchführung ... Da stehen an erster Stelle die Probleme einer Phänomenologie der Wahrnehmung, der Phantasie, der Zeit, des Dinges"; hinzu kommen die „Phänomenologie der Aufmerksamkeit" und „des Raumes".[2] Ansätze zu einer Phänomenologie des Zeitbewußtseins und der Phantasie hat Husserl in der

[1] E. Husserl, Die Idee der Phänomenologie. Fünf Vorlesungen. Herausgegeben und eingeleitet von Walter Biemel. Haag ²1958 (Husserliana Bd. II). – Eine Studienausgabe, herausgegeben und eingeleitet von Paul Janssen, erschien 1986 in der „Philosophischen Bibliothek" (Bd. 392).

[2] E. Husserl, Persönliche Aufzeichnungen. Hrsg. v. Walter Biemel. In: Philosophy and Phenomenological Research XVI (1956), S. 298.

Vorlesung „Hauptstücke aus der Phänomenologie und Theorie der Erkenntnis" im Wintersemester 1904/05 vorgetragen und in Forschungsmanuskripten weitergeführt.[3] Die Phänomenologie der Wahrnehmung räumlicher Dinge bildet das zentrale Thema von „Ding und Raum".

Im folgenden werden zunächst Gegenstand und Methode der transzendentalen Phänomenologie dargestellt, vor allem anhand der allgemeinen Einleitung in die „Dingvorlesung"[4], anschließend die inhaltlichen Probleme der „Phänomenologie des Dinges" und des Raumes.

Das Ziel der transzendentalen Phänomenologie im ganzen besteht in der philosophischen Letztbegründung der Erkenntnis (II 21 ff., V 139).[5] Ihre Möglichkeit wird vom Skeptizismus bezweifelt bzw. bestritten. Er stellt den Anspruch unserer Erkenntnis in Frage, eine von ihr verschiedene Gegenständlichkeit wahrheitsgemäß zu erfassen. „Wie kann ... die Erkenntnis ihrer Übereinstimmung mit den erkannten Objekten gewiß werden,

[3] Teile dieser Vorlesung sind – zusammen mit den entsprechenden Forschungsmanuskripten – im X. und XXIII. Band der Husserliana veröffentlicht worden. Vgl. E. Husserl, Zur Phänomenologie des inneren Zeitbewußtseins (1893–1917). Hrsg. v. Rudolf Boehm. Haag 1966 und E. Husserl, Phantasie, Bildbewußtsein, Erinnerung (1898–1925). Hrsg. v. Eduard Marbach. Haag 1980 (Husserliana XXIII). Texte zur „Phänomenologie der Aufmerksamkeit" sollen in einem weiteren Band der Husserliana veröffentlicht werden.

[4] Vgl. hierzu die Einleitung von Paul Janssen in die Studienausgabe der „Idee der Phänomenologie" (PhB 392).

[5] Alle Werke Husserls, die in den Husserliana erschienen sind, werden nach dieser Ausgabe zitiert: Edmund Husserl, Gesammelte Werke. Den Haag bzw. Dordrecht/Boston/Lancester 1950 ff. Römische Ziffern bezeichnen die Bandnummer, arabische die Seitenzahl. Zitate aus dem vorliegenden Band, der textidentisch ist mit Husserliana XVI, S. 1–293 und S. 337–341, werden durch eine bloße arabische Ziffer nachgewiesen. „Erfahrung und Urteil" wird zitiert nach: Edmund Husserl, Erfahrung und Urteil. Untersuchungen zur Genealogie der Logik. Redigiert und herausgegeben von Ludwig Landgrebe. Mit Nachwort und Register von Lothar Eley. Hamburg [6]1985 (abgekürzt: EU). Forschungsmanuskripte Husserls, die in den Husserliana nicht abgedruckt sind, werden mit den Signaturen und Seitenzahlen der Transkriptionen der Husserl-Archive in Leuven und Köln zitiert.

wie kann sie über sich hinaus und ihre Objekte zuverlässig treffen?" (II 20). Woher kann ich wissen, daß der Gegenstand der Erkenntnis an sich so bestimmt ist, wie er mir erscheint, ja, daß er überhaupt an sich existiert?

Um ihr Ziel, die Letztbegründung der Erkenntnis, zu erreichen, muß die Philosophie einen Ausgangspunkt gewinnen, der vom skeptischen Zweifel nicht in Frage gestellt werden kann. Dies setzt wiederum voraus, daß sich ein Gegenstandsbereich aufweisen läßt, der an sich nicht anders bestimmt sein kann, als er mir erscheint. Einen solchen ‚Archimedischen Punkt' der philosophischen Erkenntnistheorie hat Descartes entdeckt: Er besteht im Selbstbewußtsein, in den „cogitationes" bzw. – mit Husserl zu sprechen – „Erlebnissen" des Subjekts (Descartes, Meditationen II 1–9). „Wie immer ich wahrnehme, vorstelle, urteile, schließe, wie immer es dabei mit der Sicherheit oder Unsicherheit, der Gegenständlichkeit oder Gegenstandslosigkeit dieser Akte sich verhalten mag, im Hinblick auf das Wahrnehmen ist es absolut klar und gewiß, daß ich das und das wahrnehme, im Hinblick auf das Urteil, daß ich das und das urteile usw." (II 30).

Husserl gewinnt in der „Dingvorlesung" den grundlegenden Ansatz der philosophischen Erkenntnistheorie im Rückgriff auf Descartes' „Meditationen" (II 30, 33). Seine systematische Entfaltung bildet den „cartesianischen Weg" in die transzendentale Phänomenologie (VI 157 f., VIII 259, 275), den Husserl am ausführlichsten im Ersten Buch der „Ideen zu einer reinen Phänomenologie und phänomenologischen Philosophie" (1913) dargestellt hat. Er blieb bis zur Mitte der zwanziger Jahre der maßgebliche Weg in die transzendentale Phänomenologie und wurde erst in Husserls Spätwerk durch die Suche nach alternativen Wegen ergänzt und modifiziert.[6]

Husserl knüpft auf dem „cartesianischen Weg" an Descartes'

[6] Zur Problematik der verschiedenen Wege in die transzendentale Phänomenologie vgl. insbes. die Bände VI und VIII der Husserliana: „Die Krisis der europäischen Wissenschaften und die transzendentale Phänomenologie", hrsg. v. Walter Biemel (Haag ^{2}1976) und „Erste Philosophie (1923/24). Zweiter Teil", hrsg. v. Rudolf Boehm (Haag 1959).

grundlegende Entdeckung an, übernimmt aber nicht den „Lehrgehalt“ seiner Philosophie (I 43). Denn Descartes ist – nach Husserls Überzeugung – im Fortgang seiner „Meditationen“ hinter seinen eigenen Ansatz zurückgefallen (II 10, I 63 f.). Um ihn angemessen zu entfalten und vor Mißdeutungen zu bewahren, bedarf es eines weiteren Prinzips, das erst die transzendentale Phänomenologie Husserls bereitstellt: der „phänomenologischen Reduktion“. Sie „klammert“ den Bezug unserer Erlebnisse auf eine an sich seiende, „transzendente“ Gegenständlichkeit „ein“ (II 44 f., III/1 61 ff.). Ob diese im Bewußtsein tatsächlich gegeben ist, ist zweifelhaft. Zweifellos und damit „absolut“ ist dagegen die Gegebenheit der cogitationes als solcher (II 44 f.). Indem die phänomenologische Reduktion den Bezug unserer Erlebnisse auf eine transzendente Gegenständlichkeit „suspendiert“, legt sie die cogitationes selbst als den Bereich der „Immanenz“ frei; diese wird von Husserl als „Selbstgegebenheit“ verstanden bzw. interpretiert (II 8, 33 ff.). Dadurch gewinnt die Phänomenologie – in der Auseinandersetzung mit dem Skeptizismus – ihren Gegenstand.

Hiermit ist zugleich ihre Methode vorgezeichnet. Die cogitationes können nicht anders bestimmt sein, als sie mir erscheinen. Insofern sind sie „reine Phänomene“ (II 45). Sie werden in der Reflexion als sie selbst zugänglich. So besteht die Methode der Phänomenologie nach Husserl darin, dasjenige festzuhalten und zu beschreiben, was sich im „intellektuellen Schauen“ (II 62), in der reflexiven Blickwendung auf die eigenen cogitationes zeigt. Die phänomenologische „Deskription“ der Erlebnisse (III/1 149) kann sich jedoch nicht auf einzelne cogitationes beschränken. Als philosophische Methode dient sie der Erfassung von allgemeinen Wesensstrukturen des Bewußtseins, also etwa des Wesens der Wahrnehmung, Erinnerung, Phantasie usw. (II 55 ff., III/1 156). Solche Wesensstrukturen können durch „ideierende Abstraktion“ (II 8) im Ausgang von einzelnen cogitationes bestimmt werden, ebenso wie etwa der allgemeine Begriff „Rot“ im Ausgang von verschiedenen Rotempfindungen gewonnen wird (II 56 f.). Husserl hat den Begriff „ideierende Abstraktion“ später durch das Prinzip der ‚eidetischen Variation‘ ersetzt (vgl. IX 71 ff., XVII 218 ff., EU 409 ff.).

Denn die bloße Abstraktion, das ‚Herausheben‘ gemeinsamer

Bestimmungen aus einer Mehrheit von Individuen, ist für die Bildung von Allgemeinbegriffen unzureichend (EU 417). Die Eigenart der jeweils vorgegebenen Individuen geht in das Ergebnis der Abstraktion mit ein. Daher haftet ihm ein Moment von Zufälligkeit an. Es kann überwunden werden, indem man das Individuum, dessen allgemeines Wesen gesucht wird, in der Phantasie frei variiert. Die Variation stößt an eine Grenze: Wird sie überschritten, so lassen sich die fiktiven Umgestaltungen des Individuums nicht mehr als Abwandlungen dieses bestimmten Individuums identifizieren. So wird in der Variation eine „Invariante" erfahren. Darin ist das gesuchte „invariable Was", das „allgemeine Wesen" des betreffenden Individuums bereits hinterlegt (EU 411). Es kann inhaltlich bestimmt werden, indem man auf die Momente der Invariante reflektiert, die den Spielraum der eidetischen Variation begrenzt.

Husserl hat die begriffliche Erkenntnis, wie sie innerhalb der Phänomenologie vollzogen wird, als „Wesenserschauung" bezeichnet (28, III/1 13 u. ö.). Dies ist ein „terminologischer Fehlgriff"[7]. Denn die Erkenntnis allgemeiner Begriffe und Wesensstrukturen vollzieht sich gerade nicht in „reiner Intuition" (II 62), sondern schließt einen diskursiven Vollzug ein. Ein allgemeiner Begriff kann nicht in unmittelbarer Anschauung erfaßt, sondern nur im Durchgang durch eine Mannigfaltigkeit von Individuen gebildet werden. Dieses diskursive Moment wird in Husserls mißverständlicher Rede von der „Wesenserschauung" vernachlässigt.

Die phänomenologische Deskription beschränkt sich daher keineswegs auf ein „reines Schauen" (II 31) der Gegebenheiten des Bewußtseins, wie es in vielen Formulierungen Husserls den Anschein hat. Sie schließt sogar das Moment der „Fiktion" ein (III/1 148). So besteht etwa der größte Teil von „Ding und Raum" in der Deskription einer „absolut ruhenden Dingwelt" bzw. einer „absolut unveränderten Wahrnehmung", die in Reinheit niemals gegeben sind, sondern nur „fingiert" werden können (103 Anm., 263). Wie dieses Moment der Fiktion mit dem Selbstverständnis der phänomenologischen Methode zu verein-

[7] Elisabeth Ströker, Einleitung, in: E. Husserl, Cartesianische Meditationen. Hrsg. v. E. Ströker. Hamburg 1977, S. XVI.

baren ist, die „reinen Phänomene" unmittelbar zu erfassen und in wissenschaftlicher Beschreibung festzuhalten, bleibt letztlich offen.

Der systematische Ansatz der transzendentalen Phänomenologie scheint ihrer Zielsetzung zunächst zu widersprechen. Wie kann sie die Möglichkeit wahrer Erkenntnis begründen, wenn sie deren Bezug auf transzendente Gegenstände schon im Ansatz ausklammert? Um den Gegenstandsbezug unserer Erkenntnis überhaupt thematisieren zu können, muß sie ein zusätzliches Prinzip einführen: die „Intentionalität" des Bewußtseins, die Husserl im Anschluß an Franz Brentano bereits in den „Logischen Untersuchungen" analysiert hat. Der Begriff der Intentionalität besagt, daß jedes Bewußtsein ‚Bewußtsein von etwas' ist. „In der Wahrnehmung wird etwas wahrgenommen, in der Bildvorstellung etwas bildlich vorgestellt, in der Aussage etwas ausgesagt, in der Liebe etwas geliebt, im Hasse etwas gehaßt, im Begehren etwas begehrt usw." (XIX/1 380). Obwohl die Intentionalität des Bewußtseins etwas Selbstverständliches darstellt und in phänomenologischer Deskription unmittelbar aufgewiesen werden kann, bereitet ihr angemessenes Verständnis Schwierigkeiten, die fast die gesamte Problematik der transzendentalen Phänomenologie ausmachen (III/1 201, 187 f.). Sie rühren daher, daß zwar einerseits „das Sich-auf-Transzendentes-beziehen" unbestreitbar eine Wesensbestimmung des Bewußtseins darstellt, andererseits das „Sein" des transzendenten Gegenstandes selbst darin jedoch nicht absolut gegeben und insofern „fraglich" ist (II 46). Hier läßt sich ein Widerspruch nur dadurch vermeiden, daß man auf seiten des Gegenstandes eine Unterscheidung vornimmt. Gegeben – im phänomenologischen Sinne – ist der Gegenstand nur als ein im Bewußtsein vorgestellter, als das „cogitatum" einer „cogitatio". Nur als solcher wird er innerhalb der transzendentalen Phänomenologie thematisiert, als an sich seiender, vom Bewußtsein schlechthin unabhängiger dagegen ausgeklammert.

Die Intentionalität des Bewußtseins ermöglicht es, den Gegenstandsbezug unserer Erkenntnis zu untersuchen, ohne den Bereich der „reinen Phänomene" zu verlassen. Dadurch „umspannt" die Phänomenologie „in gewisser Weise all das, was sie zuvor sorgfältig ausgeschaltet hat" (X 335). Sie „verliert" zwar die Welt als an sich seiende, behält sie aber als „Wirklichkeitsphänomen“ zurück (I 183, 71). Sie verbleibt im Bereich der Immanenz, der „Selbstgegebenheit“, und untersucht das „Sich-auf-Transzendentes-beziehen“ das Bewußtsein rein als solchen, als „Transzendenz in der Immanenz“ (294), d. h. als Beziehung der „Erscheinung“ auf das „Erscheinende“, der „cogitatio“ auf das „cogitatum“, der „Noesis“ auf das „Noema“. Jeder Gegenstand der Erfahrung kann uns nur als „Korrelat“ von subjektiven Vollzügen gegeben werden (II 13, VI 168). So entfaltet die phänomenologische Analyse der Intentionalität das „universale Korrrelationsapriori von Erfahrungsgegenstand und [subjektiver] Gegebenheitsweise“, dessen „systematische Ausarbeitung“ im Mittelpunkt der gesamten Lebensarbeit Husserls steht (VI 169 Anm.). Damit bildet es zugleich den gemeinsamen Bezugspunkt der verschiedenen Wege in die transzendentale Phänomenologie.

Begriffe wie „Transzendenz in der Immanenz“ und „universales Korrelationsapriori“ sind allerdings zunächst nicht mehr als Problemtitel, die innerhalb der phänomenologischen Analyse der Intentionalität inhaltlich bestimmt und geklärt werden müssen. Doch kann an dieser Stelle bereits die Grundentscheidung der transzendentalen Phänomenologie formuliert werden, durch die sie wesentlich über Descartes hinausgeht und sich der von Kant begründeten Tradition der Transzendentalphilosophie einordnet. Descartes ist – nach Husserls Überzeugung – hinter seinen eigenen Ansatz zurückgefallen, indem er versuchte, im Ausgang von der „Innerlichkeit“ des „Ego“ eine an sich seiende Außenwelt zu erschließen (I 45). Husserl stimmt mit Descartes in dem Ziel überein, den Wahrheitsanspruch unserer Welterkenntnis zu begründen. Ein Solipsismus, der behauptet: ‚nur ich existiere wahrhaft, die Außenwelt ist bloßer Schein‘ ist für Husserl – ebenso wie für Descartes – unsinnig (II 20 f., VIII 496). Unsere Erkenntnis bezieht sich tatsächlich auf eine wirkliche Welt. Diese ist dem Bewußtsein aber nicht als an sich seiende vorgegeben, sondern konstituiert sich allererst in seinen Vollzügen (II 12, 75). Hierin besteht die zentrale Einsicht der Transzendentalphilosophie Kants, die Husserl in der „transzendentalen Wende“ (I 63) seiner Phänomenologie aufnimmt und weiterführt. Damit ist – in einem Vorgriff – das Thema der transzendental-phänomenologischen Analyse der Intentionalität bezeichnet: „die Konstitution von Gegenständlichkeiten jeder Art in der Erkenntnis" (II 14).

Im Hauptteil der „Dingvorlesung" konkretisiert Husserl das Programm der transzendental-phänomenologischen Konstitutionsanalyse anhand der Korrelation von sinnlicher Wahrnehmung und räumlichen Dingen. Er nimmt dabei eine methodische Beschränkung vor, indem er den Bereich naturwissenschaftlicher Beobachtung und Erkenntnis ausklammert und lediglich die „niederen Formen und Stufen" der „Erfahrungsgegebenheit" von Gegenständen untersucht (3 f.). Diese sind in der Wahrnehmung als „sinnlich qualifizierte" (farbige usw.) räumliche Gestalten, d. h. als „Phantome", gegeben (IV 37, XI 23). Ihre kausalen Wirkungszusammenhänge, in denen sich ihre spezifisch materiellen Bestimmungen konstituieren, können nicht unmittelbar angeschaut werden; sie bilden das Objekt naturwissenschaftlicher Forschung (IV 37). Dementsprechend fungiert das „Phantom" als „Grundgerüst" der phänomenologischen Wahrnehmungsanalyse (XI 23). Wenn im folgenden – der Einfachheit halber – von „Dingen" bzw. „Gegenständen" die Rede ist, so sind hiermit „Phantome" im beschriebenen Sinne gemeint.

Eine weitere methodische Beschränkung der Wahrnehmungsanalysen in „Ding und Raum" besteht darin, daß lediglich die Welterfahrung des je einzelnen Subjekts thematisiert und der Bereich der Intersubjektivität ausgeklammert wird.

II

Im Mittelpunkt der transzendentalen Phänomenologie Husserls steht das Problem der Intentionalität. Die konkrete Bestimmung des Verhältnisses von Erscheinung und Erscheinendem, cogitatio und cogitatum ist jedoch mit einer merkwürdigen Zweideutigkeit behaftet. Dies wird nicht nur in der „Dingvorlesung", sondern auch den „Ideen" deutlich. Einerseits „konstituieren" sich die Gegenstände in den Erlebnissen (20), andererseits „stellen" sie sich in ihnen „dar" (II 12), „bekunden" sich in ihnen (III/1 131). Die Rede von einem „Sich-Beurkunden" der Gegenstände im Bewußtsein (8) scheint zu beinhalten, daß die Gegenstände dem Bewußtsein als an sich seiende vorgegeben sind und in ihm bloß zur „Gegebenheit" kommen (154). Dies widerspricht jedoch der ausdrücklichen Feststellung Husserls, daß jede Gegenständlichkeit ihren „Urgrund und Träger" im Bewußtsein hat (40). In diesem Sinne versteht er die Konstitution der Gegenstände durch das Bewußtsein sogar als eine „Schöpfung der Natur" (175).

Diese Zweideutigkeit im Begriff der Intentionalität ist Ausdruck eines systematischen Grundproblems der transzendentalen Phänomenologie. Dies wird daran sichtbar, daß den beiden unterschiedlichen Momenten im Begriff der Intentionalität – einerseits der „Schöpfung", andererseits der „Darstellung" der Gegenstände im Bewußtsein – zwei verschiedene Ansätze der Analyse von Gegenständlichkeit entsprechen. Der Ansatz, dem das Moment der Darstellung zugeordnet werden kann, findet sich bereits in der ‚vortranszendentalen' Phänomenologie der „Logischen Untersuchungen", insbesondere der sechsten. Die Gegenstandsanalyse, die ihn entfaltet, soll deshalb im folgenden als ‚phänomenologische' bezeichnet werden. Ihr tritt beim Übergang zur transzendentalen Phänomenologie eine ‚transzendentale Gegenstandsanalyse' zur Seite, der das Moment der „Schöpfung" der Gegenstände durch das Bewußtsein entspricht. Husserl hat diese transzendentale Gegenstandsanalyse im wesentlichen von Kant übernommen. Damit stellt sich die Aufgabe, beide Ansätze miteinander zu vermitteln: Nur so kann ein einheitlicher, stimmiger Begriff der Intentionalität innerhalb der transzendentalen Phänomenologie gewonnen werden.

Auf diesem Hintergrund wird die besondere Bedeutung von „Ding und Raum" für die Entwicklung von Husserls Denken sichtbar. Er stellt die phänomenologische und die transzendentale Gegenstandsanalyse zunächst nebeneinander (42 ff.) und versucht anschließend ihre Vermittlung (154 ff.). Diese ist ihm endgültig allerdings erst in seinem Spätwerk gelungen („Analysen zur passiven Synthesis", „Cartesianische Meditationen", „Die Krisis der europäischen Wissenschaften", „Erfahrung und Urteil"). So spiegelt sich im Aufbau der „Dingvorlesung" die Genese des transzendental-phänomenologischen Begriffs der Intentionalität wider.

Die phänomenologische Gegenstandsanalyse setzt dabei an, daß jede Wahrnehmung eines räumlichen Dinges eine perspektivisch-einseitige ist. Wir erfassen es niemals als ganzes, sondern immer nur in einem bestimmten „Aspekt", einer „Abschattung" (IV 127, III/1 85). Das Ding ist stets „mehr, als was ich von ihm sehe" oder sonstwie wahrnehme (XI 213). Dies wird anhand von Beispielen unmittelbar deutlich. „Wir sehen, so heißt es, ein Haus, aber eigentlich sehen wir nur die Vorderseite" (49). Dabei ist jedoch der Bereich der aktuell nicht wahrgenommenen Aspekte des Dinges, die „uneigentliche Erscheinung" (54), stets mitgegenwärtig, und zwar in Gestalt von „Intentionen" (57). „Intention" – nicht zu verwechseln mit der „Intentionalität" des Bewußtseins – meint hier ein „Gerichtet-sein", ein „Abzielen" (XI 83 f.) auf etwas Wahrnehmbares, das jedoch nicht anschaulich gegenwärtig ist. Wird es im Fortgang der Erfahrung anschaulich gegeben, kann die Intention „erfüllt", u. U. aber auch „enttäuscht" werden.

Die Intentionen, die sich auf die „uneigentliche Erscheinung" richten, schließen somit einen „Vorgriff" (XI 63) auf künftige Wahrnehmungen ein. Eine solche „Vorveranschaulichung" (EU 31) ist naturgemäß nur in einer vorläufigen Unbestimmtheit möglich. Es wird gleichsam ein „Horizont" (III/1 91), ein „Rahmen" (XI 27) künftiger Erfahrungen abgesteckt. Er kann bei fortschreitender Kenntnis des Gegenstandes immer näher umgrenzt und präzisiert werden. Dabei ist jedoch die „adäquate" Wahrnehmung eines räumlichen Dinges, die es in allen Aspekten anschaulich erfaßt und hinsichtlich seiner Bestimmtheit nichts mehr offen läßt, prinzipiell unmöglich (134 ff.). Die „adäquate Dinggegebenheit" ist vielmehr der Zielpunkt eines unendlichen Prozesses fortschreitender Näherbestimmung des Gegenstandes (III/1 330 f.).

So enthält jede Wahrnehmung eines räumlichen Dinges einen Horizont von Intentionen, die über das anschaulich Gegebene hinausgreifen und den künftigen Verlauf der Erfahrung antizipieren. Die anschauliche Gegenwart eines Dinges schließt daher die Dimension der Zukunft ein. Diese ist ursprünglich in Gestalt von „Erwartungen", d. h. „antizipierenden Intentionen", gegeben (XI 31, 185). Denn einen Begriff von Zukunft haben wir nur dadurch, daß wir sie uns vorstellen, und dies geschieht in der „vorblickenden Erwartung", der „Protention" (III/1 163, XI 185, 428).

Als Antizipationen künftiger Wahrnehmungen können die Erwartungsintentionen im Fortgang der Erfahrung bestätigt oder widerlegt, erfüllt oder enttäuscht werden – je nachdem, ob die faktisch eintretenden Wahrnehmungen mit den „Vorveranschaulichungen" übereinstimmen oder nicht. In der Wahrnehmung zeigt sich der Gegenstand, wie er ist, d. h. er stellt sich in ihr dar (EU 30), wenn auch einseitig und unvollkommen, so daß grundsätzlich die Möglichkeit der Täuschung besteht. Da jedes räumliche Ding „mehr" ist, als was ich von ihm wahrnehme, fällt sein „Wahrgenommensein" („percipi") mit seinem „Sein" („esse") nicht zusammen (XI 18). Hieraus scheint zu folgen, daß es auch schlechthin unabhängig von der Wahrnehmung existiert und dem Bewußtsein als an sich seiendes vorgegeben ist.

Die transzendentale Gegenstandsanalyse, die Husserl in der „Dingvorlesung" im Anschluß an die phänomenologische entwickelt (60 ff.), bestimmt den Gegenstand der Erfahrung als „Einheit in einer Erscheinungsmannigfaltigkeit" (189). Jedem Ding gehört korrelativ eine „Erscheinungsmannigfaltigkeit" zu, insofern es zeitlich erstreckt, räumlich ausgedehnt und in der Regel auch in Eindrücken verschiedener Sinne gegeben ist. Hierbei kommt der Dimension der Zeit besondere Bedeutung zu; Nicht nur ein intentionaler Gegenstand, auch ein Erlebnis – z. B. eine Wahrnehmung oder Phantasievorstellung – ist zeitlich erstreckt. Dasselbe gilt für das Bewußtsein als „universaler" Zusammenhang aller „Erlebnisse des Ego" (I 81; vgl. zum folgenden Husserls Untersuchungen zur Phänomenologie des inneren Zeitbewußtseins in Husserliana Bd. X, insbes. 10 ff. und 73 ff.).

Das Bewußtsein ist ein beständiger „Fluß", ein „Strom" von Erlebnissen (II 47, 3). Darin ist immer nur ein einzelner Jetztpunkt mit seinem jeweiligen Inhalt aktuell gegeben. Er verwandelt sich sogleich „in ein Gewesen", „stetig löst ein immer neues ... Jetzt" das vergangene ab (X 29). So können wir die Vorstellung eines zeitlichen Ablaufs und der zeitlichen Erstrekkung nur gewinnen, indem wir Vergangenes festhalten. Ohne diese Leistung der „Retention" (X 24) hätten wir niemals mehr als einen ausdehnungslosen Jetztpunkt. Husserl bezeichnet die Retention als „primäre Erinnerung" im Unterschied zur „sekundären", die mit der Erinnerung in unserem alltäglichen Verständnis gleichzusetzen ist (X 35). Die „primäre Erinnerung" bildet ein notwendiges Moment jedes zeitlichen Vollzugs, insofern er über den gegenwärtigen Jetztpunkt hinausreicht und das Festhalten von Vergangenem voraussetzt. Somit gründet nicht nur die Vorstellung der Zeit selbst, sondern auch die Einheit jedes Erlebnisses als eines zeitlich erstreckten sowie des Bewußtseins als des universalen Erlebniszusammenhangs in der Leistung der Retention.

Dasselbe gilt für die „Identität eines Objektes in der Zeit" (X 64), d. h. im „Fluß der Erscheinung" (200). Sie setzt allerdings noch mehr voraus als die bloße Retention: nämlich die Verbindung des retentional Festgehaltenen mit dem gegenwärtigen Sinneseindruck, der „Urimpression" (X 29), zur Einheit eines Gegenstandes (152). Unabhängig von dieser Leistung der „Synthesis" können uns keine Gegenstände in der Wahrnehmung gegeben werden. (Entsprechendes gilt für die Phantasievorstellung u. ä.) Daher werden die Gegenstände der Erfahrung durch die Leistung der Synthesis allererst konstituiert (151 f., III/1 196).

Husserl hat den Begriff und Gedanken der gegenstandskonstituierenden Synthesis aus der Transzendentalphilosophie Kants übernommen. Er bezieht sich insbesondere auf die „Transzendentale Deduktion der reinen Verstandesbegriffe" in der ersten Auflage der „Kritik der reinen Vernunft" (III/1 133 ff., XI 125 f.). Dort untersucht Kant die gegenstandskonstituierende Synthesis vor allem im Hinblick auf die zeitliche Dimension der Erfahrung. Die Konstitution eines Gegenstandes als Einheit einer zeitlich erstreckten Erscheinungsmannigfaltigkeit enthält als notwendige Momente: 1. die „Synthesis der Apprehension", d. h. das „Durchlaufen" dieser Mannigfaltigkeit; 2. die „Synthesis der Reproduktion": das retentionale Festhalten der bereits vergangenen, ‚abklingenden' Eindrücke, und schließlich 3. die „Synthesis der Rekognition": die Verbindung des Mannigfaltigen untereinander zur Einheit eines Gegenstandes (Kant, Kr. d. r. V. A 98 ff.). Bei der Synthesis der Apprehension, Reproduktion und Rekognition handelt es sich nicht um unterschiedliche Vollzüge, sondern um verschiedene Aspekte eines einheitlichen Vollzuges.

In einer Analyse der zeitlichen Dimension der Erfahrung läßt sich die Verbindung einer „Erscheinungsmannigfaltigkeit" zur Einheit eines Gegenstandes als Grundstruktur der gegenstandskonstituierenden Synthesis aufweisen. Sie kann in analoger Weise auf die räumliche Ausdehnung der Gegenstände sowie ihre Gegebenheit in den Eindrücken verschiedener Sinne übertragen werden. Die Wahrnehmung einer räumlichen Gestalt setzt die Gliederung und Strukturierung von Empfindungen und damit eine synthetische Leistung voraus (EU 75). Ebenso ist die Koordination der Eindrücke verschiedener Sinne ein synthetischer Vollzug (77, IV 20, 39 f.). Hiervon kann man sich anhand von Beispielen überzeugen. Um etwa einen Geigenton als solchen identifizieren zu können, müssen wir einen akustischen Eindruck assoziativ mit dem visuellen Bild einer Geige verbinden. Dies ist eine synthetische Leistung.

Somit gründet die Einheit jedes Gegenstandes der Erfahrung als Identität einer Erscheinungsmannigfaltigkeit im Vollzug der gegenstandskonstituierenden Synthesis. Diese ist eine Leistung des Subjekts. Daher ist „alles Seiende konstituiert in einer Bewußtseinssubjektivität" (XVII 239).

Hierin besteht die zentrale Einsicht des transzendentalen Idealismus, zu dem sich Husserl nach der „transzendentalen Wende" seiner Phänomenologie ausdrücklich bekennt (V 149 f., I 118).

Auf diesem Hintergrund wird seine Behauptung verständlich, das Bewußtsein „schaffe" die Erfahrungsobjekte (VII 399, XI 13, 162). Ohne die Leistung der Synthesis hätten wir nicht mehr als eine bloße Mannigfaltigkeit von sinnlichen Eindrükken, ein „blindes Gewühl von Empfindungen" (VII 398; vgl. Kant, Kr. d. r. V. A 111), dem jede Strukturierung und Ordnung fehlen würde, und somit dasjenige, was die Gegenständlichkeit im eigentlichen Sinne kennzeichnet. „Die Ordnung und Regelmäßigkeit also an den Erscheinungen, die wir N a t u r nennen, bringen wir selbst hinein, und würden sie auch darin nicht finden können, hätten wir sie nicht oder die Natur unseres Gemüts ursprünglich hineingelegt" (Kant, Kr. d. r. V. A 125).

So lassen sich in der Vorstellung eines Gegenstandes der Erfahrung zwei Momente unterscheiden: „Empfindung" und gegenständliche „Auffassung" (45 f.). Die „Empfindungsinhalte für sich" sind ein bloßer sinnlicher „Stoff", dem jede Beziehung auf einen identischen Gegenstand fehlt (ebd.). Diese verdankt sich der „Funktion" der Synthesis, die das „Material" der Sinnesdaten „formt" (III/1 191 ff., VII 397). Darin gründet die „beseelende Auffassung" (48, III/1 192), die zu den Empfindungen hinzutreten muß, damit gegenständliche Erfahrung möglich wird.

Zwischen der transzendentalen Phänomenologie Husserls und der Transzendentalphilosophie Kants bestehen allerdings trotz dieser inhaltlichen Parallelen in methodischer Hinsicht wesentliche Unterschiede. Alle Aussagen der transzendentalen Phänomenologie Husserls müssen sich gemäß ihrem Selbstverständnis in der „immanenten Wahrnehmung" (III/1 78) der eigenen cogitationes ausweisen lassen. Dagegen schließt Kants Analyse der Gegenstandskonstitution ein Moment methodischer Konstruktion ein. Darin werden notwendige Bedingungen der gegenständlichen Erfahrung erschlossen, die über den Bereich hinausgehen, der in phänomenologischer Deskription anschaulich erfaßt werden kann. Damit stellt sich allerdings die Frage nach der Rechtmäßigkeit dieser Konstruktion. Kant beantwortet sie in der „Transzendentalen Deduktion" der „Kritik der reinen Vernunft" durch den Nachweis, daß die konstruierten „Bedingungen der Möglichkeit" der gegenständlichen Erfahrung zugleich die notwendigen Bedingungen eines unzweifelhaft Gewissen sind: der Einheit des „Ich denke", das „alle meine Vorstellungen" muß „begleiten können" (Kr. d. r. V. B 131).

Im Ansatz beim Selbstbewußtsein, dem ‚Archimedischen Punkt' der neuzeitlichen Philosophie, stimmen Kant und Husserl miteinander überein. Der entscheidende Unterschied betrifft die Frage, wie die Inhalte der Transzendentalphilosophie von diesem Ausgangspunkt aus entwickelt werden können.

Husserl hat das methodische Verfahren Kants als „mythische Konstruktion" kritisiert (VI 116). Indem sie den Bereich des anschaulich Gegebenen verläßt, laufe sie Gefahr, willkürliche, nicht nachvollziehbare Setzungen für Wahrheiten auszugeben. Husserl ist jedoch in der konkreten Durchführung seiner transzendentalen Phänomenologie an die Grenzen seines eigenen methodischen Selbstverständnisses gestoßen, ohne sich dies allerdings in seiner ganzen Tragweite einzugestehen. Dies betrifft vor allem die Analyse des Zeitbewußtseins, die das „elementarste" Problem „im Aufbau der konstitutiven Systematik" darstellt (EU 116).

Die Vorstellung der Zeit als Ablauf und Erstreckung setzt bereits eine Konstitutionsleistung voraus. Wie läßt sich die Konstitution der Zeit selbst bestimmen? Da die konstituierte Zeit einen beständigen „Fluß" darstellt, muß auch dasjenige, was Zeit konstituiert, den Charakter eines Prozesses, eines „Flusses" haben. Daher gründet die konstituierte Zeit in einem „zeitkonstituierenden Fluß" (X 74). Da aber jede Vorstellung eines zeitlichen Flusses bereits eine konstituierte ist, kann uns der „zeitkonstituierende Fluß" selbst niemals anschaulich gegeben sein. „Wir können nicht anders sagen als: Dieser Fluß ist etwas, das wir nach dem Konstituierten so nennen" (X 75). Da der „zeitkonstituierende Fluß" als er selbst, als „reines Phänomen", niemals gegeben ist, kann er auch nicht in phänomenologischer Deskription aufgewiesen, sondern muß als Bedingung der Möglichkeit von zeitlicher Erfahrung erschlossen bzw. konstruiert werden.

Was für die Konstitution der Zeit gilt, gilt entsprechend für die Konstitution alles dessen, was in der Zeit existiert, somit auch für alle Gegenstände der Erfahrung. So sah sich Husserl gezwungen, eine ‚passive Vorkonstitution' der Gegenstände anzusetzen, die allen phänomenologisch aufweisbaren Konstitutionsleistungen vorangeht (EU 119, 182). Obwohl sie die letzte fundierende Schicht des Gegenstandsbewußtseins darstellt, kann sie mittels der deskriptiven Methode der transzendentalen Phänomenologie allein nicht mehr thematisiert werden. In diesem Zusammenhang ist auch die Tatsache von Bedeutung, daß bereits die Unterscheidung von sinnlichen Empfindungsinhalten und „beseelender Auffassung" im Begriff des Gegenstandes keinen rein anschaulichen Charakter hat. In phänomenologischer Deskription lassen sich niemals bloße Empfindungen aufweisen. Anschaulich gegeben ist uns immer nur die Einheit von sinnlichem „Stoff" und gegenständlicher „Form", die in der Funktion der Synthesis gründet (vgl. III/1 192).[8]

[8] Vgl. zu der hier angeschnitten Problematik auch die Einleitung von Rudolf Boehm im X. Band der Husserliana („Zur Phänomenologie des inneren Zeitbewußtseins") sowie Robert Sokolowski, The Formation of

In der Gegenüberstellung mit Kant treten methodische Schwierigkeiten der transzendentalen Phänomenologie hervor, die Husserl nicht abschließend geklärt hat. Dennoch ermöglicht die transzendentale Phänomenologie eine präzisere Formulierung des Begriffs der Gegenstandskonstitution, als sie bei Kant selbst vorliegt. Der Ansatz hierzu verbirgt sich gerade in der merkwürdigen Zweideutigkeit im transzendental-phänomenologischen Begriff der Intentionalität, dergemäß die Gegenstände der Erfahrung einerseits in Vollzügen des Bewußtseins „geschaffen" werden, andererseits sich in ihnen „bekunden" bzw. „darstellen". Diese Zweideutigkeit ist weder auf einen nachlässigen Sprachgebrauch Husserls noch eine ungenügende systematische Durchdringung des Problems zurückzuführen. Darin äußert sich vielmehr eine innere Spannung im transzendentalphilosophischen Grundbegriff der Konstitution selbst. Dies zu zeigen, ist das Ziel der folgenden Ausführungen.

Die Formulierung eines einheitlichen, stimmigen Begriffs der Intentionalität und der Gegenstandskonstitution setzt voraus, daß der Widerspruch aufgelöst wird, der sich zunächst zwischen der phänomenologischen und der transzendentalen Gegenstandsanalyse zu ergeben scheint. Hierzu müssen beide Ansätze neu interpretiert werden. Da nach Husserls eindeutiger Aussage jede Gegenständlichkeit ihren „Urgrund und Träger" im Bewußtsein hat (40), gilt es, die phänomenologische Gegenstandsanalyse so zu formulieren, daß aus ihr nicht mehr gefolgert werden kann, dem Bewußtsein sei eine an sich seiende Gegenständlichkeit vorgegeben. Die „Darstellung", das „Sich-Bekunden" der Gegenstände im Bewußtsein muß sich vielmehr als ein Moment des Konstitutionsvollzuges selbst erweisen. Wenn das „Sich-Konstituieren" der Gegenstände zugleich als ein „Sich-Beurkunden" angesehen werden kann (8), so wird damit implizit die These relativiert, das Bewußtsein vollziehe in der Gegenstandskonstitution die „Schöpfung der Natur".

Husserl vermittelt die phänomenologische und die transzen-

Husserl's Concept of Constitution. Den Haag 1964 und Klaus Held, Lebendige Gegenwart. Die Frage nach der Seinsweise des transzendentalen Ich bei Edmund Husserl, entwickelt am Leitfaden der Zeitproblematik. Den Haag 1966.

dentale Gegenstandsanalyse in der „Dingvorlesung" mit Hilfe eines Prinzips, das sich aus dem Ansatz der phänomenologischen ableiten läßt. Dem jeweiligen „Aspekt", in dem ein Ding in der Wahrnehmung erscheint, entspricht eine bestimmte „Orientierung", d. h. die jeweilige räumliche Lage des Dinges relativ zum wahrnehmenden Subjekt (IV 127, 56). „Aspekt" und „Orientierung" sind einander eindeutig zugeordnet. Den aktuell nicht wahrgenommenen Aspekten eines Dinges, auf die sich die Erwartungsintentionen richten, entsprechen andersartige Orientierungen; sie können dadurch verwirklicht werden, daß sich Subjekt und Gegenstand relativ zueinander bewegen. Damit die verschiedenen Aspekte, die in einem Bewegungsvollzug nacheinander gegenwärtig sind, auf einen identischen Gegenstand bezogen werden können, müssen sie in einem Vollzug der Synthesis miteinander vereinigt werden (155). Ebenso beruht die Erfüllung einer Intention auf der Leistung der Synthesis; denn sie setzt voraus, daß verschiedene „Erscheinungsweisen" (III/1 89) eines Gegenstandes nacheinander gegenwärtig sind, wobei dasjenige, was zunächst bloß unanschaulich „mitgemeint" ist, im Fortgang der Erfahrung anschaulich gegeben wird. Husserl spricht deshalb auch von „Synthesen der Erfüllung" (XI 25).

Hieran zeigt sich bereits, daß die phänomenologische Gegenstandsanalyse von sich her einer Vermittlung mit der transzendentalen bedarf. Denn der Zusammenhang von Intention und Erfüllung, der in ihrem Mittelpunkt steht, gründet in der Leistung der Synthesis, dem Grundprinzip der transzendentalen Gegenstandsanalyse. Umgekehrt bedarf diese einer Ergänzung durch die phänomenologische Gegenstandsanalyse.

Dies wird deutlich, wenn man den Zusammenhang von Aspekt und Orientierung in der Wahrnehmung eines Gegenstandes berücksichtigt. Gemäß der unendlichen Mannigfaltigkeit möglicher Orientierungen kann uns jedes Ding in einer unendlichen Mannigfaltigkeit von Aspekten gegeben werden. Hiervon ist in jedem Wahrnehmungsvollzug immer nur ein begrenzter Ausschnitt verwirklicht. Dadurch erweist sich der transzendentale Begriff des Gegenstandes als „synthetischer Einheit" (III/1 176) einer gegebenen „Erscheinungsmannigfaltigkeit" als unzureichend (168 f.). Die Identität eines Dinges umfaßt nicht nur die faktisch gegebene Erscheinungsmannigfaltigkeit, sondern darüber hinaus auch die „unendlich vielen Möglichkeiten“, von „Erscheinungsreihen, die Erscheinungsreihen eines und desselben Dinges wären“ (130). Insofern hiervon immer nur ein begrenzter Ausschnitt verwirklicht werden kann, ist ein Ding stets „mehr“, als was ich von ihm wahrnehme (XI 213). Hierbei ist der Horizont seiner möglichen „Erscheinungsweisen“, der über die faktisch gegebenen hinausreicht, bezogen auf subjektive Vollzüge der Wahrnehmung (bzw. Phantasievorstellung u. ä.). So greift der Begriff des Dinges als synthetischer Einheit seiner „wirklichen und möglichen ... Gegebenheitsweisen“ (VI 169) sowohl auf die phänomenologische als auch die transzendentale Gegenstandsanalyse zurück. Dies ist der gesuchte einheitliche Begriff der Intentionalität, der die Vermittlung beider Ansätze leistet.

Um ihn zu entwickeln, untersucht Husserl in der „Dingvorlesung“ den Zusammenhang von Aspekt und Orientierung in der Wahrnehmung räumlicher Gegenstände (154ff.). Das Subjekt kann, indem es sich bewegt, die Aspekte, in denen ihm Dinge erscheinen, frei variieren. Insofern ist ihre Gegebenheitsweise abhängig von subjektiven Bewegungsvollzügen (wozu als Grenzfall auch die Ruhe gehört).

Die leibliche Bewegung des Subjekts muß innerhalb der transzendentalen Phänomenologie als „reines Phänomen“ thematisiert werden. „Absolut“ gegeben – im phänomenologischen Sinne – sind uns unsere eigenen Bewegungen nicht als Ortswechsel in dem einen, objektiven Raum – denn dieser verfällt der phänomenologischen Reduktion –, sondern als Orientierungswechsel relativ zu räumlichen Dingen (IV 158). Husserl führt deshalb, um den phänomenologischen Begriff der Leibesbewegung von unserem alltäglichen Vorverständnis abzusetzen, das Kunstwort „Kinästhese“ ein (154, 161). Der phänomenologische Begriff der Kinästhese ist ein Korrelationsbegriff: Er meint den subjektiven Vollzug der Bewegung in seiner Relation zur „Erscheinungsweise“ von Gegenständen.

Husserl gewinnt den einheitlichen Begriff der Intentionalität im Ausgang von einer Analyse des Dinges als Einheit einer „kinästhetisch motivierten“, d. h. durch subjektive Bewegungsvollzüge mitbestimmten Erscheinungsmannigfaltigkeit (186). Gemäß der Methode der phänomenologischen Deskription untersucht er nacheinander verschiedene Einzelfälle: zunächst die visuelle Wahrnehmung von ruhenden und qualitativ unveränderten Dingen (176 ff.), sodann von ruhenden, aber qualitativ sich verändernden und zuletzt von sich bewegenden Gegenständen (263 ff., 272 ff.). Anhand dieser Einzelfälle wird der „Hauptcharakter der Dingkonstitution" (187) jeweils exemplarisch sichtbar. Seine allgemeine Formulierung ist allerdings nur im Rückgriff auf spätere Schriften und Vorlesungen Husserls möglich.

Husserl betrachtet in der „Dingvorlesung" also zunächst den Fall, daß uns in der visuellen Wahrnehmung ein ruhendes, qualitativ unverändertes „Objektfeld" vorgegeben ist, relativ zu dem wir uns frei bewegen. Jede „Erscheinungsweise" eines Dinges ist durch den Zusammenhang zweier Komponenten bestimmt, des „K-Faktors" einerseits – er meint die „kinästhetische Situation" (245), d. h. die jeweilige räumliche Stellung des wahrnehmenden Subjekts relativ zum Gegenstand – und des „b-Faktors" andererseits: Er bezeichnet dessen hierdurch bedingtes visuelles Bild (177). Da das Objektfeld – nach Voraussetzung – ruht und sich auch qualitativ nicht ändert, ergeben sich jedesmal, wenn wir eine bestimmte Bewegung ausführen, dieselben visuellen Bilder der Gegenstände. Daher kann sich eine assoziative Verbindung zwischen den einzelnen kinästhetischen (Bewegungs-) Verläufen und den zugehörigen Bildermannigfaltigkeiten ausbilden (177 f.). Sie ermöglicht es uns, den Fortgang der Erfahrung zu antizipieren. Dadurch wissen wir etwa im voraus, daß wir uns einem Gegenstand annähern müssen, um ein größeres und deutlicheres Bild zu erhalten. Die Antizipation künftiger Wahrnehmungen hat den Charakter einer Erwartungsintention, die im Fortgang der Erfahrung erfüllt, u. U. aber auch enttäuscht werden kann. Gemäß der unendlichen Mannigfaltigkeit möglicher kinästhetischer Vollzüge bilden die Erwartungsintentionen einen Horizont, der im Idealfall die Gesamtheit der Wahrnehmungsmöglichkeiten eines Dinges in allen denkbaren kinästhetischen Situationen umfaßt.

Der Entwurf eines solchen Horizontes ist an die Voraussetzung gebunden, daß das betreffende Ding als ein bestimmt geartetes aufgefaßt wird, z. B. als ruhendes und qualitativ unverändertes (188 f.). Bliebe es dagegen völlig offen, ob ein Gegenstand ruht oder sich bewegt, qualitativ gleichbleibt oder sich verändert usw., so hätte die inhaltliche Vorzeichnung künftiger Wahrnehmungsmöglichkeiten keinerlei Anhaltspunkt.

Indem ein Ding als ein bestimmt geartetes aufgefaßt wird, wird es einem allgemeinen „Typus" (bzw. „Eidos" oder „Wesen") von Dinglichkeit zugeordnet, z. B. dem Typus ‚ruhendes, qualitativ unverändertes Ding' (183, 187, III/1 16). Danach bemißt sich die Vorzeichnung des Horizontes von Wahrnehmungsmöglichkeiten. Jeder „Gegenstandstypus" umfaßt die spezifischen „Erscheinungsweisen" einer bestimmt gearteten (z. B. ruhenden) Dinglichkeit (I 90). Er zeichnet im Idealfall die Totalität ihrer „Abschattungsmöglichkeiten" (104) in bezug auf alle denkbaren kinästhetischen Situationen und Verläufe vor (187, 189). Jeder einzelne dieser Verläufe bildet mitsamt den zugehörigen Aspekterscheinungen des Dinges ein Moment innerhalb des „ideellen, unendlichen" Gesamttypus (ebd.). So bildet es z. B. ein Moment des Gesamttypus ‚ruhendes Ding', daß sich das visuelle Bild des Gegenstandes vergrößert, wenn wir uns ihm nähern. Dagegen schließt etwa der Typus ‚bewegtes Ding' die Momente ein, daß sich sein visuelles Bild bewegt, wenn wir selbst ruhen, und ruht, wenn wir uns parallel zu ihm bewegen (278). Auf diese Weise ermöglicht es uns der Typus, die künftigen „Erscheinungsweisen" eines Dinges in Abhängigkeit von bestimmten kinästhetischen Umständen zu antizipieren.

Der Entwurf von Wahrnehmungsmöglichkeiten, der sich aus der Einordnung eines Gegenstandes in einen bestimmten Typus von Dinglichkeit ergibt, muß sich im Fortgang der Erfahrung bewähren. Es ist ja z. B. möglich, daß wir ein Ding als ruhend auffassen, während es sich in Wahrheit – unmerklich – bewegt. In diesem Fall sprechen wir ihm eine falsche Bestimmung zu; wir ordnen es zu Unrecht dem Typus ‚Ruhe' ein. Die Einordnung eines Gegenstandes in einen allgemeinen Typus von Dinglichkeit hat somit einen Erkenntnisaspekt. Sie kann wahr oder falsch sein (V 33 f.). Die Auffassung eines Gegenstandes als eines bestimmt gearteten erweist sich als falsch, wenn die Erwartungsintentionen, die dadurch vorgezeichnet sind, im Fortgang der Erfahrung enttäuscht werden. Dies läßt sich an einem einfachen Beispiel erläutern. Wir halten eine Schaufensterpuppe aus der Ferne für einen Menschen. Dadurch ist naturgemäß die Intention vorgezeichnet, daß sie auch aus der Nähe wie ein Mensch aussieht, sich bewegen, sprechen kann usw. Indem diese Erwartungsintentionen beim Näherkommen enttäuscht werden, erweist sich der Auffassungscharakter ‚Mensch' als falsch und wird durch den Auffassungscharakter ‚Puppe' korrigiert (vgl. XI 33 ff.).

Es ist jederzeit möglich, daß ich einen Gegenstand anders auffasse, als er tatsächlich bestimmt ist. Andernfalls gäbe es keinen Irrtum. Daher muß auch innerhalb der transzendentalen Phänomenologie in einem neuen Sinne von einem An-sich-Sein der Gegenstände gesprochen werden können. Es umfaßt den Inbegriff von Bestimmungen, die ihnen tatsächlich zukommen, im Unterschied zu denjenigen, die ich ihnen, möglicherweise zu Unrecht, zuspreche, die gleichsam das „Fürmich" (I 96) ausmachen. Diese Unterscheidung von „Fürmich" und „Ansich" (ebd.) ergibt sich auch aus der ausdrücklichen Feststellung Husserls, daß ein Ding keineswegs „nur der Zusammenhang meiner psychischen Akte, meiner Vorstellungen, Urteile etc." ist (40), daß es also in seinem ‚Sein-für-mich' nicht aufgeht. Andererseits darf daraus nicht gefolgert werden, daß es schlechthin unabhängig vom Bewußtsein existiert.

Wie ist beides miteinander zu vereinbaren? Welchen Sinn hat die Unterscheidung von „Fürmich" und „Ansich" in bezug auf Gegenstände, die sich in Vollzügen des Bewußtseins allererst konstituieren? Diese Frage ist für die transzendentale Phänomenologie von zentraler Bedeutung. Sie hängt mit der Zweideutigkeit im Begriff der Intentionalität zusammen, dergemäß sich die Gegenstände der Erfahrung in Vollzügen des Bewußtseins einerseits konstituieren, andererseits „bekunden" bzw. darstellen. Dementsprechend schließt die Vermittlung der phänomenologischen und transzendentalen Gegenstandsanalyse zugleich eine Antwort auf die Frage ein, welcher Stellenwert der Unterscheidung von „Fürmich" und „Ansich" innerhalb der transzendentalen Phänomenologie zukommt.

Der Ansatz zur Lösung dieses Problems ist in den bisherigen Überlegungen bereits enthalten. Damit die phänomenologische Gegenstandsanalyse mit der transzendentalen vermittelt werden kann, muß sie neu interpretiert werden. Dies geschieht ansatzweise bereits in der „Dingvorlesung", mit aller Klarheit allerdings erst in Husserls Spätwerk (vgl. insbes. „Cartesianische Meditationen" § 19).

Die phänomenologische Gegenstandsanalyse geht davon aus, daß jede Wahrnehmung eines räumlichen Dinges eine perspektivisch-einseitige ist. Es hat bestimmte „Seiten" und „Aspekte", die aktuell nicht wahrgenommen werden. Jeder Aspekt ist bezogen auf eine jeweilige Orientierung des Dinges relativ zum wahrnehmenden Subjekt. Dieses kann, indem es sich bewegt, die Aspekterscheinungen räumlicher Dinge frei variieren. So ist jede Seite eines Gegenstandes „selbst in verschiedenen Gegebenheitsweisen gegeben", in einer Mannigfaltigkeit von Abschattungen – entsprechend der Mannigfaltigkeit von kinästhetischen Situationen, in denen diese bestimmte Seite wahrgenommen werden kann (Manuskript D 13 I (1921), S. 2). Auch den aktuell nicht wahrgenommenen Seiten eines Dinges entspricht jeweils eine Mannigfaltigkeit von Aspekten; ihnen sind mögliche, aber aktuell nicht verwirklichte kinästhetische Situationen zugeordnet. Die „uneigentliche Erscheinung", der Bereich der aktuell nicht wahrgenommenen Seiten eines Dinges, ist somit ein Inbegriff seiner möglichen Aspekterscheinungen, seiner „Abschattungsmöglichkeiten", die auf aktuell nicht verwirklichte kinästhetische Situationen bezogen sind. Jede faktische Gegebenheit eines Dinges läßt „unendlich viele Möglichkeiten neuer Gegebenheit in bestimmter Weise offen ... als motivierte Möglichkeiten" (189). D. h., jede faktische Gegebenheit eines Dinges zeichnet einen Horizont möglicher „Erscheinungsweisen" dieses selben Dinges vor, die aktuell nicht verwirklicht sind. Die Erwartungsintentionen, die über den Bereich der „eigentlichen Erscheinung" eines Gegenstandes hinausgreifen, richten sich somit auf die „Potentialitäten", die in seiner faktischen Gegebenheit, seiner „Aktualität", inhaltlich vorgezeichnet sind (181). Dieser Horizont von Potentialitäten umfaßt die „vom Ich zu verwirklichenden" Möglichkeiten der Wahrnehmung (bzw. Phantasievorstellung u. ä.) des betreffenden Gegenstandes (182).

Versteht man die phänomenologische Gegenstandsanalyse in diesem Sinne, so kann aus ihr nicht mehr gefolgert werden, unserer Erfahrung sei eine bewußtseinsunabhängige Gegenständlichkeit vorgegeben. Der Gegenstand geht zwar nicht darin auf, von mir vorgestellt zu werden, doch besagt dies nichts anderes, als daß von dem unendlichen Horizont seiner möglichen „Gegebenheitsweisen" immer nur ein begrenzter Ausschnitt verwirklicht werden kann. In diesem Sinne ist jedes Ding „mehr", als was ich von ihm wahrnehme.

Die mannigfaltigen „Abschattungsmöglichkeiten", in denen ein bestimmter Gegenstand gegeben sein kann, sind bezogen auf subjektive Vollzüge der Wahrnehmung (bzw. Phantasievorstellung u. ä.). Sie haben den Charakter vom „Ich zu verwirklichender". So bestimmt auch die – neuinterpretierte – phänomenologische Gegenstandsanalyse den Gegenstand der Erfahrung als Korrelat von subjektiven Vollzügen. Dadurch löst sich der Widerspruch auf, der zunächst zwischen ihrem Ansatz und dem der transzendentalen Gegenstandsanalyse zu bestehen schien. Hiermit ist zugleich der transzendental-phänomenologische Begriff des Gegenstandes als Einheit seiner „wirklichen und möglichen Gegebenheitsweisen" gerechtfertigt.

Auf diesem Hintergrund läßt sich auch klären, in welchem Sinne innerhalb der transzendentalen Phänomenologie von einem An-sich-Sein der Gegenstände die Rede sein kann. Die Totalität der Abschattungsmöglichkeiten eines Gegenstandes muß von meiner Vorstellung dieses Möglichkeitshorizontes unterschieden werden: einerseits deshalb, weil der Horizont „unendlich viele" Möglichkeiten umfaßt, die ich mir nicht insgesamt vergegenwärtigen kann, andererseits deshalb, weil ich mich beim Entwurf dieses Horizontes jederzeit irren kann. Dies ist der Fall, wenn ich einem Gegenstand falsche Bestimmungen zuspreche, also etwa ein bewegtes Ding als ruhendes auffasse, eine Schaufensterpuppe als einen Menschen usw. Die von mir vorgestellten Abschattungsmöglichkeiten gehören dem Gegenstand selbst genau dann zu, wenn sie im Fortgang der Erfahrung verwirklicht werden können, wenn ihnen also erfüllbare Intentionen entsprechen. Der Unterschied von realisierbaren und bloß vorgestellten Abschattungsmöglichkeiten tritt erst im Prozeß der Bewährung durch künftige Erfahrungen hervor. Dieser Bewährungsprozeß bleibt jedoch immer hinter dem unendlichen Möglichkeitshorizont zurück. Daher kann ich den Gegenstand selbst als Einheit seiner „wirklichen und möglichen Gegebenheitsweisen" niemals adäquat vorstellen.

Das An-sich-Sein eines Gegenstandes der Erfahrung im transzendental-phänomenologischen Sinne umfaßt die Totalität seiner realisierbaren Abschattungsmöglichkeiten. Diese sind „unendlich viele" und zugleich „fest umgrenzt" (168f.). Ihre Umgrenzung ergibt sich aus den Bestimmungen, die dem betreffenden Gegenstand tatsächlich zukommen. So folgt etwa aus der Bestimmung ‚Ruhe', daß sich sein visuelles Bild vergrößert, wenn ich mich ihm nähere, aus der Bestimmung ‚Bewegung', daß sein visuelles Bild unverändert bleibt, wenn ich mich parallel zu ihm bewege usw. Husserls Begriff des „Gegenstandstypus" meint genau diesen Zusammenhang zwischen den Bestimmungen eines Dinges und dem dadurch umgrenzten Horizont seiner Abschattungsmöglichkeiten (I 89f.).

Damit läßt sich der transzendental-phänomenologische Begriff des Gegenstandes, der gesuchte einheitliche Begriff der Intentionalität, folgendermaßen präzisieren: „Es gehört zum Sinn dieser Einheit, die wir Ding nennen, Einheit in einer Erscheinungsmannigfaltigkeit zu sein, in einer Erscheinungskontinuität von einem bestimmten ideellen, unendlichen Typus. Und gegeben ist das Ding in jedem aktuell fließenden Stück dieser Kontinuität... aber zum Wesen dieser Gegebenheit gehört es, daß sie unendlich viele Möglichkeiten neuer Gegebenheit in bestimmter Weise offen läßt als motivierte Möglichkeiten" (189). Wird ein Ding in der Erfahrung gegeben, so ist ein Ausschnitt aus dem unendlichen Horizont seiner Abschattungsmöglichkeiten verwirklicht. Zugleich kann das Subjekt über das faktisch Gegebene hinausgreifen, indem es aktuell nicht realisierte Abschattungsmöglichkeiten in Gestalt von Erwartungsintentionen vorstellt. Dies setzt allerdings voraus, daß das Ding bereits als ein bestimmt geartetes aufgefaßt wird, also z. B. als ruhendes oder bewegtes, als Schaufensterpuppe oder als Mensch usw. Dadurch wird es einem bestimmten Typus von Dinglichkeit eingeordnet. Die Bestimmungen, die das Subjekt dem Gegenstand zuspricht, erweisen sich als richtig, wenn die dadurch vorgezeichneten Abschattungsmöglichkeiten im Fortgang der Erfahrung tatsächlich realisiert werden können, wenn sich also die entsprechenden Erwartungsintentionen bewähren.

In diesem Fall hat das Subjekt den Gegenstand in seinem „Ansich", seinem „wahren Sein" erkannt (XI 213). Das An-sich-Sein eines Gegenstandes der Erfahrung ist also das „Korrelat" von (gelingenden) Bewährungsvollzügen (I 94). In dem „ständigen Sich-Erfüllen" von Intentionen besteht „das Bewußtsein des ‚So ist es... wirklich'" (103 Anm.).

Als Korrelat von Bewährungsvollzügen ist das An-sich-Sein von Gegenständen der Erfahrung rückgebunden an die „Bewußtseinssubjektivität". Dennoch bleiben das „Ansich" und das „Fürmich", das „Sein" (esse) und das „Wahrgenommensein" (percipi) der Dinge unterschieden (XI 18). Indem ich einem Gegenstand Bestimmungen zuspreche, fasse ich ihn in dem Sinne auf, daß er „mehr" ist als der bloße „Zusammenhang meiner psychischen Akte" und zugleich auch anders bestimmt sein kann, als er mir erscheint. Wenn ich etwa einen Gegenstand als ruhend auffasse, so schließt das ein, daß er nicht nur dann ruht, wenn ich ihn (als ruhend) wahrnehme. Dies besagt aber nichts anderes, als daß er jederzeit als ruhend wahrgenommen bzw. an derselben Raumstelle wiedergefunden werden kann – von mir selbst wie auch von jedem anderen Subjekt. Wird etwas als ein räumliches Ding aufgefaßt, so wird eine gegebene Wahrnehmung mit der Intention verknüpft, daß es an seiner jeweiligen „Raumstelle... immer wieder identifiziert, wiedergefunden werden könne als dasselbe" (Manuskript D 10 III (1932), S. 6). Das „wahre Sein", das „Ansich" des Dinges besteht in der Erfüllbarkeit solcher Intentionen (ebd., S. 5; XI 213).

Der ursprüngliche Sinn des An-sich-Seins von Gegenständen gründet in der Bewährung von Intentionen und Geltungsansprüchen, die mit gegenständlicher Erfahrung untrennbar verbunden sind. Indem ich einem Gegenstand Bestimmungen zuspreche – sei es auch nur in dem Sinne, daß ich ihn als ein Ding auffasse –, erhebe ich einen Geltungsanspruch: Ich beanspruche, sein „wahres Sein" zu treffen, das „auf vorgezeichneten Wegen der Bewährung ausweisbar und immer wieder als dasselbe normhaft bestimmbar" ist (XI 55, 213). Da der Begriff des Ansich nur im Zusammenhang mit der Bewährung von Geltungsansprüchen einen ausweisbaren Sinn hat, ist das „wahre Sein" der Welt der Erfahrung eine in der „Subjektivität entsprungene Geltung" (VI 99).

In unserer „natürlichen Einstellung" (III/1 10) lösen wir das An-sich-Sein der Welt aus ihrer unaufhebbaren Verknüpfung mit der „Bewußtseinssubjektivität". Wir glauben, daß die Gegenstände unserer Erfahrung auch schlechthin unabhängig von Vollzügen des Bewußtseins existieren. Dies besagt zunächst, daß die Gegenstände mit dem Zusammenhang der „psychischen Akte" von Subjekten nicht identisch sind. In dieser Hinsicht besteht zwischen der natürlichen Einstellung und der transzendentalen Phänomenologie kein Widerspruch. Er tritt jedoch dadurch auf, daß die natürliche Einstellung die Rückbindung des An-sich-Seins von Gegenständen an subjektive Bewährungsvollzüge übersieht bzw. leugnet. Die Phänomenologie setzt jedoch den „Generalthesis der natürlichen Einstellung": ‚Die Welt existiert an sich, d. h. schlechthin unabhängig vom Bewußtsein' (III/1 60) nicht einfach die transzendental-idealistische Antithese entgegen. Ihre Aufgabe besteht vielmehr darin, den „usprünglichen Sinn auszulegen, den diese Welt für uns alle vor jedem Philosophieren hat und offenbar nur aus unserer Erfahrung hat, ein Sinn, der philosophisch nur enthüllt, aber nie geändert werden kann" (I 177). Die transzendentale Phänomenologie klärt die natürliche Einstellung gleichsam darüber auf, daß dasjenige, was sie mit dem An-sich-Sein der Dinge meint, den Charakter der Erfüllbarkeit von Geltungsansprüchen hat, die mit gegenständlichen Erfahrungen verbunden sind.

Die „Generalthesis der natürlichen Einstellung": ‚Die Welt existiert an sich' ist eine Behauptung und daher mit einem Geltungsanspruch verbunden. Allerdings bleibt es der natürlichen Einstellung verborgen, daß ihre „Generalthesis" einen Geltungsanspruch einschließt; denn diese erscheint zunächst fraglos und selbstverständlich (II 17). Erst in dem Augenblick, wo sie bestritten wird – vom Skeptizismus –, tritt ihr Geltungsanspruch als solcher hervor. Die natürliche Einstellung müßte nun ihre Generalthesis rechtfertigen; sie müßte den damit verbundenen Geltungsanspruch ausweisen und einlösen. Diese Rechtfertigung muß von der Gegebenheit von Gegenständen in subjektiven Vollzügen ausgehen, denn die „natürliche Einstellung" ist ja eine Einstellung von Subjekten. Es muß also im Ausgang von bestimmten Erfahrungen ein „Weg der Bewährung" (XI 213) eingeschlagen werden, auf dem die Generalthesis bzw. der darin enthaltene Geltungsanspruch gerechtfertigt wird. Falls dies gelingt, wäre die Wahrheit der Generalthesis gegründet in einem Bewährungsvollzug.

Genau das widerspricht aber dem Inhalt der Generalthesis. Daher ist es gar nicht möglich, diese im Ausgang von unserer subjektiven Welterfahrung zu rechtfertigen; denn ihre Geltung bliebe an diesen Ausgangspunkt zurückgebunden. Wir könnten lediglich sagen: ‚Sofern es Bewußtsein und gegenständliche Erfahrung gibt, existieren die Gegenstände der Erfahrung auch an sich' – dies entspricht der Position der transzendentalen Phänomenologie –, nicht aber: ‚Die Gegenstände existieren als an sich bestimmte auch dann, wenn es überhaupt kein Bewußtsein gibt und somit keine Möglichkeit von Bewährungsvollzügen'.

Jede Rechtfertigung von Geltungsansprüchen muß von subjektiven Vollzügen ausgehen und bleibt daher an sie zurückgebunden. Insofern die „Generalthesis der natürlichen Einstellung" aber diese Rückbindung leugnet, kann sie überhaupt nicht gerechtfertigt werden. So gerät sie in einen Selbstwiderspruch, indem sie einerseits einen Geltungsanspruch erhebt, andererseits aber jede Möglichkeit seiner Rechtfertigung abschneidet. „Das Universum wahren Seins fassen zu wollen als etwas, das außerhalb des Universums möglichen Bewußtseins ... steht, ... ist unsinnig" (I 116).

Dieser Selbstwiderspruch der natürlichen Einstellung ergibt sich letztlich daraus, daß sie die Rückbindung der Erfahrungsgegenstände an subjektive „Gegebenheitsweisen" – im Sinne des „universalen Korrelationsapriori" – übersieht. Jeder Bezug auf Gegenstände der Erfahrung setzt voraus, daß sie in subjektiven „Erscheinungsweisen" gegeben werden. Die natürliche Einstellung trennt jedoch – im Sinne ihrer Generalthesis – den Gegenstand selbst bzw. an sich von der Totalität seiner Gegebenheitsweisen ab. Sie verkennt, daß dadurch vom Erfahrungsgegenstand als solchen „nichts" übrigbleibt (III/1 106), weil jeder Gegenstandsbezug unserer Erfahrung an den Horizont subjektiver „Erscheinungsweisen" zurückgebunden ist.

Auf diesem Hintergrund wird der eigentliche Sinn der phänomenologischen Reduktion sichtbar. Der Anspruch unserer Erkenntnis – innerhalb der natürlichen Einstellung –, eine schlechthin transzendente, vom Bewußtsein unabhängige Gegenständlichkeit zu erfassen, wird in der transzendentalen Phänomenologie nicht bloß vorübergehend „eingeklammert", um den Einwänden des Skeptizismus zu begegnen. Vielmehr ermöglicht es dieser methodische Schritt der Phänomenologie erst, den ursprünglichen Sinn des An-sich-Seins von Gegenständen freizulegen. Er wird in der natürlichen Einstellung unzureichend erfaßt. Daher kann der ursprüngliche Sinn des Ansich erst deutlich werden, wenn man ihre „Generalthesis" außer Kraft setzt. Aufgrund der inneren Widersprüchlichkeit der natürlichen Einstellung ergibt sich die paradoxe Situation, daß die transzendentale Phänomenologie den Sinn, „den diese Welt für uns alle vor jedem Philosophieren hat", nur enthüllen kann, indem sie die natürliche Einstellung verläßt (vgl. VI 151).

Indem die Phänomenologie den ursprünglichen Sinn des An-sich-Seins von Gegenständen bestimmt, rechtfertigt sie zugleich die Möglichkeit wahrer Erkenntnis gegenüber den Einwänden des Skeptizismus. Die Wahrheit einer Erkenntnis besteht nicht in ihrer Übereinstimmung mit einer schlechthin transzendenten, vom Bewußtsein unabhängigen Gegenständlichkeit; sie weist sich vielmehr aus in gelingenden Bewährungsvollzügen. Die „Adäquation" von Erkenntnis und Gegenstand macht nicht die ursprüngliche Bedeutung von ‚Wahrheit' aus; sie gründet vielmehr in der Bewährung von Intentionen und Geltungsansprüchen (I 95, XI 102). Diese besteht in der Übereinstimmung von antizipierten und faktisch eintretenden Erfahrungen, worin sich wiederum die Übereinstimmung von „Fürmich" und „Ansich" im transzendental-phänomenologischen Sinne ausweist. Daher wird der Adäquationsbegriff der Wahrheit durch die transzendentale Phänomenologie nicht beseitigt, sondern in seinem ursprünglichen Sinn freigelegt. Insofern sich in unserer Erfahrung Geltungsansprüche tatsächlich bewähren, kann man sinnvoll von wahrer Erkenntnis sprechen. Dabei ist jedoch grundsätzlich die Möglichkeit denkbar, daß all unsere Geltungsansprüche und Erwartungsintentionen enttäuscht werden (288). In diesem Fall würde sich der „einstimmige" Zusammenhang der Erfahrung auflösen, denn jede Seinssetzung und Bestimmung von Gegenständen erwiese sich als falsch. Der Anspruch unserer Erkenntnis, das „wahre Sein" der Gegenstände zu erfassen, wäre unhaltbar. Mehr noch: Der Begriff des „wahren Seins“, des „Ansich“ würde in bezug auf die Welt der Erfahrung sinnlos. Wir können nicht mehr sagen: ‚Die Welt existiert‘ (ebd.).

Die Existenz bzw. Wirklichkeit der Welt unserer Erfahrung ist also keineswegs fraglos und selbstverständlich, wie die natürliche Einstellung meint. Es handelt sich um eine Tatsache, die an das Gelingen von Bewährungsvollzügen gebunden ist und daher keine Notwendigkeit beanspruchen kann. Indem die Phänomenologie dies verdeutlicht, trägt sie den Einwänden des Skeptizismus Rechnung und grenzt sich vom Selbstverständnis der natürlichen Einstellung ab.

Vollständig begründet werden diese Überlegungen allerdings erst durch die endgültige Vermittlung der phänomenologischen und transzendentalen Gegenstandsanalyse und damit die Gewinnung des einheitlichen, transzendental-phänomenologischen Begriffs der Intentionalität. Um ihn zu bestimmen, soll der „Hauptcharakter der Dingkonstitution“ (187) im transzendental-phänomenologischen Sinne nochmals umrissen werden.

Eine sinnlich gegebene Erscheinungsmannigfaltigkeit „fließt ab in zeitlicher Deckung und Verschmelzung mit einer Kontinuität von kinästhetischen Umständen“ (187). Damit sie auf einen identischen Gegenstand bezogen werden kann, muß sie in einem synthetischen Vollzug verbunden und vereinheitlicht werden. Dadurch wird der Gegenstand als solcher allererst konstituiert. Dieser ist immer ein bestimmter: Er hat eine bestimmte „Gestalt“, „Färbung“, spezifische „Merkmale“ und Eigenschaften usw. (178). Jeder allgemeinen Bestimmung entspricht ein „Typus“ von Dinglichkeit. Er umfaßt den Horizont von Abschattungsmöglichkeiten, in denen sich eine bestimmt geartete Dinglichkeit in der Erfahrung darstellt. Ebenso wie der Gegenstand selbst kann uns auch eine gegenständliche Bestimmung (z. B. Gestalt, Farbe, Ruhe, Bewegung usw.) nur in einer Mannigfaltigkeit von Abschattungen gegeben werden (178).

Dies läßt sich an einem Beispiel veranschaulichen. Ein ruhendes, qualitativ unverändertes Ding ist uns niemals in einem vollständig ruhenden, qualitativ unveränderten visuellen Bild gegeben. Denn eine „absolut unveränderte Wahrnehmung“ ist eine „Fiktion" (103 Anm.). „Schon das leiseste Schwanken des Auges", geringfügige Änderungen der Lichtverhältnisse u. ä. bedingen – vielleicht unmerkliche – Bewegungen und Veränderungen der visuellen Bilder (ebd.). Wie ist es dann zu erklären, daß wir den Gegenstand dennoch als einen ruhenden auffassen? Offensichtlich damit, daß sich die gegebene Mannigfaltigkeit von visuellen Bildern dem Horizont einfügt, den der Typus ‚ruhendes Ding' vorzeichnet. Die allgemeine Bestimmung ‚Ruhe' ist gerade dadurch gekennzeichnet, daß sie „sich bewegt darstellt, aber eben nur so als Ruhe wahrgenommen wird" (Manuskript D 10 III (1932), S. 9f.). Dies besagt zugleich, daß es eine allgemeine „Regelstruktur" (I 90) gibt, die die spezifischen Bewegungsverläufe visueller Bilder vorzeichnet, in denen sich ein ruhendes Ding darstellt. Andernfalls könnten wir es nicht von einem bewegten unterscheiden. Diese Regelstruktur schließt z. B. ein, daß sich jedesmal ein identisches visuelles Bild ergibt, wenn wir uns relativ zu einem ruhenden Ding bewegen und anschließend zum Ausgangspunkt zurückkehren (XVI 327).

Jeder Typus von Dinglichkeit enthält solche Regelstrukturen. Er zeichnet nicht bloß eine Mannigfaltigkeit von Abschattungsmöglichkeiten vor, sondern auch ihren Zusammenhang als einen gesetzlichen (III/1 311). „Hält man einen beliebigen Gegenstand in seiner Form [d. h. seinem „Eidos" bzw. „allgemeinen Wesen] fest, und hält man beständig in Evidenz die Identität desselben im Wandel seiner Bewußtseinsweisen, so zeigt sich, daß sie, wie fließend sie auch sein mögen ..., sie doch keineswegs beliebige sind. Sie bleiben stets gebunden an eine Strukturtypik, die unzerbrechlich dieselbe ist, solange eben die Gegenständlichkeit gerade als diese und als so geartete bewußt bleibt" (I 88). Ein wesentliches Moment dieser „Strukturtypik" bildet die eindeutige Zuordnung von Aspekt und Orientierung in der Wahrnehmung räumlicher Dinge. Sie beinhaltet „funktionelle" Abhängigkeitsverhältnisse von kinästhetischen Vollzügen und gegenständlichen Aspekterscheinungen (170), die sich eindeutig bestimmen lassen und es dadurch ermöglichen, künftige Erfahrungen zu antizipieren.

„Jedes Objekt, jeder Gegenstand überhaupt ... bezeichnet eine Regelstruktur des transzendentalen Ego, ... eine universale Regel möglichen sonstigen Bewußtseins von demselben, möglich in einer wesensmäßig vorgezeichneten Typik" (I 90). Wenn wir ein Ding als ein besitmmt geartetes auffassen und somit einem „Gegenstandstypus" einordnen, „schreiben" wir dem Fortgang der „Erscheinungen Regel und Gesetz vor" (130). Dies schließt eine Antizipation ein, die im Fortgang der Erfahrung allerdings auch enttäuscht werden kann (V 33 f.). Falls sie sich bewährt, hält sich die Auffassung des Dinges als eines im Sinne des Typus bestimmten „einstimmig" durch. Das „Bewußtsein des ‚So ist es und ist es wirklich'" (103 Anm.) bleibt ungebrochen in Geltung. Werden die Erwartungsintentionen, die der jeweilige Auffassungscharakter vorzeichnet, dagegen enttäuscht, so muß dieser korrigiert und durch eine andersartige Auffassung ersetzt werden, die sich fortan bewährt (XI 31 f.). Hierbei ist – wie bereits erwähnt – der Fall denkbar, daß sich jeder Auffassungscharakter im Fortgang der Erfahrung als „nichtig" erweist. Wenn aber „jede einstimmige Erfüllung aufhört und die Erscheinungsreihen so ineinanderlaufen, daß jede gesetzte Einheit schließlich sich nicht durchhalten läßt", so löst sich der Gegenstandsbezug unserer Erfahrung in einem „Gewühl von ... Empfindungen" auf (288). Dieser setzt also das „ständige Sich-Erfüllen" von Intentionen und Geltungsansprüchen voraus (103 Anm.). Daher hat die „Einheit des durchgehenden Gegebenheitsbewußtseins" von Gegenständen den Charakter eines „ständigen Erfüllungsbewußtseins" (221). Nichts anderes besagt ja der Satz, daß Wirklichkeit das Korrelat von Bewährungsvollzügen ist (I 94).

Die gegenständliche „Auffassung" einer sinnlich gegebenen „Erscheinungsmannigfaltigkeit" vollzieht sich als gegenstandskonstituierende Synthesis. Daher hat auch sie den Charakter eines „Erfüllungsbewußtseins" (XI 66, 70 f.). So verweisen die Grundprinzipien der phänomenologischen und der transzendentalen Gegenstandsanalyse wechselseitig aufeinander. Während der Zusammenhang von Intention und Erfüllung einen synthetischen Vollzug beinhaltet, weist die gegenstandskonstituierende Synthesis selbst die Struktur von Intention und Erfüllung auf.

Die Konstitution eines bestimmt gearteten Gegenstandes schließt als notwendiges Moment ein, daß eine sinnlich gegebene „Erscheinungsmannigfaltigkeit" einem allgemeinen Typus von Dinglichkeit eingeordnet wird. Er enthält Regelstrukturen, die den Fortgang der Erfahrung vorzeichnen. Dieser kann jedoch der Vorzeichnung faktisch zuwiderlaufen. Dies ist genau dann der Fall, wenn wir einem Gegenstand falsche Bestimmungen zusprechen. Es ist sogar denkbar, daß sich das sinnlich gegebene Mannigfaltige überhaupt keinen Regelstrukturen und damit keinem Gegenstandstypus einfügen läßt, daß es sich jedem Versuch einer „Formung" und „Rationalisierung" (III/1 193, 197) durch synthetische Vollzüge gleichsam widersetzt. Der Konstitutionsvollzug würde in diesem Fall scheitern. Die Folge wäre ein „blindes Gewühl von Empfindungen".

Das Gelingen des Konstitutionsvollzuges ist also an die Voraussetzung gebunden, daß die sinnlich gegebene „Erscheinungsmannigfaltigkeit" sozusagen ‚konstituierbar' ist, d. h. sich allgemeinen Regelstrukturen einfügen läßt. Kant hat dieses Moment der ‚Konstituierbarkeit' des Mannigfaltigen in der „Transzendentalen Deduktion" der ersten Auflage der „Kritik der reinen Vernunft" als seine „Affinität" bezeichnet (A 113, 122). Sie bildet den „Grund der Möglichkeit" der gegenstandskonstitutierenden Synthesis des Mannigfaltigen in dem Sinne, daß dieses „allgemeinen Regeln einer durchgängigen Verknüpfung ... unterworfen" werden kann (A 122). Der gegenstandskonstituierende Auffassungscharakter kann der sinnlichen „Erscheinungsmannigfaltigkeit" nicht willkürlich Regeln vorschreiben (153). Er hält sich nur dann ungebrochen durch, wenn er solche Regelstrukturen vorzeichnet, denen sich das Mannigfaltige einfügen läßt und insofern bereits von sich aus unterworfen ist (vgl. Kant, Kr. d. r. V. A 122).

In diesem Sinne hat der Konstitutionsvollzug selbst einen Erkenntnisaspekt. Erkenntnis vollzieht sich dadurch, daß einem Gegenstand allgemeine Bestimmungen zugesprochen werden, daß er also einem Gegenstandstypus eingeordnet wird. Die Erkenntnis ist wahr, wenn diese Bestimmungen dem Gegenstand tatsächlich zukommen, d. h. wenn sich die vom jeweiligen Typus vorgezeichneten Regelstrukturen anhand der faktischen Erfahrung bewähren. Die Einordnung der sinnlich gegebenen „Erscheinungsmannigfaltigkeit" in einen allgemeinen Typus von Dinglichkeit bildet zugleich ein notwendiges Moment des gegenstandskonstituierenden Auffassungscharakters. Die gegenstandskonstituierende Synthesis schließt daher ein Moment der Erkenntnis ein. Der Konstitutionsvollzug hat sowohl den Charakter der „Schöpfung“ als auch der „Darstellung“ von Gegenständlichkeit. Die Zweideutigkeit in Husserls Begriff der Intentionalität ist somit Ausdruck einer inneren Spannung im transzendentalphilosophischen Grundbegriff der Konstitution selbst.

Ohne die Leistung der Synthesis gäbe es keine Erfahrungsgegenstände. Insofern werden sie von der „Bewußtseinssubjektivität“ geschaffen (XI 162). Hierbei handelt es sich jedoch nicht um ein freies, willkürliches „Produzieren... aus dem Nichts“ (EU 33).[9] Denn die gegenstandskonstituierende Synthesis ist nur mittels allgemeiner Regelstrukturen möglich, denen die sinnlich gegebene „Erscheinungsmannigfaltigkeit“ bereits unterworfen ist (Kant, Kr. d. r. V. A 122). In einem – gelingenden – Konstitutionsvollzug „bekundet“ sich die ‚Konstituierbarkeit‘, die „Affinität“ des Mannigfaltigen. Insofern hat er den Charakter der „Darstellung“, der Erkenntnis von Gegenständlichkeit – aber einer solchen, die sich in Vollzügen des Bewußtseins allererst konstituiert. Die gegenstandskonstituierende Synthesis bringt das „Bewußtsein von etwas so zustande..., daß objektive Einheit der Gegenständlichkeit sich darin ‚bekunden‘, ‚ausweisen‘ ... kann“ (III/1 196). Dies besagt aber nichts anderes, als daß den Regelstrukturen der gegenstandskonstituierenden Synthesis eine Regelung der sinnlich gegebenen „Erscheinungsmannigfaltigkeit“ – im Sinne seiner „Affinität“, seiner ‚Konstituierbarkeit‘ – als Bedingung der Möglichkeit zugrundeliegt. Hierdurch wird der Satz relativiert, daß der Konstitutionsvollzug den Erscheinungen „Regel und Gesetz vorschreibt“. Der transzendentalphilosophische Grundsatz, daß sich „die Gegenstände... nach unserem Erkenntnis richten“, muß durch das umgekehrte Prinzip ergänzt werden, demgemäß sich „unsere Erkenntnis... nach den Gegenständen richtet“ (vgl. Kant, Kr. d. r. V. B XVI). Die Vermittlung dieser beiden entgegengesetzten Prinzipien erweist sich als zentrale Aufgabe einer tran-

[9] Daß die Gegenstandskonstitution nicht einseitig als „Schöpfung“ verstanden werden darf, betont Sokolowski (The Formation of Husserl's Concept of Constitution, S. 197).

szendentalphilosophischen Konstitutionstheorie. Dies ist der Hintergrund und der eigentliche Sinn der Spannung von „Schöpfung" und „Darstellung" in Husserls Begriff der Intentionalität.

Das Ergebnis der Vermittlung der phänomenologischen und transzendentalen Gegenstandsanalyse kann folgendermaßen zusammengefaßt werden: Der transzendental-phänomenologische Begriff der Intentionalität bestimmt den Gegenstand der Erfahrung als synthetische Einheit einer „Erscheinungsmannigfaltigkeit... von einem bestimmten ideellen, unendlichen Typus". Der vermeintliche Bezug unserer Erfahrung auf eine schlechthin transzendente, vom Bewußtsein unabhängige Gegenständlichkeit – innerhalb der „natürlichen Einstellung" – gründet darin, daß in der Synthesis einer sinnlich gegebenen „Erscheinungsmannigfaltigkeit" zur Einheit eines Gegenstandes ein Horizont bewährbarer Abschattungsmöglichkeiten „mitgemeint" ist. Der Gegenstand der Erfahrung wird „als an sich [seiender] konstituiert", d. h. als ein solcher, der nicht darin aufgeht, von mir vorgestellt zu werden, und zugleich anders bestimmt sein kann, als er mir erscheint (XI 214). Der Gedanke der ‚Konstitution des Ansich' klärt den transzendental-phänomenologischen Grundbegriff der „Transzendenz in der Immanenz". Die „Transzendenz in der Immanenz" erweist sich als der ursprüngliche Sinn der Transzendenz von Gegenständen überhaupt. „Transzendenz ist ein immanenter, innerhalb des Ego sich konstituierender Seinscharakter" (I 32).

Die ‚Konstitution des Ansich' enthält die beiden Momente der „Schöpfung" und der „Darstellung" von Gegenständlichkeit. Die Bestimmungen, die wir einem Gegenstand zusprechen, sind fundiert in den Regelstrukturen der Synthesis, die diesen bestimmten Gegenstand konstituiert. In diesem Sinn wird er von der Bewußtseinssubjektivität „geschaffen". Das Gelingen des Konstitutionsvollzuges setzt voraus, daß die sinnlich gegebene „Erscheinungsmannigfaltigkeit" den Regelstrukturen, die der jeweilige gegenständliche Auffassungscharakter beinhaltet, nicht „widerstreitet" und ihn dadurch als falsch und „nichtig" erweist (XI 31). Dies schließt als äußerste Möglichkeit ein, daß sich die Einheit der gegenständlichen Erfahrung überhaupt auflöst. Die gegenstandskonstituierende Synthesis ist somit fundiert in der – mit Kant zu sprechen – „Affinität“, der ‚Konstituierbarkeit‘ des Mannigfaltigen. Hierin besteht das Moment der „Darstellung“, der Erkenntnisaspekt des Konstitutionsvollzuges. In diesem Sinne hat Husserl bis zuletzt daran festgehalten, daß die sinnlich gegebene „Erscheinungsmannigfaltigkeit“ gerade dadurch, daß sie zur Einheit eines Gegenstandes synthetisiert wird, als Darstellung dieses Gegenstandes und seiner jeweiligen Bestimmungen aufgefaßt wird (XI 17f., VI 160).

Die grundsätzliche Bedeutung dieses Gedankens für die Transzendentalphilosophie im ganzen wird durch eine Gegenüberstellung mit Kant deutlich. Auch nach Kant hat die gegenstandskonstituierende Synthesis einen Erkenntnisaspekt; denn sie ist von der Struktur des Urteils. „Dieselbe Funktion, welche den verschiedenen Vorstellungen in einem Urteile Einheit gibt, die gibt auch der bloßen Synthesis verschiedener Vorstellungen in einer Anschauung Einheit“ (Kr. d. r. V. A 79, B 104f.). Ein Urteil besteht in der Bestimmung einer gegebenen Vorstellung mittels eines allgemeinen Begriffs (Kr. d. r. V. A 69, B 94). Die Bestimmungen, die wir einem Gegenstand zusprechen, sind fundiert in den Regelstrukturen der Synthesis, die diesen bestimmten Gegenstand konstituiert. Insofern entspricht den Begriffen, die wir in Urteilen auf Gegenstände beziehen, jeweils eine „Regel der Synthesis“ des sinnlich gegebenen Mannigfaltigen in der Anschauung (Kr. d. r. V. A 722, B 750 Anm.). So beruht nach Kant der Erkenntnisaspekt des Konstitutionsvollzuges darauf, daß er auf diejenigen Regeln zurückgreifen muß, denen das Mannigfaltige bereits unterworfen ist (Kr. d. r. V. A 122). Damit stellt sich allerdings die Frage, wie es möglich ist, daß die gegenstandskonstituierende Synthesis mittels einer bestimmten Regel zunächst gelingt, die daran gebundene begriffliche Bestimmung des Gegenstandes sich aber nachträglich als falsch und „nichtig“ herausstellt. Dieser Sachverhalt läßt sich damit erklären, daß die Regeln der gegenstandskonstituierenden Synthesis den Entwurf eines Möglichkeitshorizontes einschließen und dementsprechend im Fortgang der Erfahrung korrigiert werden können. Kant hat die Bedeutung des protentionalen Möglichkeitshorizontes für die Gegenstandskonstitution zwar im Umriß erkannt – dies zeigt vor allem das Kapitel

„System aller Grundsätze des reinen Verstandes" der „Kritik der reinen Vernunft" (vgl. auch Kr. d. r. V. A 492 f., B 521) –, aber nicht mit der Ausführlichkeit und Bestimmtheit entwickelt, wie sie in der transzendentalen Phänomenologie Husserls zu finden ist. Diese ermöglicht somit eine präzisere Formulierung des Prinzips der Gegenstandskonstitution, als sie bei Kant selbst vorliegt, und zwar gerade dadurch, daß seine transzendentale Gegenstandsanalyse mit der phänomenologischen vermittelt wird, die die Bedeutung des Möglichkeitshorizontes für die Erfahrung von Gegenständen vor Augen führt.

Zugleich klärt sich in der Gegenüberstellung mit Kant ein systematisches Grundproblem der transzendentalen Phänomenologie Husserls. Kant betont ausdrücklich, daß die Konstitution von Gegenständen der Anschauung ein begriffliches Moment einschließt. Denn sie erfolgt mittels allgemeiner und somit begrifflicher Regeln. Husserl stellt zwar ebenfalls fest, daß ein Erfahrungsgegenstand nicht bloß eine „Vorstellungs-", sondern zugleich auch eine „Urteilseinheit" darstellt (153), will jedoch in seinen Wahrnehmungsanalysen das begriffliche Moment des Konstitutionsvollzuges methodisch ausklammern (8, XI 295, EU 14 ff., 51 ff.). Da aber diese Wahrnehmungsanalysen die Bedeutung von allgemeinen Regelstrukturen für die Gegenstandskonstitution herausstellen, läßt sich die methodische Trennung von Anschauung und Begriff im Sinne Husserls nicht konsequent durchhalten. Seine programmatischen Aussagen stimmen in diesem Punkt mit der konkreten Durchführung seiner Phänomenologie nicht überein.

Diese Interpretationsthese läßt sich anhand der Entwicklungsgeschichte des Husserlschen Denkens stützen, bei der die „Dingvorlesung" eine Schlüsselstellung einnimmt. Husserl hat das für seine Phänomenologie grundlegende Begriffspaar „Intention und Erfüllung" in den „Logischen Untersuchungen" im Zusammenhang einer Theorie der Bedeutung von sprachlichen Ausdrücken eingeführt (vgl. insbes. die I. und VI. Untersuchung). Ein sprachlicher Ausdruck unterscheidet sich dadurch von einem „leeren Wortlaut" – bzw. bloßen Schriftbild –, daß er sich auf Gegenständliches bezieht; „er meint etwas" (XIX/1 44). Hierdurch gewinnt er seine Bedeutung. Um sie zu verstehen, müssen wir auf diejenigen Anschauungen zurückgreifen, in denen die Gegenständlichkeit, die er meint, unmittelbar gegeben ist. Wir „realisieren" seine Bedeutung, indem wir eine „aktuell bewußte Beziehung zwischen Namen und Genanntem" herstellen (ebd.). Die Bedeutung hat so den Charakter des „Abzielens", des „Gerichtetseins" auf Gegenständliches und damit der Intention; diese wird mittels der „korrespondierenden Anschauung" erfüllt.

Die Erfüllung einer Bedeutungsintention vollzieht sich als „identifizierende Synthesis" eines sprachlichen Ausdrucks mit einer korrespondierenden Anschauung (XIX/2 563). Husserl spricht daher auch von „Erfüllungssynthesen" (XIX/2 591). Dies schließt die Möglichkeit der Enttäuschung ein: wenn nämlich der Bedeutungsintention eines bestimmten Ausdrucks keine in der Erfahrung gegebene Anschauung korrespondiert. Der Ausdruck bezieht sich auf einen wirklichen Gegenstand, falls seine Bedeutungsintention erfüllbar ist.

Die Erkenntnis eines Gegenstandes der Anschauung mittels eines allgemeinen Begriffs hat den Charakter der „identifizierenden Synthesis" eines sprachlichen Ausdrucks mit einer korrespondierenden Anschauung (XIX/2 559), d.h. der „Erfüllungssynthesis". Sie wird in Sätzen wie z.B. ‚Dies ist rot', ‚Dieses Ziegeldach ist rot' u.ä. artikuliert (XIX/2 579f.). Solche Sätze sind genau dann wahr, die darin vollzogene bzw. artikulierte Erkenntnis ist genau dann gültig, wenn die zugrundeliegenden Anschauungen die Bedeutungsintention der Begriffe, mittels derer sie bestimmt werden, tatsächlich erfüllen. Andernfalls ergäbe die Synthesis von Begriff und Anschauung einen „Widerstreit" beider (XIX/2 576). „Die Reden von Erkenntnis des Gegenstandes und Erfüllung einer Bedeutungsintention drücken also ... dieselbe Sachlage aus" (XIX/2 567).

Wie die phänomenologische Gegenstandsanalyse zeigt, ist uns jeder Gegenstand der Anschauung immer nur einseitig und unvollständig gegeben. Seine Wahrnehmung schließt stets Intentionen ein, die über das anschaulich Gegebene hinausgreifen. Insofern haben Anschauungen selber den Charakter von „erfüllungsbedürftigen Intentionen" (XIX/2 572). Der Bedeutungsintention eines sprachlichen Ausdrucks, der einen Gegenstand als ganzen meint – sei es in Gestalt eines Namens oder eines allgemeinen Begriffs, wie z.B. ‚Mensch' – entspricht in der faktischen Erfahrung niemals eine vollständig ‚adäquate", „letzte Erfüllung" durch korrespondierende Anschauungen (XIX/2 646, 652). Denn die Bedeutungsintention reicht über das hinaus, was in der Anschauung des betreffenden Gegenstandes tatsächlich gegeben ist. Daher ist auch die Erkenntnis eines Gegenstandes der Erfahrung als „identifizierende Synthesis" von Begriff und Anschauung immer vorläufig und täuschungsanfällig. Ihre Wahrheit wäre nur in einer „vollen Übereinstimmung zwischen Gemeintem und Gegebenem", zwischen begrifflicher Bedeutungsintention und korrespondierender Anschauung gesichert und verbürgt (XIX/2 651 f.). Dies stellt in bezug auf Gegenstände der Erfahrung ein unerreichbares Ideal dar (XIX/2 646). Man kann sich ihm lediglich annähern – durch eine „kontinuierliche Synthesis" perspektivisch einseitiger Einzelwahrnehmungen eines Gegenstandes im Fortgang der Erfahrung (XIX/2 649). Jeder Begriff beinhaltet einen bestimmten ‚Umkreis', einen Horizont von „gedanklichen Intentionen" (XIX/2 647 f.). Sie entsprechen den Momenten, die durch die Explikation des Begriffs gewonnen werden können. So enthält etwa der Begriff ‚Mensch' die Momente, daß es sich um ein Lebewesen handelt, das sprechen kann u. ä. Die Erkenntnis eines Gegenstandes als „Erfüllungssynthesis", d. h. als „identifzierende Synthesis" von Begriff und Anschauung, kann sich nur dadurch als wahr erweisen – wenn auch niemals endgültig und unumstößlich –, daß die „gedanklichen Intentionen", die der Begriff beinhaltet, im Fortgang der Erfahrung schrittweise erfüllt werden (XIX/2 647 f.). Dies wird am Beispiel der Schaufensterpuppe, die wir aus der Ferne für einen Menschen halten, unmittelbar deutlich. Der Auffassungscharakter ‚Mensch' muß durch den Auffassungscharakter ‚Puppe' ersetzt werden, weil bestimmte gedankliche Intentionen, die der Begriff ‚Mensch' beinhaltet, beim Näherkommen enttäuscht werden.

Die Wahrheit einer Erkenntnis als „volle Übereinstimmung zwischen Gemeintem und Gegebenem", von Begriff und Anschauung ist also – in bezug auf Gegenstände der Erfahrung – niemals wirklich gegeben. Sie „realisiert" sich erst im Prozeß der Erfahrung als einem Prozeß der Bewältigung von Intentionen. In diesem Sinne hat die Erkenntnis als „Erfüllungssynthesis" den Charakter einer „dynamischen Einheit" von Begriff und Anschauung (XIX/2 566), die sich im Bewährungsprozeß allererst „realisiert".

Damit wird der letzte Grund der Vermittlung von phänomenologischer und transzendentaler Gegenstandsanalyse sichtbar, die sich in der „transzendentalen Wende" der Husserlschen Phänomenologie vollzieht. Sie beruht darauf, daß der Begriff der Erkenntnis als „Erfüllungssynthesis", den Husserl in den „Logischen Untersuchungen" auf dem Hintergrund der phänomenologischen Gegenstandsanalyse entwickelt hat, in der Lage ist, ein systematisches Grundproblem der transzendentalen zu lösen: nämlich das Problem, wie das unhintergehbare Moment des ‚vortranszendentalen' Begriffs von Wahrheit als Übereinstimmung der Erkenntnis mit ihrem Gegenstand, als ‚adaequatio intellectus et rei', in eine transzendentalphilosophische Konstitutionstheorie eingebracht werden kann, die nachweist, daß sich die Gegenstände im Vollzug der Erkenntnis allererst konstituieren. Das Moment des ‚Sich-Richtens der Erkenntnis nach den Gegenständen', das der ‚vortranszendentale' Wahrheitsbegriff beinhaltet, kann auch in einer transzendentalphilosophischen Konstitutionstheorie nicht geleugnet werden. Andernfalls verlöre der Begriff der Erkenntnis von Gegenständen seinen Sinn. Wie kann sich aber die Erkenntnis nach Gegenständen „richten", die sich in ihrem Vollzug allererst konstituieren?

Den entscheidenden Ansatz zur Lösung dieses transzendentalphilosophischen Grundproblems hat Husserl bereits in der Bedeutungstheorie der „Logischen Untersuchungen" gewonnen, und zwar dadurch, daß er die Übereinstimmung von Erkenntnis und Gegenstand – im Sinn des ‚vortranszendentalen' Wahrheitsbegriffs – auf dem Hintergrund der phänomenologischen Gegenstandsanalyse als „dynamische Einheit" von begrifflicher Bedeutungsintention und korrespondierender Anschauung, d. h. als „Erfüllungssynthesis", versteht. Die Interpretation der ‚adaequatio intellectus et rei' als Bewährung begrifflicher Bedeutungsintentionen mittels korrespondierender Anschauungen (XIX/2 647 f.) ermöglicht es Husserl nach der „transzendentalen Wende" seiner Phänomenologie, den Konstitutionsvollzug selbst als Erkenntnisprozeß zu begreifen und dadurch die beiden entgegengesetzten Prinzipien des ‚Sich-

Richtens der Erkenntnis nach den Gegenständen' einerseits und des ,Sich-Richtens der Gegenstände nach der Erkenntnis' andererseits zum Ausgleich zu bringen.

Innerhalb einer transzendentalphilosophischen Konstitutionstheorie entsprechen den allgemeinen Begriffen von Gegenständen „konstitutive Typen" (190), die Regeln der gegenstandskonstitutierenden Synthesis beinhalten. Gemäß der Bedeutungstheorie in Husserls „Logischen Untersuchungen" bezieht sich ein Begriff auf einen wirklichen Gegenstand, falls seine Bedeutungsintention mittels korrespondierender Anschauungen erfüllt werden kann. Vollzieht man die „transzendentale Wende", so ändert sich der Stellenwert der Anschauung für die Erkenntnis. Anschaulich gegeben ist uns niemals ein Gegenstand als solcher, sondern eine bloße sinnliche „Erscheinungsmannigfaltigkeit", die mittels begrifflicher Regeln allererst zur Einheit von Gegenständen synthetisiert werden muß. Als Regel der Synthesis bezieht sich ein Begriff genau dann auf einen wirklichen Gegenstand, wenn uns in der Erfahrung eine „Erscheinungsmannigfaltigkeit" gegeben ist (bzw. gegeben werden kann), die sich mittels dieser Regel zur Einheit eines Gegenstandes synthetisieren läßt. Die Erfüllung einer begrifflichen Bedeutungsintention vollzieht sich auf diesem Hintergrund dadurch, daß die Konstitution einer sinnlich gegebenen Erscheinungsmannigfaltigkeit mittels der Regel, die der Begriff beinhaltet, gelingt. Daß der Konstitutionsvollzug auch scheitern kann, wodurch der „einstimmige" Zusammenhang der Erfahrung gleichsam unterbrochen wird und sich im äußersten Fall auflöst, betont Husserl ausdrücklich.

Damit gewinnt seine Kennzeichnung des gegenstandskonstituierenden Einheitsbewußtseins als „Erfüllungsbewußtsein" (221) einen neuen Sinn. Das Gelingen eines Konstitutionsvollzuges kann als die Erfüllung der Intention darauf verstanden werden, daß die sinnlich gegebene „Erscheinungsmannigfaltigkeit" zur Einheit von Gegenständen synthetisiert werden kann – mittels einer bestimmten begrifflichen Regel bzw. mittels allgemeiner Regelstrukturen überhaupt. Jeder Begriff schließt – als Regel der Synthesis – eine solche Intention, eine „Erfüllungsforderung" ein, insofern er sich überhaupt auf Gegenständlichkeit bezieht (V 34).

Versteht man Husserls Bestimmung des gegenstandskonstituierenden Einheitsbewußtseins als „Erfüllungsbewußtsein" auf dem Hintergrund der Bedeutungstheorie seiner „Logischen Untersuchungen", so entspricht sie dem Satz Kants, daß der gelingenden Gegenstandskonstitution die ‚Konstituierbarkeit', die „Affinität" des sinnlich Mannigfaltigen als Bedingung der Möglichkeit zugrundeliegt. Jeder gelingende Konstitutionsvollzug aktualisiert die Möglichkeit, daß das sinnlich Mannigfaltige mittels begrifflicher Regeln konstituierbar ist, und hat somit den Charakter der Erfüllung einer begrifflichen Bedeutungsintention.

Die Erfüllung einer begrifflichen Bedeutungsintention mittels korrespondierender Anschauungen macht aber gemäß der Bedeutungstheorie in Husserls „Logischen Untersuchungen" den Sinn von ‚Erkenntnis' aus. Indem Husserl das gegenstandskonstituierende Einheitsbewußtsein als „Erfüllungsbewußtsein" kennzeichnet, bestimmt er den Konstitutionsvollzug selbst als Erkenntnisprozeß – und zwar im Sinne des Erkenntnisbegriffs der „Logischen Untersuchungen". Die Erkenntnis eines Gegenstandes der Erfahrung als „identifizierende Synthesis" von Begriff und Anschauung ist gemäß den „Logischen Untersuchungen" genau dann wahr, wenn die „gedanklichen Intentionen", die der Begriff beinhaltet, im Fortgang der Erfahrung schrittweise erfüllt werden. Dies besagt transzendentalphilosophisch gewendet, daß die „identifizierende Synthesis" von Begriff und Anschauung genau dann wahr ist, wenn sich die Regel, die der Begriff dem „Gang der Erfahrung" vorschreibt, in ihrem faktischen Verlauf als gültig „ausweist", und zwar dadurch, daß dieser mit der Vorzeichnung durch die Regel übereinstimmt und an dem „zur Gegebenheit kommenden Gegenstand" schrittweise diejenigen „Momente herausstellt, die begrifflich gemeint waren", die also den Horizont seiner „gedanklichen Intentionen" ausmachen (V 33f.). Dies ist wiederum gleichbedeutend damit, daß die sinnlich gegebene „Erscheinungsmannigfaltigkeit" mittels der Regel, die der Begriff beinhaltet, zur Einheit eines bestimmten Gegenstandes synthetisiert werden kann; und hierin besteht der Erkenntnisaspekt des Konstitutionsvollzuges. Die „identifizierende Synthesis" von Anschauung und Begriff vollzieht bzw. „realisiert" sich also innerhalb einer transzendentalphilosophischen Konstitutionstheorie dadurch, daß eine anschaulich gegebene „Erscheinungsmannigfaltigkeit" mittels einer begrifflichen Regel zur Einheit eines bestimmten Gegenstandes synthetisiert wird. Die „identifizierende Synthesis" von Anschauung und Begriff hat die Struktur des Urteils. In diesem Sinne ist es ein und dieselbe „Funktion", die den „verschiedenen Vorstellungen in einem Urteil" und „der bloßen Synthesis verschiedener Vorstellungen in einer Anschauung Einheit gibt" (Kant, Kr. d. r. V. A 79, B 104 f.). Kants These, daß die Gegenstandskonstitution die Struktur des Urteils hat, gilt somit auch für die transzendentale Phänomenologie, obwohl sie mit den programmatischen Aussagen Husserls nicht durchgängig übereinstimmt. Damit erweist sich die methodische Trennung von Anschaung und Begriff in der transzendentalen Phänomenologie als vorläufig und letztlich unhaltbar.[10] Gemäß den „Logischen Untersuchungen" vollzieht sich die Erkenntnis als „Erfüllungssynthesis" von Begriff und Anschauung. Dasselbe gilt dann auch vom Konstitutionsvollzug, der selbst den Charakter der „Erfüllungssynthesis" und damit der Erkenntnis hat.

Die Bedeutung des begrifflichen Moments für die Gegenstandskonstitution wird vollends deutlich, wenn man die Entwicklung der transzendentalen Phänomenologie bis zu den letzten Werken Husserls verfolgt. Er greift darin ein Problem auf, das sich der Sache nach bereits in der „Dingvorlesung" ergibt, dort aber noch nicht ausdrücklich als Problem gestellt wird. Um eine sinnlich gegebene „Erscheinungsmannigfaltigkeit" mittels eines allgemeinen Typus von Dinglichkeit und seiner Regelstrukturen zur Einheit eines Gegenstandes syntheti-

[10] Dies hat Husserl gelegentlich selbst ausgesprochen. So heißt es in einer Abhandlung aus den frühen zwanziger Jahren, die im XI. Band der „Husserliana" unter dem Titel „Bewußtsein und Sinn – Sinn und Noema" veröffentlicht worden ist (XI 304–335): „Die Wahrnehmung und ihre parallelen Bewußtseinsweisen der Anschauung sind . . . die ersten Grundgestaltungen des Bewußtseins, die für den Aufbau des spezifisch logischen Bewußtseins in Frage kommen, sie sind erste Grundlagen im logischen Bau, die gelegt und verstanden werden müssen. Wir . . . sind dabei [d. h. in den Wahrnehmungsanalysen] schon Logiker, ohne es zu wissen" (XI 319 Anm.). Vgl. auch XVII 296 f.

sieren zu können, müssen wir über diesen Typus bereits verfügen. Husserl beschreibt den Konstitutionsvollzug in der „Dingvorlesung" so, daß wir gleichsam zu seinem Beginn das sinnlich Mannigfaltige einem Gegenstandstypus einordnen, der die Synthesis regelt und den Fortgang der Erfahrung vorzeichnet (184). Damit der Konstitutionsvollzug überhaupt einsetzen kann, müssen wir auf gleichsam „fertige" Gegenstandstypen zurückgreifen (XI 345). Diese können jedoch, sofern sie den Charakter der „empirisch-typischen Allgemeinheit" haben, nur aus der Erfahrung gewonnen werden (EU 398). Nur aufgrund von Erfahrungen wissen wir z. B., wodurch sich ein ruhendes Ding von einem bewegten unterscheidet, was also den Typus ‚ruhendes Ding' im Unterschied zum ‚bewegten' kennzeichnet. Solche empirischen Gegenstandstypen werden auf dieselbe Weise gebildet wie empirische Begriffe (EU 398 ff.). Den Typus ‚ruhendes Ding' gewinnen wir z. B. aufgrund von mannigfaltigen Erfahrungen, die wir mit ruhenden Dingen machen. Er stellt gleichsam den ‚Niederschlag', die „Sedimentierung" solcher Erfahrungen dar (EU 385). Danach bemißt sich der Horizont von Abschattungsmöglichkeiten einer bestimmt gearteten Dinglichkeit, den jeder Gegenstandstypus beinhaltet.

Wenn wir im Fortgang der Erfahrung eine sinnlich gegebene „Erscheinungsmannigfaltigkeit" einem Gegenstandstypus einordnen, so zeichnen die „früheren Erfahrungen", deren Sedimentierung der Typus darstellt, den Horizont von Erwartungsintentionen vor, die über das anschaulich Gegebene hinausgreifen (EU 74 f.). Der Horizont von antizipierenden Intentionen in der Wahrnehmung eines Gegenstandes ist zugleich ein „Horizont des Altbekannten" (XI 191). Er geht auf „frühere Erfahrungen" mit „ähnlichen Dingen" zurück (EU 35). Die Antizipation ist gleichsam eine in die Zukunft gewendete Vergangenheit, die Protention eine „umgestülpte Retention", eine „Zukunftserinnerung" (XI 289 f., 70).

In diesem zeitlichen Zusammenhang der Erfahrung kommt der Bildung von Gegenstandstypen zentrale Bedeutung zu. Sie weisen einerseits auf die Vergangenheit zurück, andererseits auf die Zukunft voraus. Indem der Horizont von Abschattungsmöglichkeiten einer bestimmt gearteten Dinglichkeit, den ein Typus beinhaltet, auf vergangene Erfahrungen zurückgeht, enthält er eine „sedimentierte Geschichte" gegenständlicher Erfahrungen des Bewußtseins (XVII 252). Zugleich weist er auf die Zukunft voraus. Denn mit jedem bereits „konstituierten Gegenstand ist ein neuer Gegenstandstypus bleibend vorgezeichnet, nach dem von vornherein andere ihm ähnliche Gegenstände aufgefaßt werden" (EU 35). Hierin gründet die „typische Vorbekanntheit jedes einzelnen Gegenstandes der Erfahrung" (EU 26). Dieser wird, sobald er in der Wahrnehmung erscheint, assoziativ mit einem Gegenstandstypus verbunden, der sich aufgrund früherer Erfahrungen mit ähnlichen Dingen gebildet hat (EU 385 f.). Da der Horizont von Abschattungsmöglichkeiten, den der Gegenstandstypus in Gestalt einer „typischen Allgemeinheit" beinhaltet, den Horizont von Erwartungsintentionen innerhalb der Anschauung vorzeichnet, bildet der begriffliche Typus ein notwendiges Moment der „Horizontstruktur der Erfahrung" (EU 26, 32).

Dementsprechend schließt die phänomenologische Gegenstandsanalyse, deren Thema diese Horizontstruktur bildet, das begriffliche Moment der Erfahrung bereits ein, wenn auch zunächst unausdrücklich. Doch könnte man es als einen ersten Hinweis auf den Zusammenhang dieses begrifflichen Momentes mit der Horizontstruktur der Erfahrung verstehen, daß Husserl die „perzeptiven" Erwartungsintentionen der Anschauung in den „Logischen Untersuchungen" gelegentlich auch als „signitive", d. h. ‚bedeutungsmäßige', bezeichnet und davon spricht, der Bereich der aktuell nicht wahrgenommenen Aspekte eines Dinges sei „symbolisch angedeutet" (XIX/2 589, 592). Die assoziative Verbindung einer gegebenen „Erscheinungsmannigfaltigkeit" mit einem Gegenstandstypus, der sich aufgrund früherer Erfahrungen mit ähnlichen Dingen gebildet hat und deren sedimentierte Geschichte enthält, macht es verständlich, weshalb wir in der Wahrnehmung eines räumlichen Gegenstandes, den wir erstmals kennenlernen, über das anschaulich Gegebene hinausgreifen und uns gleichsam ein Bild dessen machen, was wir „noch nicht zu Gesicht bekommen" haben (EU 27).

In seinem Spätwerk stellt Husserl den inneren Zusammenhang der Horizontstruktur der Erfahrung mit ihrer begrifflichen Dimension anhand einer „genetischen Analyse" (XI 330) heraus. Hiermit läßt sich die Interpretationsthese abschließend belegen, daß Husserls methodische Trennung von Anschauung und Begriff vorläufig und im Grunde unhaltbar ist. Die transzendental-phänomenologische Analyse der Intentionalität schließt, insofern sie die Horizontstruktur der Erfahrung im Rahmen einer transzendentalphilosophischen Konstitutionstheorie thematisiert, notwendig die Dimension des Begriffs ein.

Die „genetische" Betrachtungsweise, in der dies vollends deutlich wird, hat Husserl in den zwanziger Jahren die Phänomenologie eingeführt. Während in einer „statischen" Analyse die Gegenstandskonstitution einer „schon ‚entwickelten' Subjektivität" thematisiert wird, untersucht die „genetische Phänomenologie" ihre „zeitliche Genesis" (XVII 257, EU 78). Die statische Analyse geht davon aus, daß uns gegenständliche Auffassungscharaktere bzw. konstitutive Gegenstandstypen sozusagen „fertig" vorgegeben sind; dagegen thematisiert die genetische die „Geschichte der Objektivierung", und das heißt insbesondere der „Typenbildung" (XI 345, 191 Anm.) – allerdings nicht im Sinne der empirischen Psychologie, sondern innerhalb des Bereichs der phänomenologischen Reduktion, d. h. der Immanenz (XVII 257). Hierbei ist das Phänomen der Assoziation von zentraler Bedeutung (XI 118). Ein Gegenstandstypus enthält dadurch eine sedimentierte Geschichte des Bewußtseins, daß er auf frühere Erfahrungen verweist, die in ihn assoziativ eingegangen sind. Der protentionale Horizont von Intentionen innerhalb der Anschauung gründet in der assoziativen Verbindung einer sinnlich gegebenen „Erscheinungsmannigfaltigkeit" mit einem bestimmten Gegenstandstypus und, dadurch vermittelt, den früheren Erfahrungen, deren sedimentierte Geschichte er darstellt.

Im Rahmen der genetischen Phänomenologie stellt sich allerdings das Problem, wie die „Geschichte der Objektivierung" überhaupt anfangen kann. Einerseits müssen wir, damit der Konstitutionsvollzug einsetzen kann, auf bereits „fertige" Gegenstandstypen zurückgreifen; andererseits bilden sich empirische Gegenstandstypen erst aufgrund einer „Geschichte" von gegenständlichen Erfahrungen, die Konstitutionsvollzüge einschließen bzw. voraussetzen.

Einen Lösungsvorschlag bezüglich dieses Problems könnte man darin sehen, daß Husserl ein „eingeborenes Apriori" konstitutiver Typen ansetzt, das dem Konstitutionsvollzug im ganzen zugrundeliegt (I 114, 181). Ob sich das Problem des „Anfangs" der „Geschichte des Bewußtseins" (XI 338 f.) damit vollständig aufklären läßt, bleibt allerdings fraglich. Möglicherweise handelt es sich hierbei um ein Problem, das sich innerhalb einer transzendentalphilosophischen Konstitutionstheorie zwar stellt, mit den ihr eigenen argumentativen und methodischen Mitteln aber nicht zureichend gelöst werden kann (vgl. XIII 398).

III

In der zweiten Hälfte der „Dingvorlesung" rückt die Frage nach der Konstitution des Raumes in den Vordergrund. Husserl stellt sich die „Aufgabe ..., in die phänomenologische Schöpfung der dreidimensionalen Räumlichkeit bzw. in die phänomenologische Konstitution des identischen Dingkörpers in der Mannigfaltigkeit seiner Erscheinungen ... einzudringen" (154). In dieser Formulierung deutet sich bereits an, daß das Problem der Konstitution des Raumes mit dem der Konstitution räumlicher Dinge eng zusammenhängt. Dementsprechend läßt sich den vorangegangenen Ausführungen zur Gegenstandskonstitution bereits ein phänomenologischer Vorbegriff des Raumes entnehmen.

Den Ausgangspunkt bildet hierbei die Tatsache, daß uns in der Wahrnehmung alle räumlichen Dinge in Aspekterscheinungen gegeben sind, denen jeweils eine bestimmte Lage relativ zum wahrnehmenden Subjekt entspricht. Dies schließt die Unterscheidung von „Hier" und „Dort" ein. Das "absolute Hier" ist im „Leib des Wahrnehmenden" lokalisiert, „in bezug auf welchen jeder andere Gegenstand ein Dort ist" (XI 298). „So ist der ganze unendliche Raum unausweichlich auf das absolute Hier bezogen (...) Die Auszeichnung des eigenen Leibes als Trägers des absoluten Hier gibt jedem anderen Ding und der ganzen jeweils erscheinenden Dingwelt den Charakter einer den eigenen Leib umgebenden Welt" (ebd.). Das Subjekt kann, indem es sich bewegt, jede Raumstelle erreichen und jedes „Dort" gleichsam in ein „Hier" verwandeln (IV 83). Daß dies grundsätzlich für jede beliebige Raumstelle möglich ist, macht die Identität des Anschauungsraumes aus.

Dieser ist ein „festes Ortssystem", eine „Ordnung räumlicher Lage" (XI 295, EU 218). Jedes „Dort" ist eindeutig lokalisiert in dem „Richtungssystem des Rechts-Links, Oben-Unten, Vorn-Hinten" (IV 83). Den „Nullpunkt" dieses „Koordinatensystems" bildet der Leib des wahrnehmenden Subjekts (231, IV 158). Die räumliche Ordnung läßt sich als ein „Außereinander-im-Zugleich" bestimmen.[11] „Der Raum ist die Ordnung individueller Gleichzeitigkeit sinnlich gegebener (materieller) Dinge" (EU 218; vgl. XI 303).

Das Subjekt kann, indem es sich bewegt, „das System seiner Erscheinungen und damit die Orientierungen in Fluß bringen" (IV 158). Es erfährt also die Ordnung „des einen All-Raumes" (84) in ständig wechselnden Perspektivierungen. So stellt sich die Frage, wie sich in diesen wechselnden Perspektivierungen „für die Wahrnehmung die Einheit des Gesamtraumes konstituiert, der alle Körper in sich faßt" und ein „absolut festes Ortssystem" bildet (83, XI 295). Dieses Problem steht im Mittelpunkt von Husserls Theorie der Raumkonstitution.

Was Husserls Rede von der „Konstitution" des Raumes besagt, läßt sich durch eine Gegenüberstellung mit Kant verdeutlichen. Er hat den Raum – ebenso wie die Zeit – in der „Transzendentalen Ästhetik" der „Kritik der reinen Vernunft" als apriorische „Form der Anschauung" bestimmt. „Der Raum wird als eine unendliche gegebene Größe vorgestellt" (Kr. d. r. V. B 39). Insofern gehört er zur Rezeptivität der Sinnlichkeit. Als ein Ordnungssystem der gegenständlichen Welt bildet er „die Form aller Erscheinungen äußerer Sinne" – im Gegensatz zur „Materie" der sinnlichen Empfindungen (Kr. d. r. V. A 20, B 34; A 26, B 42). „Da das, worinnen sich die Empfindungen allein ordnen", gegenständliche Erfahrung erst ermöglicht, liegt der Raum – ebenso wie die Zeit – als „Form der

[11] Ulrich Claesges, Edmund Husserls Theorie der Raumkonstitution. Den Haag 1964, S. 38.

Anschauung" schon vor aller Erfahrung „a priori im Gemüte bereit" (Kr. d. r. V. A 20, B 34).

In diesem Zusammenhang erscheint die Frage nach der Konstitution des Raumes zunächst sinnlos. Gemäß der „Transzendentalen Ästhetik" der „Kritik der reinen Vernunft" ist der Raum ja gerade nicht konstituiert, sondern unmittelbar sinnlich gegeben. Diese Aussage muß jedoch auf dem Hintergrund der „Transzendentalen Deduktion" revidiert werden. Darin wird der Stellenwert der Anschauung innerhalb der Erfahrung neu bestimmt. Die Anschauung gibt – gemäß der „Transzendentalen Deduktion" – eine bloße sinnliche Mannigfaltigkeit. Jede Strukturierung und Ordnung der gegenständlichen Welt, die wir in der Wahrnehmung erfahren – insbesondere auch in der Wahrnehmung räumlicher Gestalten –, gründet in Vollzügen der Synthesis und damit einer Konstitutionsleistung. „Der Raum, als Gegenstand vorgestellt (wie man es wirklich in der Geometrie bedarf,) enthält mehr, als bloße Form der Anschauung, nämlich Zusammenfassung des Mannigfaltigen, nach der Form der Sinnlichkeit gegebenen, in eine anschauliche Vorstellung, so daß die Form der Anschauung bloß Mannigfaltiges, die formale Anschauung aber Einheit der Vorstellung gibt. Diese Einheit hatte ich in der Ästhetik bloß zur Sinnlichkeit gezählt, . . . ob sie zwar eine Synthesis, die nicht den Sinnen angehört, durch welche aber alle Begriffe von Raum und Zeit zuerst möglich werden, voraussetzt" (Kr. d. r. V. B 161 f. Anm.).

Da jeder anschaulichen Erfahrung des Raumes – bzw. räumlicher Gestalten und Dinge – somit eine synthetische Leistung zugrundeliegt, ist der Raum als „Form der Anschauung", wie ihn die „Transzendentale Ästhetik" bestimmt, in Reinheit niemals in der Wahrnehmung gegeben. Daher unterscheidet Kant – in der Schrift „Über eine Entdeckung, nach der alle neue Kritik der Vernunft durch eine ältere entbehrlich gemacht werden soll" (1790) – den Raum als „Form der Anschauung" ausdrücklich von unserer „Raumvorstellung", die den Charakter der „formalen Anschauung" hat – im Sinne der „Transzendentalen Deduktion" der „Kritik der reinen Vernunft".[12] Der Raum als „Form

[12] Kant, Werke in sechs Bänden. Hrsg. v. Wilhelm Weischedel. Bd. III, Darmstadt 1959, S. 338 f.

der Anschauung" ist lediglich „Grund ... der Möglichkeit einer Raumvorstellung ..., nicht die Raumvorstellung selbst" (ebd.).

Dadurch, daß jede anschauliche Erfahrung des Raumes eine synthetische Leistung voraussetzt, erweist sich die Frage nach der Konstitution des Raumes als sinnvoll und notwendig. Dementsprechend hat Husserl die Bestimmung des Raumes als „Form der Anschauung" in der „Transzendentalen Ästhetik" ausdrücklich kritisiert (43), und zwar auf dem Hintergrund seiner Neubestimmung als „formaler Anschauung" in der „Transzendentalen Deduktion" (VII 386).

Obwohl Husserl in seiner Theorie der Raumkonstitution auch auf Kantische Ansätze zurückgreift, gilt sein Interesse vorrangig einer Dimension räumlicher Erfahrung, die Kant nur beiläufig erwähnt: dem Raum als Bereich der Orientierung und leiblichen Bewegung des wahrnehmenden Subjekts. Kant war sich dessen bewußt, daß diese Dimension in der „Kritik der reinen Vernunft" nur unzureichend erfaßt ist. Dies wird daran sichtbar, daß er in der Schrift „Was heißt: sich im Denken orientieren?" das „bloße Gefühl eines Unterschiedes meiner zwei Seiten, der rechten und der linken" als ein zusätzliches Moment räumlicher Erfahrung einführt, um die Möglichkeit der Orientierung des Subjekts im Raum zu erklären.[13] Ob dies eine ausreichende Erklärung darstellt, ist allerdings fraglich. In der Raumtheorie Husserls erübrigt es sich, ein solches „Gefühl eines Unterschiedes meiner zwei Seiten" anzusetzen, denn sie geht von dem deskriptiv aufweisbaren Faktum aus, daß wir uns immer anhand von Dingen bzw. ihren perspektivischen Aspekterscheinungen im Raum orientieren (XXI 276, 281).

Husserls Auseinandersetzung mit dem Raumbegriff Kants spiegelt sich bereits in seinen Entwürfen zu einem „Raumbuch" wider, das er in den neunziger Jahren des vorigen Jahrhunderts konzipierte, aber niemals fertigstellte.[14] Darin ist seine spätere transzendental-phänomenologische Theorie der Raumkonsti-

[13] Kant, Werke. Bd. III, S. 270.

[14] Vgl. hierzu den XXI. Band der Husserliana: Studien zur Arithmetik und Geometrie. Texte aus dem Nachlaß (1886–1901). Hrsg. v. Ingeborg Strohmeyer. Den Haag 1983.

tution in den Grundzügen angelegt. Husserl geht von einem Problem aus, das schon in der Neubestimmung des Raumes als „formaler Anschauung" beim Übergang von der „Transzendentalen Ästhetik" zur „Transzendentalen Deduktion" in Kants „Kritik der reinen Vernunft" anklingt: der Frage nämlich, „was uns, wenn wir Raum vorstellen", unmittelbar anschaulich gegeben und „präsent" ist (XXI 262). Die Art und Weise, wie Husserl diese Frage untersucht, ist allerdings auch von der zeitgenössischen Diskussion „über den psychologischen Ursprung der Raumvorstellung" beeinflußt.[15] Diese Diskussion wurde von der Auseinandersetzung zwischen „nativistischen" und „empiristischen" Positionen beherrscht. Während der „Nativismus" unsere Raumvorstellung für angeboren hält, ist sie gemäß dem „Empirismus" durch Erfahrung erworben und verdankt sich einer lebens- und eventuell auch gattungsgeschichtlichen Entwicklung. Dies rechtfertigt es, von einem „psychologischen Ursprung der Raumvorstellung" zu sprechen.

In den Entwürfen zu seinem geplanten „Raumbuch" will Husserl diese „genetische" Ursprungsfrage im Ausgang von einer „deskriptiven Analyse" unserer Raumvorstellung entscheiden (XXI 267). Hierbei geht es ihm um den Nachweis, daß zwischen dem, was diese Vorstellung „meint" und dem, was in ihr unmittelbar anschaulich gegeben ist, eine Differenz besteht. Dasjenige, was unsere Raumvorstellung „meint", ohne daß es in ihr anschaulich „präsent" ist, ist durch Erfahrung erworben und somit „Produkt einer Entwicklung" (XXI 304).

Die Bestimmung der Unendlichkeit des Raumes macht dies unmittelbar deutlich. Aufgrund der „engen Grenzen des angeschauten Raumes, mindestens des momentan angeschauten", ist

[15] Einen Überblick über diese Diskussion gibt das gleichnamige Buch von Carl Stumpf (Leipzig 1873, Nachdruck Amsterdam 1965). Husserl hat dieses Werk, dessen Konzeption von ihrem gemeinsamen Lehrer Franz Brentano maßgeblich beeinflußt wurde, eingehend studiert. Vgl. die Einleitung von Ulrich Claesges in den XVI. Band der Husserliana (insbes. S. XXIII Anm. 3) sowie Franz Brentano, Philosophische Untersuchungen zu Raum, Zeit und Kontinuum. Aus dem Nachlaß mit Anmerkungen von Alfred Kastil herausgegeben und eingeleitet von Stephan Körner und Roderick M. Chisholm. Hamburg 1976, S. 164–177 und S. 229, Anm. 130.

die Vorstellung der räumlichen Unendlichkeit nicht unmittelbar in der Wahrnehmung gegeben (XXI 406). Sie wird erst „durch Kontinuierungen des momentan Angeschauten" – in der leiblichen Bewegung des wahrnehmenden Subjekts – „geschaffen" (XXI 273). Wir gewinnen die Vorstellung der Unendlichkeit des Raumes dadurch, daß wir uns diese Bewegung als unabschließbar denken. „Die Unendlichkeit kann nicht angeschaut [sondern] nur gedacht werden" (XXI 284). So ist der unendliche „Raum als Ganzes nicht Anschauung", sondern „ein ideelles Gebilde, von dem nur Teile jeweils anschaulich sind" (XXI 283).

Dasselbe gilt aber auch schon für „beschränkte Teile des Gesamtraumes", z. B. „Häuser" oder „Landschaften" (XXI 277, 281). Solche „räumlichen Einheiten", die „nicht Inhalte von Momentananschauungen" sind, können wir nur in „kontinuierlichen Anschauungsverläufen" erfassen (XXI 277, 283). Hierzu müssen wir die Mannigfaltigkeit von visuellen Bildern (bzw. taktuellen Empfindungen u. ä.), die uns in diesen „Anschauungsverläufen" nacheinander gegeben wird, in einer „gedanklichen [d. h. begrifflich-regelhaften] Synthesis" miteinander verbinden und auf identlische „räumliche Einheiten" beziehen (XXI 281, 288). Diese haben den Charakter von „ideellen Objekten", da sie in einer „gedanklichen Synthesis" gründen (XXI 283). Der Ausdruck „ideelles Objekt" meint hier der Sache nach dasselbe wie Kants Begriff der „formalen Anschauung".

Der Raum, wie wir ihn in der Wahrnehmung erfahren, ist somit nicht unmittelbar anschaulich gegeben, sondern durch ein Zusammenwirken von „Anschauung und Urteilsprozeß [d. h. der „gedanklichen Synthesis"] entstanden" (XXI 284). Husserl kritisiert deshalb die „Ansichten ..., welche den Raum aus Anlaß der Empfindungen fertig ins Bewußtsein treten lassen, ja ihm schon im voraus ein Sein vor der Empfindung ‚im Gemüte' ... zuschreiben" (XXI 304). Dies ist offensichtlich eine Anspielung auf die „Transzendentale Ästhetik" in Kants „Kritik der reinen Vernunft". Die Position, die Kant dort vertritt, kann als „nativistisch" gekennzeichnet werden.[16] Dennoch läßt sich Kant

[16] Vgl. Carl Stumpf, Über den psychologischen Ursprung der Raumvorstellung. S. 9f.

nicht vorbehaltlos dem Nativismus zuordnen. In der Schrift „Über eine Entdeckung, wonach alle neue Kritik der reinen Vernunft durch eine ältere entbehrlich gemacht werden soll" stellt er ausdrücklich fest, daß unsere Raumvorstellung, die den Charakter der „formalen Anschauung" hat, „nicht angeboren, sondern erworben" ist.[17]

Husserl greift somit, indem er den Raum als „Produkt der Erfahrung" (XXI 308) bestimmt, auch auf Kantische Ansätze zurück. Die empiristische Position, zu der er sich bekennt (XXI 304), ergibt sich allerdings erst dadurch, daß er die Bedeutung der leiblichen Bewegung für den Ursprung unserer Raumvorstellung berücksichtigt. Wenn dieser untrennbar mit Leibesbewegungen verbunden ist, gründet unsere Raumvorstellung nicht nur in synthetischen Vollzügen – im Sinne von Kants Begriff der „formalen Anschauung" –, sondern ist darüber hinaus auch das Produkt einer lebensgeschichtlichen Entwicklung, in deren Verlauf wir z. B. das Gehen erst lernen. Diese Entwicklung kann von der empirischen Psychologie erforscht werden. Daher versteht Husserl die Entwürfe zu seinem geplanten „Raumbuch" zugleich als Beiträge zur Aufklärung der „psychologischen Genesis des Raumes" (XXI 305), wobei er jedoch auch auf transzendental-idealistische Ansätze zurückgreift.

Eine solche eigentümliche Zwischenstellung zwischen empirisch-psychologischen und transzendental-idealistischen Fragestellungen kennzeichnet auch die Position zweier weiterer Autoren, die Husserls Raumtheorie im ganzen maßgeblich beeinflußt haben: Alexander Bain (1818–1903) und Ernst Mach (1838–1916).[18] Beide untersuchen die Bedeutung von subjektiven Bewegungsvollzügen für die Erfahrung des Raumes bzw. räumlicher Dinge und Gestalten. Die Korrelation von kinästhetischen Vollzügen und gegenständlichen Aspekterscheinungen kommt bei Bain dadurch zum Ausdruck, daß er z. B. einen Kreis mit einer „Reihe von Augenbewegungen in bestimmter Folge

[17] Kant, Werke. Bd. III, S. 339.

[18] Husserl besaß seit 1880 eine Übersetzung von Bains Werk „The Senses and the Intellect (London 1855). Machs „Analyse der Emfindungen" las er unmittelbar nach ihrem Erscheinen im Jahre 1886. Vgl. Karl Schuhmann: Husserl-Chronik. Den Haag 1977, S. 8, 15.

und Gruppirung" identifiziert.[19] Allen kinästhetischen Vollzügen entsprechen bestimmte „Gruppierungen" bzw. Bewegungen von Muskeln, die nach Bain unmittelbar empfunden werden. Die Erfahrung von räumlichen „Bewegungen und Formen" basiert auf der Empfindung derjenigen „Muskelgruppierungen" und -bewegungen, die ihnen „entsprechen".[20] „Diese bedingen jede Art der geistigen Auffassung" von räumlicher Ausdehnung und Gestalt.[21] Das idealistische bzw. konstitutionstheoretische Moment der Theorie Bains zeigt sich darin, daß er den Raum selbst mit einer Strukturierung von subjektiven Bewegungsvollzügen identifiziert.[22] Zugleich enthält seine Theorie ein empirisches bzw. realistisches Moment, indem er die „Bewegungsempfindungen", die kinästhetische Vollzüge begleiten und unserer Raumerfahrung zugrunde liegen, auf bestimmte „Muskelgruppierungen" zurückführt.

Daß auch Machs „Analyse der Empfindungen" durch eine Zwischenstellung zwischen einer idealistischen Konstitutionstheorie und empirischer Psychologie gekennzeichnet ist, läßt sich an einem Beispiel veranschaulichen. Ebenso wie später Husserl in der „Dingvorlesung" untersucht Mach das Problem, wie wir ein Ding als ruhend identifizieren können, das uns in beweglichen Aspekterscheinungen gegeben ist, insofern wir selbst uns bewegen. Er erklärt dies damit, daß wir unsere leiblichen Bewegungen nach Möglichkeit durch Augenbewegungen in umgekehrter Richtung kompensieren. Nur wenn das geschieht, identifizieren wir ruhende Dinge als ruhend, während wir selbst uns bewegen. Bleiben die Augen dagegen unbeweglich, so erfahren wir die ruhenden Dinge als bewegt und uns selbst als ruhend.[23]

Diese Ausführungen Machs basieren auf Beobachtungen und

[19] A. Bain, Geist und Körper. Die Theorie über ihre gegenseitigen Beziehungen. Leipzig 1874, S. 119.

[20] Ebd., S. 117, 119.

[21] Ebd., S. 119.

[22] Vgl. auch die Darstellung bei Stumpf, Über den psychologischen Ursprung der Raumvorstellung. S. 41.

[23] Ernst Mach, Die Analyse der Empfindungen. Jena [9]1922. Nachdruck Darmstadt 1987, S. 110ff.

Experimenten. Sie lassen sich daher der empirischen Psychologie zuordnen. Zugleich kommt die idealistische Grundposition, die Mach in philosophischer Hinsicht vertritt[24], dadurch zum Ausdruck, daß nach seiner Überzeugung der Raum selbst „auf die Bewegungsempfindungen aufgebaut" ist und unserer Vorstellung eines absoluten, „unverrückt festen" Raumes – im Sinne der natürlichen Weltsicht – nichts Wirkliches entspricht.[25] Es scheint lediglich so, als würden unsere Bewegungen in einem solchen absoluten Raum stattfinden, obwohl diesen „nicht das mindeste Sichtbare kennzeichnet".[26] Er hat daher den Charakter eines Konstrukts.

Die idealistischen Ansätze von Mach und Bain leiten sich allerdings weniger von Kant her als vielmehr aus dem Englischen Empirismus. In diesem Zusammenhang ist Berkeleys „Versuch über eine neue Theorie des Sehens" (1709) von besonderer Bedeutung. Berkeley hat darin die These vertreten, daß uns die Dimension räumlicher Tiefe in der visuellen Wahrnehmung nicht ursprünglich gegeben ist. Wir gewinnen sie erst aufgrund von taktuellen Erfahrungen, die durch Bewegungsvollzüge vermittelt sind. Diese These, die durch Beobachtungen an operierten Blindgeborenen bestätigt wurde, hat in der Philosophie des 18. Jahrhunderts eine umfangreiche Diskussion ausgelöst (u. a. bei Condillac, Voltaire, Diderot, Herder, Lichtenberg) und noch die Frage nach dem „psychologischen Ursprung der Raumvorstellung" in der zweiten Hälfte des 19. Jahrhunderts beeinflußt. Auch Husserl greift die These Berkeleys auf – sowohl in den frühen Entwürfen zu seinem geplanten „Raumbuch" (XXI 305, 406) als auch in seiner späteren transzendental-phänomenologischen Theorie der Raumkonstitution (s. u.).

Anhand dieser frühen Entwürfe lassen sich unterschiedliche Traditionen namhaft machen, mit denen sich Husserl in seinen Untersuchungen zum Raum auseinandersetzt: der Englische Empirismus, Kant, der zeitgenössische Psychologismus und Empiriokritizismus, von dem er auch den Begriff der „kinästhetischen Empfindungen" übernimmt (allerdings in modifizierter

[24] Ebd., S. 10f., 23, 28.

[25] Ebd., S. 114f.

[26] Ebd., S. 115.

Form, s. u.). Darüber hinaus ist für den frühen Husserl die Frage nach einer philosophischen Begründung der Geometrie von Bedeutung (XXI 402). Er setzt sich – in den Entwürfen für das geplante „Raumbuch“ – auch in dieser Frage kritisch von der Position ab, die Kant in der „Transzendentalen Ästhetik“ der „Kritik der reinen Vernunft“ vertritt. Dort leitet Kant aus seiner Bestimmung des Raumes als „Form der Anschauung“ die apriorische Gültigkeit der euklidischen Geometrie ab. Da der Raum als „Form der Anschauung“ a priori gegeben sei, könne seine – euklidische – Struktur auch a priori erkannt werden. In der Mathematik des 19. Jahrhunderts wurde – parallel mit der Entwicklung der nicht-euklidischen Geometrie – die apriorische Geltung der euklidischen in Zweifel gezogen, so etwa von Carl Friedrich Gauß und Hermann von Helmholtz; und damit erschien zugleich Kants Bestimmung des Raumes als apriorischer „Form der Anschauung“ insgesamt fragwürdig.[27] Husserl schließt sich dieser Kritik an. Die Gültigkeit der euklidischen Geometrie für den Raum unserer Erfahrung hat lediglich den Charakter einer „empirischen Tatsächlichkeit“ (XXI 269). Sie kann nicht a priori begründet werden. Daher hält Husserl an der Möglichkeit fest, „daß der Raum nicht euklidisch sei“ (ebd.), was durch die Entwicklung der Allgemeinen Relativitätstheorie zwei Jahrzehnte später bestätigt wird. Bemerkenswert ist in diesem Zusammenhang, daß Kant bereits in seiner frühen Schrift „Gedanken von der wahren Schätzung der lebendigen Kräfte“ (1747) Vorstellungen formuliert hat, die sowohl auf die Entwicklung der nicht-euklidischen Geometrie in der Mathematik des 19. Jahrhunderts als auch auf die Allgemeine Relativitätstheorie vorausdeuten.[28] Hieran wird erneut sichtbar, daß die „Transzendentale Ästhetik“ der „Kritik der reinen Vernunft“ Kants Überlegungen zum Raumproblem nur in einer einseitigen, verkürzten Gestalt wiedergibt, was bezüglich der Frage nach der Begründung der Geometrie z. T. einem äußeren Einfluß – nämlich Leonhard Eulers – zuzuschreiben ist. Husserl kritisiert den Raumbegriff, den

[27] Vgl. Oskar Becker, Grundlagen der Mathematik in geschichtlicher Entwicklung. Frankfurt 1975. S. 178f. und Franz Brentano, Philosophische Untersuchungen zu Raum, Zeit und Kontinuum. S. 167f.

[28] Kant, Werke. Bd. I. Darmstadt 1960, S. 33ff.

Kant in der „Transzendentalen Ästhetik“ entwickelt, somit einerseits auf dem Hintergrund der Entwicklung der nichteuklidischen Geometrie und andererseits der Frage nach dem „psychologischen Ursprung der Raumvorstellung“. „Die anfänglichen Auseinandersetzungen Husserls mit dem Problem des Raumes“ sind, wie an diesem Beispiel deutlich wird, geprägt „durch das eigentümliche Verhältnis zwischen Mathematik und Psychologie, das den Ausgangspunkt seines Philosophierens bestimmt“.[29] In der weiteren Entwicklung seines Denkens spielt die Frage nach der philosophischen Begründung der Geometrie nur noch eine untergeordnete Rolle (vgl. 123, VII 386).

In dem Jahrzehnt, das zwischen den Entwürfen zu seinem geplanten „Raumbuch“ und der „Dingvorlesung“ liegt, hat Husserl eine entschiedene Abkehr vom Psychologismus vollzogen. Mittels der phänomenologischen Reduktion sollen nun alle empirisch-psychologischen Momente ausgeklammert werden, die seine frühen Entwürfe zum Raumproblem durchziehen. Der Begriff der „kinästhetischen“ bzw. „Bewegungsempfindungen“ (d. h. der Empfindungen, die kinästhetische Vollzüge begleiten), den Husserl aus dem zeitgenössischen Psychologismus und Empiriokritizismus (Bain, Mach u. a.) übernimmt, bleibt auch für die transzendentale Phänomenologie von Bedeutung (161). Er muß jedoch „von allen physiologischen und anatomischen, d. h. transzendenten Suppositionen freigehalten“ werden.[30] D. h., Bewegungsempfindungen dürfen nicht auf bestimmte „Muskelgruppierungen“ zurückgeführt, sondern lediglich in ihrem „deskriptiven Befund“ als cogitationes thematisiert werden (ebd.).

Innerhalb der transzendentalen Phänomenologie muß der Raum als „reines Phänomen“, d. h. als Korrelat von subjektiven Vollzügen untersucht werden. Der „eine All-Raum“ als „Ordnungszusammenhang“ koexistierender Dinge ist uns in der Wahrnehmung nicht unmittelbar anschaulich gegeben; in ihr kommt immer nur „ein beschränktes Objektfeld zur Darstellung“ (84, 216 ff.). Damit stellt sich die Frage nach der Konstitu-

[29] Claesges, Husserls Theorie der Raumkonstitution. S. 3.

[30] Ulrich Claesges, Einleitung, in: Husserliana XVI, S. XXV.

tion der „dreidimensionalen Räumlichkeit von den bekannten Beschaffenheiten" (156). „Wir wissen, daß Räumlichkeit sich doppelt konstituiert, einmal mit den visuellen, das andere Mal mit den taktuellen Beschaffenheiten. Wir können also scheiden: Wie konstituiert sich der visuelle und wie der taktuelle Raum, wofern sie überhaupt voneinander unabhängig sich konstituieren? ... Und was macht die Identität des Raumes, der sich einmal visuell und das andere Mal taktuell materialisiert und in der doppelten Materialisierung der eine und identische ist?" (156). Daß Husserl die Konstitution des Raumes in unterschiedlichen Sinnesfeldern getrennt behandelt, kann als eine Anknüpfung an seine frühen, psychologisch-genetisch orientierten Entwürfe zum Raumproblem und darüber hinaus an die Tradition Berkeleys angesehen werden. In der „Dingvorlesung" stellt Husserl allerdings nur die Konstitution des visuellen Raumes dar. Seine Untersuchungen zum taktuellen Raum finden sich verstreut in zahlreichen Forschungsmanuskripten, von denen bislang nur Auszüge veröffentlicht worden sind, vor allem im XIV. und XV. Band der „Husserliana". Eine zusammenfassende Darstellung und Interpretation dieser Manuskripte gibt Ulrich Claesges in seiner Dissertation „Edmund Husserls Theorie der Raumkonstitution" (S. 90ff.).

Zu Beginn seiner Analyse der Raumkonstitution in der „Dingvorlesung" formuliert Husserl bereits ihre zentrale These: „Alle Räumlichkeit konstituiert sich, kommt zur Gegebenheit, in der Bewegung, in der Bewegung des Objektes selbst und in der Bewegung des ‚Ich' mit dem dadurch gegebenen Wechsel der Orientierung" (154). Diese These kann in zwei Schritten entwickelt und begründet werden, wobei dem ersten die Analyse des visuellen, dem zweiten die Analyse des taktuellen Raumes entspricht.

Die Konstitutionsanalyse des visuellen Raumes setzt an bei der Gegebenheitsweise visueller Empfindungen. Sie „bilden einen kontinuierlichen Zusammenhang: Wir nennen ihn das visuelle Feld" (82). Es stellt ein „festes Lagensystem" dar (165). Alle visuellen Empfindungen und Bilder lassen sich darin gemäß den „zwei Hauptrichtungen" ‚Rechts-links' und ‚Oben-unten' wie in einem Koordinatensystem lokalisieren (XVI 350). Daß das visuelle Feld nur diese beiden „Hauptrichtungen" aufweist, daß die Dimension räumlicher Tiefe in ihm nicht ursprünglich gegeben ist, soll im folgenden noch eigens dargestellt werden.

So ist das visuelle Feld eine „zweidimensionale Mannigfaltigkeit, ... stetig ..., endlich, und zwar begrenzt" (165). Es ist mit wechselnden visuellen Empfindungen und Bildern gefüllt. Ihre Lage im Feld kann sich entweder dadurch ändern, daß sich die (visuell) wahrgenommenen Gegenstände bewegen, während wir selbst ruhen, oder dadurch, daß wir uns bewegen, während die Gegenstände ruhen (von Mischformen sei der Einfachheit halber abgesehen). Wir können also Ruhe und Bewegung der visuell wahrgenommenen Gegenstände nur mit Hilfe von „kinästhetischen Empfindungen" unserer eigenen Bewegungen unterscheiden (159 ff., 176). „Bewegung ist nur durch Kinästhese erfahrbar.[31]

Husserl gliedert die Bewegung des wahrnehmenden Subjekts in einzelne „kinästhetische Systeme" (230) – gemäß den verschiedenen Sinnesorganen bzw. Leibesgliedern, die daran beteiligt sind. Unter einem „kinästhetischen System" versteht er „die Gesamtheit der möglichen kinästhetischen Verläufe, die zu einem ‚Organ' gehören".[32]

In der „Dingvorlesung" untersucht Husserl zunächst das „kinästhetische System" der (bloßen) Augenbewegungen (176 ff.) und erweitert es anschließend um die Bewegungen von Kopf und Oberkörper (200 ff.) sowie zuletzt die räumliche Fortbewegung (246 ff.). Das „kinästhetische System" der Augenbewegungen bildet eine „zweidimensionale Mannigfaltigkeit" (XVI 350). Den beiden „Hauptrichtungen" der Augenbewegungen (rechts-links, oben-unten) entsprechen die beiden „Koordinatenrichtungen" des visuellen Feldes (ebd.). „Die kinästhetische Ordnung ist eine parallele, formal gleiche zweifache Ordnung, wie die Lokalordnung des Feldes, aber sie ist eine Ordnung möglicher sukzessiver Abläufe, wobei immer nur eine Kinästhese realisiert ist" (Manuskript D 13 IV (1921); zitiert bei Claesges: Husserls Theorie der Raumkonstitution. S. 73 Anm. 1). Dementsprechend umfaßt das visuelle Feld nicht nur die in ihm aktuell gegebenen Empfindungen und Bilder, son-

[31] Claesges, Husserls Theorie der Raumkonstitution. S. 71.

[32] Claesges, Einleitung, in: Husserliana XVI, S. XXV.

dern auch den Horizont derjenigen, die durch „mögliche sukzessive Abläufe" von Augenbewegungen wahrgenommen werden können. Es hat – als „Korrelat eines kinästhetischen Systems" – eine Horizontstruktur.[33]

Nimmt man die Bewegungen des Kopfes und Oberkörpers hinzu, so wird das visuelle Feld zum „okulomotorischen Feld" erweitert (200 ff.). Auch dieses ist eine „zweidimensionale" Mannigfaltigkeit (241 f.). Die dritte Dimension – der räumlichen Tiefe – ergibt sich erst, indem wir uns fortbewegen, vor allem durch die Kinästhese des Gehens. Dadurch wird aus dem „okulomotorischen Feld" der Raum „geschaffen" (236, 255). Die „Nahsphäre" bzw. „Kernwelt", die ich von einer bestimmten Raumstelle aus unmittelbar überschauen kann, wird durch die Kinästhese des Gehens „zu einer homogen endlos offenen Raumwelt erweitert" (Manuskript D 12 IV (1931), S. 29 f.; zitiert bei Claesges: Husserls Theorie der Raumkonstitution, S. 83 f.). Als „Korrelat eines kinästhetischen Gesamtsystems" und seines Möglichkeitshorizontes gewinnt der Raum eine „offene Horizontstruktur".[34] Er wird zur „Form der frei zugänglichen Erfahrungshorizonte" der gegenständlichen Welt (VII 57). „Der orientierte Raum der räumlichen Präsenz" – die „Nahsphäre" bzw. „Kernwelt" – ist die „Urzelle, aus der sich der homogene Raum konstituiert" (XIV 539).

Der Ordnungsstruktur des Raumes entspricht eine Regelstruktur der Bewegungsvollzüge, in denen er sich konstituiert (217, 223). Die Konstitution des visuellen Raumes als ‚Überführung' bzw. ‚Verwandlung' des „zweidimensionalen okulomotorischen Feldes in das dreidimensionale Raumfeld" geschieht dadurch, daß die „lineare" Mannigfaltigkeit der Annäherung bzw. Entfernung des wahrnehmenden Subjekts relativ zum Gegenstand mit einer „zyklischen Wendungsmannigfaltigkeit" verbunden wird (243, 255). Diese ergibt sich dadurch, daß das Subjekt um den Gegenstand herumgeht bzw. dieser sich vor seinen Augen dreht (250 f.). Hiermit konstituiert sich allererst die „Geschlossenheit der körperlichen Gestalt" eines dreidimensionalen Dinges (253). Daher bildet die „zyklische Wendungs-

[33] Claesges, Husserls Theorie der Raumkonstitution. S. 72.
[34] Claesges, Husserls Theorie der Raumkonstitution. S. 84.

mannigfaltigkeit" zugleich ein notwendiges Moment der Konstitution der dreidimensionalen Räumlichkeit.

Insofern die Bewegungsvollzüge, in denen sich der Raum konstituiert, eine durchgängige Regelstruktur aufweisen, konstituiert sich eine „feste" Raumordnung. „Indem ... mein Leib in seiner gehenden Kinästhese immer wieder orientierten Raum freigibt, und so die Konstitution einer identischen ... Räumlichkeit möglich wird, ist wohl verständlich, daß ein universaler Raum ist und eine Raumwelt, in welcher alle orientiert gegebenen Dinge im Wechsel ihrer Orientierungen identische Raumstellen haben, die sie in Ruhe bald innehalten, bald in Bewegung wechseln" (Manuskript D10I (1932), S. 8; zitiert bei Claesges, Husserls Theorie der Raumkonstitution, S. 84). Dem universalen „Ortssystem" des Raumes (XI295), das den Charakter des „Außereinander-im-Zugleich" hat, entspricht korrelativ die Horizontstruktur kinästhetischer Vollzüge. Der Ordnungszusammenhang des „All-Raumes" hat den Charakter des „Außereinander", insofern er nur in einer zeitlichen Abfolge von kinästhetischen Vollzügen konstituiert werden kann, „das Moment des Zugleich aber besagt", daß jeder dieser Vollzüge in seiner identischen Bestimmtheit „beliebig oft wiederholbar ist".[35] Das Ortssystem des Raumes wird als an sich seiendes konstituiert, d. h. als ein solches, das „auf vorgezeichneten Wegen der Bewährung" immer wieder „identifiziert ... werden könnte als dasselbe" (vgl. XI213, Manuskript D10III (1932), S. 6). Der Begriff der ‚Konstitution des Ansich', den Husserl in der transzendental-phänomenologischen Analyse der Intentionalität entwickelt hat, gilt somit auch für die Konstitution des Raumes. Es ist zugleich deutlich geworden, inwiefern der Ordnungszusammenhang des Raumes „die Zeit schon voraussetzt" (XI303). So stellt die Konstitutionsanalyse des visuellen Raumes den ersten Schritt in der Begründung der These dar, daß sich der Raum durch Bewegung konstituiert.

Allerdings ist in diesem Zusammenhang eine Frage offengeblieben: inwiefern nämlich das visuelle bzw. okulomotorische Feld bloß „zweidimensional" ist. Husserl scheint in dieser Frage geschwankt zu haben; denn er schränkt die Behauptung,

[35] Claesges, Husserls Theorie der Raumkonstitution. S. 78.

daß uns in der visuellen Wahrnehmung die Dimension räumlicher Tiefe nicht unmittelbar gegeben sei, mitunter auf das „einäugige“ Sehen ein; im „zweiäugigen“ seien gewisse „Tiefenunterschiede“ angedeutet, allerdings nicht im „eigentlichen“ Sinne wahrgenommen (228 f.). Eine zureichende Begründung der These, räumliche Entfernung und Tiefe könnten mittels des Gesichtssinns nicht ursprünglich wahrgenommen werden, fehlt in der „Dingvorlesung“. Sie findet sich erst in Forschungsmanuskripten Husserls aus den zwanziger Jahren (XIV 534–557).

Diese Begründung ergibt sich aus einer Bestimmung dessen, worin die Entfernung eines Gegenstandes vom wahrnehmenden Subjekt überhaupt besteht. Ein räumliches Ding kann nur dadurch vom Subjekt entfernt sein, daß dieses selbst im Raum lokalisiert ist, und zwar durch seinen Leib (279). Die Entfernung eines Dinges vom Subjekt besteht also im Abstand von seinem Leib. Der Abstand hat eine bestimmte Größe, die zwischen den beiden Polen ‚Null‘ und ‚unendlich‘ liegt. Er hat den Wert ‚Null‘, wenn es zu einer taktuellen Berührung von Subjekt und Gegenstand kommt. Der andere Pol (‚unendlich‘) bildet einen Grenzwert wachsender Entfernungen, der faktisch nie erreicht werden kann. Denn eine unendlich große Entfernung wäre keine Entfernung mehr. Da jede Entfernung eine bestimmte, endliche Größe hat, kann sie durch einen Bewegungsvollzug überwunden werden, der zu einer taktuellen Berührung von Subjekt und Gegenstand führt. Der Begriff der Entfernung – von Subjekt und Gegenstand – beinhaltet, daß faktisch keine Berührung stattfindet, jedoch aufgrund von Bewegungsvollzügen stattfinden kann. Daß ein von mir entferntes Ding im Raum existiert, besagt nichts anderes, als daß „es leiblich erreichbar ... ist. Es ist, wenn erreicht, bei meinem Leib, und mein Leib bei ihm, sonst hat es eine ‚Entfernung‘, die zunächst etwas rein durch Kinästhesen Bestimmtes ist“ (XIV 541). Der Begriff der Entfernung – von Subjekt und Gegenstand – ist somit nur im Rückgang auf taktuelle Erfahrungen formulierbar. Er hat unabhängig von ihnen keinen angebbaren Inhalt. Daher ist die räumliche Tiefendimension ursprünglich nicht in der visuellen, sondern in der taktuellen Wahrnehmung gegeben. Diese Argumentation findet sich im wesentlichen bereits bei Berkeley, einem

Philosophen, den Husserl zu den wichtigsten Vorläufern der transzendentalen Phänomenologie rechnet.[36]

Der Anschauungsraum als Ortssystem der gegenständlichen Welt ist durch die grundlegende Unterscheidung von „Hier" und „Dort" gekennzeichnet, wobei jeder von mir entfernte Gegenstand ein „Dort" bezeichnet (XI 298). Seine jeweilige Stelle (d. h. das jeweilige „Dort") ist das Korrelat der zugehörigen Kinästhesen, die zu einer taktuellen Berührung von Subjekt und Gegenstand führen (XIV 541 Anm.). Jeder räumliche Ort „konstituiert sich dabei offenbar relativ zu meinem Leib und seiner kinästhetischen Stelle und Bewegung" (XIV 543). Das Ortssystem des Raumes ist nichts anderes als das „System möglicher Enden von Körperbewegungen".[37] Alle räumlichen Entfernungen von Gegenständen relativ zum wahrnehmenden Subjekt

[36] Vgl. George Berkeley, Versuch über eine neue Theorie des Sehens. Übers. u. hrsg. v. Wolfgang Breidert unter Mitwirkung von Horst Zehe. Hamburg 1987, S. 32. – Das Argument, die räumliche Tiefendimension sei im visuellen Feld deshalb nicht gegeben, weil es, anatomisch gesehen, auf der „zweidimensionalen" Netzhaut lokalisiert ist, hat für die transzendental-phänomenologische Theorie der Raumkonstitution keine Bedeutung, da es sich wissenschaftlicher Beobachtung und nicht phänomenologischem Aufweis verdankt. Husserl hat auf dieses Argument, das Berkeley aus der geometrischen Optik des 17. Jahrhunderts übernimmt, gelegentlich Bezug genommen (V 6; vgl. Berkeley, Versuch über eine neue Theorie des Sehens, S. 13 und William Molyneux, Dioptrica nova. London 1692, S. 113).

Vom geometrisch-physikalischen Problem der Messung von Entfernungen sei in diesem Zusammenhang abgesehen, da innerhalb der transzendentalen Phänomenologie der anschaulich erfahrene und nicht der wissenschaftlich erfaßbare Raum thematisiert wird. Die Messung von Entfernungen durch Maßstäbe u. ä. ist nur mittels eines Analogons taktueller Berührungen möglich (z. B. Anlegen des Maßstabes an einen Gegenstand). Der Gedanke, daß räumliche Entfernungen nicht unabhängig von Bewegungsvollzügen bestimmt werden können, findet eine Parallele in der Relativitätstheorie, was allerdings als bloße Analogie, nicht als inhaltlicher Bezug zu verstehen ist.

[37] Husserl, „Grundlegende Untersuchungen zum phänomenologischen Ursprung der Räumlichkeit der Natur" (in: Philosophical Essays in Memory of Edmund Husserl. Ed. by Martin Farber. Cambridge/Mass. 1940, S. 307–325). S. 313.

sind korrelativ bezogen auf seinen „Tasthorizont“, d.h. den Möglichkeitshorizont seiner kinästhetischen Vollzüge, die zu einer Berührung von Subjekt und Gegenstand führen (Manuskript D 31 I (1921), S. 9). Daher setzt die Konstitution des Raumes taktuelle Erfahrungen voraus.

Dennoch glauben wir, räumliche Entfernungen unmittelbar ‚sehen‘ zu können. Damit wird die These, sie seien ursprünglich taktuell erfahren, nicht widerlegt; mit Hilfe ihrer Begründung läßt sich vielmehr aufklären, wie es zu diesem Anschein kommt. Der räumlichen Entfernung eines Gegenstandes vom wahrnehmenden Subjekt entspricht korrelativ die Regelstruktur der Bewegungsvollzüge, an deren „Ende“ das Subjekt den Gegenstand berühren kann. Die Größe der Entfernung entspricht der Dauer dieser Bewegungsvollzüge in Abhängigkeit von ihrer jeweiligen Geschwindigkeit sowie dem eingeschlagenen Weg. Die räumlichen Bewegungen des Subjekts relativ zum Gegenstand sind in geregelter Weise bezogen auf die Modifikationen der visuellen Bilder, in denen er sich darstellt. Wenn wir uns ihm nähern, vergrößert sich sein visuelles Bild usw. Dadurch kann sich eine assoziative Verbindung zwischen einzelnen Bewegungsvollzügen und den dadurch bedingten Bildmodifikationen im visuellen Feld herstellen. Indem wir etwa die Erfahrung machen, daß sich das visuelle Bild eines Gegenstandes ausdehnt, wenn wir uns ihm nähern, ‚zusammenzieht‘, wenn wir uns von ihm entfernen, zu drehen scheint, wenn wir um ihn herumgehen, können wir die Ausdehnung, „Zusammenziehung“ und Drehung von visuellen Bildern, die ohne unser Zutun ablaufen, als Darstellung von Bewegungen der Gegenstände selbst auffassen, d.h. interpretieren (227 ff., 238).[38] Daher ist die Erfahrung von räumlicher Bewegung schlechthin fundiert in unseren eigenen kinästhetischen Vollzügen und den „kinästhetischen Empfindungen“, die sie begleiten (178).

Bedeutsam ist in diesem Zusammenhang, daß uns jeder räumliche Abstand der Gegenstände untereinander im visuellen Feld in ständig wechselnden Bildmodifikationen gegeben ist – in Abhängigkeit von unseren eigenen Bewegungen. Einem festen Abstand zwischen zwei Dingen entspricht in der visuellen Wahr-

[38] Vgl. Berkeley, Versuch über eine neue Theorie des Sehens. S. 78.

nehmung kein gleichbleibendes visuelles Bild. Wir müssen diese wechselnden Bilder, in denen er erscheint, als Darstellung eines festen Abstandes auffassen, um ihn überhaupt als solchen identifizieren zu können. Worin besteht aber dieser feste Abstand, der in der visuellen Wahrnehmung als er selbst nicht gegeben ist? Dies läßt sich in Analogie zur Auffassung der Dehnung bzw. Zusammenziehung von visuellen Bildern als Darstellung von Entfernungsänderungen aufklären. Der feste Abstand zweier Dinge wird ursprünglich als Regelstruktur von kinästhetischen Vollzügen erfahren, und zwar denjenigen, die das Subjekt ausführen muß, um den Weg vom einen zum anderen zurückzulegen. „An jeden Dinges Stelle kann ich heran, und so bekommt jedes Ding Abstand von jedem andern als Abstand meines Leibes von jedem ... Alle Orte und Abstände haben konstitutiv Beziehung zu meinem Leib ... Die Realisierung der Abstandswahrnehmung liegt also darin, daß ich mich an den Ort des einen und an den des andern versetze und geradehin von einem zum andern mich bewege. Das ist, ich erprobe, wie weit der zweite von mir ist, wenn ich an Stelle des ersten stehe oder stünde. Der Abstand eines Körpers von mir – seine Entfernung –, das ist der Urabstand, und das wird übertragen auf Orte (die auch zunächst Orte in Beziehung zu mir sind) fremder Körper in Beziehung aufeinander. Sie sind voneinander entfernt, sofern ich mich an den Ort des einen versetzen und von da zum zweiten Ort gehen kann“ (XIV 541–544). Daher ist nicht nur die Tiefendimension des Raumes, sondern auch das räumliche „Außereinander“ schlechthin, d. h. jeder räumliche Abstand von Gegenständen – einschließlich des ‚Nebeneinander‘ und ‚Übereinander‘ – ursprünglich taktuell konstituiert: durch kinästhetische Vollzüge, die jeweils zur taktuellen Berührung von Subjekt und Gegenstand führen (bzw. führen können). Auch die Dimensionen des ‚Nebeneinander‘ und ‚Übereinander‘ sind nicht unmittelbar gegeben – nämlich in der „zweifachen Lokalordnung“ des visuellen Feldes – sondern selber fundiert in konstitutiven Vollzügen. Hierin besteht der zweite, abschließende Schritt in der Begründung der These, daß sich der Raum im ganzen durch Bewegung konstituiert. Da die Erfahrung von Bewegung insgesamt in kinästhetischen Vollzügen und den sie begleitenden „kinästhetischen Empfindungen“ gründet, bleibt der Begriff der „kinästhetischen Empfindung", den Husserl aus dem zeitgenössischen Psychologismus und Empiriokritizismus übernimmt, auch für seine transzendental-phänomenologische Theorie der Raumkonstitution von grundlegender Bedeutung.

Auf diesem Hintergrund läßt sich die Konstitutionsanalyse des visuellen Raumes in der „Dingvorlesung" abschließend klären. Das zweidimensionale okulomotorische Feld wird dadurch in das dreidimensionale Raumfeld verwandelt, daß bestimmte Modifikationen der visuellen Bilder (Dehnung, Zusammenziehung, Drehung) als Darstellung von Bewegungen der wahrgenommenen Gegenstände im Raum – bzw. seiner Tiefendimension – aufgefaßt werden (236 ff., 241 f.). Das Ortssystem des Raumes, als dessen Darstellung die im visuellen Feld gegebenen Bilder und Bildmodifikationen aufgefaßt werden, ist offensichtlich selbst nicht visueller Art. Daher ist die Konstitution des visuellen Raumes fundiert im taktuellen Raum als dem Möglichkeitshorizont von Bewegungsvollzügen, die zur Berührung von Subjekt und Gegenstand führen können.

Dies entspricht der zentralen These Berkeleys in seinem „Versuch über eine neue Theorie des Sehens". Das visuelle Feld gewinnt nur dadurch eine räumliche Bedeutung, daß die darin gegebenen Bilder und Bildmodifikationen als „Zeichen" für Ordnungszusammenhänge und Bewegungen im taktuellen Raum aufgefaßt werden.[39] Die Konstitution des visuellen Raumes vollzieht sich somit als Erkenntnis des taktuellen. Die Spannung von „Schöpfung" und „Darstellung" im transzendental-phänomenologischen Begriff der Gegenstandskonstitution bestimmt auch die Konstitution des Raumes. Daß sich „Räumlichkeit konstituiert", ist nach Husserl gleichbedeutend damit, daß sie „zur Gegebenheit kommt", d. h. sich darstellt (154).

Gemäß der transzendental-phänomenologischen Analyse der Intentionalität beruht der Erkenntnisaspekt des Konstitutionsvollzuges darauf, daß eine sinnlich gegebene „Erscheinungsmannigfaltigkeit" einem „konstitutiven Typus" eingeordnet wird, der Regelstrukturen des „Erscheinungszusammenhangs"

[39] Berkeley, Versuch über eine neue Theorie des Sehens. S. 41, 80 ff.

(101) beinhaltet und den Fortgang der Erfahrung vorzeichnet. Dementsprechend bestehen die konstitutiven Typen der Raumkonstitution in Regelstrukturen von kinästhetischen Vollzügen in ihrem eindeutigen Zusammenhang mit visuellen Bildern bzw. Bildmodifikationen. Einen solchen Typus der Raumkonstitution bildet etwa das „System der Dehnungen" visueller Bilder als Darstellung von linearer Annäherung und Entfernung oder das „zyklische System" der Bildmodifikationen, d. h. der Drehungen, als Darstellung zyklischer Bewegungen (253, 255). Indem wir die im visuellen Feld gegebenen Bilder und Bildmodifikationen solchen konstitutiven Typen einordnen – wodurch sich der visuelle Raum konstituiert –, antizipieren wir einen Möglichkeitshorizont von Bewegungsvollzügen, die zur taktuellen Berührung von Subjekt und Gegenstand führen können. Diese Antizipation muß sich im Fortgang der Erfahrung bewähren. Hierin besteht der Erkenntnisaspekt der Raumkonstitution.

Die konstitutiven Typen der Raumkonstitution – etwa das „System der Dehnungen" – gewinnen wir aus der Erfahrung, indem wir z. B. feststellen, daß die Annäherung an einen Gegenstand mit der Ausdehnung seines visuellen Bildes regelhaft verbunden ist. In diesem Sinne müssen wir das Sehen in der Kindheit lernen (I 112). Ebenso wie empirische Gegenstandstypen enthalten auch die Typen bzw. „Systeme" der Raumkonstitution eine sedimentierte Geschichte des Bewußtseins. So weist Husserl der Frage nach dem „psychologischen Ursprung der Raumvorstellung" einen neuen systematischen Ort in der genetischen Phänomenologie zu (I 110), wodurch sie zugleich umgewandelt wird zur transzendentalphilosophischen Frage nach dem „konstitutiven Ursprung" des Raumes selbst (Manuskript D 13 I (1921), S. 26).

Wie die inneren Bezüge der Analyse der Raumkonstitution zur transzendental-phänomenologischen Intentionalitätsanalyse zeigen, ist es Husserl gelungen, die unterschiedlichen Ansätze, die er in seiner Theorie des Raumes verarbeitet hat, in ein einheitliches transzendentalphilosophisches Konzept zu integrieren. Hierbei übernimmt die Analyse der Raumkonstitution zugleich eine Begründungsfunktion für die transzendental-phänomenologische Intentionalitätsanalyse. Durch den Nachweis, daß die Konstitution des Raumes notwendig kinästhetische Vollzüge voraussetzt, wird nachträglich gerechtfertigt, daß der transzendental-phänomenologische Begriff der Intentionalität im Ausgang von einer Analyse des Dinges als „Einheit in einer kinästhetisch motivierten Erscheinungsmannigfaltigkeit" gewonnen wird. Ebenso wie der Raum selbst, sind auch räumliche Dinge korrelativ auf kinästhetische Vollzüge bezogen.

Allerdings stellt sich innerhalb der transzendental-phänomenologischen Theorie der Raumkonstitution das systematische Problem, wie dasselbe Subjekt, das den Raum allererst konstituiert, zugleich im Raum lokalisiert sein kann.[40] Einerseits ist der Raum fundiert in kinästhetischen Vollzügen des Subjekts, andererseits liegt er ihnen als Bedingung der Möglichkeit zugrunde. Denn kinästhetische Vollzüge haben den Charakter räumlicher Bewegungen und setzen insofern den Raum bereits voraus. Dieses Problem ergibt sich daraus, daß Husserl innerhalb einer transzendentalphilosophischen Konstitutionstheorie den Bereich räumlicher Erfahrung ausdrücklich thematisiert, den Kant vernachlässigt: den Raum als Bereich der Orientierung und leiblichen Bewegung des Subjekts. Gerade sein Fortschritt über Kant hinaus – in der Theorie der Raumkonstitution – führt zu diesem Folgeproblem.

Es läßt sich auch als das Problem des Verhältnisses von transzendentaler und empirischer Subjektivität formulieren. Husserl hat selbst auf eine grundlegende „Paradoxie der menschlichen Subjektivität" hingewiesen. Sie besteht darin, daß das Subjekt einerseits – als transzendentales – Welt konstitutiert, andererseits – als empirisches – „in der Welt" existiert (VI 182). Insofern die Konstitution des Raumes wie auch räumlicher Dinge nur mittels kinästhetischer Vollzüge möglich ist, diese aber den Raum und damit „Welt" – im weitesten Sinne – bereits voraussetzen, ist das transzendentale Subjekt – als Subjekt kinästhetischer Vollzüge – zugleich empirisch bestimmt. Die eigentümliche Zwischenstellung zwischen idealistischer Konstitutionstheorie und empirischer Psychologie, die die Raumtheorie des frühen Husserl – ebenso wie die Theorien von Mach und Bain – kennzeichnet, tritt innerhalb der transzendentalen Phä-

[40] Vgl. Claesges, Husserls Theorie der Raumkonstitution. S. 99ff.

nomenologie in Gestalt des „paradoxen" Verhältnisses von transzendentaler und empirischer Subjektivität wieder auf. Ein vergleichbares Problem hat sich bereits im Zusammenhang der Intentionalitätsanalyse gestellt: wie nämlich die „Geschichte des Bewußtseins" als „Geschichte der Objektivierung", d. h. der Konstitution der Welt und damit auch der Zeit, überhaupt – in der Zeit – anfangen kann. Das Problem des Verhältnisses von transzendentaler und empirischer Subjektivität erweist sich als ein systematisches Grundproblem der transzendentalen Phänomenologie Husserls. So zwingt die paradoxe Struktur der Raumkonstitution „zu einem erneuten Durchdenken der ‚Transzendentalität' der Husserlschen Phänomenologie" und darüber hinaus der argumentativen Möglichkeiten und Grenzen des transzendentalen Idealismus im ganzen.[41]

Abschließend danke ich Frau Dr. Ursula Panzer für die Erlaubnis, im Husserl-Archiv der Universität Köln unveröffentlichte Manuskripte einzusehen, sowie Herrn Dr. Reinhold Smid, der sich meiner zahlreichen Fragen zur Husserlschen Phänomenologie bereitwillig und geduldig angenommen hat, und nicht zuletzt Renate Berief für ihre tatkräftige Unterstützung in allen technischen Dingen. Mein besonderer Dank gilt meinem Lehrer, Herrn Prof. Dr. Ulrich Claesges, ohne dessen vielfältige Hilfe die vorliegende Ausgabe nicht zustandegekommen wäre. Ihm ist es zuzuschreiben, wenn die vorangegangenen Ausführungen dazu beitragen konnten, die Spannung von Gegenstandskonstitution und Erkenntnis als zentrales Problem und Bauprinzip transzendentaler Argumentation aufzuhellen.

[41] Claesges, Husserls Theorie der Raumkonstitution. S. 144.

EDITORISCHE NOTIZ

Die vorliegende Studienausgabe von „Ding und Raum“ gibt den Haupttext und die Beilage I des XVI. Bandes der „Husserliana“ wieder: Edmund Husserl, Ding und Raum. Vorlesungen 1907. Hrsg. v. Ulrich Claesges. Den Haag: Martinus Nijhoff 1973. S. 1–293 sowie 337–341. Es wurden lediglich geringfügige orthographische und grammatische Korrekturen vorgenommen. Der Titel, die Gliederung des Haupttextes mit den Überschriften der einzelnen Paragraphen, Kapitel und Abschnitt – von Winkelklammern eingeschlossen – stammen von Ulrich Claesges, ebenso die Anmerkungen des Herausgebers unter dem Text, die in der vorliegenden Studienausgabe an wenigen Stellen aktualisiert wurden.

Die Seitenzählung dieser Ausgabe ist für den Haupttext identisch mit den Seitenangaben in Band XVI der Husserliana; die Beilage I verzeichnet die Seitenzählung der Husserliana am inneren Rand der Kolumnentitelzeile. Seitenverweise beziehen sich auf die Seitenzählung der Husserliana. Die Kolumnenüberschriften sowie das Namen- und das Sachregister wurden von den Herausgebern dieser Studienausgabe erstellt.

BIBLIOGRAPHISCHE HINWEISE

Aguirre, A.: Die Phänomenologie Husserls im Licht ihrer gegenwärtigen Interpretation und Kritik. Darmstadt 1982.

–: Genetische Phänomenologie und Reduktion. Zur Letztbegründung der Wissenschaft aus der radikalen Skepsis im Denken Husserls. Den Haag 1970.

Asemissen, H. U.: Strukturanalytische Probleme der Wahrnehmung in der Phänomenologie Husserls. Köln 1957.

Bernet, R. / Kern, I. / Marbach, E.: Edmund Husserl. Darstellung seines Denkens. Hamburg 1989.

Claesges, U.: Intentionalität und Transzendenz. Zur Konstitution der materiellen Natur. In: Analecta Husserliana I. Dordrecht 1970.

–: Edmund Husserls Theorie der Raumkonstitution. Den Haag 1964.

de Boer, Th.: The Development of Husserl's Thought. The Hague / Boston / London 1978.

Held, K.: Lebendige Gegenwart. Die Frage nach der Seinsweise des transzendentalen Ich bei Edmund Husserl, entwickelt am Leitfaden der Zeitproblematik. Den Haag 1966.

Kern, I.: Husserl und Kant. Eine Untersuchung über Husserls Verhältnis zu Kant und zum Neukantianismus. Den Haag 1964.

Lübbe, H.: Positivismus und Phänomenologie. Mach und Husserl. In: H. Lübbe: Bewußtsein in Geschichten. Studien zur Phänomenologie der Subjektivität. Mach-Husserl-Schapp-Wittgenstein. Freiburg 1972.

Scrimieri, G.: La formazione della fenomenologie di E. Husserl. La „Dingvorlesung" del 1907. Bari 1967.

Sokolowski, R.: The Formation of Husserl's Concept of Constitution. The Hague 1964.

Sommer, M.: Evidenz im Augenblick. Eine Phänomenologie der reinen Empfindung. Frankfurt a. M. 1987.

–: Husserl und der frühe Positivismus. Frankfurt a. M. 1985.

Stevens, R.: James and Husserl. The Foundations of Meaning. The Hague 1974.

Ströker, E.: Husserls transzendentale Phänomenologie. Frankfurt a. M. 1987.

–: Phänomenologische Studien. Frankfurt a. M. 1987.
Tugendhat, E.: Der Wahrheitsbegriff bei Husserl und Heidegger. Berlin 1967.

EDMUND HUSSERL

DING UND RAUM

DING UND RAUM

<EINLEITUNG>[1]

<§ *1. Die Welt der natürlichen Erfahrung und der wissenschaftlichen Theorie*>

Die allgemeine Einleitung[2] haben wir in der letzten Vorlesung abgeschlossen. Wir haben uns Notwendigkeit und Sinn einer Phänomenologie zur Klarheit gebracht und werden nun nicht in Verlegenheit sein, wenn Termini wie phänomenologische Reduktion, reines Phänomen u. dgl. auftreten. Und vor allem auch der allgemeine Sinn des Problems der Erkenntnisphänomenologie, die Konstitution des Erkenntnisgegenstandes in der Erkenntnis, ist uns deutlich geworden.

Ich kann nun mit wenigen Worten das Thema der nachfolgenden Vorlesungen bezeichnen. Es handelt sich um die grundlegenden Partien einer künftigen Phänomenologie der Erfahrung, um eine von den nächstliegenden und ersten Anfängen ausgehende und von da aus möglichst tief und weit geführte Aufklärung des Wesens der Erfahrungsgegebenheit, mindestens in ihren niederen Formen und Stufen. Wollte man durchaus Anlehnung an die jetzt üblichen Redeweisen suchen, so wäre von Theorie der Erfahrung zu sprechen. Doch habe ich einerseits, wie schon bei dem Worte Erkenntnistheorie, meine Bedenken gegen die Rede von Theorie, die auf mathematische und naturwissenschaftliche Erklärung und Begründung paßt, aber sicher nirgends

---

[1] Vgl. zu den folgenden Vorlesungen insgesamt Beilage I: *Kritische Bemerkungen Husserls zu Gedankengang und Ablauf der Vorlesungen, zusammengestellt v. Hrsg.* (S. 337 ff.). — Anm. d. Hrsg.

[2] Bei dieser „allgemeinen Einleitung" handelt es sich um fünf Vorlesungen, die unter dem Titel *Die Idee der Phänomenologie* als Bd. II der *Husserliana* veröffentlicht worden sind. In ihnen entwickelt Husserl zum ersten Mal seinen Begriff der „phänomenologischen Reduktion", der also für den Gedankengang der folgenden Vorlesungen vorausgesetzt ist. — Anm. d. Hrsg.

paßt, wo es in diesem Sinne nichts zu erklären und zu begründen gilt, schon nicht auf das Erfahren der morphologisierenden oder typisierenden Wissenschaften, geschweige denn auf das der Phänomenologie. Zudem hat der Titel „Theorie der Erfahrung", seit Cohen und die Marburger Schule ihn auf Kants Kritik der Erfahrungserkenntnis angewandt haben, eine Weite angenommen, die so ziemlich alle Probleme der reinen theoretischen Vernunft umspannt; und so kühn sind wir hier nicht, uns allen stellen und alle behandeln zu wollen. Um die Probleme der Konstitution der naturwissenschaftlichen Wirklichkeit im Zusammenhang der vielgestaltigen Erkenntnis und Erkenntniszusammenhänge der Naturwissenschaft zu lösen, bedarf es mit der Lösung der Probleme, die das logisch-mathematische Denken stellt, und auf Seiten der Erfahrungserkenntnis der Aufklärung nicht nur der niederen Stufen, der vor allem Deduzieren und Induzieren, kurz vor allem im gewöhnlichen Sinne logisch-mittelbaren Erkennen liegenden Erfahrung, sondern erst recht dann der Aufklärung der höheren Stufen.

Das sind sehr hohe Ziele, zu denen wir sehnsuchtsvoll emporblicken, die wir uns hier und zur Zeit überhaupt noch nicht ernstlich stellen können. Die erste Bearbeitung des Feldes der Erfahrungsphänomene und Erfahrungsgegebenheiten wird uns der schwierigen und tiefgründigen Probleme genug bieten. Wohl uns, wenn wir es so wirksam kultivieren, daß die Nachkommenden den Anbau der höheren Problemformen versuchen können.

In der natürlichen Geisteshaltung steht uns eine seiende Welt vor Augen, eine Welt, die sich endlos im Raum ausbreitet, jetzt ist und vorher gewesen ist und künftig sein wird; sie besteht aus einer unerschöpflichen Fülle von Dingen, die bald dauern und bald sich verändern, sich miteinander verknüpfen und sich wieder trennen, aufeinander Wirkungen üben und solche voneinander leiden. In diese Welt ordnen wir uns selbst ein, wie sie finden wir uns selbst vor, und finden uns inmitten dieser Welt vor. Eine ausgezeichnete Stellung eignet uns in dieser Welt: Wir finden uns vor als ein Beziehungszentrum zu der übrigen Welt als unserer Umgebung. Die Umgebungsobjekte mit ihren Eigenschaften, Veränderungen, Verhältnissen sind, was sie sind, für sich, aber sie haben zu uns eine Stellung, zunächst eine räumlich-zeitliche, dann auch eine „geistige". Wir nehmen eine nähere Umgebung um uns unmittelbar wahr; sie ist zusammen, gleichzeitig mit uns und steht zu uns in der Beziehung des Gesehen-, Getastet-, Gehörtwerdens usw. Wirkliche Wahrnehmungen stehen dabei im Konnex mit Wahrnehmungsmöglichkeiten, mit vergegenwärtigenden Anschauungen; in den Zusammenhängen der unmittelbaren Wahrnehmung sind Leitfäden enthalten, die uns fortführen von Wahrnehmung zu Wahrnehmung, von einer ersten Umgebung zu immer neuen Umgebungen, und dabei trifft der wahrnehmende Blick die Dinge in der Ordnung der Räumlichkeit. Wir haben auch eine zeitliche Umgebung, eine nähere und fernere; eben gewesener Dinge und Vorgänge erinnern wir uns unmittelbar; sie waren nicht nur, sondern stehen jetzt in der Beziehung des Erinnertwerdens zu uns; worin auch beschlossen ist das Soeben-wahrgenommenworden-Sein. Die Erinnerung gleicht dabei als fortgesetzte Wiedererinnerung einem Leitfaden; sie führt uns in der Zeit Schritt für Schritt zurück, und damit treten immer neue Linien der räumlich-zeitlichen Wirklichkeit, und zwar der vergangenen, zu uns in Beziehung, in diese eigentümliche Beziehung der Erinnerung und des Wahrgenommenworden-Seins. Die Zukunft der Welt tritt zu uns in Beziehung durch die vorausblickende Erwartung. Über diesen niederen Akten bauen sich höhere auf, in denen wir uns denkend, schließend, theoretisierend zur Welt in Beziehung setzen; und wieder kommen dazu die sogenannten emotionalen Akte, ‹die› in sich neue solche Beziehungen konstituieren, obschon Beziehungen, die einer anderen Sphäre angehören. Wir schätzen als angenehm und unangenehm, als gut und schlecht, wir greifen handelnd in die Welt ein usw.

In dieser selben Welt finden wir auch andere Ich, die wie wir ihre Umgebung in dieser selben Welt haben und auch mittels der Gegebenheiten der unmittelbaren Umgebung auf weitere Gegebenheiten Schlüsse machen und die sich als fühlende und wollende Wesen ähnlich verhalten wie wir. Andere Ich haben in der Welt andere Stellung als wir, demgemäß andere unmittelbare Umgebung und Zusammenhänge der Mittelbarkeit. Vertauschen sie mit uns oder wir mit ihnen die Stellung, so sind nähere Umgebung, Wahrnehmungen und Wahrnehmungsmöglichkeiten, allgemein zu reden, vertauscht. Nicht alle Dinge gelten uns als Ich-Dinge, als Menschen, Tiere; die Welt zerfällt uns in physische und geistige Dinge, oder vielmehr bloß physische und zugleich geistige. Die geistigen Dinge haben Erlebnisse, teils Erlebnisse nicht nach außen gewandter Art, aber auch und besonders Erlebnisse des Wahrnehmens, sich Erinnerns, des Erwartens, des Prädizierens usw., mittels deren sie sich auf Dinge und Ereignisse geistig beziehen. Die geistigen Wesen, z.B. die Menschen, sind andererseits zugleich physisch; wie alle Dinge überhaupt haben sie die eben den Dingen als solchen gemeinsamen Eigenschaften, die sogenannten physischen. Sie haben Farbe und Gestalt, Stellung im Raum, Dauer und Veränderung in der Zeit u.dgl. Aber sie haben den Vorzug, etwas zu erleben; mit den physischen Eigenschaften der Zuständlichkeiten sind bei ihnen sogenannte geistige verknüpft. Und dabei bestehen gewisse funktionelle Zusammenhänge bekannter Art, vermöge deren Reize, äußere Einwirkungen auf den eigenen Leib ihre psychische Resonanz haben, und umgekehrt psychische Vorkomnisse, wie der Wille sich in leiblichen Bewegungen entlädt und nach außen Wirkungen setzt.

So stellt sich die Welt dem natürlichen Auffassen zunächst vor der Wissenschaft dar. Und auf diese Welt beziehen sich dann alle Erfahrungswissenschaften. Die physischen Naturwissenschaften beschäftigen sich mit den Dingen hinsichtlich ihrer physischen Beschaffenheiten, während es die Psychologie und Psychophysik mit den sogenannten psychischen Phänomenen, mit den Erlebnissen und den erlebenden Wesen in Hinsicht darauf, daß sie erleben, zu tun hat. Sie alle sprechen von der Wirklichkeit, in die wir hineinsehen und hineintasten oder mit sonstigen Sinnen erfassen, zu der wir durch unseren Leib die psychophysische Beziehung haben.

Mag die Weltauffassung der Wissenschaft sich noch so sehr entfernen von derjenigen des vorwissenschaftlichen Erfahrens, mag sie auch lehren, die Sinnesqualitäten haben keine so unmittelbare objektive Bedeutung, wie die natürliche Erfahrung ihnen zumißt; es bleibt doch dabei, daß die schlichte Erfahrung, die unmittelbare Wahrnehmung, Erinnerung usw. ihr die Dinge gibt, die sie nur abweichend von der gewöhnlichen Denkweise theoretisch bestimmt. Mag der Naturforscher auch sagen: Dieses Stück Platin ist in Wahrheit ein Atomkomplex von der und der Beschaffenheit, begabt mit den und den Bewegungszuständen usw., so bestimmt er mit solchen Reden doch immer dies Ding da, das er sieht, das er in der Hand hat, das er auf die Waagschale legt usw., oder er spricht allgemein von Dingen dieser Art. Alle Wirklichkeitsurteile, die der Naturwissenschaftler begründet, gehen zurück auf schlichte Wahrnehmungen <und> Erinnerungen, und beziehen sich auf die Welt, die in dieser schlichten Erfahrung zu einer ersten Gegebenheit kommt. Alle mittelbare Begründung, wie sie Wissenschaft vollzieht, beruht eben auf unmittelbarer Gegebenheit, und die Erlebnisse, in denen Realität zu unmittelbarer Gegebenheit kommt, sind Wahrnehmung, Erinnerung und, in gewisser Unmittelbarkeit genommen, auch Erwartung und erwartungsähnliche Akte. Daß es so etwas wie Halluzination, Illusion, trügerische Erinnerung und Erwartung gibt, wissen wir wohl. Aber es ändert nichts an dem Gesagten. Es zeigt sich ja gleich daran, daß es ein offenbarer *nonsens* wäre, alles unmittelbare Gegebensein dieser Quellen für illusorisch zu erklären. Jedenfalls würde damit nicht bloß die Wirklichkeit des gemeinen Menschen, sondern auch die der Wissenschaft und somit Wissenschaft selbst aufgegeben sein.

Diese Reflexion, die sich noch durchaus auf natürlichem Boden bewegt, macht uns darauf aufmerksam, daß wir mit gutem Gewissen und in der Tat naturgemäß von unten anfangen können, bei der niederen und gemeinen Erfahrung, ohne befürchten zu müssen, ein phänomenologisches Spiel zu treiben, das sich für das höchste Problem der Konstitution der wissenschaftlichen Wirklichkeit im wissenschaftlichen Erkennen als gleichgültig herausstellen könnte.

‹I. Abschnitt

DIE GRUNDLAGEN EINER PHÄNOMENOLOGISCHEN THEORIE DER WAHRNEHMUNG›

‹1. Kapitel
Grundbestimmungen der äußeren Wahrnehmung›

‹§ 2. *Einschränkung des Forschungsgebietes. Der Vorbegriff der äußeren Wahrnehmung*›

Das Sich-Konstituieren — das Sich-Beurkunden könnte ich auch sagen — von Erfahrungsgegenständlichkeit in der niederen Erfahrung wollen wir also studieren. Es handelt sich, mit anderen Worten, um die Erlebnisse schlichten Anschauens oder anschauenden Erfassens, auf die sich die höheren Akte der spezifisch logischen Sphäre erst aufbauen und dadurch erst in dieser sogenannten Verarbeitung des unterliegenden „sinnlichen Materials" die wissenschaftliche Gegenständlichkeit zur Konstitution bringen.

Zunächst werden wir es mit der Wahrnehmung zu tun haben, die wir für sich und dann im Zusammenhang mit allen ihr nahe und auf gleicher Stufe stehenden objektivierenden Phänomenen studieren müssen. Abgesehen ist es auf die Korrelation von Wahrnehmung und wahrgenommener Dinglichkeit, und unter dem Titel wahrgenommener Dinglichkeit steht von vornherein Ding im engeren Sinn als physisches Ding und andererseits das geistige Ding, das beseelte Wesen, und dabei wieder der Unterschied zwischen „eigenes Ich" und „fremdes Ich". Es gehört auch nicht dazu das bloß vereinzelte Ding, sondern das Ding mitsamt seiner Dingumgebung, soweit Wahrnehmung und in weiterer Folge schlichte Erfahrung den Anspruch erhebt, für sie als konstituierendes Phänomen zu fungieren. Ob Wahrnehmung, in dieser Korrelation genommen, das einzige Phänomen ist, das aufgrund der ihm wesentlich zugehörigen Eigentümlichkeiten den Namen Wahrnehmung verdient, wissen wir hier natürlich nicht; eigentlich wissen wir im strengen Sinn überhaupt noch nicht, was die Wahrnehmung ist. Wir haben vorläufig das Wort und, ihm anhängend, eine gewisse vage Bedeutung. Auf die Phänomene selbst zurückzugehen unter Anleitung dieser vagen Bedeutung, sie schauend <zu> studieren und dann feste, phänomenologische Gegebenheiten rein ausprägende Begriffe zu schaffen, das wird die Aufgabe sein. Jedenfalls werden wir in der differenzierenden Analyse, in der Vergleichung, charakterisierenden Abhebung und Bestimmung so weit gehen, als es die Natur der Sachen, die Ziele, die wir verfolgen, erfordern. Selbstverständlich sind die Ziele selbst nicht vollkommen klar und bestimmen sich erst im phänomenologischen Verfahren.

An die Begriffsbestimmungen der Psychologen und Philosophen knüpfen wir nicht an. Sie sind von ganz anderen Interessen und Gesichtspunkten aus vollzogen, als welche uns hier leiten müssen. Das Ziel einer rein phänomenologischen Analyse, das Prinzip der phänomenologischen Reduktion sind ihnen fremd; Mißverständnisse, Verwechslungen, ja grobe Unrichtigkeiten, wie sie durch eine solche Analyse ohne weiteres ausgeschlossen bleiben, machen sich in den üblichen Bestimmungen von vornherein geltend. Wir wollen ja auch die Sachen nicht indirekt, aufgrund der Reden anderer über die Sachen studieren, sondern an diese selbst herantreten und <uns> von diesen selbst belehren lassen.

Wir gehen also von Beispielen aus, und zwar zunächst von Beispielen sogenannter äußerer Wahrnehmungen, oder sagen wir deutlicher: Wahrnehmungen von Dingen im engeren Sinn, physischen Dingen. Sehen, Hören, Tasten, Riechen, Schmecken sind Titel, die uns Beispiele für Dingwahrnehmungen vor Augen führen. Wir entnehmen diese Worte der gewöhnlichen Sprache und gebrauchen sie also auch in ihrem Sinn. „Ich sehe" sagt jeweils: Ich sehe etwas, und zwar ein Ding oder eine Eigenschaft am Ding oder einen dinglichen Vorgang. Ich sehe ein Haus, ich sehe das Auffliegen eines Vogels, das Fallen der Blätter. Ich sehe auch die Farbe des Hauses, die Gestalt und Größe des Blattes, seine Bewegungsform u. dgl. Ich höre etwas, nämlich den Ton einer Geige, das Lärmen der Straßenkinder, das Summen einer Biene. So überall. Ich sehe und höre auch mich und andere Leute, ich sehe meine Hände, höre Worte und Geräusche, die mir, meinem Leib, zugehören. Das Sehen und Hören bezieht sich in erster Linie, auch bei der Wahrnehmung anderer, auf das Leibliche. In bezug auf das Psychische sagt man allerdings auch: Ich sehe, daß der andere zornig ist, oder: Ich sehe ihm den Zorn an, ich sehe ihm die Verachtung an, die Unwahrhaftigkeit an usw. Doch unterscheidet sich dieses Sehen schon bei flüchtiger Betrachtung von dem Sehen einer Farbe, einer Bewegung, vom Sehen des Physisch-Dinglichen, und man sagt sich: Gesicht und Gesichtsausdruck, Mienenspiel, Geste werden gesehen und als Ausdruck von Psychischem aufgefaßt, das seinerseits selbst nicht gesehen wird. Jedenfalls schließen wir zunächst dieses Sehen von Psychischem aus.

Die Betrachtung der Beispiele läßt eine gewisse Einheitlichkeit der Rede von Wahrnehmung ohne weiteres hervortreten, und wir merken dabei eine doppelte Relation. Die Wahrnehmung ist Wahrnehmung eines Gegenständlichen, hier näher eines Dinglichen, und andererseits ist die Wahrnehmung Wahrnehmung eines wahrnehmenden Ich. Ich nehme wahr, und zwar dies und das. Die Ich-Beziehung eignet der Wahrnehmung als Erlebnis, und sie finden wir in gleicher Weise bei jedem Exempel von Erlebnissen sonstiger Artungen. Ich phantasiere, ich urteile, ich schließe, ich fühle; also Phantasieren, Urteilen etc. ist Phantasieren des Ich, das eben phantasiert, Urteilen des Ich, das urteilt usw. Bei der Wahrnehmung, die uns hier zunächst interessiert, hängt mit dieser Erlebnisbeziehung zum Ich auch eine Wahrnehmungsbeziehung des Objektes zum Ichleib und eine gewisse Konstitution im Charakter der Gesamtwahrnehmung zusammen, vermöge deren ich meinen Standpunkt habe, zu diesem gehörig eine gewisse wahrgenommene Umgebung, zu der das Ding gehört, das ich jeweils speziell das Wahrgenommene, das soeben Gesehene oder Gehörte nenne. Zunächst wollen wir von diesen Ich-Beziehungen möglichst abstrahieren. Auch die Unterschiede zwischen „Gesamtwahrnehmung", die unterschieden wird von der Sonderwahrnehmung des speziell als wahrgenommen genannten Objektes, ‹und dieser selbst› werden wir nicht gleich unter die Lupe nehmen, sondern zunächst nur *ad notam* nehmen und dazu benutzen, eine verständliche Beschränkung vorläufig zu bezeichnen, nämlich die auf die Sonderwahrnehmungen.

Wir haben einen engen Kreis von Beispielen damit umgrenzt, Wahrnehmung von Dingen (das Wort jetzt immer für physische Dinge gebraucht) oder dinglichen Vorgängen, die die Wahrnehmung einzeln zum Objekt macht, zum Objekt für sich als ein speziell, sei es auch aus einem Hintergrund heraus Wahrgenommenes, wie z.B. das Haus, das wir sehen, während wir in unserem Sehfeld oder Blickfeld einen umfassenderen visuellen Hintergrund haben, den wir auch als gesehen zu bezeichnen pflegen.

‹§ 3. *Wesenserkenntnis der Wahrnehmung im Ausgang von phantasierten Wahrnehmungen*›

Daß wir schon bei dieser Vorerwägung phänomenologische Reduktion üben, daß ‹wir› die physische Existenz als geltende Existenz nicht ‹in› Anspruch nehmen und ganz außer Frage lassen, brauche ich wohl nicht zu betonen. Wenn wir Beispiele der bezeichneten Art vor Augen haben und uns vornehmen, vorerst die Spezialwahrnehmung zu studieren, so reißen wir diese natürlich nicht ernstlich aus ihrem phänomenologischen Zusammenhang heraus. Es steht uns aber frei, gerade auf dieses Phänomen und seine objektivierende Leistung hinzuschauen und seine wesentlichen Eigentümlichkeiten zu studieren. In diesem Schauen ist es eine absolute Gegebenheit, und das besagt nicht, daß sein Hintergrund und das Ich, dessen Phänomen es ist, nichts ist, weil es in dem Rahmen dieses Schauens nicht als Gegebenheit sich darstellt. Die Sonderwahrnehmung ist als absolute Gegebenheit geschaut, und sie ist Fundament von Aussagen, die rein dem in ihr Gegebenen oder aus ihr generell zu Entnehmenden Ausdruck zu geben bestimmt sind. Über anderes ist eben nichts gesagt. Hier bleibt alles offen, bis wir Anlaß finden, darauf bezügliche neue Gegebenheiten heranzuziehen und entsprechend zu beurteilen.

Und nun gehen wir an die Analyse. Wir nehmen ein Beispiel: Wahrnehmung eines Hauses. Wir geben uns Rechenschaft darüber, was wir phänomenologisch darin finden (phänomenologisch also alles gleich Null gesetzt, was uns hier nichts angeht: Ich und Haus und Hauswahrnehmung qua psychologisches Erlebnis). Die Frage geht auf das Wesen dieser Wahrnehmung so, wie es im schauenden und das Wesen identisch festhaltenden Bewußtsein gegeben ist. Das einmalige Faktum, die phänomenologische Singularität des „dies da" ist nicht Ziel unserer Feststellungen, also etwa das Phänomen in dem Sinn, in dem es ein neues ist, wenn wir es, wie wir sagen, bloß wiederholt gegeben haben, sei es auch im Bewußtsein der Identität der Gegebenheit nach ihrem wesentlichen Gesamtbestand.

Wir wollen das Problem der phänomenologischen Singularität hier nicht schon aufwerfen und an die Spitze stellen. Gehen wir überall auf Wesenserkenntnis aus, so vollziehen wir hier zunächst die Wesenserkenntnis, die am leichtesten faßlich ist. Vielleicht, daß das Gewonnene nicht endgültig sein wird, sofern es mancher Vertiefung bedarf und ungeahnte Probleme mit sich führt, die nachher gelöst werden müssen. Aber es liegt überhaupt in der Natur der Phänomenologie, daß sie schichtenweise von der Oberfläche in die Tiefen dringt. Ich erinnere Sie an unsere Einleitung,[1] die in dieser Hinsicht Beispiele abgibt. Produkte einer ersten Analyse bedürfen einer neuen reinigenden Destillation, die neuen Produkte wieder, bis das letzte völlig rein und klar gewonnen ist.

Wir haben also zu beginnen mit dem Vergegenwärtigen von verschiedenen Beispielen von Wahrnehmungen, die sich teils auf dieselben, teils auf verschiedene Dinglichkeiten beziehen. In diesen singulären Gegebenheiten, die als phänomenologische keine psychologische oder sonstige transzendente Existenzsetzung und sonstige existentiale Stellungnahme einschließen, erfassen wir als absolute Gegebenheit ein Allgemeines: das allgemeine Wesen von dinglicher Wahrnehmung und die dazugehörigen Eigentümlichkeiten. Ich muß hier betonen, daß wir nicht voraussetzen, daß die uns dienenden Beispiele aktuelle Wahrnehmungen seien, als ob es eine Bedingung der phänomenologischen Analyse wäre, daß die Wesenserfassung und Wesensverallgemeinerung sich auf dem Grund wirklicher Er-

[1] Gemeint ist die „allgemeine Einleitung"; vgl. S. 3, Fußn. — Anm. d. Hrsg.

lebnisse entsprechender Einzelheiten vollzöge. Es kann ja sein, daß wir unsere Exempel als aktuelle Wahrnehmungen nehmen, etwa bei Beginn der Analyse uns an diese Bankwahrnehmung, diese Flächenwahrnehmung u. dgl. halten, also wirklich wahrnehmen und auf diese Wahrnehmung reflektieren (womit sogenannte innere Wahrnehmung vollzogen ist). So könnten wir anfangen. Aber selbst diese Existentialsetzung, die in der Reflexion hier statthat, die Setzung als *cogitatio*, als aktuelle, jetzt seiende Wahrnehmung bleibt außer Spiel. Sie hat hier nichts zu sagen. Phantasievergegenwärtigungen von Wahrnehmungen tun uns dieselben Dienste [1], sofern sie uns Wahrnehmungen vor Augen stellen und wir nun in der Tat das sehen, mit Evidenz als Gegebenheit fassen können, was wir fassen wollen, nämlich was das Wesen von Wahrnehmung ist, was dergleichen wie „Wahrnehmung" meint. Für die Dignität der Gegebenheit als aktuelles Erlebnis gegenüber der bloßen Vergegenwärtigung interessieren wir uns hier nicht, ebensowenig, als wir uns überhaupt für Konstitution der Bewußtseinsgestaltungen interessieren, die die Evidenz ausmachen, welche wir jetzt schrittweise vollziehen. In der Evidenz, in der Sphäre reiner Selbstgegebenheit erforschen wir die wesentlichen Eigentümlichkeiten der Wahrnehmung. Aber was wir erforschen, sind eben diese und nicht die Evidenz, die das Forschen hier selbst ausmacht. Die Untersuchung der phänomenologischen Konstitution dieser Evidenzen gehört natürlich einer anderen Problemschicht an.

Ich habe auch schon früher darauf hingewiesen, daß die Gegebenheiten, über die wir in den Beispielen verfügen, singuläre Essenzen sind. Ist die Existenz der Beispielswahrnehmungen außer Spiel, selbst die Existenz als *cogitatio*, genügen vollgültig auch bloß phantasierte Wahrnehmungen, denen die Existenzsetzung gänzlich fehlt, so ist das hier im absoluten Sinn Gegebene nichts Existierendes und doch ein Seiendes, nämlich jeweils eine singuläre Essenz (diese singuläre Wahrnehmung da, mag sie existieren oder nicht). Auf diese singulären Gegebenheiten beziehen sich die evidenten Wesensverallgemeinerungen höherer Stufe; z.B. entnehmen wir ihnen das allgemeine Wesen „Wahr-

---

[1] Vgl. zum folgenden zwei kritische Notizen Husserls; siehe Beilage I (S. 337). — Anm. d. Hrsg.

nehmung überhaupt", das sich in ihnen so und so singularisiert.

Sehen wir nun zu, was sich in einer ersten Schicht von Analysen bzw. Wesensfeststellungen über Wahrnehmung in Evidenz aussagen läßt.

<§ 4. *Intentionalität als Wesensbestimmung der Wahrnehmung*>

Daß die Rede von Wahrnehmung auf ein Wahrgenommenes hinweist, haben wir schon gesagt. In der Sphäre der reinen Evidenz (oder reinen Intuition oder reinen Gegebenheit) finden wir, daß in gewisser Weise die Beziehung auf den Gegenstand einen Wesenscharakter der Wahrnehmung ausmacht. Diese Bank wahrnehmend oder jenes Haus wahrnehmend u. dgl. oder mir ein solches Wahrnehmen vergegenwärtigend, finde ich, daß die Aussage: Die Wahrnehmung ist Wahrnehmung von einer Bank, jene von einem Hause usw. etwas zur Essenz der betreffenden Wahrnehmungen Gehöriges und davon Unabtrennbares ausdrückt. Stellen wir uns in ebensolcher Intuition andere *cogitationes*, andere reine Phänomene, vor Augen, so finden wir auch solche, die wir, ohne sie als Wahrnehmungen gelten zu lassen, doch den Wahrnehmungen darin gleich finden, daß auch zu ihrem Wesen gegenständliche Beziehung gehört, z.B. eine Phantasievergegenwärtigung von einer Bank, einem Haus etc., eine bildliche Darstellung von, ein Denken an ein Haus u. dgl. Ohne in eine Wesenserforschung dieser Naturen reiner Phänomene einzutreten, erkennen wir mit Evidenz, daß auch hier die Gegenständlichkeit, die das Wörtchen *von* (Phantasie von einem Haus etc.) ausdrückt, etwas ihnen Essentielles ist und wiederum, daß es ein Andersartiges ist als in dem Beispielskreis, auf den wir das Wort Wahrnehmung anwenden und dabei bleiben wollen, <es> auf ihn zu beschränken. Dabei tritt in der ersten Betrachtung als eigentümlicher Charakter der Wahrnehmung hervor dasjenige, was wir verständlich mit den Worten ausdrücken: Der Gegenstand steht in der Wahrnehmung als leibhafter da, er steht, genauer noch gesprochen, als aktuell gegenwärtiger, als selbstgegebener im aktuellen Jetzt da. In der Phantasie steht der Gegenstand nicht in der Weise der Leibhaftigkeit, Wirklichkeit, aktuellen Gegenwart da. Es steht uns zwar vor Augen, aber als kein aktuell jetzt Gegebenes; eventuell mag er als ein Jetzt oder mit dem aktuellen

Jetzt Gleichzeitiges gedacht sein, aber dieses Jetzt ist ein gedachtes und nicht dasjenige Jetzt, das zur Leibhaftigkeit, zur Wahrnehmungsgegenwart, gehört. Das Phantasierte ist bloß „vorgestellt", es stellt nur vor oder dar, „gibt sich aber nicht" als aktuelles Selbst und Jetzt.

Ebenso steht im Bild das *Sujet*, das Abgebildete, nicht leibhaft, sondern nur gleichsam leibhaft da; ein Leibhaftes, das im Bild zur Gegebenheit kommt, stellt ein nicht leibhaftig Gegebenes dar, und zwar in der eigenen Weise der Bildlichkeit.

Das ist eine erste und noch ganz rohe Charakteristik. Die genauere Durchforschung der Verhältnisse dieser verschiedenen Gegebenheitsformen oder Formen des Vor-Augen-Stehens von Gegenständlichkeiten erfordert umfassende und schwierige Untersuchungen.

Selbstverständlich ist die Charakteristik nicht so zu verstehen, als ob zur Essenz jeder Wahrnehmung als solcher gehöre die Existenz des wahrgenommenen Objektes, die Existenz des in ihr in der Weise der Leibhaftigkeit Dastehenden. In diesem Fall wäre ja die Rede von einer Wahrnehmung, deren Gegenstand nicht existiert, ein Widersinn, es wären illusorische Wahrnehmungen undenkbar. Der essentielle Charakter der Wahrnehmung ist es, „Bewußtsein" von leibhaftiger Gegenwart des Objektes zu sein, d.i. Phänomen davon zu sein. Ein Haus wahrnehmen, das heißt, das Bewußtsein, das Phänomen haben von einem leibhaft dastehenden Haus. Wie es mit der sogenannten Existenz, mit dem wahrhaften Sein des Hauses, steht und was diese Existenz meint, darüber ist hier nichts ausgesagt.

<§ 5. *Leibhaftigkeit und Glaubhaftigkeit. Perzeption und Stellungnahme*>

Die Sache wird klar, wenn wir sogleich den Unterschied zwischen „leibhaft" und „glaubhaft" hervortreten lassen. Nehmen wir das Wort Wahrnehmung in gewöhnlichem Sinn, so werden wir in den zugrunde liegenden Beispielen das „glaubhaft" und „leibhaft" verschmolzen finden. Die Wahrnehmung, das Phänomen des leibhaft dastehenden Hauses, ist zugleich Glaube, daß es dastehe. Vergegenwärtigen wir uns aber das Beispiel einer entlarvten Halluzination, so tritt an Stelle des Glaubens der Unglaube. Wieder andere Beispiele bieten sich uns, wo wir zunächst wahrnehmend zweifelhaft werden, ob Wahrnehmung oder Halluzination <vorliegt>. Hier fehlt Glaube und Unglaube, statt dessen <besteht> Zweifel und vielleicht Suspension jeder Stellungnahme. Bei all dem besteht das Phänomen des leibhaft dastehenden Objektes fort oder kann fortbestehen. Vollziehen wir in dieser Betrachtung die selbstverständlichen phänomenologischen Reduktionen, so scheidet sich im Wesen der Wahrnehmung im gemeinen Sinn die Leibhaftigkeit, die der Wahrnehmung als solcher grundwesentlich ist, und die Glaubhaftigkeit, die hinzutreten und fehlen kann. Wie dieser Charakter zu jenem steht und wie mit diesem die Frage nach dem Sinn von Existenz oder Nichtexistenz und die nach dem Unterschied berechtigten und unberechtigten Glaubens zusammenhängt, das sind Substrate für neue Untersuchungen.

Öfters wird der Begriff der Wahrnehmung so beschränkt, daß er das eigentlich so zu nennende Für-wahr-Nehmen (geschweige denn das wirkliche Wahr-Nehmen) ausschließt, nämlich ausschließt den Charakter des Glaubens, den Charakter des in glaubhafter Weise Dastehens. Das hat seine Vorteile und Nachteile. Jedenfalls bedarf es für den inhaltlich beschränkteren (bzw. den umfangsweiteren) Begriff einer festhaltenden Benennung. Wir werden sagen Perzeption und dann etwa sprechen von perzeptivem Glauben (Wahrnehmung im normalen Sinn), perzeptivem Unglauben, Zweifel usw. Doch werden wir, wo diese Unterschiede der neuen Charaktere, die wir als Unterschiede der Stellungnahme bezeichnen, irrelevant sind und es überhaupt ohne Scheiden geht, dabei bleiben, von Wahrnehmung zu sprechen, so daß wir es offen lassen, ob wir bloße Perzeptionen haben oder Perzeptionen mit Stellungnahmen und mit sonstigen für uns gleichgültigen phänomenalen Charakteren. Im Grunde genommen werden also hierbei die Perzeptionen analysiert, aber es ist angenehmer, den vertrauten deutschen Ausdruck zu gebrauchen, wofern nur Sorge getragen ist, daß seine Vieldeutigkeiten nicht beirren.

‹§ 6. *Aussagen über Wahrnehmungen und Aussagen über Wahrnehmungsgegenstände. Reelle und intentionale Bestandteile der Wahrnehmung*›

Die Evidenz, daß Wahrnehmung Wahrnehmung von dem oder jenem Gegenstand sei, sagt uns schon, daß Wahrnehmung und Gegenstand nicht einerlei seien. Und in der Tat ist es evident, daß zwei Reihen evidenter Aussagen jeweils möglich sind, Aussagen über die Wahrnehmung und Aussagen über den Gegenstand im Sinne der Wahrnehmung, und daß in diesen die Wahrnehmung und der sich in ihr leibhaft darstellende Gegenstand nicht vertauscht werden können. Es ist evident, daß die Wahrnehmung kein Ding ist. Die Wahrnehmung der Fläche ist keine Fläche; und doch, in ihr erscheint ein Gegenstand, und dieser erscheinende Gegenstand ist charakterisiert als Fläche. Und diese Fläche ist viereckig etc., aber die Wahrnehmung ist nicht viereckig usw. Ohne über Existenz oder Nichtexistenz zu präjudizieren, können über den wahrgenommenen (das ist leibhaft sich darstellenden) Gegenstand evidente Aussagen gemacht werden, die uns ausdrücken, daß der und der Gegenstand und als was der Gegenstand wahrgenommen sei, als schwarz, viereckig usw. Andererseits sind wieder evidente Aussagen möglich über die Wahrnehmung als Phänomen und über das, was ihr zukommt. In bezug auf Wahrnehmungen und all die Phänomene, zu deren Wesen es gehört, „sich auf einen Gegenstand zu beziehen", ist es jetzt modisch, zwischen Aktinhalt und Gegenstand zu unterscheiden, eine Unterscheidung, die keineswegs hinreichend klar und nicht ausreichend ist.

Wir unsererseits haben vorläufig Anlaß, zwischen Erscheinung und erscheinendem Gegenstand zu unterscheiden und weiter zwischen Inhalt der Erscheinung (reellem Gehalt der Erscheinung) und Inhalt des Gegenstandes. Die Wahrnehmung hat einen „reellen Inhalt", d.h. sie als Phänomen enthält, wie wir mit Evidenz phänomenologisch konstatieren können, die und die Teile und inneren Momente, Bestimmtheiten überhaupt. Andererseits sprechen wir phänomenologisch vom Inhalt des erscheinenden Gegenstandes mit Beziehung auf die Evidenz, daß zum Wesen der Wahrnehmung die leibhafte Darstellung eines Gegenstandes gehört und daß der Gegenstand gerade mit den und den Teilen oder Merkmalen, und keinen anderen, in ihr zur Darstellung kommt. Wir unterscheiden den einen und anderen Inhalt, da evidentermaßen die Teile und Merkmale der Wahrnehmung, die diesen Gegenstand leibhaft darstellt, nicht Teile und Merkmale des Gegenstandes sind, den sie darstellt oder mit denen sie ihn leibhaft erscheinen läßt.

Daß diese Evidenzen bestehen, das ist sicher; wir brauchen sie nur an Beispielen wirklich zu vollziehen. Andererseits empfinden wir hier ein Unbehagen. Auf die Wahrnehmung in der Gegebenheit reiner Intuition bezogen ist es klar, daß wir aussagen können, was sie ihrem Wesen nach ist, was dieses Wesen reell in sich enthält und demgemäß, was eine singulär gegebene Wahrnehmung reell hat und ist. Aber der Gegenstand einer Wahrnehmung ist erscheinender, „intentionaler", aber doch nicht in demselben Sinn gegeben, nicht wirklich, voll und eigentlich gegeben; und so ‹ist› auch in der Wesensbetrachtung nicht wirklich und eigentlich gegeben sein individuelles Wesen. Und doch sollen wir über ihn evident urteilen, vorfinden, was ihn reell konstituiert, während es im strengen Sinn gar kein Vorfindliches ist. Die Wahrnehmung, die mir vor Augen steht und an der ich phänomenologische Reduktion übe, ist eine absolute Gegebenheit, ich habe sie gleichsam selbst mit allem sie essentiell Ausmachenden. Sie ist eine „Immanenz". Der intentionale Gegenstand ist aber gerade eine Transzendenz. Ja, er erscheint leibhaft, und es ist das Wesen der Wahrnehmung, ihn leibhaft darzustellen. Aber habe ich wirklich ihn selbst mit den ihn reell konstituierenden Momenten gegeben? Den Tisch z.B. in seiner dreidimensionalen Ausbreitung, die doch zu seinem Wesen gehört? Habe ich wirklich sein Wesen? Und doch habe ich die Evidenz, er sei dreidimensional im Sinne dieser leibhaften Darstellung. Er erscheint als dreidimensional und sonst so und so charakterisierter.

Jedenfalls ist die Gegebenheit, die der Wahrnehmung, dem Phänomen selbst eignet, eine andere als die Gegebenheit, die dem „Wahrgenommenen als solchen" eignet; also ‹sind› die beiden Evidenzen von verschiedenem Charakter. Zugleich gehört die zweite Evidenz offenbar in gewisser Weise in den Rahmen der ersten hinein, sofern es heißt, zum Wesen der Wahrnehmung selbst gehört es, einen Gegenstand leibhaft darzustellen, der als so und so beschaffener dargestellt ist. Es wird also weiterer Forschung bedürfen. Zunächst sind wir nicht weit genug, um diese Schwierigkeit zu lösen.

<§ 7. *Vordeutung auf die Methode der weiteren Untersuchung*>

In der strengen Durchführung der Methode der Schichten hätten wir folgenden Weg:

1) Wir vollziehen phänomenologische Reduktion und sprechen nun der Reihe nach die Evidenzen aus, die wir im Hinblick auf die Wahrnehmungen (und so natürlich bei allen phänomenologischen Untersuchungssphären <im Hinblick auf> die betreffenden reduzierten Erlebnisse) vorfinden. Wir analysieren also all das, was zum „Wesen" der Wahrnehmung gehört, was wir immanent in ihr finden; dabei finden wir immanent zu ihr gehörig die gegenständliche Beziehung, den Umstand, daß sie die und die Gegenständlichkeit eben wahrnimmt, und wir finden Evidenzen, die sich auf sie beziehen, sofern sie diese Gegenständlichkeit vorstellt, und Evidenzen, die die in ihr gemeinte Gegenständlichkeit als solche nach ihrem Inhalt, nach ihrer eigenen Artung, nach Teilen und Eigenschaften, betreffen. Wir finden nun evidente Möglichkeiten, den reellen Inhalt der Wahrnehmung mit dem „intentionalen" Inhalt derselben, nämlich mit dem Inhalt ihres Gegenstandes in Beziehung zu setzen. Durch diese Kontrastierung treten erst klar und evident reelle Momente der Wahrnehmung hervor, als da sind Empfindungen im Gegensatz zu den Eigenschaften des Gegenstandes, erlebte Farbe und Gegenstandsfarbe, erlebter Toninhalt und gegenständlicher Ton, Rauhigkeitsempfindung und dingliche Rauhigkeit usw. Es heben sich dann reell in der Wahrnehmung ab Empfindung und Auffassungscharakter, Glaubenscharakter usw.

2) Nun wird das alles aber problematisch insofern, als wir zwar evident aussagen, aber doch nicht verstehen, wie diese evidenten Aussagen möglich sind. Es tritt eben die Grundschwierigkeit der Konstitution des Gegenständlichen im Phänomen hervor: Wie sind evidente Aussagen über eine Gegenständlichkeit möglich, die im Phänomen nicht wirklich gegeben ist; wie Vergleichungen zwischen ihr und den immanenten Momenten des Phänomens? Wie wird dann weiter verständlich werden der Wahrnehmungsglaube, der sich auf das wirkliche Sein des Wahrgenommenen be-

zieht und der sich bald „bestätigt", bald „widerlegt", sich näher bestimmt und eventuell immer neu bestimmt durch neue Wahrnehmungen, die den Gegenstand zu „immer vollkommenerer" Gegebenheit bringen, die in immer neuen Richtungen zeigen, „was der Gegenstand in Wirklichkeit ist"? Wie ist all das zu verstehen, da doch in dem ganzen Erkenntnisprozessus immer wieder nur Zusammenhänge von Erlebnissen zum Ablauf kommen und trotz aller Evidenz, die den Urteilen über die Gegenständlichkeit bei passender Begrenzung eignet, keine Stelle aufzuweisen ist, wo im Erlebnis das Gegenständliche reell ist? Die Gegenständlichkeit konstituiert sich in den Erlebnissen. Wie ist das Sich-Konstituieren in seinen verschiedenen Stufen, als gemeinte und schrittweise sich ausweisende Gegebenheit, zu verstehen? Wie sieht das Sich-Konstituieren aus? Es muß zur Klarheit gebracht werden, d.h. ich darf mich mit aller Evidenz der Urteile nicht begnügen, sondern muß das Evidenzbewußtsein selbst nach allen seinen Momenten zu reiner Gegebenheit bringen, in seinen Wendungen verfolgen und einer Analyse unterwerfen, die rein schauend feststellt, was hier wirklich vorliegt, was im Wesen solcher Erlebniszusammenhänge liegt. Statt in den Evidenzen zu leben, betrachte ich sie, verhalte mich aber rein betrachtend, rein immanent analysierend, was da absolut und zweifellos Datum ist. Es muß also die Möglichkeit der transzendenten Meinung und Geltung in der Sphäre der reinsten Immanenz studiert werden, in der Sphäre, wo jede Feststellung eine Art der Gegebenheit zum Schauen bringt, die schlechthin nichts von Unklarheit impliziert.

Dies <ist> das Ziel. Und hier liegt die höhere Schicht von Untersuchungen, die selbst wieder in Schichten verlaufen mag. Ich gedachte nun im Sinne dieser Sonderung in der Tat die Reihe von ersten Selbstverständlichkeiten, ja Evidenzen zusammenzustellen, die dann die Probleme der höheren Schicht ausmachen, und nur schrittweise die Motive zu den neuen Forschungen, die erheblichen Schwierigkeiten, geltend zu machen, die überall mit der Transzendenz innerhalb der Evidenz zusammenhängen.

Indessen, diese Sonderung bringt für unsere Vorlesungen eine große Umständlichkeit mit sich, da alles, was auf der ersten Stufe dargestellt worden ist, in der neuen wiederum, da es das Problem enthält, dargestellt werden müßte. Etwas schneller kommen wir fort, und unsere Zeit ist ja beschränkt, wenn wir schrittweise gleich in die Schwierigkeiten und die Lösungen derselben eintreten, soweit jeweils die Lösung geführt werden kann. Demnach ist das, was ich zu Anfang der letzten Vorlesung über unser weiteres Vorhaben und seine Methode gesagt habe, zu korrigieren.[1]

<2. KAPITEL
Die methodische Möglichkeit der Wahrnehmungsanalyse>

<§ 8. *Die absolute Gegebenheit der Wahrnehmung in der phänomenologischen Reflexion. Erweiterung des Begriffs der Wahrnehmung*>

Ein Bestandstück für diese Lösung liegt schon in der folgenden Betrachtung. Es ist ein absolut zweifelloser, absolut gegebener Unterschied, der zwischen reeller Gegebenheit und der bloß erscheinenden, aber nicht reellen Gegebenheit. Nehmen wir zunächst den Fall eines aktuellen Erlebnisses, auf das wir hinblicken. Wir nehmen es so, wie es „in sich ist", und schalten aus alle Beurteilung, die darüber hinaus in die „Transzendenz" führt: z.B. ein Gefühl, das wir gerade erleben, oder auch eine Wahrnehmung, die wir gerade vollziehen, eine Phantasievorstellung u. dgl. Sind wir so eingestellt, dann haben wir das Erlebnis nicht als psychologisches Erlebnis, sondern als absolutes phänomenologisches Datum, auf das wir hinblicken, und das im Hinblicken gegeben ist. Wie gegeben? Das Erlebnis, das absolute Datum steht leibhaft da, es ist nicht etwa bloß phantasiertes, im Gleichnis gedachtes oder gar symbolisch und begrifflich gedachtes, sondern als selbst und aktuell jetzt gegebenes uns vor Augen. Wir merken, das sogenannte „Hinblicken" auf ein Erlebnis, das in der beschriebenen Einstellung vollzogen ist, hat, dem allgemeinsten nach, denselben Grundcharakter wie die Dingwahrnehmung, mit der wir uns bisher beschäftigt haben; der Grundcharakter kann also einen weiteren Wahrnehmungsbegriff bestimmen, der sich nicht an Dinglichkeit bindet. Eine Dingwahrnehmung ist danach,

[1] An dieser Stelle findet sich im Ms. ein eingeschobenes Blatt mit kritischen Notizen Husserls zum Gedankengang der Vorlesung; siehe Beilage I (S. 337). — Anm. d. Hrsg.

obschon sie selbst kein Dingliches ist, Gegenstand einer anderen „Wahrnehmung", nämlich jenes Hinblickens, jener Reflexion, wie man auch seit Locke sagt, und ebenso jedes Erlebnis sonst, wofern darauf hingeblickt ist. Die erwähnte Einstellung vorausgesetzt, die der phänomenologischen Reduktion, ist uns der betreffende Gegenstand, nämlich das betreffende reine Erlebnisdatum (Wahrnehmung, Vorstellung, Gefühl etc.), aber zweifellos gegeben, d.i. absolut und reell gegeben. Was heißt das: absolut? Bei der äußeren Wahrnehmung war das „glaubhaft" und „leibhaft" etwas Trennbares, sie konnte leibhafte Darstellung sein, verbunden mit Unglauben und Zweifel; hier ist das nicht der Fall. Das Wesen der reduzierten Erlebniswahrnehmung ist evident unverträglich mit Unglauben und Zweifel. Sie ist nicht nur das Bewußtsein, dessen Wesenscharakter es ist, Bewußtsein aktueller Gegenwart des Gegenstandes zu sein, sondern sie ist auch als absolut gebendes Bewußtsein charakterisiert, als ein solches, das den Gegenstand wirklich in seiner Leibhaftigkeit, ihn so hat, daß Unglaube und Zweifel ausgeschlossen sind. In gewissem Sinn ist sogar der Glaube ausgeschlossen. Nämlich Glaube im gewöhnlichen Sinn ist bloßes Abzielen auf Sein. Hier aber ist nicht erst abzuzielen. Das Ziel ist im Zielen noch nicht gegeben, es soll erst getroffen werden. In der absolut gebenden Wahrnehmung aber ist das wahrnehmende Erfassen eben Fassen des Selbstgegebenen.

Andererseits werden wir doch nicht den Unterschied verkennen der Glaubenslosigkeit dieses Falles von denen, wo eine äußere Perzeption ohne Glaube besteht. Wir haben den Grundgegensatz zwischen Wahrnehmung, die bloß leibhaftes Darstellen eines Gegenständlichen ist, und Wahrnehmung, deren Wesen es ist, nicht nur darzustellen, sondern die leibhafte Gegenständlichkeit selbst zu fassen. Gemeinsam ist beiderseits, daß es sich hier und dort um ein „Bewußtsein" handelt von leibhafter Gegenwart des Gegenstandes. In der normalen Wahrnehmung ist es ein Glaubensbewußtsein, so daß wir dann aussagen: Der Gegenstand steht leibhaft da, er ist wirklich da. Andererseits treten beide Wahrnehmungsarten in Kontrast: hier das Selbsthaben und damit absolute Seinsgegebenheit, jeder Seinszweifel, jeder Unglaube, ja selbst jeder im gewöhnlichen Sinn meinende Glaube (δόξα) ausgeschlossen angesichts des schlichten Habens und Haltens; dort Darstellung, und zwar in der Weise, die wir bloße Erscheinung von aktueller Gegenwart nennen, die ihren phänomenologischen Charakter hat als bloße Darstellung, aber nicht Sein absoluter Seinsgegebenheit in der Gegenwart.

Dasselbe gilt offenbar für die Sphäre der Wesenserfassung und allgemeiner Erschauungen überhaupt, natürlich *mutatis mutandis*. Die Abstraktion und Generalisation, die sich intuitiv auf einzelne Erschauungen von Häusern gründet, macht uns das Wesen eines Hauses klar, stellt es als Gegebenheit dar. Dieses Wesen ist hier Gegenstand des Schauens und stellt sich im Schauen sozusagen leibhaft [1] dar. Aber es stellt sich bloß dar. Andererseits kann ein „Wesen", ein Allgemeines absolut und zweifellos gegeben sein; z.B. das Wesen einer Artung von Erlebnissen in phänomenologischer Reduktion und schauender Abstraktion stellt sich nicht bloß dar, es ist in der streng „immanenten" Abstraktion absolute Gegebenheit und nicht bloß „Darstellung von".

<§ 9. *Selbststellende und darstellende Wahrnehmungen. Untrennbarkeit von Perzeption und Glaube in der selbststellenden Wahrnehmung*>

Am passendsten erscheint es, terminologisch zu scheiden zwischen selbststellenden Wahrnehmungen und darstellenden Wahrnehmungen. Den Ausdruck „Selbststellung" habe ich bei Münsterberg [2] gelesen, doch hat er bei ihm einen völlig anderen Sinn, so daß eine Verwechslung nicht zu fürchten wäre.

Durch die phänomenologische Charakterisierung der selbststellenden Wahrnehmung definieren wir erst den Sinn von Immanenz und Transzendenz. Das Selbstgestellte heißt immanent, das Dargestellte (und sei es im Sinn einer Wahrnehmung als leibhaft oder selbst dargestellte) heißt transzendent. Teile oder Momente eines Selbstgestellten heißen ihm immanent, und zwar, um jede Zweideutigkeit zu vermeiden, reell immanent, sofern sie evidenterweise zur Selbststellung kommen können, d.h. sofern das Wesen der gesamten Selbststellung neue Selbststellung ihrer Möglichkeit nach begründet, deren Gegenstände evidenterweise partial identisch sind mit dem Gegenstand der

---

[1] Vgl. zum Ausdruck „sozusagen leibhaft" eine kritische Notiz Husserls; siehe Beilage I (S. 338). — Anm. d. Hrsg.

[2] Vgl. H. Münsterberg, *Grundzüge der Psychologie* Bd. I. *Allgemeiner Teil: Die Prinzipien der Psychologie*. Leipzig 1900., S. 50. — Anm. d. Hrsg.

gesamten Selbststellung.[1] Ein Selbstgestelltes kann aber eine Wahrnehmung, eine Vorstellung u.dgl. sein, ein immanent Gegenständliches, das seinerseits ein Gegenständliches selbststellt oder darstellt. Im letzteren Falle ist dieses Dargestellte dann der ursprünglichen Selbststellung nicht reell immanent, sondern transzendent (es ist das, was man bloß intentionales Objekt oft nennt). Ist aber die selbstgestellte Wahrnehmung eine Selbststellung, so ist ihr Objekt der ersteren Wahrnehmung immanent. Das alles wird sich auf die den Wahrnehmungen parallelen objektivierenden Phänomene übertragen, die wir Phantasien nennen. Wir werden die Phantasien in Phantasieselbststellungen und Phantasiedarstellungen unterscheiden, von Phantasie-Immanenz und Phantasie-Transzendenz sprechen. Doch darüber zu sprechen ist noch nicht die Zeit.

Daß wir in der Sphäre der absolut gebenden Wahrnehmungen nicht von einer Perzeption sprechen können, die für sich abtrennbar bald mit Glauben oder Unglauben, bald mit Zweifel verbunden ist, haben wir schon gesehen. Das Selbsthaben der evidenten Wahrnehmung besteht in einem Haben und Setzen, und es ist das Haben und Setzen analytisch nicht zu trennen. Das Haben der Selbststellung ist dann reelles Haben. Das Setzen ist das Verwandte des Glaubens, es ist dasjenige, was den Unglauben ausschließt; es ist dasjenige, was das Seinsbewußtsein ausmacht und absolutes Sein in der Gegebenheit konstituiert. Es ist ein gemeinsamer Charakter aller selbststellenden Wahrnehmungen. Ihr Unterscheidenes liegt in dem, *was* gegeben ist. Der ihnen allen gemeinsame Charakter zu „geben" ist das Leibhaftigkeitsbewußtsein, und das ist ihnen mit allen Wahrnehmungen überhaupt gemeinsam. Aber freilich darf man sich da nicht einfach zusammenmultiplizieren Faktoren der Leibhaftigkeit, Faktoren absoluter Selbststellung des Leibhaftigen, Faktoren des Inhalts des Leibhaftigen und Selbstgestellten, als ob am Ende jeder beliebige „Inhalt" mit diesen Faktoren der Selbststellung und Leibhaftigkeit in eins gesetzt und so alles und jedes Gegenständliche selbstgestellt werden könnte. Im Gegenteil, von der notwendigen Transzendenz der Dinglichkeit, obschon sie sich in

[1] Hier das eigentlich Definierende der selbststellenden Wahrnehmung. Der Gegenstand ihr reell immanent: partiale Identifikation.

jeder einzelnen ihrer Wahrnehmungen in Leibhaftigkeit darstellt, werden wir noch genug hören; Selbststellung ist hier ausgeschlossen. Andererseits werden wir von den Tugenden des Wahrnehmungszusammenhanges hören, von den Steigerungsgraden der „Vollkommenheit" der Darstellung, in der sich etwas Verwandtes mit der Selbststellung vollzieht. Hier ist zunächst nur zu betonen, daß Gegenstände oder Inhalte nicht erstmal etwas sind und dann mit den und jenen Erkenntnischarakteren nach Belieben multipliziert werden, sondern daß wir in unserer Evidenzanalyse nur Gegebenheiten betrachten und analysieren, an ihnen verschiedene Seiten zur Abhebung bringen und bald Trennbarkeit, bald Untrennbarkeit erfassen, und all das in der Sphäre der Essenzen.

<§ 10. *Identitäts- und Unterschiedsbewußtsein in der darstellenden Wahrnehmung*>

Wir studieren nun die darstellenden Wahrnehmungen, wozu die Dingwahrnehmungen offenbar gehören, aber nicht minder die Ich-Wahrnehmung, die Wahrnehmungen von Ich-Erlebnissen, und wir studieren sie nach Maßgabe der Beispiele Hauswahrnehmung u.dgl. Bei den selbststellenden Wahrnehmungen ist Identität des Gegenstandes und Identität der Wahrnehmung einerlei, ich meine, verschiedene Wahrnehmungen haben verschiedene Gegenstände.

Anders bei den darstellenden Wahrnehmungen; zwei Wahrnehmungen haben denselben Gegenstand, besagt hier nicht, sie sind im Wesen dieselbe Wahrnehmung, geschweige denn, sie sind eine und dieselbe identische Wahrnehmung. Also wesentlich nichtidentische Wahrnehmungen können sich aufgrund ihres Wesens auf denselben Gegenstand beziehen. Z.B. Wahrnehmungen eines Hauses können ihrem reellen Inhalt nach sehr verschieden sein, sind aber doch Wahrnehmungen desselben Hauses.[1] Sie verstehen, wenn ich die gewöhnlichen Ausdrucksweisen heranziehe. Einmal sei das Haus von der Vorderseite gesehen, das andere Mal von der Hinter-

[1] Und dabei handelt es sich nicht um die „objektive Tatsache": Es ist ein Haus, und zwei Wahrnehmungen seien faktisch von ihm Wahrnehmungen, sondern um die gewöhnlichen Fälle, wo sie auch im Bewußtsein sich als Wahrnehmungen vom Selben bekunden und in phänomenologischer Reduktion also immanent sich als das ausweisen.

seite, einmal von innen und das andere Mal von außen. Betrachten wir diese Wahrnehmungen in phänomenologischer Reduktion oder, wie wir jetzt auch sagen können, in Selbststellungen, und zwar als singuläre Wesen, so sieht jede gleichsam anders aus, sie ist dem Wesen nach eine andere und wieder andere. Trotzdem sagen wir, und mit einer gewissen Evidenz, sie stellen dasselbe Haus dar.

Wie kommt das? Wir finden in ihren Wesen etwas, was sie verbindet oder was eine gewisse Verbindung gestattet und fordert. Diese Verbindung ist die Identitätsverbindung, die ihren reinen Ausdruck findet in der Rede: Die verschiedenen Wahrnehmungen meinen dasselbe oder stellen dasselbe dar. Ein Identitätsbewußtsein, ein eigenartiges, in einer Selbststellung gegebenes Phänomen verknüpft Wahrnehmung mit Wahrnehmung. Dieses Bewußtsein, obschon keine Wahrnehmung in dem Sinne unserer Beispielssphären, ist doch ein in gewissem Sinn gebendes Bewußtsein, es hat Beziehung auf eine Gegenständlichkeit, nämlich die Identität des da und dort Wahrgenommenen, und etwas vom Charakter des Schauens oder in einem weiteren Sinn Wahrnehmens, sofern es evident ist, daß der beiderseitige Gegenstand im Sinne der Wahrnehmungen derselbe ist.

Aber wir müssen vorsichtig sein. Zunächst ist zu beachten, daß wir von einem Identitätsbewußtsein sprechen, das die beiden Wahrnehmungen in eins setzt und dadurch ihren Gegenstand als einen und selben bewußt macht, nicht aber, das die Wahrnehmungen identifiziert, als dieselbe Wahrnehmung hinstellt. Ein *A* und ein *B* werden identifiziert, das heißt phänomenologisch: Ein Identitätsbewußtsein verknüpft die jeweilige Vorstellung *A* und Vorstellung *B*, sei es eine Wahrnehmung oder eine Phantasievorstellung usw. Eine Identifizierung der beiden Wahrnehmungen verlangte also Vorstellungen von den Wahrnehmungen und Einheitsbewußtsein, das diese Vorstellungen verknüpft. Wenn nun aber im verknüpfenden Bewußtsein, daß ein wahrgenommener Gegenstand *A* und ein wahrgenommener Gegenstand *B* derselbe Gegenstand sei, eine gewisse Evidenz für diese Identität besteht, kann man im eigentlichen Sinn sagen, es sei dabei evident, daß der Gegenstand derselbe ist? Man wird sofort einwenden: Wie kann ich die Identität im eigentlichen Sinn gegeben haben, wenn ich nicht das Objekt selbst und eigentlich gegeben habe, vielmehr nur seine Darstellungen habe? Und kann hier nicht Täuschung bestehen? Z.B. ich habe eine Wahrnehmung, etwa eines Hauses von der Vorderseite. Ich mache dann einen Weg, um die Rückseite zu sehen, und sie wahrnehmend sage ich, es sei dasselbe Haus; die frühere und die jetzige Wahrnehmung erfaßten dasselbe. Ich habe mich aber getäuscht, es war vielleicht ein anderes Haus, was ich bei dem Umweg, den ich machen mußte, nicht merkte. Das wäre eine Scheinevidenz, die falsch sein könnte. Das ist durchaus richtig, und in der Tat gibt weder die eine noch die andere Einzelwahrnehmung den Gegenstand in absoluter Zweifellosigkeit. Es gilt ja, wie schon letzthin gesagt, der allgemeine Satz: Jede „äußerlich" darstellende Wahrnehmung, und näher Perzeption, verträgt, soweit ausschließlich ihr Wesen in Frage ist, jede Stellungnahme und den Zweifel hinsichtlich ihrer Gegenständlichkeit. (Wir mögen etwa noch so fest glauben, so ist Unglaube „vorstellbar", der Unglaube ist evident verträglich mit der Perzeption.) Und weiter, die Identifizierung, d.h. <das> die beiden Wahrnehmungen umspannende Identitätsbewußtsein, ist zwar Bewußtsein von Identität, das ist evident, das macht sein Wesen aus, aber es ist in gewissem Sinn bloß vorstellendes Identitätsbewußtsein, bloß Meinen von Identität; es ist evident verträglich mit Unglauben und Zweifel an der Wirklichkeit der Identität.

Was ist nun aber vermöge des aktuell aufgrund der Wahrnehmungen vollzogenen Identitätsbewußtseins evident? Wir sagten, im Sinn der Wahrnehmungen ist ihr Gegenstand ein und derselbe. Was hat hier der Sinn, das Wesen der Wahrnehmungen zu tun? Überlegen wir: Das Datum ist, daß die Wahrnehmungen in der Synthesis der Identifikation stehen, daß Einheit des Identitätsbewußtseins sie umspannt.

Aber die Rede ist nicht von zufälligen Vorkommnissen, von flüchtigen Wahrnehmungen als *cogitationes*. Wir achten auf das „Wesentliche", und da merken wir sofort, daß das Identitätsbewußtsein kein Bindfaden ist, mit dem man zwei beliebige Phänomene und zwei beliebige Wahrnehmungen zusammenknüpfen kann, sondern daß es am Wesen der Phänomene hängt, ob dergleichen möglich ist oder nicht. Eine Wahrnehmung oder Vorstellung eines Elefanten und die eines Steines schicken sich ihrem Wesen nach in eine Identifikation nicht, ihr Wesen schließt dergleichen aus. Wahrnehmungen dagegen, die wir Wahrnehmungen desselben Gegenstandes nennen, bekunden sich als das in der Einheit des Identitätsbewußtseins, das sie fundieren und durch ihr Wesen fundieren. Das denselben Gegenstand[1] evidenterweise Meinen mehrerer Wahrnehmungen besagt nichts anderes, als daß sie ihrem Wesen nach sich in die Einheit eines Identitätsbewußtseins schicken, daß in ihrem Wesen *a priori* die Möglichkeit solcher Vereinheitlichung gründet. Oder in rein essentieller Betrachtung, auf die es hier ankommt: Zwei solche singulären Wahrnehmungsessenzen begründen im reinen Schauen eine sie umfassende Essenz „Identitätsbewußtsein"; sie ist mit ihnen einig in reiner Evidenz. Also: Wenn wir zwei Wahrnehmungen haben, von denen wir mit Evidenz sagen, daß sie von demselben Gegenstand Wahrnehmungen sind, und das geschieht nur in der Synthesis der Kontinuität, so liegt darin, daß der „Sinn" der einen und derjenige der anderen ein Selbigkeitsbewußtsein fundieren, und Wahrnehmungen, sofern sie überhaupt durch ihren Sinn, durch ihr Wesen in ein solches Selbigkeitsbewußtsein treten, heißen um dessentwillen Wahrnehmungen von demselben Gegenstand. Selbstverständlich *sagen* können wir von solchen Wahrnehmungen, daß sie kein Identitätsbewußtsein fundieren bzw. daß sie verschiedene Gegenstände wahrnehmen, und umgekehrt können wir von beliebigen Wahrnehmungen, mögen sie auch miteinander gegenständlich nichts zu tun haben, sagen und denken, auch meinen, daß sie denselben Gegenstand vorstellen. Aber das ist dann eben bloß gesagt und gedacht.

Hier handelt es sich aber darum, daß die Wahrnehmungen, wie wir in der selbststellenden Evidenz es fassen, in der Tat durch ein Identitätsbewußtsein verknüpft sind, so daß, wenn wir hier von dieser Verknüpfung reden, nicht bloß davon geredet, nicht bloß in einer leeren Meinung dergleichen angenommen ist, sondern die Rede die in der Selbststellung absolut gegebene Identitätsverknüpfung nur zum Ausdruck bringt. Wesenserschauung übend erfassen wir nun auch den Wesenssachverhalt, daß Identitätsbewußtsein seinem Wesen nach in dem Wesen der verknüpften Wahrnehmungen gründet und daß es eine im Wesen gründende

[1] Vgl. zum folgenden eine kritische Notiz Husserls; siehe Beilage I (S. 338). — Anm. d. Hrsg.

Aussage ist: die vom sich Schicken in die Einheit eines Identitätsbewußtseins.

Kontrastieren wir noch durch den Gegenfall: Von Wahrnehmungen, näher Perzeptionen, verschiedener Gegenstände sagen wir, daß sie sich eben auf verschiedene beziehen, daß sie nicht denselben Gegenstand perzipieren; dies natürlich wieder nicht als objektive Tatsache verstanden, sondern phänomenologisch. Zwei Wahrnehmungen stehen in sich selbst evident so charakterisiert da, daß sie verschiedene Gegenstände vorstellen. Was liegt hier in der phänomenologischen Sachlage? Nun, die beiden Perzeptionen stehen vor unserem selbststellenden Auge nicht vereinzelt da, sondern verknüpft durch ein sie übergreifendes Verschiedenheitsbewußtsein, durch das Bewußtsein „nicht dasselbe". Zunächst kann ein zusammenschauendes, kolligierendes Fassen sie einigen so, daß es rein prädikativ nicht den Charakter hat, den wir als Identitätsbewußtsein kennen. Es stehen also die Wahrnehmungen nicht da im Charakter, der gewissermaßen ruft: Wir perzipieren dasselbe. Aber das ist noch kein Unterschiedsbewußtsein. Wann liegt ein solches vor? Angenommen, wir hätten zunächst ein Identitätsbewußtsein, verknüpfend W_1 und W_2, und nun versuchten wir, W_2 durch ein W_1' zu ersetzen, das zu einem anderen Gegenstand gehörte, dann würde das Nichtidentische hervorspringen. Ein Absehen auf oder Ansetzen von Identität faßt das W_1 und W_1' in eins, und nun „streitet" diese Intention auf Identität mit den in der Zusammenschauung gegebenen W_1 und W_1'.

Wieder ist es eine in reiner Selbststellung evidente Gegebenheit,[1] daß im Wesen „Identität" mit der Ersetzung des W_2 durch W_1' streitet, oder auch, daß ein „Streiten" von „Identität" mit den ‹mit› ihm zusammen gegebenen W_1 und W_1' um ihres Wesens willen statthat oder auch, daß die Wesen W_1 und W_1' im Wesen „Unterschiedsbewußtsein" zur Einheit kommen. Andererseits gehört es zum Wesen von W_1 und W_2, daß sie die Möglichkeit eines Identitätsbewußtseins begründen, aber die Möglichkeit eines Unterschiedsbewußtseins ausschließen. Ferner, generell gehört zum Wesen von Unterschiedsbewußtsein und

[1] Vgl. zum folgenden eine kritische Notiz Husserls; siehe Beilage I (S. 338). — Anm. d. Hrsg.

Identitätsbewußtsein, daß sie bei identisch angenommenen Verknüpfungsgliedern sich ausschließen, d.h. selbst wieder das Verhältnis eines Widerstreites fundieren.

Es besagt also sehr viel, dieses „bald sich in ein Identitätsbewußtsein Schicken" und andererseits „sich in ein Nichtidentitätsbewußtsein Schicken". Und eben dies ist nur ein anderer Ausdruck für die Sachlage, die wir mit den Worten bezeichnen: Zwei Wahrnehmungen stellen denselben Gegenstand vor, und sie stellen verschiedene Gegenstände vor.[1] Die ganzen Erkenntnisse, die wir hier gewonnen haben, vollzogen sich in der Sphäre der reinen Selbststellung und der sich ihr anpassenden Wesensschauung, die gewissermaßen auch reine Selbststellung ist. In der Tat können wir den Ausdruck und Sinn des Ausdrucks voll übertragen.

<§ 11. *Auflösung einer Schwierigkeit: Auch intentionale Bestandteile der Wahrnehmung in der Weise der Selbststellung gegeben*>

Nachdem wir erkannt, daß die Evidenzen des Typus „Zwei Wahrnehmungen *A*, *B* stellen denselben bzw. einen verschiedenen Gegenstand dar" gar kein Mysterium in sich schließen und verständlich sind ohne ein rätselhaftes Hinausgreifen des Bewußtseins über das ihm reell Immanente, eröffnet sich uns sofort die Aussicht, die Schwierigkeiten auflösen zu können, die uns in den ersten auf die Wahrnehmung und Wahrnehmungsgegenständlichkeiten bezüglichen Evidenzen entgegentraten.[2] Da haben wir die Evidenz, daß jede darstellende Wahrnehmung vom Typus der äußeren einen sogenannten Gegenstand darstellt, der ihr nicht als reeller Teil einwohnt, in ihr nicht in der Weise eines selbstgestellten Gegenstandes gegeben ist. Und evidente Aussagen sollen möglich sein, welche Momente oder Teile der Wahrnehmung und Teile und Eigenschaften des Gegenstandes in Vergleichung und sonstige Beziehung setzen. Die Evidenzen bestehen. Wie sind sie möglich? Woher wissen wir überhaupt zunächst von dem dargestellten, transzendenten Gegenstand, von der Beziehung auf ihn?

---

[1] Vgl. hierzu eine kritische Notiz Husserls; siehe Beilage I (S. 338). — Anm. d. Hrsg.

[2] Vgl. hierzu eine kritische Notiz Husserls; siehe ebda. (S. 338). — Anm. d. Hrsg.

Da drängt sich uns jetzt natürlich der Gedanke auf: Beziehung auf eine Gegenständlichkeit ist, phänomenologisch angesehen, gar nichts anderes als die im Wesen des objektivierenden Erlebnisses, hier der Wahrnehmung, gründende Schicklichkeit, Identitätsbewußtsein zu fundieren. Oder besser, sie ist die Wesenseigentümlichkeit der Wahrnehmung, die sie geschickt macht, Identitätsbewußtsein zu fundieren und eben damit Unterschiedsbewußtsein auszuschließen, und wieder Unterschiedsbewußtsein zu fundieren und damit Identitätsbewußtsein auszuschließen. Nämlich im Wesen der jeweiligen Wahrnehmung gründen, wie die jeweiligen Selbststellungen es ausweisen, ideale Möglichkeiten für Identitätsverknüpfungen mit so und so gearteten anderen Wahrnehmungen, wirklichen oder möglichen. Subjektiv gesprochen: Hätten wir alle singulären Wahrnehmungsessenzen vor Augen und verglichen wir sie in der Selbststellung mit der vorgegebenen Wahrnehmung *A* und wären wir disponiert, alle Wesenseinsicht zu gewinnen und zu fixieren, die in diesen Essenzen gründet, dann zerfielen diese Essenzen in zwei Klassen. Jede Wahrnehmungsessenz der einen Klasse fundierte mit *A*, dem Wesen *A*, ein Identitätsbewußtsein (dieses ebenfalls als Wesen genommen) und jede Wahrnehmungsessenz der anderen Klasse ein Bewußtsein von Nichtidentität. Die erste Gruppe enthielte, wenn z.B. die Rede wäre von der Wahrnehmung eines Hauses, den idealen Gesamtinbegriff „möglicher Wahrnehmungen" von demselben Haus. Dies überträgt sich dann auf den idealen Gesamtinbegriff möglicher Phantasievorstellungen, Erinnerungsvorstellungen, Bildvorstellungen von diesem Haus sowohl in ihrem Verhältnis zueinander als auch zu den möglichen Wahrnehmungen, und endlich auf alle anderen Vorstellungen, auch die leeren Intentionen usw.

Zu beachten ist hierbei, daß noch nicht die Frage ist nach Wirklichkeit oder Unwirklichkeit, Existenz oder Nichtexistenz des Vorgestellten, sondern nach der bloß „intentionalen Beziehung" auf ein Gegenständliches, die der Vorstellung zugeschrieben wird, ob ein darauf bezügliches Existentialurteil nun mit sogenanntem Recht lautet: Der Gegenstand existiert oder er existiert nicht.

Was wir aufklärten,[1] ist also das „gerade den und den Gegen-

[1] Vgl. zum folgenden eine kritische Notiz Husserls; siehe Beilage I (S. 338). — Anm. d. Hrsg.

stand Meinen, ihn Vorstellen" als ein der jeweiligen Vorstellung selbst Zugehöriges, als immanente Bestimmtheit des „Bewußtseins". Welche Art von „Bewußtsein", also Vorstellung im weitesten Sinn, und welche Art von Gegenständlichkeit in Frage kommen mag, es ist überall dasselbe zu sagen. So z.B. auch, wenn wir Identität oder Nichtidentität, so Beschaffen- oder Nichtbeschaffensein u. dgl. schauen, vorstellen, meinen, und in welcher Art immer. Auch hier ist bei Ausschaltung der Existenzfrage (d.h. hier der Frage, ob Identität in Wahrheit besteht, ob der Sachverhalt wirklich besteht) die Evidenz möglich, daß das betreffende Meinen eben Identität, Beschaffensein u. dgl. meint, obschon diese darin nichts reell Gegebenes ist und sein kann; und diese Evidenz ist nach demselben Typus aufzuklären, den wir vorhin entworfen haben.

Gehen wir weiter. Nehmen wir die Evidenz, daß der Gegenstand der äußeren Wahrnehmung in ihr selbst nicht reell enthalten ist. Sie enthält natürlich auch wieder das Problem, wie sie möglich sei, oder worin ihre sogenannte Möglichkeit, das bedeutet immer ihr immanentes Wesen, eigentlich bestehe.

Wir werden hier darauf zurückgeführt, daß die immanente Wahrnehmung, die uns etwa die Wahrnehmung eines Hauses zur Selbststellung bringt, sich ihrem Wesen nach nicht verträgt mit der Wahrnehmung des Hauses selbst in der Einheit eines Identitätsbewußtseins und sich auch nicht verträgt in solcher Einheit mit einem Wahrnehmen, das irgendeinen Teil des Hauses zur Wahrnehmung bringt. Statt zu sagen, die Selbststellung der Wahrnehmung vertrage sich in der Einheit des Identitätsbewußtseins nicht mit der Wahrnehmung selbst, können wir natürlich auch sagen, sie vertragen sich in einem Unterschiedsbewußtsein oder „schicken" sich hinein; das alles aber in dem früher geklärten Sinn verstanden, also auf Wesen bezogen. Die gleichen Wesensverträglichkeiten und -unverträglichkeiten bestehen dann in weiterer Folge für jederlei Vorstellen, das in der Hauswahrnehmung seine Erfüllung findet oder damit überhaupt in Identifizierungseinheit zu treten vermag. Dahinter steckt freilich das Axiom, daß, wenn A identisch mit B und B mit C, so A mit C, dessen Aufklärung hier auf der Hand liegt. Gehen wir auf die zusammenschauende Verbindung des Identitätsbewußtseins AB mit dem Identitätsbewußtsein BC zurück, so finden wir im Wesen dieser Verbindung als Möglichkeit beschlossen das Identitätsbewußtsein *AC*, bzw. wir finden die Unverträglichkeit dieser Verbindung mit dem Unterschiedsbewußtsein *AC*.

Die Genauigkeit der Klärungen über die für alle Gegenstandsanalysen fundamentalen Sachlagen, die zum Identifizierungs- und Unterscheidungsbewußtsein gehören, würde freilich noch mehrerlei fordern. Zumal ist zu bemerken, daß die totale Identifizierung, die wir bevorzugt haben, nicht die einzige ist, die es gibt. So sprachen wir vorhin von der Unverträglichkeit der Selbststellung der Wahrnehmung mit der Wahrnehmung eines Teiles des Hauses, eines ihm eigenen Momentes überhaupt. Da haben wir schon partiale Identifizierung bzw. Unterscheidung verwendet. Sie kommt auch in Frage, wenn wir die Möglichkeiten der Evidenzen erwägen, die gegebenenfalls aus der „Vergleichung" des reellen Inhaltes der Wahrnehmung mit demjenigen des Gegenstandes entspringen. Der „Inhalt" – das sind ja Teile und Momente der Wahrnehmung bzw. Teile und Momente des Gegenstandes.

<§ 12. *Das Verhältnis von Teil und Ganzem in der darstellenden Wahrnehmung. Partiale und totale Identifizierung*>

Gegebene Teile sind gegeben in der partialen Identifikation. Sie sind eventuell absolut gegeben, z.B. in einer sozusagen selbststellenden Identifikation, wenn wir immanente Analyse vollziehen. Eine Selbststellung ergibt das Ganze als absolutes Sein, eine andere Selbststellung hebt einen Teil heraus; aber zum Teil des Ganzen wird er erst in der partialen Identifikation, welche den einen und anderen Gegenstand zur partialen Deckung bringt, also in einer Weise zur Deckung bringt, die wir durch die Worte Teil und Ganzes bezeichnen. Die Verschiedenheit der Worte besagt schon, daß in diesem Identitätsbewußtsein die verknüpften Vorstellungen nicht vertauschbar sind ungleich dem Fall der totalen Identifizierung, die in dem gleichförmigen Bewußtsein „dasselbe" besteht.

Im übrigen, wie die totale Identifikation, das Einheitsbewußtsein gegenständlicher Deckung im engeren Sinn, eine Grundform des Bewußtseins ist, in der sich der Sinn der Rede „ein und derselbe Gegenstand" ursprünglich ausweist, so ist auch die partiale Identifikation eine Grundform des Bewußtseins. Es ist Deckungsbewußtsein, aber so, daß ein „Überschuß" von nicht sich Deckendem abhebbar ist. (Die Möglichkeit der Abhebung gründet evidenterweise im Wesen der Sachlage.) Und in dieser Grundgestaltung des objektivierenden Bewußtseins entspringt der Sinn der Rede von Teil und Ganzem und vom Enthaltensein und Enthalten, vom Haben und Gehabtwerden.

Die partiale Identifikation differenziert sich; in ihrer Allgemeinheit umfaßt sie nach idealer Möglichkeit verschiedene Fälle entsprechend den grundverschiedenen Arten von Teilverhältnissen. Teil im engeren Sinn, <wobei> dieser durch beigeordnete Teile sich zum Ganzen eben ergänzt und das Ganze sich aus den Teilen „zusammensetzt": Glieder eines Ganzen, Stücke, sind Teile in diesem prägnanten und engeren Sinn. Andererseits die inneren Merkmale, die das Ganze als Subjekt, als Träger hat, aber hat in der Weise der Bestimmung, des Prädikates: Eigenschaften.

Offenbar sind hier verschiedene Identifikationsmodi zu unterscheiden, die nahe verwandt sind und die wir darum unter den einen Hut „partiale Identifikation" bringen, die aber doch als eigene Modi gelten müssen. Eigenschaften setzen nicht den Gegenstand zusammen, so wie Stücke ein Ganzes, und erst recht <nicht> die Beschaffenheiten im weiteren Sinn, die äußeren Merkmale, die dem Subjekt zukommen, die es hat, die aber nicht rein zu ihm gehören, sofern sie ihm in bezug auf ein anderes zukommen, also nur in einem Einheitsbewußtsein, das noch ein anderes Objekt „umfaßt", als ihm zugehörig gegeben sein können.

Die durchgehende Wesensverwandtschaft liegt in dem „ist", in dem überall maßgebenden Einheitsbewußtsein: überall Einheit des Gegenstandes, Einheit als absolute Identität, Einheit als Einheit von Ganzem und Glied oder Stück des Ganzen. Einheit von Subjekt und Eigenschaft, Subjekt und relativer Bestimmung.

Zur Idee dieses Einheitsbewußtseins oder verknüpfenden Gegenstandsbewußtseins gehören noch verschiedene Vorkommnisse, wie die Verbundenheit, etwa Einheit zweier Teile eines Ganzen, die Verträglichkeit und Unverträglichkeit von Elementen, die zu einem Ganzen zusammengehen sollen, von Eigenschaften und Relationen, die einem Subjekt zukommen sollen, ferner die zu dem „ist" und „ist nicht" in wesentlicher Beziehung stehenden apophantischen Formen des „und", „oder", des

Plurals, des „ein" überhaupt und des singulären „ein" etc. Doch brauche ich hier nicht näher auf all das eingehen.

Die Haupttatsache ist hier, daß wir für das Studium der Dinggegenständlichkeit, und wir sehen sofort, jeder Gegenständlichkeit überhaupt, von vornherein zurückgeführt werden auf das Studium der Einheit gebenden Akte, auf Identifizierung, Unterscheidung und deren verschiedene Differenzierungen und zugehörigen Formungen, die sich in den apriorischen Formen möglicher Aussagen, in ihren rein grammatischen Kategorien ausprägen.

Wäre schon die Frage der Geltung in unseren Gesichtskreis getreten, so sprächen wir nicht bloß von rein grammatischen Formen, sondern von rein logischen Gesetzen. Die Aufklärung des Logischen und Verständlichmachung der Möglichkeit der objektiven Triftigkeit der Erkenntnis ist einerlei. Da wir es bloß mit der Konstitution der Dinggegenständlichkeit innerhalb der Wahrnehmung zu tun haben wollen, reichen wir mit einigen wenigen Schritten in der Analyse ‹des› Apophantischen aus, wie wir sie heute vollzogen haben, wenigstens vorläufig.

Freilich, wenn wir eine vollständige Aufklärung der Möglichkeit evidenter Aussagen in unserer Sphäre gewinnen wollten, so müßten wir auf eine allgemeine Analyse des Wesens der Worte und ihrer Bedeutungen, der Unterschiede zwischen leeren und erfüllten Bedeutungsintentionen und auf eine allgemeine Analyse des Sinnes der sämtlichen zur Apophansis gehörigen Formen sowie der allgemeinen Möglichkeit ihrer Objektivität, ihrer gegenständlichen Geltung eingehen, soweit sie von der Besonderheit der unterzulegenden schlichten Objektivationen unabhängig sind. Anfang und Hauptstücke solcher Analyse finden sich in meinen *Logischen Untersuchungen*.

Was wir hier tun, ist die Gegebenheit der Dinglichkeit in der Sphäre der Intuition, und näher der Wahrnehmung, studieren derart, daß wir diese Gegebenheit zur Selbststellung bringen. Unsere Aussagen wollen rein ausdrücken, was da zur Selbststellung kommt. Das Wesen dieses Ausdrückens nehmen wir, um nicht in umfassende und anders gerichtete Untersuchungen eintreten zu müssen, als bekannt und geklärt an. Wir beschäftigen uns also nur mit den Identifikationen und Unterscheidungen, die zur Gegebenheit des Dinggegenständlichen selbst gehören, und nicht mit denen, die zum ausdrückenden Aussagen gehören.

Das Einheitsbewußtsein der Identifikation ist ein vorstellendes, ein objektivierendes Bewußtsein und hat wie jedes solche Bewußtsein verschiedene Modi, die durch den Gegensatz zwischen „gemeint" und „gegeben" angedeutet werden. Zum Wesen eines solchen Bewußtseins gehört es, sich auf Gegenständliches zu beziehen und in besonderen Gestaltungen die Gegenständlichkeit absolut zur Gegebenheit zu bringen. Die Gegenständlichkeit ist, wie schon gesagt worden, die Identität bzw. der Sachverhalt, das Verhältnis von Ganzem und Teil, von Subjekt und Bestimmung. Das Identitätsbewußtsein kann nun wie bei anderen objektivierenden Akten leere und volle Intention sein; man kann Identität meinen, z.B. in bloß symbolischem Denken, ohne sie „eigentlich" vor Augen zu haben, ohne ein eigentliches Identifizieren zu üben. Das eigentliche Identifizieren hat dann wieder verschiedene Stufen der Eigentlichkeit. Es kann eigentliches Identifizieren erfolgen auf dem Grund leerer Intentionen der Verknüpfungsglieder oder auch auf dem Grund voller Intentionen, also von Anschauungen der in Einheitsbeziehung gesetzten Objektitäten. Der synthetische Akt gewinnt dann selbst den Charakter einer Anschauung. Wieder gehört zu diesen wie zu anderen Anschauungen der Unterschied zwischen adäquater und inadäquater Anschauung, und somit haben wir auch hier den Unterschied zwischen einem wahrnehmenden, Identität als seiend setzenden und schauenden Bewußtsein und evident wahrnehmenden, absolut selbstgebenden Bewußtsein, in dem sich absolute Selbstgegebenheit einer Identität herausstellt. Offenbar haben wir, wo keine absolute Selbstgegebenheit vorliegt, auch die verschiedenen Modi der Stellungnehme von der bloßen Vorstellung, und näher bloßen Perzeption, zu unterscheiden. Glaube an das Sein der Identität, Unglaube, Zweifel usw. Ich glaube den Satz aussprechen zu dürfen: Wo zwei absolut selbstgebende Akte durch eigentliches Identitätsbewußtsein verknüpft werden, da ist dieses notwendig ein selbstgebendes.

In der phänomenologischen Analyse setzen wir z.B. in der Selbststellung ein immanentes Ganzes und seine reellen Teile in Synthese. Solche Synthesen schauen das Teilverhältnis von absoluten Gegebenheiten, und dieses Schauen ist auch absolut gebendes. Die Evidenz, daß die Deckung besteht, daß eins im anderen ist, ist so absolute Evidenz wie die der verknüpften Glieder. Was ich vom Identitätsbewußtsein gesagt habe, gilt natürlich auch vom Unterscheidungsbewußtsein.

‹§ 13. *Abweisung eines Mißverständnisses: Gliederung des gebenden Bewußtseins nicht Gliederung des Gegenstandes*›

Ferner ist es wichtig, ein für allemal folgendes zu beachten: [1] Wenn wir in einer evidenten Partialidentifikation einen Teil im Ganzen finden und demgemäß mit absolutem Recht dem Ganzen den Teil zuschreiben und so das Ganze in die Komplexion seiner Teile auflösen, es analysieren, dann dürfen wir nicht, was Sache des die Gegebenheit konstituierenden Bewußtseins ist und das, was Sache der Gegenständlichkeit selbst ist, durcheinandermengen, also den Fluß und den Wechsel und die Gliederung des gebenden Bewußtseins in das Gegenständliche hineindeuten. So etwa, wenn man argumentiert: Der Teil ist im Ganzen; aber phänomenologisch ist der Teil im Ganzen vor der Analyse anders als nach der Analyse. Das Ganze wird geteilt, im abteilenden Akt, im sogenannten für sich heraushebenden, für sich beachtenden Akt wird der Teil erst gegenständlich; vorher soll er im Ganzen schon „enthalten" gewesen sein, und wir reden so, als ob er vorher schon gerade so darin enthalten war wie nachher, nach der Sonderauffassung oder Abhebung. Aber ist das Phänomen nicht wesentlich geändert? Liegt nicht etwas ganz anderes vor, wenn die Abhebung und partiale Identifikation erfolgt? Wie kann ich also mit wirklichem Recht sagen, dasselbe, was die Analyse nachher als ein Fürsich ergibt, sei schon vor der Analyse im Ganzen „enthalten" gewesen? Die Analyse modifiziert, sie bringt ein subjektives, ein verfälschendes Moment hinein; wir haben nicht ein ganzes Phänomen, das das Teilphänomen enthält, sondern haben einmal das sogenannte Gesamtphänomen, das wir Ganzes vor der Analyse nennen, und nachher etwas ganz anderes, von dem wir gar nicht das Recht haben, es dem Gesamtphänomen einzulegen bzw. das, was es unter dem Titel herausgehobenes Teilphänomen enthält, jenem einzulegen.

---

[1] Vgl. zum folgenden eine Bemerkung Husserls; siehe Beilage I (S. 338). — Anm. d. Hrsg.

Das alles ist aber ein grundfalsches Gerede. Es ist ein absurder Skeptizismus, der sich aufhebt, weil er das voraussetzt, was er leugnet. In der Tat, könnte das wahr sein, was hier behauptet wird, so müßte diese Wahrheit sich in der selbststellenden Betrachtung und Analyse der Phänomene selbst ausweisen. Analysieren wir nicht den Prozeß der Analyse, wenn wir in ihm, als ersten Schritt, die Gesamtwahrnehmung zu Beginn der Analyse nennen und dann weiter von der Heraushebung des Teiles sprechen, als in der Identifikation des Teiles im Ganzen enthalten? Welches Recht haben die sich hier anmaßenden Aussagen, welche doch Teile im ganzen Gegebenheitsbewußtsein unterscheiden, wenn *in thesi* allen solchen Aussagen ihr objektives Recht genommen wird, nämlich mit der Lehre, daß der Prozeß der Teilheraushebung und Teilerkenntnis eine Verfälschung bedeute? Sehen wir jetzt von dem Widerspruch ab und betrachten wir die Sachen direkt. In der selbststellenden Identifikation ist die Wahrnehmung eines Ganzen und die Wahrnehmung des Teiles zur Synthese gebracht. Diese Synthese ist absolute Evidenz, sie ist das absolut gebende Bewußtsein, daß das Ganze den Teil hat. Fragt man also: Was unterscheidet den Teil vor der Analyse und was den Teil nach der Analyse, so lautet die Antwort natürlich: nichts.

Es passiert freilich mancherlei, aber auf Seiten des konstituierenden Bewußtseins, zu dessen Wesen es gehört, so und so abzulaufen, sich so und so zu gliedern; und als so geartetes und ablaufendes Ganzes ist es Evidenz davon, daß das Ganze den Teil hat. Es ist Evidenz, so ist es also, und die Rede lautet schlechthin: Das Ganze hat den Teil. Sie lautet nicht: Das Ganze hat den Teil erst nach der Analyse, oder anders vor der Analyse als nach ihr. Vielmehr ist das alles purer Unsinn. Macht eine Selbststellung das fragliche Evidenzbewußtsein zum Gegenstand und vollzieht sich innerhalb der Selbststellung eine Vergleichung zwischen den Momenten dieses Bewußtseins und der in ihr gegebenen Gegenständlichkeit Teil oder Ganzes dieses Teiles, so sehen wir den Unsinn, den evidenten Widerstreit vor Augen. Der Fluß und die Gliederung des absolut gebenden Bewußtseins ist nicht Fluß und Gliederung des gegebenen Gegenstandes. Skeptische Argumentationen der angegebenen Art vermengen Bewußtsein und Gegenstand. Das „Phänomen" ändert sich. Das Gegebenheitsbewußtsein vom Ganzen, mit dem ich anhebe, verbleibt nicht ungeändert und das Teilbewußtsein, das in der Partialidentifikation in dem in gewisser Weise sicher geänderten Ganzes-Bewußtsein seine Deckung findet, ‹ist› in sich nicht Stück des ursprünglichen Bewußtseins ebensowenig als des geänderten. Aber so sieht eben das aus, was wir leibhaftes Dasein der hier zur Gegebenheit kommenden Gegenständlichkeit nennen, „das Ganze hat den Teil". Und wenn das selbststellende Schauen dieses Gegebenheitsbewußtsein zum Gegenstand macht, und zwar wieder zum absolut gegebenen Gegenstand, wenn es in ihm die Veränderungen, die Teile, die Momente unterscheidet, so gehört zu diesem Unterscheiden wiederum die und die ganz anders ablaufende Folge von einzelnen Schritten der Einzelsetzung, Heraushebung, Partialidentifikation, und es ist wieder evident, daß das Wesen eines so gearteten Ablaufes eben das ist, was die Gegebenheit und die absolute Gegebenheit der Gegenständlichkeit und ihrer Teile ausmacht, die wir das erste Evidenzbewußtsein nennen.

Die bekämpfte Auffassung tut offenbar so, als ob Gegenständlichkeit, Sein jeder Art, etwas in sich zum Bewußtsein Beziehungsloses wäre, als ob Bewußtsein einmal zufällig sich an die Gegenständlichkeit heranmachte, mit ihr herumoperierte und eben in der Weise der Operation im natürlichen Sinn mit dem Gegenständlichen die und jene Veränderungen vornähme. Dahinter steckt die vermeinte Selbstverständlichkeit: Dinge sind an sich und vor allem Denken, und nun kommt das Ichsubjekt, ein neues Ding und wirkt und schafft etwas mit dem Ding, es vollzieht mit ihm Denken, Anschauen, Beziehen, Verknüpfen, wodurch das Ding dem Ichsubjekt eben nur gegeben ist in der ihm auferlegten Formung.

Das alles zerfällt in nichts, sowie die phänomenologische Reduktion vorgenommen ist und die natürliche Geisteshaltung mit ihren „Selbstverständlichkeiten" suspendiert wird. Alle Rede von Gegenstand und gegenständlichem Sein ist Phänomen und hat sein Bedeuten; es weist hin (wie jeder Schritt phänomenologischer Analyse lehrt) auf weitere Zusammenhänge der Sorte, die das Wort Bewußtsein besagt und die in Selbststellung zu absoluter Gegebenheit kommen, letztlich aber auf das absolute Phänomen der jeweiligen Gegebenheit, die ihre Wesenskonstitution hat, eben darin Leibhaftigkeits- und Gegebenheitsbewußtsein zu sein. Also in diesen Zusammenhängen weist sich aller Sinn der Rede von Gegenstand und gegenständlicher Existenz aus, auch derjenige der Rede von erkennendem Subjekt, vom denkenden Ich u. dgl., welches ja abermals eine Gegenständlichkeit ist. Gegenständlichkeit – bei diesem Worte denkt man hier an die dingliche Gegenständlichkeit, Dinge, Eigenschaften, dingliche Sachverhalte u. dgl.

Aber im weiteren Sinn ist auch „Bewußtsein", all das, was dieser Titel befaßt, Wahrnehmung, Anschauung überhaupt, Urteil u. dgl. ein Gegenständliches und untersteht demselben Gesetz, das der Sinn von Gegenständlichkeit vorschreibt. Aber dieses Gegenständliche hat einen Vorzug, der es begründet, in fundamentaler Weise Bewußtsein und Gegenstand im engeren Sinn gegenüberzustellen, sofern nämlich alle transzendente Gegenständlichkeit ihren Urgrund und Träger in der Gegenständlichkeit im weiteren Sinn hat, die wir Bewußtsein nennen. Das Ding konstituiert sich im Bewußtsein, es ist eine in Zusammenhängen des Bewußtseins von bestimmter Art sich wesensgesetzlich herausstellende oder ihnen wesentlich eigene Intentionalität, die ihm und seinem „wirklichen Sein" Sinn gibt. Sinngemäß ist sie von solchen Zusammenhängen unabtrennbar. Bewußtsein selbst aber ist absolutes Sein und eben darum nicht dingliches Sein. Die schlichte Selbststellung bringt es als absolut zur Gegebenheit, es ist das im puren Schauen Gegebene; es ist ein Identifizierbares und darum auch Gegenstand, aber es konstituiert sich nicht erst in Zusammenhängen des Bewußtseins und dem sie synthetisch verbindenden Sinn, es ist einfach und wird geschaut. Die Welt wird gleichsam getragen vom Bewußtsein, aber das Bewußtsein selbst braucht keinen Träger. Das Meinen kann wieder gemeint werden, aber es ist und konstituiert sich nicht erst in Zusammenhängen des Meinens, und diese wieder ‹sind›, was sie sind, nur in weiteren Zusammenhängen des Meinens, und so *in infinitum*. Das Ding aber ist, was es ist, nur vermöge der Zusammenhänge der Intention der noch zu erforschenden Arten und Formen.

Ist also das Ding nur der Zusammenhang meiner psychischen Akte, meiner Vorstellungen, Wahrnehmungen, Urteile etc.? Wer diese Frage einwirft, hat natürlich alles Verständnis verfehlt. Die phänomenologische Reduktion ist ja nicht die solipsistische Reduktion, und das Ich ist ja selbst ein Dingliches, nur im intentionalen Zusammenhang und seinen wesentlichen Formen sich Konstituierendes und nur dadurch sich Ausweisendes. Welches Recht es hat, die Bewußtseinsgestaltungen auf ein Ich zu beziehen, auf die oder jene Person, das ist durch objektivierendes Denken und durch seine Logik erst zu begründen; und dieses Recht weist seinen Sinn aus in der phänomenologischen Analyse. Das Denken aber, von dem sie spricht, ist niemandes Denken. Wir abstrahieren nicht bloß vom Ich, als ob das Ich doch darin stehe und nur nicht darauf hingewiesen würde, sondern wir schalten die transzendente Setzung des Ich aus und halten uns an das Absolute, an das Bewußtsein im reinen Sinn.

‹II. Abschnitt

ANALYSE DER UNVERÄNDERTEN ÄUSSEREN WAHRNEHMUNG›

‹3. Kapitel
Die Elemente der Wahrnehmungskorrelation›

‹§ 14. *Empfindungsinhalte und dingliche Qualitäten*›

Betrachten wir irgendeine äußere Wahrnehmung, z.B. die eines Hauses, und zwar können wir Wahrnehmungen nehmen, die in sich nichts von Veränderung enthalten. Wir betrachten etwa einen unveränderten Gegenstand und nehmen ein Moment heraus, das Wesen als identisches festhaltend. Vergleichen wir den Inhalt der äußeren Wahrnehmung mit dem Inhalt ihres Gegenstandes, dann treten auseinander empfundene Farbe und wahrgenommene Farbe (d.i. Farbe des wahrgenommenen Hauses), empfundene Rauhigkeit und gegenständliche Rauhigkeit, empfundene Ausbreitung, empfundenes Gestalt- und Formmoment und wahrgenommene räumliche Ausdehnung, räumliche Größe und Gestalt, die von den „sinnlichen Qualitäten" des Gegenstandes so und so ausgefüllt, überdeckt wird, bzw. so und so geschieden und geteilt. Das empfundene Rot ist ein reelles Moment der Wahrnehmung selbst. Sie enthält das Moment Rot, sie ist aber nicht rot; Rot ist keine „Eigenschaft", kein Merkmal der Wahrnehmung, sondern Merkmal des wahrgenommenen Dinges. Die Wahrnehmung kann aber evidenterweise nicht als Ding bezeichnet werden. Ebenso enthält die Wahrnehmung ein Moment Ausdehnung; es wäre aber grundverkehrt, sie als ausgedehnt zu bezeichnen, nachdem dieses Wort den dinglichen Sinn hat, den einer gewissen räumlichen Modifikation. Der Raum aber ist die notwendige Form der Dinglichkeit und nicht die Form der Erlebnisse, und näher der „sinnlichen" Erlebnisse. Anschauungsform ist ein grundfalscher Ausdruck und impliziert auch bei Kant eine verhängnisvolle Irrmeinung. Daß Empfindung und Wahrnehmung nicht einerlei ist, daß zwischen empfundenem Gesamtinhalt und wahrgenommenem Gegenstand, zwischen einzelnen Empfindungsinhalten und den „ihnen entsprechenden" Merkmalen wirklich zu scheiden ist, das ist von vornherein evident. Ist der wahrgenommene Gegenstand, z.B. das Haus der Wahrnehmung, reell transzendent, so sind es auch alle das Haus konstituierenden Teile und Merkmale. Ist das Haus nicht, so auch nichts von seinen Eigentümlichkeiten, und ist es nicht Stück der Wahrnehmung, so auch nichts von seinen Merkmalen. Gleichwohl entspricht jedem empfundenen Inhalt ein Moment des wahrgenommenen Gegenstandes, und das Verhältnis ist ein so nahes, daß wir dieselben bezeichnenden Worte beiderseits verwenden: empfundene Farbe — objektive Färbung, empfundener Ton — objektiver Ton, empfundenes Gestaltmoment — dingliche Gestalt usw.

Daß andererseits nicht dasselbe einfach zweimal anzusetzen ist, als ob eine völlig gleiche Komplexion von Inhalten einerseits, transzendent gefaßt, Ding und ‹andererseits›, immanent empfunden, eben Empfindungskomplexion wäre, das ist leicht evident zu machen. Der Wahrnehmung immanent ist nicht ein Gleiches, was transzendent als Ding gesetzt ist. Wäre es wirklich ein völlig Gleiches, so hätten wir zwei Dinge, ein immanentes und transzendentes. Es gäbe keinen Grund, dem immanenten den auszeichnenden Namen Ding abzustreiten. Daß das auf Widersinn führen würde, werden die späteren Analysen zeigen; es wird sich herausstellen, daß Ding keine Gegebenheit ist, die in einer schlichten Wahrnehmung immanent gegeben sein kann. Und was vom Ding gilt, gilt von dinglichen Teilen und von Eigenschaften, Beschaffenheiten. Hier genügt es, darauf hinzuweisen, daß mindestens die Möglichkeit besteht, wie wir an Beispielen uns klar machen, daß viele nach der Empfindungskomplexion wesentlich verschiedene Wahrnehmungen Wahrnehmungen eines und desselben Gegenstandes, z.B. eines Hauses, sind und sein können. Dabei möge der Gegenstand als völlig gleich bestimmter und unveränderter angenommen werden. Ob diese Möglichkeit nicht zum Wesen der Dinglichkeit gehört, also eine notwendige Möglichkeit ist, das wird später zu erwägen sein.

An solchen Beispielen zeigt es sich, daß jede der verschiedenen Wahrnehmungen zwar Wahrnehmung desselben Gegenstandes ist, daß aber jede den Gegenstand nur von einer „Seite" und jede <ihn> von einer „anderen Seite" zeigt; während die eine den Gegenstand von dieser Seite zeigt und in dieser Seite die und die bestimmte Merkmalgruppe zur eigentlichen Darstellung bringt, bringt eine andere Wahrnehmung statt dieser vielmehr eine andere Merkmalgruppe in das Wahrnehmungsfeld, wofern sie den anderen Merkmalgruppen den Vorzug der eigentlichen Gegebenheit versagt. Und wieder ist es evident, daß die jeweilige immanente Empfindungskomplexion besondere Beziehung hat zu der sich in Eigentlichkeit leibhaft darstellenden Merkmalskomplexion. Sehe ich das Haus von der Vorderseite, so entspricht der Färbung der Vorderseite im ganzen und nach allen partialen Momenten eine empfundene Farbe, und umgekehrt, jedem Empfindungsmoment entspricht eine sich in der „eigentlich" wahrgenommenen Vorderseite darstellende gegenständliche Beschaffenheit. Daß aber selbst in dieser Beschränkung nicht Gleichheit statthaben muß und statthaben kann, sehen wir aus folgendem: Haben wir die Wahrnehmung einer gleichmäßig gelben Kugel (es ist ein Beispiel Lockes), und zwar eine während ihrer Dauer unveränderte Wahrnehmung bei unverändertem Gegenstand, so sagen wir einerseits: Die gesehene Färbung, natürlich bezogen auf die „eigentlich" erscheinende Vorderseite, ist gleichmäßig.

Achten wir aber auf den immanenten Inhalt der Wahrnehmung, so finden wir eine stetige Abschattung des Gelb, und es ist klar, daß hierbei ein Notwendigkeitszusammenhang besteht: nur wenn solche Abschattung empfunden ist, stellt sich eine gleichmäßig gefärbte Kugel dar. Und wieder ist darauf hinzuweisen, daß Identität gegenständlicher Bestimmungen sich in der Sphäre eigentlicher Wahrnehmung nicht nur mit einem Wechsel oder einer kontinuierlichen Veränderung von Empfindungsinhalten verträgt, sondern hinsichtlich vieler Bestimmungen notwendig gefordert ist. Bei Annäherung oder Entfernung der Kugel haben wir stetig neue und neue Wahrnehmungen. Das Moment der Ausbreitung innerhalb der Empfindung verlangt eine ständige Änderung, wenn die mannigfaltigen Wahrnehmungen Einheit gewinnen sollen im Bewußtsein: es sei dieselbe Kugel, ihrer Ausdehnung und Form nach unverändert.

Also Identität des objektiven Merkmals bedeutet in keiner Weise Identität der entsprechenden Empfindung. Die Empfindung bietet keine Reduplikation des Merkmals. Die Wahrnehmung enthält in sich also kein Bild des Gegenstandes, das Wort „Bild" im gemeinen Sinn genommen, als ein zweites Ding, das ein Original durch Ähnlichkeit repräsentiert. Die Wahrnehmung enthält weder eine Wiederholung des ganzen Dinges noch eine solche einzelner Merkmale. Die Bildertheorie hat, von vielen Seiten her angesehen, ihre Widersinnigkeiten. Hier haben wir die eine Seite.

<§ 15. *Darstellende Inhalte und Auffassung* (*Perzeption*)>

Gehen wir weiter. Das Wort Empfindung besagt vorläufig nur soviel, daß in der Wahrnehmung gewisse Inhalte reell vorfindlich sind, die zu entsprechenden Inhalten des wahrgenommenen Gegenstandes in einer gewissen Beziehung stehen derart, wie wir gegenüberstellen Farbe als reell in der Selbststellung der Wahrnehmung gegebenes Moment und Farbe des wahrgenommenen Gegenstandes. Diese reellen Inhalte selbst nennen wir Empfindungsinhalte. Ihre Komplexion macht nach dem, was wir schon erörtert, nicht den ganzen Gehalt der Wahrnehmung aus. Wir haben schon der Evidenz Erwähnung getan, daß die Komplexion der Empfindungsinhalte sehr verschieden <ist> und doch die zugehörigen Wahrnehmungen ihrem Wesen nach als Wahrnehmungen von demselben Gegenstand sich ausgeben; umgekehrt gilt auch, daß dieselbe Komplexion von Empfindungsinhalten verschiedene Wahrnehmungen begründen kann, Wahrnehmungen von verschiedenen Gegenständen, wie jede Puppe beweist, sofern hier bei festgehaltenem Standpunkt zwei Perzeptionen in Widerstreit stehen, die des Puppendinges und die des dargestellten Menschen, beide aufgebaut auf derselben Empfindungsgrundlage. Diese Erwägung lenkt unseren Blick auf das Plus, das über die Empfindungskomplexion hinaus in der Wahrnehmung reell zu finden ist und das in allerengster Durchdringung mit dem Empfundenen erst Wahrnehmung ausmacht. Die Empfindungsinhalte für sich enthalten noch nichts von dem Charakter der

Wahrnehmung, nichts von ihrer Richtung auf den einen wahrgenommenen Gegenstand; sie sind noch nicht das, was es macht, daß ein Dinggegenständliches in Leibhaftigkeit dasteht. Wir nennen diesen Überschuß den Charakter der Auffassung und sagen, daß die Empfindungsinhalte Auffassung erfahren. Durch die Auffassung gewinnen sie, die an sich gleichsam ein toter Stoff wären, beseelende Bedeutung derart, daß mit ihnen ein Gegenstand zur Darstellung kommt. Mit Beziehung darauf nennen wir die Inhalte darstellende Inhalte im Gegensatz zu den dargestellten nämlich den gegenständlichen Bestimmtheiten.

Nachdem sich uns vorher schon als wechselndes Moment der Wahrnehmung abgehoben hat das Moment der Stellungnahme, wie Glaube, Unglaube u. dgl., so ist es selbstverständlich, daß wir den Begriff der Auffassung so eng fassen, daß für ihn diese Unterschiede irrelevant sind und es somit auf die bloße Perzeption bezogen ist.

Die Auffassung ist es, die also die selbststellende und darstellende Wahrnehmung unterscheidet. Nur in der letzteren vollzieht sich die Beziehung auf den wahrgenommenen Gegenstand dadurch, daß ein der Wahrnehmung reell immanenter Inhalt als darstellender fungiert, als ein solcher, der nicht einfach gefaßt, sondern als etwas aufgefaßt wird, was er nicht selbst ist, sondern was mit seiner Auffassung erscheint. Zunächst ist das eine ganz rohe Analyse. Was in dieser „Auffassung" liegt, werden wir noch studieren müssen. Zu beachten ist die Beschränkung auf den Typus der sogenannten äußeren Wahrnehmungen, der physischen Dingwahrnehmungen.

Die Empfindungsinhalte fungieren in der äußeren Wahrnehmung als darstellende Inhalte. Man könnte einen Begriff von Empfindung durch diese Funktion fixieren, also Empfindung in Relation zu Wahrnehmung nehmen und sagen: Empfundene Inhalte im Gegensatz zu wahrgenommenen heißen solche, die als darstellende Inhalte fungieren. Das wäre ein sehr wichtiger und fundamentaler Begriff von Empfindung, den wir auch gebrauchen wollen. Andererseits ist es klar, daß in der äußeren Wahrnehmung die darstellenden Inhalte durch ihren eigenen inneren Charakter ausgezeichnet sind; sie können sehr verschiedenen Gattungen angehören, Farbe, Ton usw., aber so weit die Unterschiede hier auch sind, alle Inhalte, die für eine Dingwahrnehmung als darstellend sollen fungieren können, haben eine innere Verwandtschaft, sie stehen unter einer obersten Gattung, einer echten, wesentlich einheitlichen Gattung, und auch diese kann den Begriff von Empfindung definieren. Doch ist es hier besser, die Gattung mit einem anderen Namen zu nennen: sinnlicher Inhalt? Doch hat der Name „sinnlicher Inhalt" seine Unzuträglichkeit, da gerade er auf die funktionelle Interpretation hinweist und man auch von innerer Sinnlichkeit spricht. Ein anderer Name wäre erwünscht.

Wenn Brentano[1] in seiner genialen Psychologie von physischen Phänomenen spricht, so hat er diese Inhalte im Auge, wie trotz einiger Schwankungen nicht zu verkennen ist. Um das zweideutige Wort Phänomen zu vermeiden, könnten wir die Gattung also auch als Gattung der absolut physischen Data bezeichnen. Nämlich innerhalb der Gesamtsphäre absoluter Gegebenheiten und näher der reellen Gegebenheiten grenzen sich diejenigen ab, die als darstellende Inhalte der physischen Dinglichkeiten zu fungieren befähigt sind, und um dessentwillen können sie selbst physische Data heißen. Doch da sie aufgrund ihrer inneren gattungsmäßigen Artung zu dieser Leistung befähigt sind, so können wir den Namen für dieses Gattungsmäßige selbst verwenden. Daß die Gattung der physischen Data *toto coelo* von dem unterschieden ist, was als beseelende Auffassung und als Meinung, Glaube, Zweifel usw. in noch nicht weiter geklärtem Sinn Bewußtsein heißt, ist evident. Ein physisches Datum und die Auffassung ist in ihrem Wesen nicht nur grundverschieden, es ist auch klar, daß sie ihre Funktion nicht vertauschen, daß das physische Datum, der Empfindungsinhalt, nicht als Auffassung, die Auffassung nicht als Empfindungsinhalt fungieren kann, letzteres mindestens nicht für eine äußere Wahrnehmung. Ob, was da der vage Titel Bewußtsein befaßt, nicht seinerseits auch Auffassung erfahren und Transzendenzen einer wesentlich neuen Gruppe, der psychischen, konstituieren kann, das werden wir später erwägen müssen. Wäre dies der Fall, so würden wir von physischen und psychischen Empfindungen sprechen müssen in einer Scheidung, welche der unklaren Rede vom äußeren

[1] Vgl. Franz Brentano, *Psychologie vom empirischen Standpunkt*. 1. Bd., Leipzig 1874 — Anm. d. Hrsg.

und inneren Sinn wenigstens einigermaßen entsprechen würde.

Physische Data finden wir in der Regel verbunden mit beseelender Auffassung. Machen wir sie zu Gegenständen einer Selbststellung, so nehmen wir entweder die ganze Einheit aus physischem Datum und Auffassung, also die ganze Perzeption zum Gegenstand, oder wir sehen, ausschließlich auf das Physische hinblickend, von der Auffassung ab. Man kann aber nicht sagen, daß es sich um eine Abstraktion handle derart, wie sie unabtrennbare Momente zur Sonderbeachtung bringt, etwa die Tonstärke in Abstraktion von der Tonhöhe u. dgl. Man kann nicht *a priori* sagen, daß ein physisches Datum eine Auffassung fordert, daß es also als darstellender Inhalt fungieren muß. Desgleichen, es ist eine nicht ohne weiteres zu entscheidende Frage, ob in der Wahrnehmung die deutende Auffassung unmittelbar mit dem physischen Inhalt eins ist oder ob dieser erst sein immanentes Bewußtsein hat und ob sich darauf erst als eine weitere Bewußtseinsweise das transzendente „Auffassen" baut. Die Unterscheidung zwischen bloßer Perzeption und Apperzeption, die in so vieldeutigem Sinn in der neueren Psychologie und Erkenntnistheorie ihre Rolle spielt, wird vielfach auch so verstanden, daß bloße Perzeption oder bloße Empfindung das schlichte Haben, und zwar immanent perzeptive Bewußthaben eines Inhaltes, und Apperzeption ein auf dem Empfinden sich aufbauendes und darüber hinausgehendes Auffassen besagen soll.

So ohne weiteres zugestehen kann man diese Beschreibung nicht, denn wir kennen zwar eine bloße Perzeption als eine Wahrnehmung, die sich auf einen physischen Inhalt ausschließlich richtet, nämlich die Selbststellung; aber daß diese in der normalen Dingwahrnehmung enthalten ist, das zeigt die Reflexion nicht. Der physische Inhalt ist so, wie die ganze Wahrnehmung, die ihn immanent enthält, so also auch ihre Auffassung, <ihn> erlebt. Aber das „erlebt" besagt auch bei der Auffassung nicht, daß sie Gegenstand einer reell immanenten Wahrnehmung, <einer> Selbststellung ist; „erlebt" ist nicht ohne weiteres bewußt im Sinne irgendeines Gewußtseins. Darüber werden wir noch sprechen müssen.

Jedenfalls werden wir diese Gegenüberstellung von Perzeption und Apperzeption vermeiden. Wir nennen Perzeption ihrem gewöhnlichen Wortsinn nach einfach Wahrnehmung, nur daß wir die Stellungnahme nicht mit hinzunehmen. Und das vieldeutige Wort Apperzeption vermeiden wir lieber ganz; es genügt Auffassung, wie Stumpf schon lange befürwortet hat.

Dasselbe, was wir Perzeption nennen, also Auffassungsinhalte in ihrer Auffassung genommen — das Ganze bildet einen klar bestimmten Begriff von „Wahrnehmungsvorstellung", ein Begriff, den man öfter dem der Wahrnehmung schlechthin gegenübergestellt hat; „bloße Vorstellung" ist noch kein Urteil. Wahrnehmung, wenigstens die normale Wahrnehmung, impliziert einen „Glauben", eine Setzung usw. Wiederum ergibt unser Begriff der Perzeption und die zugehörige Analyse eine Klärung eines Begriffes von Erscheinung, und zwar verstanden als Wahrnehmungserscheinung. Die Rede von „Erscheinung des Gegenstandes" will nicht präjudizieren, ob das Erscheinende ist oder nicht ist; wir haben auch in der Halluzination eine Erscheinung. Also ist Erscheinung offenbar nichts anderes als Perzeption.

‹§ 16. *Der Gegenstand der Auffassung als Erscheinung. Eigentliche Erscheinung*›

Doch grenzt sich sofort ein enger Begriff von Erscheinung ab, wenn wir den schon angedeuteten Unterschied zwischen dem eigentlich Wahrgenommenen, näher eigentlich Perzipierten, und uneigentlich Perzipierten unterscheiden. Wir sehen, so heißt es, ein Haus, aber eigentlich sehen wir nur die Vorderseite. Nur gegewisse, eben die unter dem Titel Vorderseite hier befaßten Bestimmtheiten des Gegenstandes fallen eigentlich in die Wahrnehmung. Das aber heißt: Nur sie finden eigentlich Darstellung. In der Tat sind das Tatsachen, die in die Sphäre der Evidenz fallen und rein phänomenologisch ihren Sinn ausweisen, mag es mit der Hausexistenz stehen, wie es will. Durchforschen wir den Inhalt der Perzeption an physischen Inhalten, so finden wir, daß er nach allen seinen Teilen oder Momenten, und zwar notwendig, darstellende Funktion hat, aber daß mit ihm nur eine Komplexion von gegenständlichen Bestimmtheiten Stück für Stück zur Darstellung kommt. Eben diese Komplexion ist das, was wir die erscheinende Seite des Dinges nennen.

So haben wir die eigentümliche Sachlage, daß die Wahrnehmung eines Ganzen nicht Wahrnehmung aller seiner Teile und

Bestimmtheiten impliziert. Implizierte Wahrnehmungen sind Sonderwahrnehmungen, deren Möglichkeit auf dem Grund einer Wahrnehmung als Gesamtwahrnehmung evident und wesentlich gewährleistet ist, und diese Sonderwahrnehmungen begründen mit Evidenz die Möglichkeit einer Partialidentifikation mit der ursprünglichen Wahrnehmung. Halten wir uns aber an die bloße Perzeption, so ist es ebenso evident, daß die Gesamtauffassung wirklich gewisse Teilauffassungen enthält, wie es evident ist, daß der gesamte physische Inhalt die und die Teilinhalte reell in sich schließt; es sind nur nicht herausgehobene, herausgegriffene Teile bzw. Teilauffassungen. Über dieses Herausgreifen werden wir noch sprechen müssen. Wenn wir nun dem Empfindungsinhalt Schritt für Schritt nachgehen, so finden wir mit Evidenz als etwas ihm notwendig Zugehöriges, daß jedes seiner Momente eine speziell ihm zugehörige Darstellungsfunktion hat; nehmen wir all diese Spezialdarstellungen zusammen in ihrer Einheit, wie sie dann notwendig eine Einheit bilden, so stellt es sich heraus, daß die gesamte Auffassung nicht erschöpft ist. Das Ding hat im Sinne der Wahrnehmung mehr als die im prägnanten Sinn perzipierte oder erscheinende Vorderseite; und dieses „mehr" entbehrt ihm speziell zugehöriger darstellender Inhalte. Es ist in der Wahrnehmung in gewisser Weise mitgenommen, aber ohne selbst zur Darstellung zu kommen; auf es haben die Empfindungsinhalte keine Beziehung, für die Darstellung der Vorderseite sind diese vollständig erschöpft. Sonach teilt sich die Gesamtauffassung und Gesamterscheinung der Wahrnehmung in die eigentliche Erscheinung, deren Korrelat die im eigentlichen Sinn wahrgenommene, die wirklich zur Darstellung kommende Seite des Gegenstandes ist, und in die uneigentliche Erscheinung, den Appendix der eigentlichen Erscheinung, der sein Korrelat in dem Übrigen des Gegenstandes hat. Sie stellt nichts dar, obschon sie doch ihr Gegenständliches in gewisser Weise bewußt macht. Achten wir auf ein Moment dieser „abgewendeten" Seite, so können wir von ihm, für sich genommen, nicht mehr sagen, wir hätten es vor Augen, wir schauten es, wir nähmen es wahr. Nur Dargestelltes ist geschaut, ist „intuitiv" gegeben. Eigentliche und uneigentliche Erscheinung sind aber nichts Getrenntes, sondern einig in der Erscheinung im weiteren Sinn. Das Bewußtsein ist Bewußtsein von leibhafter Gegenwart des Hauses; es heißt, und ganz im Sinn

22 mitgenommen *lies:* mitwahrgenommen

der Gesamtperzeption: Das Haus erscheint. Nur daß sich eine bloße Seite des Hauses wirklich darstellt und mehr <sich> gar nicht darstellen kann. Eine Seite aber ist nur eine Seite des vollen Gegenstandes. Sie ist nichts für sich, als ein Fürsichsein nicht denkbar. Diese Evidenz besagt: Die eigentliche Erscheinung ist nichts Abtrennbares. Sie fordert durch ihr Wesen eine Ergänzung durch ein Plus von Auffassungskomponenten, wobei die Rede vom Plus natürlich *cum grano salis* zu nehmen ist, da ja eben von einer Summe keine Rede sein kann.

Wir bemerken noch weitere Eigentümlichkeiten. Eine Wahrnehmung [1] kann unvollständig sein insofern, als sie ein Stück des Gegenstandes wahrnimmt und hierbei ein Vermeinen ist, den Gegenstand, der ein Ganzes und Volles ist, zu fassen; z.B. ein Stück des Gegenstandes, etwa eines Baumes, ist verdeckt und sehend haben wir gleichwohl das Bewußtsein: Da ist der Baum, leibhaft. Auch hier reicht die Auffassung und mit ihr die wahrnehmende Meinung über die Darstellung hinaus und nicht bloß über die dargestellte Vorderseite, sondern über das eigentlich nur wahrgenommene Stück des Baumes. Aber hier ist von eigentlich Wahrgenommenem und, bezüglich des verdeckten Stückes des Baumes, von uneigentlich Wahrgenommenem offenbar in anderem, obschon verwandtem Sinn die Rede als da, wo wir hinsichtlich der eigentlich erscheinenden Vorderseite bzw. der eigentlich nicht erscheinenden Rückseite von eigentlich und uneigentlich Wahrgenommenem sprechen. Die Einseitigkeit der äußeren Wahrnehmung, der Umstand, daß sie das Ding nur in einer Seite zu eigentlicher Darstellung bringt, daß ihr das Ding nur durch das Medium eines Erscheinungsreliefs gegeben ist, ist eine radikale Unvollständigkeit; sie gehört zum Wesen der Wahrnehmungen überhaupt, die wir unter dem Titel der physischen Dingwahrnehmungen oder äußeren Wahrnehmungen befassen. Anders die stückweise Wahrnehmung. Der Baum brauchte nicht verdeckt zu sein nach den eben verdeckten Stücken. Die Verdeckung könnte fortfallen; ich würde dann den ganzen Baum sehen. In jedem Falle sehe ich ihn nur von einer Seite. Ist er partiell verdeckt, so sehe ich nur die Seite des Stückes eigentlich, die Auffassung geht

[1] Vgl. zum folgenden eine kritische Notiz Husserls; siehe Beilage I (S. 338). — Anm. d. Hrsg.

aber auf das Stück nach allen ihm zugedeuteten Seiten und dann weiter, nicht nur auf das Stück, sondern auf das Ergänzungsstück zum vollen Baum, von dem keine „Seite" in die Erscheinung fällt.

Die Stückergänzung weist in der Auffassung auf eine andere Konstitution hin wie diejenige Ergänzung, welche über die erscheinende Seite auf das volle Ding uns hinweist. Die Seite ist ja etwas Unselbständiges, das Stück etwas Selbständiges; genauer das Stück könnte für sich sein, das Ding wäre noch Ding, wenn es sich auf das Stück reduzierte. Das Ding kann sich aber nicht auf die Seite reduzieren, sie ist, was sie ist, evident und notwendig nur als Seite. Das Ding, das in ihr sich darstellt, könnte vielfältig anders sein, als es in der Auffassung aufgefaßt ist, es könnte nach seinem Innern und nach seinen sonstigen „Seiten" ganz anders sich bestimmen, als es im Sinne der Auffassung zu bestimmen ist bei identisch festgehaltener Erscheinungsseite. Aber notwendig müssen jederzeit irgendwelche Ergänzungsseiten, Zusammenhänge weiterer unselbständiger Bestimmungen sich in der Auffassung konstituieren, damit überhaupt in der erscheinenden Seite sich ein Gegenstand darstellt.

Hier liegt [1] also eine wesentliche Inadäquation jeder vereinzelten äußeren Wahrnehmung vor. Sie ist Wahrnehmung räumlicher Dinge und kann als solche nur einseitig sein. Eine dreidimensionale Anschauung, können wir auch sagen, ist als eigentliche Anschauung, die den vollen Gehalt des Dinges nach allen konstitutiven Teilen und Momenten, nach Außen und Innen, nach Vorderseite und Hinterseite in einem Schlage zur Darstellung brächte, unmöglich. Es gibt nur uneigentliche Raumanschauung. Das gilt für das Moment der Raumgestalt ebenso wie für die in ihr fundierte Raumfülle. Jedenfalls gilt dies mit Beziehung auf die Darstellungsmittel und Darstellungsformen, über die wir phänomenologisch verfügen, also für die spezifischen Wesen von physischen Inhalten und Auffassungsformen, die wir im phänomenologischen Schauen vorfinden und die unsere Idee von äußerer Wahrnehmung begrenzen. Daß es im Wesen physischer Inhalte überhaupt liegt, daß sie als Empfindungsunterlage darstellender Wahrnehmungen notwendig nur einseitige Dingwahrnehmungen zu fundieren vermögen, das darf man nicht wagen zu behaupten.

[1] Vgl. zum folgenden eine kritische Notiz Husserls; siehe Beilage I (S. 338). — Anm. d. Hrsg.

Mit der Einseitigkeit der Wahrnehmung ist notwendig auch eine Unvollkommenheit in der Stückerfassung des Dinges gegeben. Vom Ding können wir nicht mit einem Mal alle Stücke in eigentlicher Weise wahrnehmen. Die Stücke des Baumes, die nur von der Rückseite aus sichtbar sind, können bei der Vorderseitenwahrnehmung nicht zur Erscheinung kommen und umgekehrt. Diese Inadäquation hängt aber an dem Wesen der einseitigen Darstellung; die Einseitigkeit ist das Primäre, die eigentliche Unsichtbarkeit der Stücke, die sich in anderen Seiten darstellen, das Sekundäre eben darum, weil das Stück genau so wie das vollständige Ding der Darstellung bedarf und nur in einer „Seite" erscheinen kann. Zu beachten ist dabei, daß die Zerstückung, die wir teilend in das Ding hineintragen, und diejenige, die es dem Sinn der Auffassung gemäß in sich trägt, wohl unterschieden werden müssen. Der Baum steht etwa in der Wahrnehmung als ein gegliedertes Ganzes da, gegliedert nach Stamm, Zweigen, Blättern. Das sind Gliederungen, die von vornherein in der Gesamtauffassung vorgesehen sind; der Baum ist als gegliedertes Ganzes „gemeint", und nur soweit Gliederungen gemeint, nur soweit sie in Gliederungen der Auffassung konstituiert sind, nur soweit sind sie nicht hineingetragen durch nachkommende Teilungen, obschon deren Möglichkeit im Wesen der Gesamtauffassung wurzeln mag. Ich kann ja den Stamm betrachten, Punkt für Punkt, Stück für Stück herausschauen und urteilen, daß jeder dieser Punkte und Stücke im Ganzen ist. Aber darum braucht nicht die schlichte ursprüngliche Wahrnehmung den Baum im Sinne aller dieser Gliederungen gemeint, ihn so in ihrer Auffassung objektiviert zu haben. Demnach dürfen wir nicht sagen: Indem wir bloß die Vorderseite des Dinges sehen, sehen wir nur ein Stück von ihm eigentlich, nämlich das uns zugewendete Stück des Dinges. Die übrigen Stücke sehen wir nicht. Die Vorderseite kann prinzipiell Vorderseite hinsichtlich beliebig vieler Stücke sein, je nachdem wir die Abgrenzung vollziehen. Aber diese Abgrenzungen sind etwas Nachkommendes, Hineingedachtes, im Wesen gründende Potentialität, nicht Aktualität. Vielmehr ist die Vorderseite die Gesamteinheit der in die eigentliche Erscheinung fallenden Bestimmtheiten des Dinges; mit ihr erscheint das Ding und nicht ein beliebig anzunehmendes Vorderstück des Dinges. Die Stücke aber, die dem Ding im Sinne der Wahrnehmung gemäß der beseelenden Auffassung zugehören, sind teils in der „Vorderseite" dargestellt, teils sind sie nicht dargestellt. Und wie es sich damit jeweils verhält, das ist eben Sache der jeweiligen Wahrnehmung.

Die Abhebung der beiden einander wechselseitig fordernden Momente in der äußeren Perzeption, die wir unter dem Titel eigentliche und uneigentliche Erscheinung markiert haben, gibt noch zu weiteren Betrachtungen Anlaß.

In der eigentlichen Erscheinung haben wir vereinigt den gesamten Empfindungskomplex der Wahrnehmung, der Darstellungsfunktion trägt,[1] den Gesamtbegriff der in ihr empfindungsmäßig fungierenden physischen Data, und mittels ihrer stellt sich die Seite des Gegenstandes, sein Erscheinungsrelief, dar. Die Darstellung ist, so ist man versucht zu sagen, eine solche durch Ähnlichkeit, obschon hier Vorsicht am Platz ist, wenn man das Wort Ähnlichkeit nicht ganz im natürlichen Sinn gebraucht. Farbe stellt Farbe, empfundene Rauhigkeit gegenständliche Rauhigkeit dar usw., aber, wie wir schon einmal berührt haben und noch tiefer verstehen werden, verhält es sich damit so, daß das Dargestellte nicht etwa ein zweiter, nur transzendenter physischer Inhalt ist, sondern etwas Gegenständliches, das seiner Natur nach nie Inhalt werden kann, also von ihm radikal unterschieden ist.

‹§ 17. *Wesensmäßige Zusammengehörigkeit bestimmter Gattungen von sinnlichen Daten und gegenständlichen Bestimmtheiten*›

Im Grunde besagt also das Ähnlichkeitsverhältnis nichts anderes, als daß gewisse Artungen von physischen Daten gebunden sind ihrem Wesen nach an entsprechende Artungen von gegenständlichen Bestimmtheiten: Das physische Datum der Art Ton kann nicht ein gegenständliches Merkmal der Artung Farbe, das physische Datum Farbe nicht ein gegenständliches Merkmal der Artung Wärme darstellen usw. Die zusammengehörigen Artungen, die in der Darstellungsfunktion einander wesentlich zugehören, werden mit denselben Namen benannt. Die späteren Analysen werden zeigen, warum ich mich so ausdrücke und daß hier nicht eine bloße Spitzfindigkeit vorliegt.

[1] Hier ist überall auf die die Raumauffassung dirigierenden, sie motivierenden Empfindungsgruppen keine Rücksicht genommen!

Was andererseits die uneigentliche Erscheinung anlangt, die die Gesamterscheinung der Wahrnehmung voll macht, so enthält sie nichts von Darstellung. Die uneigentlich erscheinenden gegenständlichen Bestimmtheiten sind mit aufgefaßt, aber nicht „versinnlicht", nicht durch Sinnliches, d.i. Empfindungsmaterial dargestellt. Daß sie mit aufgefaßt sind, ist evident, denn sonst hätten wir gar keine Gegenstände vor Augen, nicht einmal eine Seite, da diese ja nur durch den Gegenstand Seite sein kann.

In früheren Vorlesungen pflegte ich mich so auszudrücken: Das uneigentlich Erscheinende wird durch die gegebenen Empfindungen nicht direkt, sondern indirekt, nicht durch Ähnlichkeit, sondern durch Kontiguität, nicht intuitiv, sondern symbolisch repräsentiert. Diese Redeweise hat einigen Grund in der Synthesis des Wahrnehmungszusammenhanges, in dem sich das Wesen der Wahrnehmungsauffassung in gewisser Weise weiter enthüllt oder entfaltet. Doch halte ich diese Ausdrucksweise jetzt für mehr als bedenklich, sofern an den Empfindungsinhalten, selbst wenn wir auf den synthetischen Zusammenhang hinblicken, nichts von Darstellung, auch nicht von einer als mittelbar anzusprechenden Darstellung hängt. Die Hinweise und Rückweise, die im Ablauf einer Mannigfaltigkeit zusammengehöriger Wahrnehmungen die gegenständliche Gegebenheit konstituieren helfen, gehen nicht bloß die Empfindungen, sondern die ganzen Erscheinungen im einheitlichen Bewußtsein an.

<§ 18. *Die Gegebenheitsweise uneigentlich erscheinender Bestimmtheiten*>

Wie sollen wir nun die Vorstelligmachung der uneigentlich erscheinenden Bestimmtheiten fassen? Hier muß von vornherein eine Ansicht abgewiesen werden, die nur möglich war, solange es an streng phänomenologischer Analyse noch fehlte, ich meine die Ansicht, daß das eigentlich Nichterscheinende nur im perzeptiven Sinn nicht erscheine, dagegen sehr wohl erscheine in Form begleitender Phantasie. Wir haben bisher noch keine Analyse des Wesens der Phantasieerscheinung vollzogen, aber soviel ist uns von vornherein klar, daß sie eine nahe Verwandtschaft mit der Wahrnehmungserscheinung teilt, andererseits ihr gegenüber eine durchgehende Modifikation zeigt. Wie immer es mit dieser Modifikation sich verhalten mag, auch Phantasieerscheinung bringt, wie wir noch genauer erörtern werden, Dingliches nur dadurch zur Erscheinung, daß sie es darstellt und dabei notwendig einseitig darstellt genau so wie die perzeptive Erscheinung.

Ist es nun angängig, die uneigentlich erscheinenden Momente eines wahrgenommenen Dinges auf Konto von Phantasiedarstellungen zu setzen, also etwa das Innere, die Rückseite des Dinges etc.? Es ist zweifellos, das wir manchmal in Zusammenhang mit der Wahrnehmung (und das heißt: nicht *in* der Wahrnehmung) eines Dinges auch Phantasien seiner abgewandten Seiten finden, und so liegt es für den, der mit unbemerkten Erscheinungen oder gar unbewußten zu operieren leicht geneigt ist, nahe, in den übrigen Fällen ebensolche zu supponieren, also auch da, wo sie nicht existent sind. Indessen man überzeugt sich leicht durch folgende Betrachtung, daß es sich da um eine phänomenologisch recht naive Konstruktion handelt. Eine Phantasieerscheinung stellt ein Ding dar, teils eigentlich, hinsichtlich seiner Vorderseite, teils uneigentlich, hinsichtlich seiner Rückseite. Wie stellt sie nun diese Rückseite dar? Wieder durch Phantasie? Aber dann fiele der Unterschied ja fort. In Wahrheit können wir auch in der Phantasie ein Haus nicht zugleich von der Vorderseite und Rückseite vorstellen; steht die Vorderseite uns vor Augen, so nicht die Rückseite und umgekehrt. Also auch hier der Unterschied eigentlicher und uneigentlicher Erscheinung, und damit Auffassungskomponenten, die der Darstellung einwohnen. Was soll nun noch im Fall der Wahrnehmung des Hauses der Rekurs auf Phantasievorstellungen der nicht eigentlich erscheinenden Seite helfen? Man könnte sagen: Die Vorderseite des Hauses findet perzeptive Darstellung, die übrigen Seiten imaginative Darstellungen. Dann aber müssen wir fragen: Was gibt die Einheit? Die Vorderseite weist auf die Rückseite hin, die Rückseite auf die Vorderseite; m.a.W., die perzeptive Darstellung der Vorderseite ist verbunden mit Auffassungskomponenten, die über sie hinausweisen auf eine Rückseite, und die imaginative Darstellung <hat> nicht minder solche, die auf die Vorderseite hinweisen. Damit aber ist schon gesagt, daß jede solche Imagination eine volle Phantasie ist, die auch als eine bloße Phantasie für sich sein könnte und Darstellung mit hinausweisenden Komponenten verbindet, und ebenso, daß die Perzeption auch ohne Phantasie eine volle Vorstellung abgibt, nämlich als Darstellung der Vorderseite mit hinausweisenden Komponenten. Wenn nun wirklich, wie es ja vorkommt, mit der Perzeption zugleich eine Phantasievorstellung von irgendwelchen Rückansichten gegeben ist, dann „decken" sich eben die beiden Vorstellungen, die perzeptive und die phantastische; sie treten in eine Synthesis der Identifikation und näher in solche, die den Charakter der Erfüllung hat hinsichtlich der hier und dort auftretenden Leerstücke der Auffassung. Offenbar wird das auch vollauf bestätigt durch die phänomenologische Analyse der Fälle, wo wir Phantasien als Veranschaulichungen der nicht gegebenen Seiten des wahrgenommenen Dinges auftreten und wieder schwinden sehen. Dabei ist noch ergänzend zu sagen: Reproduktive Vorstellungen können ja auch völlig dunkel sein, wie z.B. Phantasie in den Zwischenzeiten des Intermittierens. Von diesen dunklen Phantasien gilt wie von den klaren, daß sie durch Dunkelerscheinungen zur Darstellung bringen, einseitig etc.

Das klare Ergebnis dieser Betrachtungen ist also dies, daß uneigentlich erscheinende gegenständliche Momente in keinerlei Weise dargestellt sind. Die Perzeption ist, wie ich es auch ausdrücke, ein Komplex voller und leerer Intentionen (Auffassungsstrahlen); die vollen Intentionen oder vollen Auffassungen sind die eigentlich darstellenden, die leeren sind eben leer an irgendeinem Darstellungsmaterial, sie bringen wirklich nichts zur Darstellung, obschon sie ihre Richtung auf die betreffenden gegenständlichen Momente haben. Daran wird prinzipiell nichts geändert durch die Fälle der Phantasievergegenwärtigung perzeptiv nicht dargestellter Gegenstandsmomente; es tritt dann eben eine Verbindung von Perzeption und Imagination ein, eine eigentümliche Synthese trennbarer Phänomene. Also dürfen auch Leervorstellungen im Sinn jener Leerauffassungen in der Wahrnehmung und Leervorstellungen im Sinn von dunklen Vorstellungen nicht verwechselt werden. Man darf nicht eigentlich von leeren Perzeptionen sprechen, sondern nur von leeren Auffassungskomponenten; bei Perzeptionen kann nur die Rede von dunklen gelten.[1]

[1] Aus unseren bisherigen Überlegungen sehen wir schon, wie unzureichend die neuerdings so viel gerühmte Unterscheidung zwischen Aktinhalt und Gegenstand ist, um dem Wesen der objektivierenden Akte und zunächst der Wahrnehmung

Wir fügen nun dem eben besprochenen Unterschied zwischen vollen und leeren Auffassungen innerhalb der Wahrnehmung einen weiteren bei, nämlich den zwischen bestimmten und unbestimmten, der sich mit dem ersteren kreuzt und einen neuen, in ganz anderer Dimension liegenden Unterschied in der Weise der gegenständlichen Beziehung darstellt.

Sehe [1] ich ein Haus im Sonnenschein, bei durchsichtiger Luft, so erscheint mir die Farbe der zugewendeten Seite in ihrer Bestimmtheit, sehe ich es im Dunkel oder im Nebel, so erscheint seine Farbe mehr oder minder unbestimmt. Eine komplizierte Körpergestalt erscheint je nach Umständen bestimmt, sie wird klar aufgefaßt, oder sie wird unvollkommen aufgefaßt, sie läßt an Bestimmtheit zu wünschen übrig. Diese Unterschiede sind hier so zu verstehen, daß es sich nicht um eine begriffliche Klassifikation handelt, sondern um einen der Wahrnehmung und näher der Auffassung selbst eigenen und ihr wesentlichen Charakter; dieser weist seine Bedeutung nachher auch gehörig aus, wo es sich um Identifikationen, um Erfüllungen und Enttäuschungen handelt, denn durch die Auffassungsmodi der Bestimmtheit und Unbestimmtheit in ihren verschiedenen Funktionen erfahren die Möglichkeiten der Identifizierung und Unterscheidung wesentliche Begrenzung und Orientierung. Der Unterschied der Bestimmtheit und Unbestimmtheit in seinen verschiedenen graduellen Abstufungen spielt eine besondere sichtliche Rolle bei den Momenten der uneigentlichen Erscheinung. Fasse ich eine Schachtel auf, so hat sie für die Auffassung von vornherein eine Rückseite und ein Inneres, aber zumeist sehr unbestimmt. Es bleibt etwa offen, ob die Schachtel voll oder leer, ob sie rückwärts poliert ist oder nicht u. dgl. Doch können leere Intentionen auch bestimmt sein, wie wenn ich es mit einem in der betreffenden Hinsicht genau bekannten Gegenstand zu tun habe. Die Unbestimmtheit ist ein immanenter Charakter der Auffassung, und es ist wohl zu beachten, daß sie nicht etwa ein überall identischer und sozusagen ein farbiger Charakter ist, sondern mannigfache

---

gerecht zu werden. Wir begannen ja auch damit, reellen Inhalt der Wahrnehmung und Gegenstand gegenüberzustellen und im reellen Inhalt wieder zu sondern den Empfindungsinhalt und die Auffassung. Aber damit langt man nicht weit und hat noch nichts, was Sinn und Leistung der Wahrnehmung verständlich machen könnte.

[1] Wohl Beginn einer neuen Vorlesung; am Rand das Datum „30. V. 07". — Anm. d. Hrsg.

Tinktionen und Abstufungen hat. Unbestimmtheit ist nie absolute, völlige Unbestimmtheit, völlige Unbestimmtheit ist ein *nonsens*, sondern in der oder jener Weise umgrenzte Unbestimmtheit. Weiß ich nicht genau, wie die Form der Rückseite ist, so ist es eben doch eine Form, der Körper ist Körper. Weiß ich nicht, wie es da mit der Färbung, mit der Rauhigkeit oder Glätte, mit Wärme oder Kälte steht, so gehört es doch zum Sinn der Dingauffassung, daß das Ding eine gewisse Färbung, Oberflächenbestimmtheit u. dgl. hat. Ein Blick auf das Ding und es steht als Ding da; die Auffassung gibt ihm sinngemäß ,,eine" Gestalt, Färbung usw. und nicht nur hinsichtlich seiner Vorderseite, sondern auch hinsichtlich seiner nicht gesehenen Seite, aber ,,eine". Nämlich sie ist in der Auffassung nicht ,,bestimmt" vorgezeichnet; hinsichtlich dieser Momente, die sich in bestimmten allgemeinen Sphären bewegen, hat die Auffassung den Charakter der ,,Unbestimmtheit". Darin liegt zugleich: Zum Wesen dieser Unbestimmtheit gehört Bestimmbarkeit, und zwar Bestimmbarkeit innerhalb einer fest umgrenzten allgemeinen Sphäre, wie Raumgestalt, Färbung u. dgl. Gemeint ist hier unter Bestimmbarkeit nicht die Möglichkeit, im Hinblick auf die gegebene Erscheinung die allgemeinen Worte Raumgestalt, Färbung und dgl. anzuwenden, also die entsprechenden prädikativen Synthesen zu vollziehen; auch nicht die Möglichkeit besonderer begrifflicher Bestimmung durch genauere Angabe der besonderen Artung von Gestalt, Farbe, die dem Gegenständlichen nähere Bestimmtheit gibt, sondern diejenige Bestimmbarkeit, welche die Voraussetzung genau ausprägender bestimmender Prädikationen ist, die Bestimmbarkeit in Form von perzeptiven Erscheinungen, die an Stelle der unbestimmten Intentionen bestimmte enthalten derart, daß im Übergang von der einen zur anderen Erscheinung die letztere als die bestimmende dasteht. Z.B. ‹sei die› Rückseite hinsichtlich der Farbe unbestimmt. Ich drehe den Gegenstand um, er steht als derselbe da, aber hinsichtlich der Farbe bestimmt. Die bestimmte Farbenauffassung steht dabei in Deckungseinheit mit der unbestimmten, deren Gegenständliches hierdurch Bestimmung erfährt.

Wir sehen: Nähere Bestimmung gehört so wie Erfüllung leerer Intentionen und fortschreitende Bekräftigung voller Intentionen in die Sphäre der synthetischen Wahrnehmungszusammenhänge, zu deren Behandlung wir uns nun wenden. Was eine Wahrnehmung an immanenten Momenten oder Bestandstücken enthält, das wächst uns in der Erkenntnis zu aufgrund von unmittelbaren Evidenzen. Diese aber weisen zurück auf Zusammenhänge totaler und partialer Identifikation, wie wir diese früher ausführlich erörtert haben. Demnach bewegen wir uns während der Analyse eigentlich stets in Zusammenhängen, welche Wahrnehmung mit Wahrnehmung zur Deckung oder Abhebung bringen, und dadurch treten die oder jene eigentümlichen Momente hervor, welche, zum Wesen der Wahrnehmung gehörig, die betreffenden Modi der Einheit und Unterschiedenheit fundieren.

<4. Kapitel
Die Konstitution der zeitlichen und räumlichen Extension des Erscheinenden>

<§ 19. *Die zeitliche Extension der Erscheinung. Die präempirische (präphänomenale) Zeitlichkeit*>

Über Synthesen der Identifikation und Unterscheidung haben wir dem allgemeinsten nach bereits analytische Feststellungen gemacht. Es handelt sich jetzt aber um Erforschung der besonderen synthetischen Vorkommnisse, die uns im Wahrnehmungsgebiet begegnen, und der besonderen, zur dinglichen Sphäre gehörigen Objektivationen, die mit den allgemeinsten Reden von Identität und Nichtidentität, von Ganzem und Teil, von Subjekt und Bestimmtheit noch nicht erschöpft sind. Und es handelt sich nicht bloß um Synthesen im engeren Sinn, welche diskrete Erscheinungen zu einer Einheit höherer Stufe bringen, sondern auch um kontinuierliche Einheiten, die zum immanenten Wesen schon der einzelnen konkreten, in sich schlichten Wahrnehmung gehören und die erst durch Teilung und Wiederverknüpfung in Synthesen, und zwar in Synthesen der Identifikation übergehen. Eben in dem letzteren, in dem Umstand, daß sie in Synthesen der Identifikation übergehen, liegt der Grund, warum diese kontinuierlichen Einheiten im Zusammenhang mit den eigentlichen Synthesen behandelt werden müssen. Ich habe hier im Auge die wunderbaren phänomenologischen Erscheinungsformen, die den Charakter von Erscheinungsextensionen haben: In ihnen konstituiert sich die zum Wesen der dinglichen Gegenständlichkeit gehörige räumliche und zeitliche Ausdehnung; in ihnen liegt also der Quell aller räumlich-zeitlichen Prädikate.

Unsere bisherige Analyse bevorzugte gewisse einfachste Fälle.[1] Sie bezog sich also nicht ohne weiteres auf alle Wahrnehmungen, sie beschränkte sich auf Wahrnehmungen unveränderter Gegenständlichkeiten, wobei diese Wahrnehmungen selbst als in sich völlig unverändert angenommen wurden. Das letztere mochte eine abstraktive Fiktion sein, sie konnte aber die Evidenz unserer Analysen nicht stören, sofern diese sich an Momente hielt, die von eventuellen faktischen Schwankungen der Wahrnehmung unberührt blieben. Ich sehe z.B. ein Haus mit unbewegter Körperhaltung: Es steht als unverändertes, ein immerfort Selbiges, da. Was wir da feststellten, darstellende Inhalte, Auffassungscharakter, eigentliche und uneigentliche Erscheinung u. dgl., das würde dadurch offenbar nicht berührt, daß z.B. unmerkliche Schwankungen in den physischen Daten stattfänden. Ebenso kommt es nicht darauf an, ob die Wahrnehmung kürzere oder längere Zeit andauert bzw. auch, ob der Gegenstand selbst in langer oder kurzer Dauer dasteht. Indem wir dies aber aussprechen, werden wir dessen inne, daß unsere Analyse selbst in der bezeichneten und festzuhaltenden Sphäre keine vollständige war. Wir haben das Moment zeitlicher Extension ignoriert. Ziehen wir es in den Kreis unserer Betrachtung, so erkennen wir, daß zum Wesen jeder Wahrnehmung eine Art Wahrnehmungszusammenhang gehört; nämlich zu ihrem Wesen gehört eine gewisse Extension. Die Hauswahrnehmung dauert etwa eine Minute, und diese Dauer ist zerstückbar, etwa in zwei halbe Minuten. Und jedem Stück der Dauer entspricht ein Stück der Wahrnehmung; ein Stück, d.h. eine voll konkrete Wahrnehmung, wofern die Abstückung wirklich vollzogen ist. Ist die Möglichkeit derselben evident gewährleistet, so liegt darin, daß die Wahrnehmung evidenterweise ein Ganzes ist, ein Konkretum, das teilbar ist, und zwar wieder in volle und ganze Wahrnehmungen.

[1] Vgl. zum folgenden eine kritische Notiz Husserls; siehe Beilage I (S. 338). — Anm. d. Hrsg.

Vollziehen wir die phänomenologische Reduktion, so fällt die objektive Zeit, die Bestimmung als Minute und halbe Minute dahin. Aber immanent zum absolut Gegebenen, zur Wahrnehmung als phänomenologischem Datum, gehört darum doch die Extension und die Zerstückbarkeit. Die Extension dürfen wir nicht zeitliche Extension nennen, sofern das Wort Zeit im Sinne objektiver Zeit verstanden würde. Wir werden von präphänomenaler oder transzendentaler Zeitlichkeit sprechen im Gegensatz zur phänomenalen, zu derjenigen, die dem Gegenständlichen zugedeutet wird, die vermöge der dinglichen Auffassung als dingliche Zeit sich konstituiert.

In jeder dinglichen Wahrnehmung finden wir also ein präphänomenales Ganzes, das im Sinne präphänomenaler Zeitlichkeit teilbar ist wieder in Wahrnehmungen. Aus der Wahrnehmung lassen sich Wahrnehmungen abstücken. Die Wahrnehmung eines Dinges, obschon eine ungebrochene Einheit, ist eine kontinuierliche Einheit von Wahrnehmungsstücken, Wahrnehmungsphasen die selbst den Charakter haben von Wahrnehmungen und alle Momente somit in sich enthalten, die wir an Wahrnehmungen unterschieden haben.

Wir dachten uns die präphänomenale Zeitlichkeit als eine Extension, die der Wahrnehmung, näher der Wahrnehmungserscheinung zuteil wird. Sie betrifft in der Tat die ganze Erscheinung gleichmäßig nach allen ihren bisher unterschiedenen Momenten. Wir finden die Extension an den physischen Daten, die als Empfindungsinhalte Auffassung erfahren. In unserem bisherigen Beispielskreis unveränderter und eine unveränderte Dinglichkeit darstellender Wahrnehmungen dehnt sich das Moment der Figur, der sie bedeckenden Farbe, Rauhigkeit usw. unverändert durch die präphänomenale Zeit. Jedes physische Datum, jede zu ihm gehörige Form hat eine zeitliche Extension und läßt hinsichtlich dieser Extension eine Zerstückung zu; jedes Stück ist wieder Farbe, Form usw., inhaltlich ungeändert, ebenso die Auffassung und die ganze eigentliche und uneigentliche Erscheinung. Die Zerstückung der prä‹empirischen› zeitlichen Extension zerstückt jede auf diese oder jene dingliche Bestimmtheit bezügliche Auffassungskomponente: Jedes Stück der Auffassung stellt dasselbe Merkmal, denselben Teil des Dinges, oder, wenn wir die ganze Auffassung nehmen, dasselbe Ding vor nach dem identischen dinglichen Inhalt. Es findet bloß eine eigentümliche Dehnung statt, eine Dehnung der Gesamtauffassung, die durch und durch geht durch all ihre Komponenten. Andererseits handelt es sich nicht um eine beliebige, für die dargestellte Dinglichkeit gleichgültige Dehnung der Dingerscheinung. Denn diese Dehnung hat auch eine objektivierende Bedeutung.

In jeder Zeitphase der Dingerscheinung erscheint das Ding, inhaltlich dasselbe Ding, und so für jede den Dinginhalt aufbauende Bestimmung. Aber das Ding hat seine Zeit, es dehnt sich durch eine Zeit hindurch, es füllt mit seinem inhaltlichen Sein die und die Zeitstrecke. Also die Zeit ist eine Form, die ihre Fülle hat, und diese Fülle ist das, was wir soeben Inhalt des Dinges [1] nannten.

In der Wahrnehmung erscheint aber nicht das Ding als bloßer Dinginhalt, was evidentermaßen eine bloße Abstraktion ist, vielmehr erscheint das zeitlich so und so sich ausbreitende, Zeit so und so füllende Ding. Das Ding voll und ganz ist zeitlich ausgegedehntes, eine Zeit mit dinglichem Gehalt füllende Konkretion. Phänomenologisch konstituiert sich der Dinginhalt in jeder Phase der präphänomenalen Extension der Erscheinung; jeder Querschnitt enthält die Momente Empfindung und Auffassung und enthält eigentliche und uneigentliche Erscheinung. Andererseits in der Phase, sofern sie Phase ist, und in der Kontinuität der Phasen, schließlich in der ganzen präphänomenalen Extension konstituiert sich die Zeitlichkeit des Dinges; auch sie erscheint und erscheint in perzeptiver Art. Zeitlich ausgebreitete Dinglichkeit zur Erscheinung zu bringen, das ist das Wesen der konkreten Wahrnehmung, die als konkrete eben ihre, die Zeitform der Dinglichkeit konstituierende präempirische Ausdehnung oder präempirische Zeitform hat. Sprechen wir von Anschauungsform und hier von Wahrnehmungsform, so dürfen wir also die beiden Formen nicht vermengen, von denen die eine reell immanent, die andere intentional, objektiv ist.

Der Ausdruck paßt, da wir unter Anschauung doch nicht das Angeschaute, unter Wahrnehmung nicht das Wahrgenommene verstehen werden, ausschließlich auf <die> immanente Extension der

[1] Vgl. zum folgenden eine kritische Notiz Husserls; siehe Beilage I (S. 338). — Anm. d. Hrsg.

Wahrnehmungserscheinung als solcher. Eine Form gibt dem Geformten Einheit und zwar geordnete Einheit. Die zeitliche Wahrnehmungsform gibt dem Empfindungsinhalt aller Phasen und ebenso den Auffassungsphasen eine Einheit, und zwar eine kontinuierliche Reiheneinheit. Diese Einheit ist, wiederhole ich, kontinuierliche, also ungebrochene Einheit. In ihr sind Stücke und abstraktive Phasen unterscheidbar, aber die Phasen und Stücke sind nicht für sich und werden nicht durch nachkommende Synthesen zusammengebunden, sondern die Einheit ist das Primäre. Die Wahrnehmung ist jeweils und notwendig kontinuierliche Einheit. Die Möglichkeit der Unterscheidung als Zerstückung und Phasenabstraktion liegt zwar in ihrem Wesen begründet, aber es ist eben bloß Möglichkeit. Vollziehen wir solch eine Unterscheidung, heben sich also zwei Phasen aus der Wahrnehmung heraus, so treten sie in eine Synthese der Identifikation. Genauer, im Wesen dieser Phasen gründet die Möglichkeit, zur Einheit der synthetischen Identifikation zusammenzutreten. Beide gehören zu „demselben" Ding, das als kontinuierlich Eines zugleich dasteht in der kontinuierlichen Wahrnehmungseinheit; ist das Ding ein unverändertes, so stellen beide Phasen denselben Dinginhalt dar, aber als Fülle verschiedener Punkte der erscheinenden Zeit; und ähnlich für Stücke, herausgehoben aus derselben präphänomenalen Zeitstrecke einer Wahrnehmung.

Das ist ein erster, noch völlig roher Anfang einer phänomenologischen Zeitanalyse. Daß wir mit diesem Anfang noch nicht sehr weit gekommen sind und noch nicht sehr tief in die dunklen Abgründe des Zeitbewußtseins hineingeleuchtet haben, zeigt schon der flüchtigste Hinblick auf den Fall der Veränderung.

Auch zum Wesen der Veränderung gehört es, in einer temporal gedehnten Wahrnehmung zur Erscheinungsgegebenheit zu kommen, aber hier entspricht den Wahrnehmungsstücken und -phasen nicht derselbe Inhalt an Empfindungen wie an Auffassungen. Das Ding erscheint als sich änderndes, also in jeder Wahrnehmungsphase erscheint es als ein anders bestimmtes, obschon doch wieder als dasselbe Ding. Was konstituiert hier die Identität des Dinges und was sein Anderssein von Moment zu Moment? Bietet jede Wahrnehmungsphase denselben Zeitinhalt, dasselbe Empfindungsmaterial und dieselbe Auffassung (wenigstens so weit vom Moment der Zeitlichkeit abgesehen wird), so scheint keine besondere Schwierigkeit vorzuliegen. Wo aber Empfindungsmaterial und Auffassung wechseln und notwendig wechseln müssen, da fragt es sich, wie die Einheit im stetigen Anderssein sich konstituieren soll. Freilich zeigt es sich bald, daß auch im Fall der Ruhe alles gar nicht so klar liegt. Denn mit der bloßen Rede von einer Extension der Wahrnehmung, in der sich die zeitliche Extension der Dinglichkeit konstituiert, ist dieses Sich-Konstituieren noch nicht klar geworden. Jede Phase der Wahrnehmung setzt doch einen Zeitpunkt, sie hat also in ihrer Auffassung nicht nur Momente, die sich auf die Bestimmtheiten des Dinges nach seinem zeitfüllenden Inhalt beziehen, sondern auch ein Moment, in dem sich der Zeitpunkt konstituiert. Ist das hier eine so einfache Sache, daß hier weitere Fragen nicht mehr übrig bleiben? Was gibt diesem Auffassungsmoment eine radikal andere Stellung, einen wesentlich anderen Charakter, da sich in ihm ein so tiefgreifender Unterschied herausstellt wie zwischen Zeitpunkt und Zeitfülle? Was macht den wunderlichen Unterschied zwischen „jetzt" und „eben vergangen" verständlich und das ewige Schauspiel des immer neu sich erzeugenden Jetzt und immer neu ins Vergangene zurücksinkenden Jetzt? Dabei ist wie jedes Jetzt so jedes Vergangene von einer ewigen Bewegung ergriffen, es sinkt immer weiter zurück, aus dem Vergangenen wird ein ferner Vergangenes usw. Erscheint so die Zeit als ein ewiger Fluß, der alles Zeitliche in den Abgrund der Vergangenheit hinabstürzt, so gilt andererseits doch die Zeit als eine ewige starre Form, denn jedes Seiende behält seine Zeitstelle. Die Zeitstellen der Ereignisse in der Vergangenheit kann selbst ein Gott nicht ändern.

Da gibt es gewaltige Schwierigkeiten, die bisher dem Scharfsinn der Größten getrotzt haben. Wir werden ihnen unsere Mühen noch zuwenden. Vorläufig gehen wir an ihnen vorbei. Wir tun uns nur um, wir suchen überall die rohe Hauptlinie bloßzulegen. Wir bewegen uns noch in der anderen Schicht.

‹§ 20. *Die räumliche Extension der Erscheinung:* materia prima *und* materia secunda›

Die zeitliche Extension ist verschwistert mit der räumlichen.

Auch auf diese wollen wir einen Blick werfen. Wie Zeitlichkeit so gehört Räumlichkeit zum Wesen der erscheinenden Dinglichkeit. Das erscheinende Ding, ob unverändert oder verändert, dauert, es erfüllt eine Zeit und wieder, es erfüllt einen Raum, seinen Raum, wenn auch in verschiedenen Zeitpunkten vielleicht einen verschiedenen. Abstrahieren wir von der Zeit, und nehmen wir einen Punkt der dinglichen Dauer heraus, so gehört zum zeitfüllenden Dinginhalt die räumliche Ausdehnung des Dinges. Wir haben wieder eine Raumform und eine räumliche Fülle. Das Raumfüllende ist die Materie, ein Wort, das wir in ganz naivem Sinn hier nehmen müssen, nämlich in dem Sinn, den die Wahrnehmung uns vorschreibt: das, was in ihr als raumfüllend dasteht.

Offenbar sind unter diesen beiden Titeln Raumform und Materie (Raumfülle) nicht alle Bestimmtheiten der Zeitfülle befaßt, die im Sinne der Wahrnehmung dem Ding zugedeutet werden. Oder, wie wir auch sagen können, es sind alle befaßt oder nicht alle befaßt, je nachdem wir den Begriff der raumfüllenden Materie ernst nehmen oder nicht ernst nehmen. Es tritt hier ein sehr bedeutsamer Unterschied hervor. Wir stellten zunächst gegenüber Raumform und Materie. Auf der einen Seite haben wir Körpergestalt und Bestimmtheiten derselben, wie Flächen, Ecken, Kanten, auf der anderen Seite die raumbedeckenden und füllenden Qualitäten, die Färbungen, die sich über die Flächen dehnen und an den Kanten sich scheiden, ebenso die taktilen Bestimmtheiten, Glätte, Rauhigkeit, Klebrigkeit, auch die Temperaturbestimmungen u. dgl. Im visuellen Wahrnehmen werden sie im Ding gesehen, im taktuellen Wahrnehmen werden sie getastet, im Abtasten am Objekt als raumfüllend gefunden.

Aber damit sind nicht alle sinnlichen Bestimmtheiten des erscheinenden Dinges erschöpft. Wie steht es mit den akustischen? Sie werden in der Wahrnehmung auf das Objekt bezogen, gehören ihrem Sinn gemäß zu ihm, aber sie füllen das Objekt nicht im primären und eigentlichen Sinn aus, d.h. seinen Raum nicht aus. Z.B. der Geigenton wird nicht nur gehört, er wird auch als Ton der Geige aufgefaßt. Aber ganz anders ist sein Verhältnis zur Geige wie die visuellen oder taktuellen Bestimmtheiten derselben im visuellen oder taktuellen Wahrnehmen. Es muß schon ein Objekt phänomenal da sein, damit ein Ton auf dasselbe bezogen werden kann. Darin liegt eine gewisse Mittelbarkeit ausgedrückt:

35 Geige wie die *lies:* Geige <als das der>

Die körperliche Ausdehnung wird im primären und eigentlichen Sinn materialisiert durch gewisse Bestimmtheiten, deren Komplex die *materia prima* ausmacht. Damit konstituiert sich schon ein volles dingliches Objekt; wir haben schon raumerfüllte Einheit. Dazu treten nun aber weitere Bestimmtheiten, die dem Objekt anhängen und gewissermaßen eine *materia secunda* ausmachen.

Hier[1] wäre ein echter und sehr bedeutsamer Sinn für eine Unterscheidung zwischen primären und sekundären Qualitäten. Doch können wir diese historisch vergriffene Terminologie nicht brauchen. Wir müssen aber unterscheiden und werden etwa sagen: materialisierende und bloß anhängende Bestimmtheiten. Materialisierende Bestimmtheiten füllen die Raumform als ihre *materia prima* aus und schaffen so, da Raumform für sich nichts ist und nichts sein kann, das Dingkonkretum im fundamentalen Sinn. Ist dieses schon konstituiert, dann kann es anhängende Bestimmtheiten annehmen wie Klang und Geräusch, Geruch oder auch Gewicht und sonstige empirische Eigenschaften, die nicht auf eigenartige primitive Sinnesinhalte zurückführen. Gelegentliche „Betätigungen", Zustände, Eigenschaften des Wirkens und Leidens, die dem Ding „angesehen" werden, setzen das anderweitig erscheinungsmäßig konstituierte Ding voraus, damit sie ihm eben angesehen werden können.[2]

Man darf sich hier nicht beirren lassen durch Substruktionen, die wir mit den anhängenden Eigenschaften vollziehen, indem wir ihnen Raumerfüllung zudeuten, die ihnen ihrer Natur nach als eigentliche Raumerfüllung versagt ist. Dem Klang schreiben wir nicht nur einen Ausstrahlungspunkt im Raum zu und damit anhängende Lokalisation, nämlich sofern er von der Geige „ausgeht", sondern auch Wanderung durch den Raum und Raumerfüllung. Er füllt den Raum, sofern er in dem Raum, etwa des Saales, überall gehört wird. Worauf es aber ankommt, ist, daß im Hören, im Wahrnehmen überhaupt kein durch Tonqualität erfüllter Raum wahrgenommen wird und wahrgenommen werden kann. Der Raum des Saales erscheint visuell so und so bestimmt durch seine Grenzkörper und Grenzflächen. Fußboden, Wände,

---

[1] Wohl Beginn einer neuen Vorlesung; Datum am Rand „31.V.07". — Anm. d. Hrsg.

[2] Vgl. zum vorangehenden eine kritische Notiz Husserls; siehe Beilage I (S. 338). — Anm. d. Hrsg.

Decke sind überdeckt mit visuellen Qualitäten. So erscheinen sie. Aber nirgends erscheint eine Tonbedeckung oder sonstige Tonerfüllung. Nur bildlich wird von einer Verbreitung des Tones und Erfüllung des Raumes durch den Ton gesprochen, es leitet etwa das Bild eines Fluidums: Das Bild ist ein visuelles oder taktuelles Bild, das Bild einer Flüssigkeit, die vorgestellt wird in der Weise einer echten Raumfülle und nun zur Analogisierung der Fortpflanzung der Tonwirkungen im Raum dient.[1] Diese auf die dingliche Gegenständlichkeit der Erscheinung bezogenen Evidenzen stellen wieder Probleme, nämlich wie sich diese verschiedenen Bestimmtheiten der Gegenständlichkeit: die räumlichen, die konstituierenden und anhängenden, phänomenologisch konstituieren.

Hier kommt es zunächst darauf an zu konstatieren, was uns bei der Betrachtung der Einheitsformen besonders interessiert, nämlich daß auch die räumliche Extension der Wahrnehmung sich in einer Extension der Erscheinung konstituiert, eine Extension, die zu jedem Zeitpunkt der gesamten Erscheinung gehört und von der die Zeitlichkeit konstituierenden wesentlich verschieden ist. Auch diese Extension ist eine kontinuierlich-einheitliche, sie läßt Unterscheidung in Stücke und in Phasen zu, wobei Phasen bloß abstraktiv zu fixierende Grenzen darstellen. Die Zerstückung liefert Stücke der Gesamterscheinung, die konkret selbständige Erscheinungen abgeben könnten. Und wieder geht die Zerstückung durch und durch, wofern wir nur von dem zu der Konstitution der Zeitlichkeit in der Erscheinung Gehörigen abstrahieren.

<§ 21. *Die räumliche Ausbreitung der dinglichen Qualitäten und der darstellenden Inhalte*>

Da finden wir zunächst in der Sphäre der physischen Daten, der Empfindungsinhalte, die Extension. Doch hier erweist sich der Unterschied zwischen den primären raumfüllenden und den bloß anhängenden Bestimmtheiten bedeutsam; die letzteren müssen wir aus dem Spiel lassen. Nur die das Ding eigentlich füllenden oder überdeckenden Qualitäten dürfen wir heranziehen bzw. die

[1] Diese Analogisierung ist ein im Zusammenhang der Wahrnehmungen auftretendes neues Vorkommnis.

sie darstellenden Empfindungsinhalte. Diese Empfindungsinhalte, etwa die Farbenempfindungen, die die erscheinende Färbung darstellen, haben in sich eine Extension und werden mit der Zerstückung der Gesamterscheinung mit zerstückt. Die Farbendaten sind nicht verstreut und zusammenhanglos, sie haben eine feste Einheit und eine feste Form, die Form präphänomenaler Räumlichkeit, und ebenso alle Sinnesdata, die zu eigentlich raumfüllenden Qualitäten als Darstellungsinhalte gehören. Auch hier entspricht der Zerstückung der präphänomenal erfüllten Ausdehnung eine Zerstückung der objektiv erfüllten Ausdehnung, also eine räumliche Zerstückung des Dinges: Sein Raum wird zerstückt, aber mit ihm auch seine Raumfülle.

Und abermals kontinuiert sich über die Extension der physischen Data eine Auffassungsextension, und so extendiert sich die ganze Erscheinung.[1] Die ganze Dingerscheinung in Hinsicht darauf, daß sie räumliche Erscheinung ist, ist eine Erscheinungsextension. Wird diese zerstückt, so zerstückt sich damit das phänomenale Ding in Hinsicht auf seine objektive Räumlichkeit und damit zugleich auf seine eigentliche Raumfülle.

Freilich liegen hier die Verhältnisse insofern komplizierter, als die Räumlichkeit sich teils in der eigentlichen, teils in der uneigentlichen Erscheinung konstituiert und nun die Zerstückung sehr viele Möglichkeiten realisieren kann: Es kann die Abschattungsextension der sinnlichen Data und die zugehörige eigentliche Erscheinung Zerstückung erfahren, wie wenn ich von der mir zugekehrten Seite des Dinges einen Teil heraushebe und ihm einen Teil des Dinges entsprechen lasse. Es kann aber auch die Zerstückung sich an den Bereich der uneigentlichen Erscheinung allein halten. Und es genügt noch, darauf hinzuweisen, daß die zeitliche Extension der Erscheinung an einem Faden sozusagen entlangläuft, während die Räumlichkeit eine dreidimensionale ist und nun mannigfache und sehr viele komplizierte Zerstückungsmöglichkeiten darbietet. Freilich dürfen wir nicht einfach den geometrischen Vorstellungen phänomenologische Parallelen unterschieben, aber im rohen Überschlag sehen wir doch, daß die Komplikationen hier viel größer sind.[2]

---

[1] Vgl. dazu eine kritische Notiz Husserls; siehe Beilage I (S. 339). — Anm. d. Hrsg.

[2] Vgl. zum vorangehenden eine kritische Notiz Husserls; siehe Beilage I (S. 339), — Anm. d. Hrsg.

Noch ist einiges zu sagen über die Art der Raumerfüllung. Die materialisierenden[1] Bestimmtheiten können den Raum stetig oder diskret erfüllen, genauer gesprochen, überall stetig oder nicht überall stetig und dann an einzelnen Raumgrenzen, an einzelnen „Punkten", Linien, Flächen diskret. Die füllende Bestimmtheit macht an diesen Stellen einen „Sprung". Dem entsprechen hinsichtlich der präphänomenalen Ausdehnung und der präphänomenalen Ausdehnungsfülle parallele Vorkommnisse. Z.B. die prä‹empirische› Farbe in einer Kugelerscheinung, die vorausgesetzt sei als Erscheinung einer gleichmäßig gelben Kugel, schattet sich hinsichtlich ihrer spezifischen Qualität stetig ab ohne Sprünge, ohne Diskontinuitäten. Ist die Kugel in Felder geteilt, die mit verschiedenen und weit abstehenden Farben ausgefüllt sind, so finden wir in der Erscheinung die präphänomenalen Grenzlinien, welche Linien der Diskontinuität sind. An ihnen springt eine Farbe in eine distante Farbe über. Der Fall der gleichmäßigen Bedeckung kann hierbei als Grenzfall der Stetigkeit gelten: Farbe geht in Farbe ohne Sprung über, ohne sich zu ändern; sie geht stetig in sich selbst über im Gegensatz zu den Fällen stetiger Abschattung in immer neuen, aber sich nicht abhebenden, sondern ungebrochen ineinander übergehenden Nuancen der spezifischen Qualität. Wir haben hier zweierlei Stetigkeit zu unterscheiden:

1) Die Stetigkeit, die zur räumlichen Extension als solcher gehört und die uns am deutlichsten als immanentes Moment zum Bewußtsein kommt, wenn wir Unveränderung in Veränderung übergehen lassen, z.B. im stetigen Wandern einer Qualitätendiskontinuität über eine einheitlich so oder so ausgefüllte Ausdehnung. Wir gehen stetig von Punkt zu Punkt, von Linie zu Linie über.

2) Die Stetigkeit der erfüllenden Bestimmtheiten selbst, z.B. das Überfließen von Qualität in Qualität, etwa im Übergang von Rot durch Purpur zu Violett. Die erfüllenden Bestimmtheiten haben, worauf noch flüchtig hinzuweisen ist, verschiedene Seiten, die einer Kontinuation fähig sind, die Seite der Qualität im engeren Sinn, die Seite der Intensität, oder bei Farbenbestimmtheiten die Seite der Sättigung, der Helligkeit u. dgl.

Während die Stetigkeit der räumlichen, der objektiven Exten-

[1] Zum Ausdruck „materialisierend" vgl. eine kritische Notiz Husserls; siehe Beilage I (S. 339). — Anm. d. Hrsg.

sion eine durchgängige ist, die keinen Sprung und keine Lücke zuläßt, ist die Stetigkeit der Fülle eine solche, daß sie durch Unstetigkeit unterbrochen sein kann: durch Sprünge hinsichtlich des Farbtones, der Helligkeit etc. Wir dürfen hier nicht zu sehr ins einzelne gehen, obschon hier phänomenologisch vielerlei zu erforschen und zu sagen wäre. Nur zwei Hauptpunkte müssen betont werden:

1) Stetigkeit ist Extension, qualitative Stetigkeit qualitative Extension; darin liegt wesentlich Zerstückbarkeit und ideale Möglichkeit der abstrakten Unterscheidung von Phasen. Jeder Phase entspricht eine qualitative Spezies. Und dasselbe gilt für alle Seiten der raumfüllenden und ebenso anhängenden Materie. Alle Phasen aber gehören notwendig unter eine und dieselbe wesentliche Gattung. Stetige Übergänge sind nur zwischen Farbnuance und Farbnuance, Helligkeit und Helligkeit, Ton und Ton möglich. Sie sind aber wesensgesetzlich ausgeschlossen zwischen verschiedenen Gattungen, zwischen Farbe und Ton, Farbnuance und Helligkeit, Ton und Geruch usw. Das gilt offenbar auch präphänomenal.

2) Wenn räumliche Extension ihre eigentliche Bedeckung oder Materialisierung findet durch irgendwelche Qualitäten, so ist diese qualitative Erfüllung notwendig eine im allgemeinen stetige, die nur an einzelnen Stellen Sprünge aufweisen kann. Dabei gilt kontinuierliche Bedeckung durch eine und dieselbe Spezies als stetige Bedeckung. Zum Wesen des Sprunges gehört es, daß Kontinuum an Kontinuum derselben Gattung anstößt und an „der Grenze" springt. Ein Sprung zerstückt und schafft erst die „Grenze". Es ist ein allgemeines Gesetz, das Brentano schon vor Jahrzehnten in Vorlesungen ausgesprochen hat, daß, wenn ein Kontinuum durch Bestimmtheiten einer anderen Gattung Ausfüllung erfährt, dies nur in der angegebenen Weise geschehen kann, nämlich so, daß nur einzelne Sprünge zulässig sind, welche vermittelt werden durch kontinuierliche Bedeckungen.[1] Das überträgt sich in leicht ersichtlicher Weise auf das präphänomenale Gebiet. Aber das nähere Wie erfordert Untersuchung.

---

[1] Das gehört aber gleichzeitig zu räumlicher und zeitlicher Extension, phänomenal und präphänomenal. (Es fragt sich noch, wie das Präphänomenale zum Phänomenalen steht: Stetigkeit des Erscheinenden und Stetigkeit des Erscheinens.)

‹§ 22. *Die Bedeutung der verschiedenen Raumfüllen für eigentliche und uneigentliche Gegebenheit. Visuelle und taktuelle Komponenten der Erscheinung*›

Wir [1] haben letzthin von materialisierenden und anhängenden Bestimmtheiten gesprochen, die ersteren im primären und ursprünglichen Sinn füllend, nämlich so, daß sich mit ihnen das Ding als rein statisch raumerfüllte Materie konstituiert und dadurch die Möglichkeit begründet wird, daß dem schon konstituierten Ding weitere Bestimmtheiten angehängt, in ihm lokalisiert, ihm in einem sekundären Sinn eingefüllt werden.

Zum Wesen der dinglichen Materialisierung gehört es, daß das Ding eine einheitliche Gestalt, einen einheitlichen Raum hat und daß alle Füllen zu diesem einen und selben Raum gehören. Die primär materialisierenden Füllen sind von verschiedener Artung, und jede Artfülle gewinnt durch den dinglichen Raum Einheit, sie breitet sich eben in ihm aus, sie bildet in ihm vermöge dieser Ausbreitung eine einheitliche Materie. Z.B. die Fülle der Art Farbe schließt sich zusammen zur Einheit der Färbung, die Fülle von der Art der Tastbestimmtheit zur Einheit der tastbaren Beschaffenheit. Soweit anhängende Bestimmtheiten mit diesen primären Füllen verbunden und durch sie vermittelt, lokalisiert und ausgebreitet werden, erhalten auch sie zusammenhängende Einheit wie Geruch, Geschmack, Schmerz und, wie wir noch hören können, auch Temperatur. Doch beschränken wir uns auf die Urfüllen. Jede solche Bestimmtheit hat also in sich vermöge ihrer Artung ihre Extension und dadurch Kontinuation. Sie wird für sich gedehnt bzw. bei der Zerstückung des Dinges zerstückt. Andererseits aber ist die Extension der Färbung dieselbe wie die der Rauhigkeit oder Glätte, überhaupt der taktuellen Materie. Die Einheit der verschiedenen Artungen von materialisierenden Bestimmtheiten gründet in der identischen Einheit des Körpers, des Dingraumes: ein Körper, erfüllt durch Farbe und Tastbestimmtheit.

Gehen wir ins präempirische Gebiet über, so werden wir nicht ohne weiteres sagen dürfen, daß sich dort dieselbe Sachlage widerspiegelt, daß also die präempirische Farbe dieselbe prä‹empirische›

[1] Beginn einer neuen Vorlesung? — Anm. d. Hrsg.

Extension hat wie die übrige präempirische Fülle. Betrachten wir die zum Farbenmoment prä<empirisch> gehörige Ausbreitung und ebenso die zum taktuellen Moment gehörige Ausbreitung, so können wir nicht sagen, daß sie dasselbe identische Moment seien. Doch sehen wir uns die Sachlage näher an. Wir haben etwa eine visuelle Wahrnehmung des vor uns liegenden Blattes Papier, sie erhält als raumfüllend visuelle Bestimmtheiten, und dementsprechend enthält die Wahrnehmungserscheinung visuelle Ausbreitung, mit visueller Empfingungsmaterie erfüllt. Wenn wir nicht tasten oder, um eine unveränderte Wahrnehmung zu gewinnen, nicht ruhend die Hand etwa auf das Papier gelegt haben und entsprechend Dicke- oder Widerstandsempfindung, Glätteempfindung u. dgl. haben, ist die Wahrnehmung eine bloß visuelle. Andernfalls, wenn wir zugleich sehen und Hand auflegen, haben wir eine in beiderlei Hinsicht gemischte Wahrnehmung, wobei aber die gesehenen Papierteile nicht taktuell wahrgenommen, die taktuell wahrgenommenen nicht gesehen sind. Also haben wir eine gemischte Fülle, aber so, daß zu denselben eigentlich erscheinenden Flächenteilen immer nur eine einartige Fülle gehört; die erscheinende Fläche, die objektiv eine einzige ist, ist partiell visuell gedeckt, partiell taktuell, und die ihrer Artung nach grundverschiedenen Füllen schließen sich, während sie sich durchsetzen, zu einer einzigen *materia prima* insofern zusammen, als sie sich stetig aneinanderschließen, nämlich räumlich stetig. Sie bedecken eben die ganze erscheinende Seite. Andererseits geht die visuelle Bedeckung sozusagen durch die taktuelle hindurch und umgekehrt, nur freilich nicht in der eigentlichen Erscheinung. Wo die Hand deckt, ist auch Farbe, sie wird aber nicht im eigentlichen Sinn gesehen, und wo bloß gesehen wird, ist auch Widerstehendes, Rauhes oder Glattes u. dgl., aber es wird nicht eigentlich wahrgenommen, es wird nicht taktuell empfunden und andererseits nicht gesehen.

Das lehrt uns offenbar für die Konstitution der Erscheinung Folgendes: Zunächst haben wir hinsichtlich des Unterschiedes zwischen eigentlicher und uneigentlicher Erscheinung zu beachten, daß er sich kreuzt mit dem Unterschied sozusagen verschiedener Schichten der *materia prima*. Machen wir die fundamentale Unterscheidung zwischen visueller und taktueller Schicht der *materia prima*, so hätten wir in jeder solchen Schicht eine eigene Einheit, und beide zusammen wieder bilden eine Einheit, nämlich die der gesamten raumfüllenden Urmaterie. Ist die Wahrnehmung eine bloß visuelle, so fällt von der raumfüllenden visuellen Materie eine „Seite" als eine zusammenhängende Raumfülle der räumlichen und eigentlich erscheinenden Abschattung in die eigentliche Erscheinung. Die parallele taktuelle Raumfülle gehört hinsichtlich dieser selben Seite des Dinges in die Sphäre der uneigentlichen Erscheinung. Demnach zerfällt die uneigentliche Erscheinung in zwei Momente oder Teile: 1) Der eine umfaßt das, was vom Gegenstand überhaupt nicht in die eigentliche Erscheinung fällt; 2) der andere das, was zwar visuell in die eigentliche Erscheinung fällt, aber nicht taktuell. Die Vorderseite ist gesehen, sie gehört in die eigentliche Erscheinung; sie ist nicht taktuell wahrgenommen, also von ihr fällt nur der Komplex visueller, nicht aber der Komplex taktueller Bestimmtheiten in die eigentliche Erscheinung. Wir merken auch, daß die Uneigentlichkeit der weder gesehenen noch getasteten Rückseitenerscheinung eine wesentlich andere ist als die Uneigentlichkeit der gesehenen, aber nicht getasteten Vorderseitenerscheinung, nämlich hinsichtlich der taktuellen Bestimmtheiten derselben. Was uns zunächst auffallen möchte, wenn wir die einen und anderen Bestimmtheiten uneigentlicher Erscheinungen vergleichen, ist vielleicht der Unterschied der „Klarheit".

Die Glätte, die wir dem Papier ansehen, die Rauhigkeit, die wir einer Feile ansehen, ist nicht eigentlich wahrgenommene Glätte oder Rauhigkeit; aber wir sehen sie der visuell erscheinenden Sache (und näher, ihrer eigentlich erscheinenden Vorderseite) doch an. Die Rückseite ist ja in gewissem Sinn auch mitwahrgenommen, nämlich in leeren Intentionen mitgemeint. Aber wir sehen dem Ding die Rückseite nicht an, wenigstens nicht in diesem hier eigentümlich hervortretenden Sinn. Die angesehene, nämlich der visuell erscheinenden Vorderseite angesehene Rauhigkeit der Feile ist gewissermaßen da in der eigentlichen Erscheinung, aber doch nur angesehen, fast als wie gesehen und doch nicht gesehen: eine unvergleichlich größere Klarheit des Gegebenseins als die der Rückseite. Allerdings, das Wort Klarheit erhält hier doch wieder nur Sinn durch den phänomenologisch sich ausweisenden Unterschied; hier besonders wird man geneigt sein, hinsichtlich des Hinzuapprehendierten an die Phantasie zu denken, also zu sagen, es handle sich um einen Modus sich deckender Miterscheinung, der im Wesen als Phantasie bezeichnet werden könnte, die durch den vorliegenden und weiterer Analyse noch zugänglichen Zusammenhang besonderen Charakter erhält. Diese Interpretation hat hier viel für sich. Aber gleichwohl möchte ich aufgrund der phänomenologischen Betrachtung nicht behaupten, daß die sich oft aufdrängende Phantasieanschauung und ihre Deckung mit der visuellen Anschauung paralleler Schicht die Sachlage erschöpfe. Die Phantasievergegenwärtigung dürfte auch hier nicht eine unerläßliche Sache sein, und die größere Klarheit der hier fraglichen Mitwahrnehmung gegenüber derjenigen der Rückseite dürfte noch andere Quellen haben. Bildlich gesprochen: Die parallele Schicht schöpft aus der gesehenen Schicht eine Kraft und eine viel größere Kraft als die Rückseite aus der Vorderseite.

In der räumlichen Kontiguität liegt nicht solche Kraft wie in der räumlichen Durchdringung, die der Parallelismus der Schichten fordert. Das sind mythische Reden, hinter denen aber phänomenologisch etwas liegt, wie man bei Versenkung in die phänomenologische Sachlage eben sieht.

Der Unterschied der Klarheit, obschon etwas Auffälliges, ist doch wohl etwas Sekundäres, wesentlich gründend in dem, was die Schichtung ausmacht. Das erscheinende Objekt hat hinsichtlich seiner *materia prima*, also der Komplexion eigentlich raumfüllender Bestimmtheiten, mehrere Schichten; jede bildet eine geschlossene Raumfülle für sich und doch mit jeder anderen sich deckend. Die Schichten sind nicht übereinander gelagert, sie durchdringen sich oder durchtränken sich: Sie sind durch und durch in Deckung vermöge der Identität des körperlichen Raumes. Das konstituiert sich in der Erscheinung, die so auch eine Teilung zuläßt, welche diesen Schichtungen gemäß verläuft. Halten wir uns an die eigentliche Erscheinung, so hat sie hinsichtlich prä‹empirischer› Ausbreitung und Empfindungsfülle diese Schichtungen nicht. Die bloß visuelle Wahrnehmung hat nur eine Empfindungsschicht, die visuelle, und dieser zugehörig eine Ausbreitung. Die Ausbreitung ist Ausbreitung der visuell prä‹empirischen› Fülle. Hier ist offenbar die Schichtung der Erscheinung Sache der Auffassung und eventuell mitverflochtener Phantasieerscheinungen, aber dann auch mittels deren Auffassungen. Ist die Wahrnehmung eine gemischte, in ihrer Empfindungsgrundlage zugleich visuelle und taktuelle Empfindungen als Auffassungsmaterial enthaltend, so gehört zum visuellen Material eine visuelle Auffassungsschicht, in welcher sich das volle visuelle Ding konstituiert, zu dem taktuellen Material eine taktuelle Auffassungsschicht, die das volle taktuelle Ding konstituiert.

Ich sehe das Papier und habe zugleich in der Auflage der Hand die Widerstandsempfindung bzw. die taktuelle Wahrnehmung vom Papier. Die zu den gesehenen Partien gehörigen Empfindungen sind so aufgefaßt, daß das Papier nach seinen visuellen Eigenschaften sich konstituiert und näher so, daß die visuellen Eigenschaften eine vollständige Raumfülle ergeben. Die nicht gesehenen, darunter auch die durch die aufgelegte Hand verdeckten Partien der Vorderseite haben auch ihre visuelle Fülle, nur nicht eine eigentlich erscheinende, ebenso umgekehrt in taktueller Hinsicht bezüglich der nicht taktuell erscheinenden Teile der Vorderseite. Ferner, präphänomenale Extension gehört zu den visuellen Empfindungen, und wieder gehört solche zu den taktuellen Empfindungen. Wir haben aber gar kein Recht zu sagen, daß die eine und andere Extension an sich etwas miteinander zu tun haben. Sie sind perzeptiv nie so zusammengegeben, daß sie demselben objektiven Flächenstück entsprechen, sondern nur so, daß sie disjunkten Flächenstücken des Gegenstandes zugehören. Dabei aber setzen sie sich nicht etwa zu einer und derselben prä‹empirischen› Extension zusammen: Das gesehene Flächenstück und das angrenzend getastete setzen sich im Ding zu der einen zusammenhängenden Fläche zusammen, grenzen im Ding aneinander. Aber die zugehörigen Empfindungen und Empfindungsausbreitungen setzen sich empfindungsmäßig nicht zusammen; vielmehr lautet die korrekte Deskription so: Den gesehenen Partien der Vorderseite des Dinges entspricht eine zusammenhängende visuelle Empfindungsextension. Wo die tastende Hand das Ding verdeckt, da haben wir die visuelle Extension nicht unterbrochen, sie läuft kontinuierlich weiter. Ein zusammenhängendes Stück visueller Extension ist dazwischen, das zur Auffassung „tastende Hand" gehört. Die Dingauffassung, in unserem Beispiel die Auffassung des weißen Papiers, läßt aber das Papier „unter der tastenden Hand" durchgehen, durch sie „verdeckt" sein, und so hat die erscheinende Vorderseite des Dinges keine visuellen Lücken, sondern nur Lücken der zu ihm gehörigen

Empfindung und eigentlichen Erscheinung, die eben ausgefüllt sind durch das, was wir uneigentliche Erscheinung nannten. Ich sagte: zu ihm, dem Ding gehörig; denn die prä‹empirische› Farbe und Farbenextension, die lückenlos weitergeht, gehört, wie vorhin gesagt, nach einem zusammenhängenden Teil zur Konstitution der „tastenden Hand".

Ist nun aber die Wahrnehmung des weißen Papiers eine Doppelwahrnehmung? In gewisser Weise ja und in gewisser Weise nein. Im richtigen Sinn haben wir eine Wahrnehmung, eine ungebrochene Einheit der Empfindung und Auffassung, in der sich das Selbstdastehen des Dinges konstituiert. Andererseits aber finden wir zwei in sich zusammenhängende Schichten in dieser Einheit, die eine entsprechend dem visuellen, die andere dem taktuellen Ding. Das aber sind wieder keine zwei Dinge, sondern ein einziges, das eine mehrfältige Fülle hat; derselbe Raum mehrfach gefüllt bzw. überdeckt, aber so, daß die Füllen sich durchdringen oder vielmehr decken, nicht sich zwischen einander setzen, sondern sich durch und durch decken. Jeder noch so eng umgrenzte Teil, jede Fläche, jede Linie, jeder Punkt hat dieselbe Mehrfältigkeit der Fülle; jede geometrische Teilung (wenn das Wort gestattet ist) teilt jede der Füllen, da sich jede mit jeder nach der ganzen Extension deckt.

Dem entspricht in der Erscheinung selbst einerseits die Möglichkeit, von zwei Erscheinungen, einer visuellen und einer taktuellen, zu sprechen. Aber diese beiden Erscheinungen durchdringen sich und decken sich in eigentümlicher und noch näher zu erforschender Weise. An dieser Durchdringung liegt es, daß sich das Empfindungsmaterial nicht nur durch die ihm eigene prä‹empirische› Extension ordnet, was keine Ordnung des visuellen mit dem taktuellen Material ergäbe, sondern daß sich visuelles zwischen taktuelles, taktuelles zwischen visuelles materiell zu setzen scheint. Dieses Zwischensetzen ist aber nicht Sache der Empfindung, sondern Sache der Auffassung. Es kommt zustande durch die Auffassung, welche dem extensionellen Moment der visuellen Empfindung den Wert erscheinender Räumlichkeit, dem extensionellen Moment der taktuellen Empfindung abermals den Wert der Räumlichkeit verleiht, worin sich einmal diese, einmal jene Materie als objektivierte raumfüllende Materie ordnet. Und weiter daran, daß die Doppelauffassung in solcher

Deckung ist, daß die Ausdehnung, die Gesamtausdehnung, welche, über die eigentlich erscheinende Ausdehnung hinausreichend, den gesamten visuellen und taktuellen Körper umspannt, eine identische Ausdehnung ist, einen identischen, nur vielfältig bedeckten oder erfüllten Körper konstituiert. Das nähere Wie dieser Konstitution, das ist hier das große Problem. Es ist hier bestimmt gestellt. Wir werden später Wege suchen, mindestens Stücke oder Anfänge der Lösung zu gewinnen.

‹§ 23. *Eigentliche Erscheinung* (*Seite*) *und anhängende Bestimmtheiten*›

Die Unterscheidung[1] der *materia prima* und *secunda* gibt die Möglichkeit, den prägnanten Sinn von erscheinender Seite des Gegenstandes zu bestimmen. Innerhalb des Komplexes der in die eigentliche Erscheinung fallenden Bestimmtheiten scheiden sich diejenigen heraus, welche sich auf den Körper des Dinges (Phantom) und seine füllende Materie beziehen. Sie bilden entweder eine einzige in sich zusammenhängende Einheit oder mehrere solche Einheiten. Und sie gliedern sich in erscheinende visuelle und erscheinende taktuelle Seite. Sehe ich ein Ding von der Vorderseite und betaste ich es von der Rückseite, so haben wir eine visuelle Seite und eine davon getrennte taktuelle, getrennt in eigentlicher Erscheinung. Trennt die tastende Hand das Gesichtsbild des Gegenstandes in zwei getrennte Teile, so besteht die visuelle Seite eben aus zwei getrennten Stücken, die intentional verbunden sind durch ein ihnen Einheit gebendes Stück: taktuelle Seite; zusammen bilden sie eine geschlossen-einheitliche Seite. Das genügt, um Beispiele für verschiedene hier mögliche Vorkommnisse zu geben. Wichtig ist, daß die Seite eine erfüllte Ausdehnung ist, und zwar eine Flächenausdehnung, die den dreidimensional erfüllten Körper begrenzt. Der Körper fällt in die Erscheinung nur durch erfüllte Flächen, wobei „Punkte" und „Linien", die eventuell allein erfüllt auftreten, unter dem Titel Flächen befaßt sind. Von Mathematischem ist hier keine Rede.

Haben auch die anhängenden Bestimmtheiten Seiten? Ich habe

[1] Vgl. zum folgenden zwei kritische Notizen Husserls; siehe Beilage I (S. 339). — Anm. d. Hrsg.

die anhängenden Bestimmtheiten als solche bezeichnet, die im eigentlichen und ersten Sinn nicht Dinglichkeit konstituierende sind, die schon konstituierte Dinglichkeit voraussetzen, denen sie dann anhängen können. Ich sagte auch, sie füllten im eigentlichen Sinn nicht aus, sie hingen eben nur an. Es will mir jetzt scheinen, daß man noch etwas genauer sein muß, und daß man vielleicht manchen sekundären Bestimmtheiten wirkliche Füllung konzedieren kann, sofern das wesentliche Merkmal der *materia prima* nicht überhaupt in der Füllung, sondern in der konstituierenden Füllung bestehen dürfte. Ich denke hier an die Temperaturbestimmtheiten, die ich schon in der letzten Vorlesung nicht mit gutem Gewissen mit den materialisierenden genannt habe (wenn ich sie überhaupt genannt habe). Sie sind nämlich, so scheint es mir, anhängende Bestimmtheiten. Der Körper muß erst da sein, damit er warm oder kalt erscheinen kann. Halte ich eine Metallkugel in der Hand, so mag die Temperatur schneller oder langsamer wechseln, von Wärme in Kälte übergehen. Die taktuelle Raumbestimmtheit, die für den Körper konstitutiv ist, bleibt ungeändert und liegt der Lokalisation zugrunde. Die Wärme und Kälte erfüllt den Raum, sie überdeckt nämlich den aktuell erscheinenden Tastraum des Körpers, ihn sozusagen überfließend. Die Wärme in sich selbst, obschon sie als füllende dasteht, hat keinen eigenen Raum, sie breitet sich im Tastraum aus und ist an ihn gebunden. Diese Rede schielt schon ein wenig ins präempirische Gebiet hinüber. Die prä‹empirische› Extension gehört zum taktuellen Moment und erst sozusagen in übertragenem Wirkungskreis zum Wärme-Kälte-Moment. Ähnlich wird es sich mit der Schmerzempfindung verhalten, die auf die Messerschneide oder Messerspitze auflokalisiert wird, aber nicht eigentlich und in sich selbst ein lokales Moment und eine Extension trägt.

Dürfen wir also, wenn auch in einem sekundären Sinn, anhängenden Bestimmtheiten Raumfüllung zuschreiben, so findet auf sie, wofern sie sich in der Tat ausbreiten, auch der Begriff der Seite seine Anwendung, aber immerhin mittelbar, sofern doch das Fundament der Bildung des Begriffes Seite in der *materia prima* liegt, soweit sie in die Erscheinung fällt. Noch entfernter ist aber die Anwendung des Begriffes Seite auf Bestimmtheiten, die der ursprünglichen Extension nicht genau folgen, sondern nur lose in die Beziehung der Lokalisation zu ihr gesetzt werden, wie wenn der Paukenton auf das gesehene Paukenfell bezogen wird und nun mit diesem in die Erscheinung fällt. Natürlich liegt das Interesse bei diesen Dingen nicht an einem so oder so laufenden Wortgebrauch, sondern an den phänomenologischen und ontologischen Vorkommnissen, die sich durch unsere Analyse herausheben.

<§ 24. *Dingumgebung und Wahrnehmungszusammenhang*>

Ehe wir unseren Beispielkreis, der die Untersuchung bisher bestimmte, erweitern, will ich die Isolierung beseitigen, in welcher wir das wahrgenommene Ding bisher betrachteten, und in Zusammenhang damit eine gewisse Abstraktion, die wir an der Wahrnehmung vornahmen. Wir taten gewissermaßen so, als ob der jeweils wahrgenommene Gegenstand allein auf der Welt, *nota bene* der Wahrnehmungswelt wäre. Ein wahrgenommenes Ding ist aber nie für sich allein da, sondern steht uns vor Augen inmitten einer bestimmten anschaulichen Dingumgebung; z.B. die Lampe steht auf dem Tisch inmitten von Büchern, Papieren und sonstigen Dingen. Die dingliche Umgebung ist ebenfalls „wahrgenommen". Wie das Wort „inmitten" und das Wort „Umgebung" besagt, ist es ein räumlicher Zusammenhang, der das speziell wahrgenommene Ding mit den übrigen mitwahrgenommenen einigt. Das Ding, das wir im speziellen Sinn wahrgenommen eben nannten, hat seinen Raum, aber dieser Raum, der Körper, ordnet sich im umfassenderen Gesamtraum ein, der all die dinglichen Körper in sich faßt. Und zu diesen Dinglichkeiten, die da mitwahrgenommen sind, gehört immer auch der Ichleib, der mit seinem Körper ebenfalls im Raum ist, im Raum der Gesamtwahrnehmung. Er steht als der immer bleibende Beziehungspunkt da, auf den alle räumlichen Verhältnisse bezogen erscheinen, er bestimmt das erscheinungsmäßige Rechts und Links, Vorne und Hinten, Oben und Unten. Er nimmt also in der wahrnehmungsmäßig erscheinenden Dingwelt eine ausgezeichnete Stellung ein. Alles Erscheinende ist seine Umgebung, abgesehen davon, daß jedes speziell aus der erscheinenden Dinglichkeit herauswahrgenommene Ding, sofern es herauswahrgenommen und so für sich genommen ist, seine Umgebung besitzt. Das alles ist phänomenologisch und erkenntniskritisch von Wichtigkeit. Auf das allgemeine Problem der Konstitution bezogen, ergiebt sich hier eine

Reihe von bestimmten neuen Problemen, und es fallen uns, sowie wir nur darangehen, sie zu formulieren, einige neue, bedeutsame Unterscheidungen auf.

Wir sprechen von dem im speziellen Sinn wahrgenommenen Ding, wie wenn wir etwa sagen: Wir sehen dieses Haus, jenen Baum. Und andererseits sprechen wir von der „Gesamtwahrnehmung" der Dinglichkeit, in die sich dieses Haus einordnet, bzw. von der Wahrnehmung der Umgebung des Dinges, aus der es herauswahrgenommen ist. Sind Gesamtwahrnehmung, Hintergrundwahrnehmung und Spezialwahrnehmung von einer und derselben Artung? Oder deuten diese Worte neben manchem Gemeinsamen auch wesentliche phänomenologische Unterschiede an? Daß es an solchen nicht fehlt, ist klar. Das im speziellen Sinn Wahrgenommene ist dasjenige, worauf wir speziell achten, worauf wir aufmerksam sind. Der dingliche Hintergrund steht da, aber wir schenken ihm keine bevorzugende Aufmerksamkeit. Es wird jedenfalls also die Aufgabe sein müssen, der Rolle, welche die Aufmerksamkeit hier und in der Wahrnehmungssphäre überhaupt spielt, einiges Interesse zuzuwenden. Daß der Unterschied zwischen für sich Beachtetem und nebenbei Mitgenommenem oder Mitbemerktem für die Lösung der angelegten Frage nicht ausreicht, ist einleuchtend. Reicht die Aufmerksamkeit über das wahrgenommene Ding hinaus, befaßt sie ein Ding und das neben ihm erscheinende zugleich, so erscheint nun doch nicht etwa ein Ding, das zwei Stücke hat.[1] Auch kann ja die Aufmerksamkeit sich speziell auf eine Seite, ein Merkmal eines Dinges richten. Wie steht es also mit der Konstitution eines einheitlichen Dinges, wie mit der Konstitution der mannigfaltigen Dinglichkeit, die da umspannt ist von dem einen Gesamtraum, und die doch nicht ein Gesamtding ist, das seinen Raum so mit Materie erfüllt, wie dergleichen bei einem einzelnen Ding statthat? Wir mögen im wissenschaftlichen Denken vielleicht Gründe haben, die Welt als eine Art Gesamtding anzusehen, sofern die vielen Einzeldinge und die auf sie bezüglichen Vorgänge von Einheit der Gesetzlichkeit umspannt werden. Aber hier kommt es darauf an, als was die Welt im Wahrnehmen schlicht dasteht, was sie im Sinne dieses Wahrnehmens ist.

[1] Das einzelne Ding hat eine eigene, von den Umgebungsdingen unabhängige Beweglichkeit und Veränderlichkeit.

Soviel ist jedenfalls klar, daß die Unterscheidungen, die wir bisher vollzogen haben, nicht ausreichen, um für die Konstitution einzelner und wirklicher Dinglichkeit aufzukommen. Denn sie passen auf die Gesamtwahrnehmung, die mit dem Ding auch die Dingmannigfaltigkeit zur Gegebenheit bringt, mit dem Körper auch den Gesamtraum, in dem sich Körper mit Sondermaterien füllen und zu Sonderdingen für sich kristallisieren.

Es ist ferner klar, daß, wenn wir in Ansehung des wahrgenommenen Dinges darstellende physische Inhalte und Auffassung unterscheiden, die sich zur Einheit der Dingerscheinung einen, wir zugleich anerkennen müssen, daß diese Erscheinung nichts Isoliertes für sich ist, sondern in einem Erscheinungskontinuum eingebettet ist, das wiederum Auffassungsinhalte und Auffassung unterscheiden läßt und sich zur Einheit einer Gesamterscheinung verschmilzt; und wiederum, daß sich auf die Gesamterscheinung der Unterschied zwischen eigentlicher und uneigentlicher Erscheinung überträgt. Die Empfindungsinhalte des Dinges haben ihre Empfindungsfunktion für dieses Ding. Andererseits haben sie aber ihren Zusammenhang mit anderen Empfindungsinhalten, die für andere Dinge als darstellende fungieren. Und ebenso kontinuiert sich die Auffassung, die zum Ding gehört, so daß sie gleichsam stetig sich vermittelt mit den weiteren Auffassungen, die sich auf die neuen physischen Daten beziehen; und das alles so, daß eine Gesamtauffassung erwächst, in der sich ein Gesamtraum darstellt, der die vielen einzelnen Dinge in sich faßt. Der Gesamtraum und die dingliche Welt der Wahrnehmung fallen wieder nur partiell und nach bloß einer Seite in die eigentliche Erscheinung. Diese eigentliche Erscheinung in ihrer Vollständigkeit umfaßt in eine Einheit alle eigentlichen Erscheinungen aller in demselben wahrnehmenden Blick befaßten Einzeldinge, die erscheinende Seite der Welt befaßt die erscheinenden Seiten aller Dinge, die eben in demselben Wahrnehmen zur Wahrnehmung kommen, und den leeren Raum. Und hierin liegt eine Einheit, auf die all unsere bisherigen Beschreibungen passen.

<§ 25. *Visuelles und taktuelles Feld*>

Die darstellenden Inhalte der visuellen Gesamterscheinung bilden einen kontinuierlichen Zusammenhang: Wir nennen ihn das visuelle Feld. Das Feld ist eine präempirische Ausdehnung, und es hat seine so und so bestimmte visuelle Fülle. Alle präempirisch-visuellen Ausdehnungen, welche je und je die Darstellungsunterlage für alle im selben Gesamtwahrnehmen gegebenen Dinge abgeben, ordnen sich als Stücke in dieses Feld ein, und im perzeptiven Auffassen, das zur Wahrnehmung selbst gehört, ist auch umgekehrt jedes Stück des visuellen Feldes darstellend für irgendeine Dinglichkeit. Von den physischen Daten des Gesichtsfeldes gehören die einen zur Darstellung dieses Hauses, andere jenes Feldes, wieder andere zur Darstellung des Himmelsgewölbes usw.

Natürlich gilt dasselbe von dem anderen, parallelen Feld, das für Dinglichkeit primär konstitutiv ist. Wir sprechen von taktuellem Feld. Freilich nicht jede beliebige Zerstückung der beiden Felder ergibt mit der zugehörigen Auffassung eine Dingerscheinung. Die Felder teilen sich in bestimmter Weise auf, und erst, wenn wir Dingerscheinungen haben, können wir sagen, daß innerhalb dieser durch jede Zerstückung wieder Dinglichkeiten, nämlich Dingstücke, konstituiert werden. Neben den beiden genannten primären oder eigentlichen Feldern können wir auch im uneigentlichen Sinn von Gehörsfeld, Geruchsfeld, Temperaturempfindungsfeld sprechen. Aber wir befassen damit nur die jeweils dinglich aufgefaßten sonstigen physischen Daten der verschiedenen Gattungen, sie sind zur Raum- und Dingkonstitution im primären Sinne nicht befähigt, da sie ursprünglicher prä‹empirischer› Extension entbehren; also eigentlich bilden sie keine Felder, mögen ihnen auch sonstige Verschmelzungsformen eignen. Über die Felder, wir nehmen wieder voran die eigentlichen Felder, breiten sich gleichsam die Auffassungen aus zu einer Auffassungseinheit, die in sich eigentümlich und so gegliedert sind, daß jedem Glied (einem eigentümlich konstituierten Auffassungskomplex) ein erscheinendes Ding korrespondiert. Was die innere Charakteristik einer Dingauffassung, einer der Gesamterscheinung eingebetteten und doch in sich geschlossenen Dingerscheinung, ausmacht und wie sich, darüber hinausgehend, für die Wahrnehmung die Einheit des Gesamtraumes konstituiert, der alle Körper in sich faßt, aber selbst kein Körper ist, das ist wiederum das Problem.

Abermals ist es ein Problem, und das ergänzende Problem, wie sich phänomenologisch die wunderbare Sonderstellung des Ich als des Korrelates und Beziehungszentrums zum Ding und zur ganzen Umwelt konstituiert. Es gibt ein paralleles Problem zur Dingumgebung als räumlicher Umgebung bzw. zum Problem der Konstitution des einen All-Raumes, der bei jeder Spezialwahrnehmung mitwahrgenommen wird, sofern das wahrgenommene Ding seinem Körper nach in ihm liegend erscheint. Dieses parallele Problem bietet die zeitliche Umgebung und die Konstitution der einen Zeit, in der die Zeitlichkeit des Dinges liegt, in die sich seine Dauer einordnet sowie die Dauer aller zur Dingumgebung gehörigen Dinge und dinglichen Vorgänge. In diese selbe Zeit ordnet sich auch das Ich, nicht nur als Ichleib, sondern auch nach seinen „psychischen Erlebnissen", ein. Die zu jedem Dinglichen gehörige Zeit ist seine Zeit, und doch haben wir nur eine Zeit; nicht nur, daß sich die Dingzeiten nebeneinander ordnen in eine einzige lineare Extension, sondern verschiedene Dinge bzw. Vorgänge erscheinen als gleichzeitig, sie haben aber nicht parallel gleiche Zeiten, sondern eine Zeit, numerisch eine. Es verhält sich nicht hier so wie bei der mehrfältigen Raumfülle, wo sich visuelle und taktuelle Fülle decken. Vielmehr haben wir getrennte, sich nicht deckende Dinglichkeiten, die doch in der identischen Zeitstrecke sind und andauern.

‹III. Abschnitt

ANALYSE DER KINETISCHEN WAHRNEHMUNGSSYNTHESIS. WAHRNEHMUNGSVERÄNDERUNGEN UND ERSCHEINUNGSVERÄNDERUNGEN›

‹5. Kapitel

Die Gegebenheit des ruhenden Dinges in kontinuierlichen Wahrnehmungsabläufen›

‹§ 26. *Die verschiedenen Möglichkeiten der Wahrnehmungsveränderung*›

Wir gehen nun daran, eine neue Form kontinuierlicher Synthesis zu studieren, die zur Einheit einer konkret einzelnen Wahrnehmung gehören kann. Wir erweiteren aber jetzt die Beispielssphäre, wir betrachten einen neuen Wahrnehmungstypus.

Wir hatten es bisher zu tun mit Wahrnehmungen, die phänomenologisch unverändert blieben, womit *eo ipso* gegeben war, daß sie unveränderte Gegenstände zur Erscheinung brachten. Denn das ist leicht einzusehen und sich evident zu machen, daß eine gegenständliche Veränderung sich nur in einer Erscheinungsveränderung konstituieren kann, daß sie also nur in einer Wahrnehmung gegeben sein kann, die sich selbst im präphänomenalen Sinn ändert. Die unveränderte Wahrnehmung hatte ihre zeitliche Extension, aber füllte sie mit stetig demselben Inhalt. Wir nehmen jetzt sich verändernde Wahrnehmungen. Sie haben auch ihre zeitliche Extension (ich brauche nicht immer zu wiederholen, daß die präphänomenale gemeint ist), in der sich gegenständliche Zeitlichkeit konstituiert. Aber das ist der allgemeine Charakter der Veränderung, daß die Zeitlichkeit stetig mit neuem Inhalt erfüllt ist oder mindestens im allgemeinen stetig mit neuem Inhalt erfüllt ist. Nur an einzelnen Stellen, in diskret voneinander abstehenden Zeitpunkten, sind Unstetigkeitssprünge möglich. Von Stetigkeit haben wir hier wieder in doppeltem Sinn zu sprechen. Einmal gehört Stetigkeit zum Wesen der zeitlichen Ausdehnung als solcher so wie bei jeder Ausdehnung überhaupt. Andererseits kann Stetigkeit gehören zur Ausdehnungsfülle, hier der Zeitfülle. Ändert sich die Wahrnehmung, so kann die Änderung in einem momentanen Sprung bestehen, wie wenn eine erscheinende Qualität plötzlich in eine andere überspringt und demgemäß in der Wahrnehmung selbst, die diesen gegenständlichen Sprung konstituiert, ein momentan diskreter Wechsel in dem darstellenden physischen Datum und eventuell auch in der Auffassung statthat. Die Veränderung kann aber auch eine stetige sein, eine durchgängig stetige, oder eine durch vereinzelte Sprünge unterbrochene, wofür uns jeder Fall einer Wahrnehmung von Bewegungen eines Dingobjektes oder von stetigen Qualitätenänderungen desselben ein Beispiel gibt.

Die unveränderten Wahrnehmungen, die wir bisher betrachtet haben, waren Grenzfälle und hatten, scheint es, etwas von idealisierenden Fiktionen, sofern doch Veränderungen der Stellung und Haltung, mindestens Veränderungen im wandelnden Blick des Auges in der Akkommodation niemals fehlen werden. Die früher gegebenen Beschreibungen sind also entsprechend vorsichtiger zu fassen. Die Zeitfülle braucht von Moment zu Moment nicht eine wahrhaft identische gewesen zu sein. An Stelle der absoluten Gleichheit ist zu setzen Gleichheit schlechthin, die unmerkliche Verschiedenheit oder Ähnlichkeit, die Abstände nicht merklich hervortreten läßt, in sich faßt.

Indessen verfuhren wir andererseits doch ganz korrekt, als der reine Ausdruck der phänomenologischen Sachlage, wie wir sie im Fall unveränderter Wahrnehmung finden und die die unveränderte Wahrnehmung als einen unterschiedenen Typus gegenüber der veränderten charakterisiert, nicht anders lauten kann als so: Herausgenommene Stücke bzw. Phasen der Wahrnehmung sind gleich, d.h. sie treten in die Synthese eines Deckungsbewußtseins, das nichts von Unterschiedenheit hervortreten läßt. Im Gegensatz dazu charakterisiert sich die veränderte Wahrnehmung dadurch, daß die herausgenommenen Stücke derselben Synthesen der Unterschiedenheit fundieren; erst wenn wir die Art dieser Gleichheit und Verschiedenheit näher studieren und beachten, daß diese Verschiedenheit und Gleichheit stetig ineinander übergehen, daß auch in der Verschiedenheit Deckung statthat, die sich gegen die Gleichheit hin steigert und ‹nach› der entgegengesetzten Richtung hin stetig umändert, tritt es hervor, daß Gleichheit einen Grenzpunkt der Deckungssteigerung fordert, analog wie in der Steigerungsreihe der Intensitäten der Nullpunkt der Intensität. Zunächst aber, in der ersten Schicht phänomenologischer Betrachtung, hebt sich schlichte Gleichheit als Deckung ohne sichtliche Differenz von der Verschiedenheit als Abhebung ähnlicher, aber distanter Differenzen ab.

Was stellt sich in Wahrnehmungen an dinglichen Vorkommnissen dar, die während ihres prä‹empirischen› Flusses Veränderung erfahren? Nehmen wir unter dem Titel Wahrnehmung die Gesamtwahrnehmung, welche nebst einem im speziellen Sinn wahrgenommenen Ding oder Vorgang Ich und Umwelt intentional mit umfaßt, dann gilt der Satz, daß in jeder Veränderung der Wahrnehmung auch eine Veränderung in der erscheinenden Dingwelt zur Erscheinung kommt. Also nur eine unveränderte Wahrnehmung stellt eine Unveränderung vor, nicht nur ein ruhendes Ding, sondern auch ruhend, veränderungslos, seine erscheinende Umwelt.

Mit Rücksicht auf ein erscheinendes einzelnes Dingobjekt in sich verändernder Wahrnehmung haben wir folgende Möglichkeiten (von bloßen Aufmerksamkeitsveränderungen sehen wir ab, obschon auch sie phänomenologische Veränderungen sind):

I. a) Das Ding bleibt unverändert hinsichtlich seiner materiellen Eigentümlichkeiten, darunter alle primär oder sekundär raumfüllenden oder abhängenden Eigenschaften zusammengefaßt. Sein Körper bleibt ebenfalls unverändert, und es bewegt sich nicht. Dagegen bleibt das Ich nicht unverändert, und zwar wird die relative Stellung des Ich zum Objekt verändert: Ich gehe um das Objekt herum, nähere oder entferne mich von ihm.

b) Das sonst unveränderte Ding bewegt sich, das Ich ruht.

c) Beides.

Wir könnten von bloß kinetischen Veränderungen sprechen, und zwar sowohl hinsichtlich des Objektes als hinsichtlich des wahrnehmenden Ichsubjektes.

II. Das Objekt ändert sich nach seinen konstitutiven Bestimmtheiten und nicht bloß nach seinen kinetischen Bestimmtheiten. In dieser Hinsicht kann es sich entweder ändern nach seinen inneren geometrischen Bestimmtheiten, die zu seinem „geometrischen" Körper gehören, und andererseits nach seinen materiellen Bestimmtheiten, den raumfüllenden, räumlich lokalisierten. In ersterer Hinsicht kann es Deformationen erfahren oder Größenänderungen bei Erhaltung der Gestalt. Dagegen sind bloße Drehung und Verschiebung kinetische Bestimmtheiten.

III. <Es> kann sich all das zumal ändern.

Dazu kommen weitere Veränderungen, die für die Veränderungen der Wahrnehmung relevant sind, sich mit all den bisherigen Veränderungen kreuzen: Ich meine gewisse Veränderungen, die das Ich erfährt in Form von Akkommodation oder Konvergenz, von starker oder schwacher Anspannung der Muskeln beim Betasten und Umfassen der Objekte, u. dgl. Auch mit ihnen hängen Veränderungen der Wahrnehmungserscheinung zusammen.

Wollten wir vollständig sein, so dürften wir nicht bloß für Dingwahrnehmungen uns interessieren. Dinge existieren in der Zeit, sie haben ihre Zeit, in der sie dauern, entstehen, vergehen, sich bewegen oder qualitativ verändern. Sie sind in der Zeit, aber im eigentlichen Sinn erfüllen sie nicht die Zeit. Zeitlichkeit gehört nicht zu ihren konstituierenden Bestimmtheiten. Dagegen gilt dies letztere von den zeitverbreiteten Objekten, den Vorgängen, den Veränderungen, wofern wir nicht das sich verändernde Objekt, sondern die Veränderung des Objektes zum Gegenstand der Wahrnehmung machen. Davon sehen wir hier ab.

Wir studieren nun die zu den unterschiedenen Fällen gehörigen phänomenologischen Vorkommnisse, und zwar handelt es sich <für> uns zunächst darum, gewisse allgemeinste und sehr wichtige Vorkommnisse zur Abhebung zu bringen.

<§ 27. *Mannigfaltige Erscheinungen des unveränderten Dinges. Der Prozeß der Näherbestimmung*>

Wir wählen den Fall zunächst aus, der dem bisher behandelten Fall unveränderter Wahrnehmungserscheinung möglichst verwandt bleibt. Das geschieht, wenn wir eine kontinuierlich einheitliche Erscheinungsmannigfaltigkeit betrachten, in der sich ein unveränderter Gegenstand kontinuierlich darstellt. Statt also ein Ding mit ruhendem Auge, in unveränderter Körperhaltung überhaupt, in bestimmter Akkommodation und Konvergenz zu betrachten, lassen wir unseren Blick über das Ding hinweggleiten, wobei sich die Wahrnehmung mannigfaltig ändert. Oder wir gehen um das Objekt herum, es von allen Seiten mit bewegtem oder ruhendem Blick betrachtend. Für die Objekterscheinung ist es offenbar nicht wesentlich, ob wir selbst unsere relative Lage modifizieren oder ob wir unsere Lage im Raum beibehalten und das Objekt sich bewegen, sich drehen oder wenden lassen. Allerdings erscheint einmal das Objekt sich bewegend und das andere Mal als unbewegt, aber der immanente Gehalt der Objekterscheinung, abgesehen von der Auffassung der Ortsveränderung, bleibt derselbe.

Wir denken uns eine Wahrnehmungsveränderung der hierher gehörigen Art so verlaufend, daß Strecken der Veränderung durch Strecken der Ruhe vermittelt sind; m.a.W., wir betrachten den Gegenstand „schrittweise". Z.B. ich bewege etwa mein Auge fixierend von einem Objektpunkt zum anderen und betrachte dann ruhend das ruhende Objekt. Dann bewege ich das Auge von neuem zu einem zweiten Punkt des Objektes usw. Oder ich bewege den Kopf und halte ihn dann wieder eine zeitlang ruhig, den Gegenstand von der erreichten Stelle aus betrachtend, und so mehrmals. Dann können wir die ganze Wahrnehmung, die eine kontinuierliche Einheit ist, als eine Kette unveränderter Wahrnehmungen ansehen, vermittelt durch kontinuierende Übergangsphänomene, die aber selbst den Charakter von Wahrnehmungen haben. Denn während sie sich abspielen, hört das Gegenständliche nicht auf zu erscheinen, so wie er, dieser selbe Gegenstand, auch in den vermittelten unveränderten Wahrnehmungen erscheint.

Nach unseren Voraussetzungen erscheint er allzeit nicht nur als immerfort derselbe, sondern auch als ein in sich unveränderter. Andererseits erscheint er sowohl in den Veränderungsstrecken als in den Strecken der Unveränderung immer wieder in anderer Weise. Immer wieder treten andere seiner Seiten oder, wenn dieselben Seiten, so diese in anderer Gegebenheit in die Erscheinung. Ist er nur ein stückweise wahrgenommener, so mögen hierbei auch neue Stücke, die etwa „verdeckt" waren oder die bislang noch nicht in das Blickfeld fielen, nun allererst zu eigentlicher Erscheinung kommen.

Was liegt darin phänomenologisch? Vergleichen wir die sich in der Wahrnehmungseinheit abhebenden Strecken und zunächst die Strecken der Unveränderung, so steht fürs erste in ihnen derselbe Gegenstand da; m.a.W., sie fundieren Synthesen der totalen Identifikation. Vergleichen wir die Wahrnehmungen selbst, näher die Erscheinungen, so treten die auf diese bezüglichen wahrnehmenden Blicke in keine identifizierende Synthese, vielmehr stehen die Erscheinungen als inhaltlich „andere" da. Die Unterschiede dieser Erscheinungen bestehen nicht nur darin, daß die eine auf dieses Merkmal des Gegenstandes, die andere auf jenes speziell achtet und es für sich herauswahrnimmt. Wir haben, als wir allgemein von den Partialidentifikationen sprachen, davon schon gesprochen und hätten es in der Lehre von den unveränderten Wahrnehmungen noch einmal hervorheben können, daß auf dem Grund einer unveränderten Erscheinung gewisse Reihen von Modifikationen *a priori* möglich sind, die wir eben als Pointierung eines gegenständlichen Teils oder Momentes bezeichnen. Es können innerhalb einer im wesentlichen selben Erscheinung verschiedene gegenständliche Momente durch die Aufmerksamkeit Gebung erfahren, und solche Gebung in verschiedener Stufe erfahren; und der Reihe nach verschiedene können mit der auszeichnenden Sonderbeachtung auch Sonderwahrnehmung erfahren. Im letzteren liegt angedeutet ein Vorkommnis der partial identifizierenden Synthesis.

Die Gesamterscheinung liegt zugrunde; sie wird durch die Fixierung und Sonderwahrnehmung nicht zerrissen. Aber die abgehobene Sonderauffassung, die in Kontinuität mit der unterliegenden Gesamtauffassung verbleibt, wird mit dieser zur synthetischen Einheit des Identitätsbewußtseins gebracht. Es soll natürlich nicht geleugnet werden, daß parallel mit diesen Modifikationen auch Modifikationen der gegenständlichen Auffassung vonstatten gehen können und oft genug vonstatten gehen. Die Vorstellung vom Gegenstand bereichert sich, psychologisch gesprochen, dadurch, daß Dispositionen neu erregt und ihnen entsprechende neue Auffassungsmomente angegliedert werden. Indessen können wir von solchen Bereicherungen, die ja keine prinzipielle Notwendigkeit sind, absehen. Auch sehen wir von der

Beschreibung dessen, was da Modifikation der Aufmerksamkeit mit sich bringt und in sich bedeutet, zunächst ab.

Die eben beschriebenen Modifikationen der Aufmerksamkeit und der mit ihr sich verflechtenden Partialidentifikation, in der gegenständliche Einzelheiten in oder an dem Gegenstand der Gesamterscheinung erscheinen, begleiten den Vorgang des Wahrnehmens in seinen verschiedenen Stadien sowohl bei der unveränderten Wahrnehmung als bei der veränderten Wahrnehmung. Die neu und neu zur Erscheinung kommenden Seiten des Gegenstandes oder die in neuer Weise zur Erscheinung kommenden alten lenken die Aufmerksamkeit auf sich, bald diese und bald jene, und erfahren mit der Sonderbeachtung auch Sonderwahrnehmung.

<§ 28. *Änderung der darstellenden Inhalte und Änderung der Auffassung*>

Sehen wir nun von diesen Modifikationen ab; wichtiger sind für uns andere, die sich eben in der Rede von neu zur Erscheinung kommenden Seiten oder in neuer Weise erscheinenden alten Seiten ausprägen. Die Erscheinungsänderungen, die wir dabei finden, sind offenbar sowohl Änderungen der darstellenden Inhalte als auch solche der Auffassung. Mit jeder neuen relativen Lage des Gegenstandes zu meinem Auge und mit jeder Wendung des Auges bei sonst unveränderter relativer Lage sind die darstellenden Inhalte geänderte, mögen sie übrigens zur selben Seite des Gegenstandes und zur selben Bestimmung desselben gehören oder nicht. Mit dieser Änderung der Auffassungsinhalte läuft parallel eine Änderung der Auffassung. Was in der einen Erscheinung „klar" aufgefaßt war, ist in der anderen „dunkel" aufgefaßt (anschaulich — unanschaulich, eigentlich — uneigentlich). Sei der Gegenstand etwa ein Würfel. Die eine Erscheinung bietet eine rote Würfelfläche, in der anderen fällt diese selbe nicht mehr in die eigentliche Erscheinung; nicht nur, daß die auf sie bezüglichen darstellenden Inhalte in der zweiten Erscheinung fehlen, es fehlt auch die sie zu klarer Erscheinung beseelende Auffassung. In der zur zweiten Erscheinung gehörigen Komplexion uneigentlicher Auffassungen mag es eine Komponente geben, die sich auf diese selbe Würfelfläche bezieht; aber es ist eben un-

8 als bei *lies:* als <auch> bei

eigentliche Auffassung, und das ist ein anderes als eigentliche Auffassung, funktionell bedingt durch Fehlen von darstellenden Inhalten, aber nicht in diesem bloßen Nichtvorhandensein bestehend. Dazu kommt aber, daß die uneigentliche Erscheinung nicht in jeder Hinsicht den Charakter der Bestimmtheit hat, daß sie dasselbe unbestimmt vorstellen kann, was in der klaren Auffassung, d.h. in der eigentlichen Erscheinung in Bestimmtheit vor Augen steht. Bei all dem verknüpft in der vergleichenden Zusammenbetrachtung der verschiedenen Wahrnehmungsschritte eine Synthese der Identifikation Wahrnehmung mit Wahrnehmung, sie decken sich gleichsam trotz ihres verschiedenen immanenten Gehaltes. Nehmen ‹wir› einmal als Fiktion an, der Gegenstand sei vollkommen bekannt, so fehlen in der jeweiligen Dunkelheitssphäre der betreffenden Wahrnehmung jederlei Unbestimmtheitskomponenten, und wir finden eine identifizierende Deckung, die sich nicht nur auf die ganzen Erscheinungen, sondern auf alle ihre möglichen Partialerscheinungen bezieht, auf alle Auffassungsglieder, die wir in ihnen finden oder durch Sonderbeachtung zur Abhebung bringen können.

Wir finden also eine gegenseitig-eindeutige Korrespondenz, und die jeweils korrespondierenden Partialauffassungen oder Auffassungsmomente „decken" sich. Sie fundieren das Bewußtsein „gegenständlich dasselbe": dieselbe Seitenfläche, dieselbe Flächenform, dieselbe Färbung, dieselbe Kante usw., und es decken sich dabei entsprechende Momente klarer Erscheinung, wenn eben dieselbe gegenständliche Bestimmtheit beiderseits klar zur Erscheinung kommt; oder es deckt sich ein Moment eigentlicher Erscheinung auf der einen mit einem Moment uneigentlicher auf der anderen: ein Vollstück mit einem Leerstück. Wir wissen schon, daß alle solche Deckungen im Wesen der sich deckenden Erscheinungen gründen und daß denselben Gegenstand zur Erscheinung bringen nichts anderes besagt als die Wesenseigentümlichkeit der betreffenden Erscheinungen, Identifikationen zu ermöglichen.[1] In unserem Fall besteht nicht nur überhaupt Synthesis der Identifikation, also hinsichtlich der Erscheinungen Identität der gegenständlichen Beziehung, sondern auch Identität des Sinnes

[1] Vgl. zum vorangehenden eine kritische Notiz Husserls; siehe Beilage I (S. 339). — Anm. d. Hrsg.

der gegenständlichen Beziehung, sofern gleichsam jede Erscheinung nicht für überhaupt denselben Gegenstand, sondern denselben als in derselben Weise bestimmten meint. Die eine meint ihm eine rote Quadratfläche zu, die andere ebenfalls, mag auch die Quadratfläche einmal in der Abschattung, das andere Mal in einer anderen erscheinen, oder das eine Mal wirklich erscheinen und das andere Mal verworren, aber in derselben Bestimmtheit gemeint sein. Würde die eine Erscheinung es „offenlassen", ob die Quadratfläche rot oder in anderer Weise gefärbt sei, oder würde sie selbst die nähere Bestimmtheit der körperlichen Form unbestimmt lassen, die in der anderen bestimmt gemeint ist, so hätten wir trotz der Identität der gegenständlichen Beziehung einen Unterschied des Sinnes. Wir hätten aber wieder Identität des Sinnes, wenn beide dasselbe gegenständliche Moment unbestimmt und in gleicher Bestimmbarkeit meinten. Überall schreiben wir zwei Erscheinungen (wie überhaupt zwei Vorstellungen) insoweit Identität des Sinnes zu, als sie dieselbe Gegenständlichkeit als in selber Weise bestimmt oder bestimmbar meinen. Sind die ganzen Erscheinungen nicht sinnesidentisch, so können wir danach hinsichtlich der oder jener Erscheinungskomponenten von Sinnesidentität sprechen oder von Sinnesidentität der ganzen Erscheinungen hinsichtlich dieser Komponenten.

<§ 29. *Näherbestimmung und Umbestimmung*>

Fehlt bei Identität der gegenständlichen Richtung die Identität des Sinnes, lassen wir also die Fiktion „absoluter Bekanntheit fallen", so können die beiden Erscheinungen einen übereinstimmenden Sinn haben, sofern neben Komponenten identischen Sinnes nur solche auftreten, die beiderseits, einander entsprechend, im Verhältnis näherer Bestimmung stehen. Also die eine <ist> auf das betreffende gegenständliche Moment bestimmt gerichtet, die andere unbestimmt, oder beide unbestimmt, aber die eine enger bestimmt, genauer determiniert, die andere weiter, ungenauer determiniert: also etwa das Verhältnis von „Quadrat" und „Viereck", von Viereck und Figur oder <von> Karminrot und Rot, von „Rot" und „Farbe" u. dgl. Dabei ist aber nicht an ein vermittelndes begriffliches Bewußtsein zu denken, wie es durch Wahl dieser Begriffsworte angedeutet ist, sondern an das reine

Verhältnis der betreffenden Erscheinungen, die zueinander in ein Verhältnis der Übereinstimmung ohne jedes Widerstreitsbewußtsein treten, einer Übereinstimmung, die im Übergang vom Unbestimmten zum Bestimmten den eigentümlichen Charakter des Bewußtseins näherer Bestimmung annimmt. Natürlich überträgt sich das auf sich deckende Komponenten der Erscheinungen: Es kann hinsichtlich gewisser Komponenten von „Übereinstimmung", aber nicht totaler und bestimmter Deckung gesprochen werden. Das Bewußtsein der Unbestimmtheit ist hinsichtlich des betreffenden gegenständlichen Momentes ein Bewußtsein, das den Inhalt dieses Momentes, seine inhaltliche Artung „offen" läßt, nämlich offen für weitere Näherbestimmung. Das betreffende Moment ist mitgemeint, insofern eine gewisse, ihm zugeordnete Komponente der Auffassung vorhanden ist, aber so, daß diese Auffassung auf den Inhalt des Momentes nach seiner ganzen Fülle keine eindeutige Beziehung hat, vielmehr eine solche, daß vielfältige Bestimmbarkeit besteht. Das betreffende gegenständliche Moment ist aber ein „in sich" bestimmtes, d.h. in der es eigentlich und voll gebenden Wahrnehmung gehört ihm eine voll bestimmende Auffassungskomponente zu, und die Übereinstimmung dieser Komponente mit jener Unbestimmtheitskomponente in anderen Wahrnehmungserscheinungen „desselben" Gegenstandes macht es, daß wir sagen, jene habe schon dasselbe Moment vorgestellt, aber in unbestimmter Weise. Hier aber, in der eigentlichen Erscheinung, weise es sich erst aus, wie das vorher unbestimmt vorgestellte „eigentlich sei": welche Figur dem vorher in unbestimmter Allgemeinheit erfaßten Gegenstand, „näher besehen", zukomme, was für Färbung er, näher besehen, habe usw. Die Rede von „unbestimmter Allgemeinheit", die ich soeben gebrauchte, weist allerdings über die Sphäre unserer Analyse hinaus. In der Tat gehört zu jeder Unbestimmtheit eine Allgemeinheit, ein durch einen „Begriff" zu umgrenzender Umfang möglicher Determination; der Umfang bezeichnet in Form eines zu konstituierenden begrifflichen Gedankens die allgemeine Artung desjenigen, was als besondere Bestimmtheit hier fungieren kann. Und diesem logischen Subordinationsverhältnis entspricht das phänomenologische Verhältnis näherer Bestimmung und Bestimmbarkeit innerhalb einer Sphäre bloßer Wahrnehmung. Im Wesen der unbestimmten Figurauffassung gründet es, daß sie <sich> im Fortschritt weiterer Wahrnehmung nur näher bestimmen kann in Form von bestimmter Figurerscheinung, als bestimmter Dreiecks-, Viereckserscheinung u. dgl.

Im Wesen gründen hier gewisse Möglichkeiten der Zusammenstimmung und näheren Bestimmung, also Gesetzmäßigkeiten, die den Zufall ausschließen; als ob etwa das Moment der Figurauffassung determinierbar wäre durch Einswerden mit einem Moment Farbenerscheinung u. dgl.

Wir sprechen also hinsichtlich der Auffassungen bzw. der Wahrnehmungserscheinungen von einer Übereinstimmung des Sinnes, unterschieden von Identität des Sinnes, und sprechen eventuell genauer von der Unterordnung eines Sinnes unter einen anderen, wobei in der einstimmigen Synthesis, die zu dieser Unterordnung gehört, der übergeordnete Sinn durch den ihm untergeordneten nähere Bestimmung erfährt. Natürlich ist Übereinstimmung das allgemeinere gegenüber Sinnesidentität und Sinnesunterordnung bzw. -überordnung.

Der Übereinstimmung steht gegenüber die Nichtübereinstimmung, und damit werden wir innerhalb der zu einer Wahrnehmung vereinheitlichten Mannigfaltigkeit von Wahrnehmungen, die wir hier studieren, auf ein neues wichtiges Vorkommnis hingewiesen. Derselbe unveränderte Gegenstand zeigt sich von verschiedenen Seiten, die schrittweise zu eigentlicher Erscheinung kommen innerhalb der mannigfaltig-einheitlichen Wahrnehmung. Mit jedem Schritte steht „derselbe" Gegenstand da, wir bringen es uns zum expliziten Identitätsbewußtsein, dessen Möglichkeit im Wesen all dieser Schritte gründet. Also überall Identität „der gegenständlichen Richtung", aber nicht notwendig überall Übereinstimmung des Sinnes. Also auch Nichtübereinstimmung ist möglich trotz der Identität des erscheinenden Gegenstandes. Wir hatten vorhin für einen Augenblick die Fiktion eines allseitig vollkommen bekannten Gegenstandes gemacht. Nun, so weit diese Bekanntheit wirklich vorhanden ist, so weit reicht auch Übereinstimmung, und ist es genaue Bekanntheit hinsichtlich der individuellen Besonderheit der betreffenden Bestimmtheiten, so ist es sogar Sinnesidentität. (Bekanntheit kommt für uns hier nur in Frage, sofern zu ihrem Wesen eine gewisse Bestimmtheit der gegenständlichen Auffassung gehört. Was darüber hinaus liegt, wie individuelles Wiedererkennen, geht uns hier nichts an.)

Nun gehört zu jeder Dingwahrnehmung ein gewisses Hinausgreifen über das in eigentliche Erscheinung Fallende, und dieses Hinausgreifen kann sehr wohl ein sich Vergreifen sein. Im ersten Schritt stellt sich eine Vorderseite in eigentlicher Erscheinung dar, die Rückseite wird in uneigentlicher Weise mitgefaßt, sie deutet dem Gegenstand in den miterregten uneigentlichen Intentionen mancherlei zu, was von ihm nicht eigentlich gegeben ist. In den nächsten Wahrnehmungsschritten kommen die anderen Seiten des Gegenstandes, diese oder jene, zu eigentlicher Erscheinung, aber es stellt sich heraus, daß der Gegenstand hier doch „anders" ist, als er im ersten Schritt „angesehen" war. Er entspricht nicht, sondern widerspricht der ersten Auffassung mit den in ihr befaßten verworrenen Intentionen. Das „anders" und das „widerspricht" weist natürlich auf eine Synthesis des Widerstreites hin, also darauf, daß im Wesen der im ersten und in dem neuen Schritt vorhandenen Erscheinungen, die wie alle Schritte zur Einheit der zusammenhängenden Wahrnehmung gehören, die Möglichkeit eines Widerstreitbewußtseins gründet. In allen Schritten steht aber derselbe Gegenstand da; derselbe Gegenstand erscheint einmal als so und das andere Mal als anders bestimmter, anders, als die erste ihn auffaßte. Unbeschadet der im Wesen der Erscheinung gründenden Möglichkeit der Identifizierung und der mit ihr sich bekundenden Identität gegenständlicher Richtung, ja unter wesentlicher Voraussetzung derselben, etabliert sich also ein Widerstreitbewußtsein. Wir sehen im ersten Schritt eine gleichmäßig rote Kugel, wir gehen um sie herum: Sie, dieselbe Kugel, dasselbe Ding, ist auf der anderen Seite nicht, wie wir es aufgefaßt, gleichmäßig rot, sie hat gegen die Supposition Flecken, in ihrer Form Einbeulungen u. dgl. In der Gegenübersetzung des Falles der Nichtübereinstimmung und des der Übereinstimmung liegt es nahe zu sagen: Die im ersten Schritt vollzogene Auffassung bestätigt sich oder widerlegt sich durch die in den weiteren Schritten, im Fortgang der einheitlichen Wahrnehmung vollzogenen Auffassungen, die im ersten Schritt im Zusammenhang mit der eigentlichen Darstellung vollzogenen Intentionen erfüllen sich bzw. enttäuschen sich. Doch werden wir nachher genauer unterscheiden müssen zwischen den Einheitsformen, die den in der Einheit der zusammenhängenden Wahrnehmung eingebetteten Teilwahrnehmungen immanent zugehören, und den expliziten Synthesen der Identifikation und des Widerstreites, die in den sozusagen herauspointierten Wahrnehmungsschritten vermöge jener Einheit als Möglichkeiten gründen und sich nachträglich etablieren. Jedenfalls ist es evident, daß der Widerstreit Übereinstimmung bzw. daß Enttäuschung Erfüllung voraussetzt. Der Widerspruch hebt ja nicht die Einheit des Gegenstandes auf; das widerstreitende oder enttäuschende Moment steht doch als Moment des Gegenstandes da, es gehört zu ihm als das bestimmte Anderssein an Stelle des ursprünglich aufgefaßten Soseins. „An Stelle" — darin liegt, daß mit diesem enttäuschenden Moment andere verflochten, ja unablösbar verflochten sind, welche sich in der neuen Wahrnehmung erfüllend bestätigen, hinsichtlich welcher Übereinstimmung, Deckung statthat. Die besondere Bestimmtheit des die ursprüngliche Auffassung Bestreitenden stimmt doch zugleich in der allgemeinen Artung und in der Form seiner Anknüpfung zu der ursprünglichen Auffassung. Es gehört dies zum allgemeinen Wesen des Andersseins, des Widerstreits, daß es einen Boden der Übereinstimmung voraussetzt.

Finde ich beim Sichtlichwerden der Rückseite unserer roten Kugel einen im Sehen der Vorderseite nicht mit vorausgesetzten Fleck <und> war die rote Kugel im ersten Wahrnehmungsschritt als gleichmäßig rot aufgefaßt, so stimmt doch dies, daß es eine Kugel ist, überdeckt mit einer einheitlichen Färbung, im allgemeinen rot, „bis auf" den Fleck. Dieser fügt sich immerhin der Einheit einer Gesamtfärbung, die zur Auffassung notwendig gehört, ein; es ist an dieser Stelle eine andere Farbe, aber doch eine Farbe. Zeigt sich auch eine widerstreitende Deformation, so stimmt doch, daß es ein einheitlicher Körper ist, in dessen einheitlicher Form sich die Deformation einpaßt wie eben eine Partialgestalt einer Gesamtgestalt. Wir sehen da, daß absolutes Anderssein in jeder Hinsicht ebenso widersinnig ist wie absolute Unbestimmtheit. Es verhält sich überhaupt mit dem Ansatz durch Widerstreit ähnlich wie mit der näheren Bestimmung. Unter allen Umständen muß die neue Wahrnehmung zu der alten passen, zu ihr stimmen, nämlich dem Allgemeinen nach. Auf dem Grund allgemeiner Übereinstimmung sind dann verschiedene Vorkommnisse möglich; totale Übereinstimmung, Sinnesüber-und-unterordnung und bestimmtes Anderssein, andere Differenzierung des

Gegebenen hinsichtlich der im Allgemeinen wesentlich beschlossenen Möglichkeiten. Diese Differenzierung braucht nicht letzte Differenzierung sein. Denn die neue Wahrnehmung kann hinsichtlich des „anders" erscheinenden Momentes noch unbestimmt sein, weitere nähere Differenzierungen noch offen lassen. Ich erfasse etwa schon, daß die Kugel rückwärts doch nicht wirklich Kugel ist, aber die Form ist noch nicht klar erfaßt, sie erfordert noch weitere Bestimmung durch neue Wahrnehmung.

Alle die beschriebenen Vorkommnisse gründen als allgemeine Möglichkeiten im Wesen der Wahrnehmung. Wenn wir irgendein Ding von einer Seite wahrnehmen, so ist es generell evident, daß wir bei Erhaltung der eigentlichen Erscheinung die nähere Bestimmung der anderen Seiten innerhalb des allgemeinen Rahmens, den die Idee der Dinglichkeit vorschreibt, in mannigfaltiger Weise variieren oder auch offen lassen könnten; daß also jede eigentliche Erscheinung in mannigfaltiger, aber wesentlich umgrenzter Weise, sei es im Sinne der Bestimmtheit oder im Sinne der Unbestimmtheit, zu einer vollen Dingwahrnehmung auszugestalten wäre. Es ist ferner evident, daß jede einseitige Wahrnehmung, in idealer Möglichkeit gesprochen, also ihrem Wesen nach, statt Bestätigung Widerlegung erfahren könnte; die Vorderseite entscheidet ihrem Wesen nach nicht für die Rückseite. Die Rückseite des Dinges ist immer „anders" denkbar bzw. anschaubar als sie in der Vorderseite mitaufgefaßt wurde. Es handelt sich hier also nicht um zufällige, zu den zufällig gewählten Beispielen gehörige Vorkommnisse.

Wir haben bisher gewisse einzelne Stücke der zusammenhängenden Wahrnehmung verglichen und durch Identifikation bzw. Unterscheidung herausgeholt, was im Wesen derselben liegt. Wir dachten uns nämlich die Wahrnehmung in Schritten vollzogen, als eine durch Übergangsphänomene vereinheitlichte Kette von ruhenden Wahrnehmungen, in denen sich in stabiler Weise verschiedene Seiten und Teile des Dinges darstellen. Dadurch hatten wir den Vorteil, zugleich Verhältnisse zwischen ruhenden Wahrnehmungen studieren zu können, die sich als Wahrnehmungen eines und desselben Gegenstandes ausweisen. Denn die Ruhepunkte der zusammenhängenden Wahrnehmung stehen, vom Zusammenhang abgesehen, beliebigen ruhenden Wahrnehmungen von derselben gegenständlichen Richtung gleich.

<§ 30. *Kontinuierliche Synthesis mannigfaltiger Wahrnehmungen*>

Wir haben nun ergänzende Analysen auszuführen, welche sich auf die übrigen Teile des Zusammenhangs und auf die Einheit des Zusammenhangs als solchen beziehen. Die Übergänge zwischen den ruhenden Stücken der Wahrnehmung sind kontinuierliche Vermittlungen. Die Erscheinung ändert sich im Übergang, sei es schneller oder langsamer, wobei die Schnelligkeit der Änderung hier wie bei aller Kontinuität darin gründet, daß eine und dieselbe Extension in verschiedener stetiger Dichtigkeit gefüllt sein kann bzw. daß ein und dasselbe Kontinuum von spezifischen Differenzen sich bald über eine größere, bald über eine kleine Ausdehnung breiten kann. Natürlich gilt, was für die ins Auge gefaßten ganzen Ausdehnungen <gilt>, auch für alle ihre Teile, die ja wieder Ausdehnungen sind, und so ergeben sich immer wieder neue Möglichkeiten. Ich kann auf die genauere Beschreibung dieser Vorkommnisse verschieden sich deckender und in verschiedener Dichte sich deckender Kontinua (keine mathematischen Kontinua) nicht eingehen. Sie gehören in eine allgemeine Phänomenologie der Kontinuität.

In unserem Fall haben wir die prä<empirische> zeitliche Ausdehnung durch eine Erscheinungskontinuität erfüllt. Ich sehe mir ein Hexaeder in einer ersten Lage ruhend an, mache dann eine Bewegung, und nun erscheint eine und dieselbe Quadratfläche in einer anderen Abschattung als vorher. Die eine geht in die andere, stetig sich ändernd, über, und derselbe Änderungsabstand kann verschieden große Zeitstrecken füllen je nach der Schnelligkeit meiner Bewegung. Zum allgemeinen Wesen der kontinuierlich-einheitlichen Dingwahrnehmung gehört die Möglichkeit der Variation der Zeitverhältnisse bei Erhaltung der sich verschieden dicht in den Zeitstrecken dehnenden Füllen. Sie hat gegenständlich-konstituierende Bedeutung nicht für die eigene Konstitution des Dinges selbst, das ja vorausgesetztermaßen ungeändert bleibt, sondern für die Erscheinung der Bewegung als solcher und ihrer größeren oder kleineren, gleichförmigen oder ungleichförmigen Geschwindigkeit. Schalten wir nun diese Variation aus bzw. lassen wir die Zeitverhältnisse beliebig; sehen wir uns die Füllen in den verschiedenen Phasen an und die allgemeine Form ihrer Einheit.

Die Füllen – das heißt hier die Erscheinungsphasen, die zu den Phasen der zeitlichen Extension gehören. Ich will mich begnügen, auch in dieser Hinsicht die Beschreibung etwas roh zu gestalten. Phänomenologische Exaktheit würde ziemliche Umständlichkeiten erfordern. Ist die Bewegung eine „sehr langsame", so kann ich während der Bewegung noch auf die einzelnen Teile der Erscheinungsdehnung achten und auf so kleine Teile, daß in ihnen nichts mehr von Veränderung zu merken ist. Sie gleichen dann den ruhenden Erscheinungsstrecken, nur daß zu ihnen ein bloßer „Zeitpunkt", natürlich das Wort nicht im mathematischen Sinn verstanden, gehört. Ich achte etwa in jedem Jetztpunkt auf das, was sich in ihm als Erscheinung bietet. Aber freilich, ich habe doch nie eine unveränderte Erscheinung, vielmehr das Wesen der Erscheinung erfassend, ist es alsbald wieder ein anderes und kontinuierlich immer wieder ein anderes. Ich kann aber auch der Bewegung in verschiedenen Phasen Halt bieten und die jeweilige Phase dadurch festhalten, daß sie die Veränderung begrenzt und selbst sich in eine Zeitdauer als ruhende Erscheinung ausbreitet. Es gehört offenbar, wie sich aus dem Studium solcher Vorkommnisse ergibt, zum Wesen der Erscheinungsveränderung, sich in dieser Art mannigfaltig zur Ruhe bringen und durch Unveränderung begrenzen zu lassen, oder ‹es gehört› zu ihrem Wesen, daß sie aus Phasen besteht, die sich unveränderten Wahrnehmungen entsprechend zuordnen lassen derart, daß beiderseits bis auf die zeitliche Ausbreitung Wesensidentität besteht. Umgekehrt können wir uns auch vorstellen, daß die ruhenden Strecken der Wahrnehmung, indem ihre zeitliche Extension sich auf einen Punkt zusammenzieht, sich in Phasen verwandeln, so daß die ganze zusammenhängende Wahrnehmung nun eine kontinuierliche Veränderung ist, die keinerlei Ruhepausen mehr einschließt.

Für jede Phase, die wir da abstraktiv hervorheben, haben wir vermöge ihrer Wesensidentität mit der ruhenden Wahrnehmung eigentliche und uneigentliche Erscheinung zu unterscheiden, und für die Verhältnisse zwischen je zwei Phasen haben wir im ganzen dieselben Möglichkeiten wie für die Verhältnisse zweier, durch irgendwelche Zwischenstücke gesonderter unveränderter Erscheinungen. Wir können also, wenn sich zwei Phasen herauspointiert haben, Synthesen der Identifikation und Unterscheidung vollziehen, etwa Identität der gegenständlichen Richtung erkennen, Übereinstimmung des Sinnes, nähere Bestimmung des in der einen Phase unbestimmt aufgefaßten gegenständlichen Momentes durch das sich unterordnende Moment bestimmter Auffassung der anderen Phase u.dgl., und da diese Synthesen im Wesen der Phasen gründen, so ist damit auch eine Wesenscharakteristik dieser Phasen mitvollzogen. Doch sind die Synthesen bloß Möglichkeiten; ihr Vollzug gehört nicht zur Einheit der kontinuierlichen Wahrnehmung. Gehen wir nun in der Kontinuität von Phase zu Phase über. Die Erscheinungsveränderung ist, im allgemeinen wenigstens, eine stetige. An einzelnen, in der stetigen Einheit des Erscheinungszusammenhangs auftretenden, aber in dieser Einheit sozusagen aufgehobenen Diskontinuitäten wird es nicht fehlen. Sehen wir von diesen zunächst ab; halten wir uns an Strecken wirklicher Kontinuität.

Also allmählich wandelt sich die Erscheinung in eine immer wieder andere um. Darin liegt beschlossen die Möglichkeit des Übergangs von Erscheinung zu eben merklich geänderter Erscheinung und so ein Fortgang in eben noch merklichen Differenzen, in „kleinen" Unterschieden, die fast gleich und doch schon unterschieden sind. Gehen wir so von Phase zu Phase über, so ändert sich die eigentliche Erscheinung, die wir jetzt speziell ins Auge fassen wollen, stetig. Zu jedem in die eigentliche Erscheinung fallenden Moment des Gegenstandes gehört eine Kontinuität von konstituierenden Erscheinungsmomenten, also sich herausstellend in einer, in kleinsten Differenzen fortlaufenden Phasenreihe, z.B. die Abschattung des Quadrates, das ich vom Hexaeder gerade ins Auge fasse, und zwar etwa hinsichtlich der geometrischen Form. Es ist nicht eine Abschattung da, einmal und nicht wieder. Vielmehr gehört zu dem Quadrat eine Kontinuität von Abschattungen, die „stetig" ineinander übergehen, also ein Verlauf niederster Differenzen innerhalb einer und derselben eigentlichen Gattung. Ebenso die einheitliche Färbung des Quadrates: Sie stellt sich dar nicht in einer Farbenabschattung, sondern in einer Kontinuität von Farbenabschattungen, wieder gattungsmäßige Einheit und Abstufung in niedersten Differenzen. Und diese Darstellung ist eine notwendige. Es muß gerade eine so geartete Abschattungsmannigfaltigkeit stetig zum Ablauf kommen, damit sich erscheinungsmäßig im Fortgang der erscheinenden

Bewegung das Bewußtsein herausstellen kann: „dasselbe unveränderte Hexaederquadrat". Die Ordnung der Abschattungen ist Ordnung in einer Kontinuität, also wirkliche Ordnung, kein beliebig vertauschbares Zusammen bloßer Kollektion. Und es ist Ordnung in einer verschmolzenen Einheit.

Die Quadratfläche hat also in gewissem Sinn auch ihre „Seiten" und ist nur in Form von „Seiten", nämlich von Abschattungen gegeben und zu haben. Sie ist Einheit in der Mannigfaltigkeit, das ist Identität in der Kontinuität, sie ist das sich in der Erscheinungskontinuität als Kontinuität von Abschattungen des Gegenständlichen Darstellende und nur in dieser Darstellung sich als ‹das›, was es ist, Ausweisende, zur Gegebenheit Kommende. Stetig ändern sich dabei die darstellenden Inhalte. Aber sie tragen ja auch Auffassungen, vermöge deren beständig, in jeder Phase, in jedem Veränderungsstück und Veränderungsdifferential (Ansatz) ‹sich› immerfort das Selbstdastehen der Quadratfläche des Hexaeders konstituiert: ihr Selbstdastehen in Form einer perspektivischen Abschattung. Offenbar stehen die Auffassungen bzw. die ganzen Erscheinungen im stetigen Fortfließen beständig im Verhältnis der Übereinstimmung, welche Identität der gegenständlichen Richtung voraussetzt und einschließt, und nicht bloß Übereinstimmung, da wir uns auf die wirkliche Darstellung des Quadrates beschränken, sondern Sinnesidentität. Man könnte von stetiger identifizierender Deckung sprechen, und zwar Sinnesdeckung. Indessen, wirkliche Identifikation findet nicht statt, sondern nur eine gewisse Einheit des homogenen Flusses, die ihrem Wesen nach die Möglichkeit von mannigfaltigen Pointierungen und von Identifikationen der Pointierten in sich schließt. Eben diese Möglichkeit, als im Wesen gründend, berechtigt aber die Rede davon, daß die zu einer eigentlich erscheinenden Bestimmtheit gehörigen und wesentlich zu einer Kontinuität sich verschmelzenden Darstellungen durchherrscht seien von kontinuierlicher Sinneseinheit. Mit ihr konstituiert sich das Bewußtsein von derselben und dauernd derselben unveränderten Quadratfläche. Zum Wesen dieser Darstellung gehört aber noch mehr.

Läuft [1] in einer Wahrnehmung die Erscheinungsreihe in ihrer

---

[1] Vgl. zum folgenden eine kritische Notiz Husserls; siehe Beilage I (S. 339). — Anm. d. Hrsg.

stetigen Einheit ab, so bestimmt schon der erste Ansatz der Veränderung, sozusagen das Bewegungsdifferential, die „Richtung" des Ablaufes, und damit ist gegeben ein System von stetig einsetzenden und sich erfüllenden Intentionen. Sie sind in der normalen Wahrnehmung Erwartungsintentionen. (Die Erscheinungsreihe ist durchherrscht von einer gewissen Teleologie.) Jede Phase weist auf die folgende hin. Das soll natürlich nicht sagen, daß wir auf die Erscheinungen hinsehen, da wir doch im Abfluß der Wahrnehmung auf das Gegenständliche gerichtet sind. Aber jede Abschattung ist eben Abschattung des Quadrates, jede „bringt das Quadrat zur Erscheinung", aber jede in einer anderen Weise, und jede bringt etwas, was die vorige noch nicht gebracht, nicht gerade so gebracht hat. Und jede weist vorwärts: Wir fühlen uns im Strom der Erscheinungen, der gegenständlichen Abschattungen fortgezogen von Abschattung zu Abschattung, jede weist gegenständlich in der Kontinuität vorwärts, und im Vorweisen ist sie Ahnung von dem, was da nun kommt, und die Ahnung, die Andeutung, die Intention wird erfüllt. Der einseitige Anblick erweitert sich zum „allseitigen". Schon bei der einzelnen Bestimmtheit erfahren wir, was sie ist, nicht in dem einen Anblick mit seiner einzelnen Abschattung, obschon sie als selbstgegeben dasteht, sondern erst im Durchlaufen der Abschattungen, welche sie zu vollständiger, „allseitiger" Gegebenheit bringt. Und diese vollständige Gegebenheit konstituiert sich in dem Einheitsbewußtsein, das ein stetiges Ineinander von Intention und Erfüllung herstellt.[1]

Doch wir müssen vorsichtig sein. Die Vollständigkeit hat verschiedene Grade und Stufen. Ein größeres Stück einer kontinuierlichen Reihe besagt reichere Gegebenheit als ein kleineres oder gar als eine unveränderte Erscheinung. Aber wenn wir das Hexaederquadrat verfolgen von dem Moment, wo es sichtbar wird, bis zu dem, wo es wieder verschwindet, so ist das eine abgeschlossene Reihe und doch keine Kontinuität, die die absolut vollständige Gegebenheit konstituiert. Das Hexaeder könnte sich

[1] Erwägt man diese Sachlage, drängt sich uns auf, daß in dem ständigen Sich-Erfüllen das Bewußtsein des „So ist es und ist es wirklich" besteht, so wird man zweifeln können, ob eine absolut unveränderte Wahrnehmung schon als ein Gegebenheitsbewußtsein in Anspruch genommen werden könnte. Sie ist ja eine Fiktion: Schon das leiseste Schwanken des Auges bringt Intention und Erfüllung ins Spiel. Aber der Blitz in der Gewitternacht?

ja mannigfaltig anders bewegen; es kann sich um die verschiedensten Achsen drehen, es kann sich nähern und entfernen, es kann zugleich Verschiebung und Drehung erfahren. Das gibt immer wieder andere Erscheinungsveränderungen, und näher, Veränderungen der Abschattungen der uns als Beispiel dienenden Quadratfläche. All diese kontinuierlichen Reihen stehen zueinander in gesetzmäßiger Wesensbeziehung, sie sind selbst miteinander kontinuierlich vermittelt, und erst in der allumfassenden Einheit dieser Reihen kommt das Quadrat wirklich „allseitig" vollständig zur Gegebenheit. Es ist, was es ist, nur als das Identische in der systematischen Einheit dieser Abschattungen oder Abschattungsmöglichkeiten.

<§ 31. *Möglichkeit der Umkehr der Erscheinungsreihen bei Raumgegenständlichkeiten im Gegensatz zu Zeitgegenständlichkeiten*>

Zu den wesentlich begründeten Möglichkeiten gehört hier, was wichtig zu konstatieren ist, die Möglichkeit der Umkehr jeder Veränderungsrichtung. Ob sich das Quadrat von rechts nach links oder von links nach rechts dreht bzw. ob ich mich so oder so herumbewege, ist einerlei; dasselbe Quadrat dreht sich, dasselbe Quadrat steht da bei Umkehr meiner Bewegung. Phänomenologisch gesprochen: Die sich in der Kontinuität der Erscheinung als gegeben darstellende Gegenständlichkeit bleibt dieselbe bei Umkehr der kontinuierlichen Ordnung, also wenn der Zeitverlauf genau umgekehrt mit Erscheinungsreihen ausgefüllt ist. Besser gesprochen: Zum Wesen dieser konstituierenden Darstellung gehört die ideale Möglichkeit einer umgekehrten, dasselbe Gegenständliche gebenden Darstellung, und die umgekehrte Darstellung bildet ein wesentliches Bestandstück für die Konstituierung voller Gegebenheit. Es sei gleich gesagt, daß das nicht für alle Wahrnehmungsgegenstände gilt. Die zeitfüllenden bzw. zeitverteilten Gegenständlichkeiten, wie z.B. der Gegenstand, den wir „Melodie" nennen (Melodie aber nicht als statische Einheit, sondern die einheitlich individuelle Tonfolge), konstituieren sich in einer Erscheinungskontinuität oder Erscheinungsreihe; aber hier besteht im allgemeinen keine Möglichkeit der Umkehrung bei Erhaltung solchen Gegenstandes, und vor allem gehört es zu solch einem Gegenstand durchaus nicht, daß die Umkehrung zu seiner vollen

Gegebenheit erforderlich ist. Es handelt sich also um spezifische Eigentümlichkeiten der Gegenständlichkeiten, die wir Raumdinge nennen.

Das Beispiel solcher Tonfolgen, die ja in der Weise anhängender Bestimmtheiten auch auf Dinglichkeiten bezogen sein können, veranlassen uns zur Überlegung, ob wir unsere Ausführung nicht auf die eigentlich konstitutiven, also die räumlichen und die eigentlich raumfüllenden Bestimmtheiten des Dinges einschränken müssen. Jedenfalls bezieht sie sich primär auf diese als die Dinglichkeit allererst ermöglichenden. Die im weiteren Sinn füllenden und anhängenden Bestimmtheiten schließen wir am besten aus, obschon sich einiges auch für sie überträgt; z.B. wenn eine Dampfmaschine immerfort denselben unveränderten Pfiff ertönen läßt, so ist er derselbe, ob wir uns nähern oder entfernen und wieder umgekehrt nach der Entfernung nähern. Auch da eine Kontinuität von Abschattungen, die sich umkehren läßt und in der Umkehrung Gegebenheit mitkonstituiert. Doch gehört unser Interesse dem Kern aller Dinglichkeit (sozusagen dem Urding), der schon volle Dinglichkeit ausmacht, auch wenn anhängende Bestimmtheit fortgedacht würde.

‹6. Kapitel
Möglichkeit und Sinn adäquater Wahrnehmung von Raumdingen›

‹§ 32. *Intention und Erfüllung im Wahrnehmungsprozeß. Steigerung und Minderung der Gegebenheitsfülle*›

Die kontinuierliche Erscheinungsmannigfaltigkeit, in der sich die Gegebenheit oder eine Linie der Gegebenheit der Quadratfläche vollzieht, bietet uns noch weiteres Substrat zu Beobachtungen. Zur Kontinuität der Auffassung gehört das Spiel stetiger Intention und Erfüllung. Wir verstanden das so, daß im Übergang, sowie die Richtung durch ein Bewegungsdifferential angedeutet ist, stetig Vordeutungen und Erfüllung der Vordeutungen statthaben, die immer, in welcher Richtung ‹auch› die Bewegung statthat, von ganzer Darstellung zu ganzer Darstellung, und damit von jedem herauspointierten Darstellungsmoment auf jedes kontinuierlich folgende sich richten oder entlang der Kontinuität fortgehen. Das Quadrat kommt in immer neuer Weise mit immer neuer Abschattung zur Gegebenheit, und jede neue Abschattung „gehört" zu dieser Verlaufsrichtung, ordnet sich ihr als ein „intentional" Hineingehöriges ein. Aber noch ein anderes, engeres und hier eingeflochtenes Spiel von Intentionen und Erfüllungen müssen wir beachten. Betrachten wir speziell das visuelle Urding Hexaeder, und achten wir im besonderen auf die Quadratfläche. Das Quadrat tritt etwa in der Drehung des Hexaeders neu in die eigentliche Erscheinung als eine leise Andeutung in einer wenig klaren, „unvollkommenen" Darstellung. Je weiter die Drehung fortschreitet, umso klarer wird die Darstellung, umso vollkommener, und schließlich wird ein Höhe- oder Gipfelpunkt erreicht, in dem das Quadrat sich bei dieser Veränderungsrichtung „am besten" darstellt derart, daß bei weiteren Änderungen wieder eine Minderung der Vollkommenheit der Darstellung statthat, immer weiter fortschreitend bis zur leisen Andeutung und dem vollkommenen Verschwinden. Das gilt für die ins Auge gefaßte Quadratfläche sowohl hinsichtlich ihrer geometrischen Form als auch hinsichtlich ihrer visuellen Fülle, ihrer Färbung. Wir werden unter solchen Umständen sagen: Die Färbung sehen wir von Beginn an, aber sie stellt sich „immer mehr heraus, so wie sie in Wahrheit" ist, wir sehen sie immer besser und schließlich am besten, schließlich so, (günstigenfalls werden wir uns geradezu so ausdrücken:) wie sie in Wahrheit ist.

Hinter diesen Reden stecken offenbar zu den Erscheinungen als den gegenständlichen Darstellungen gehörige und in ihrem Wesen gründende besondere Einheitsformen. In ihnen liegt das, was wir je nach Umständen Steigerung oder Minderung der Gegebenheitsfülle nennen, das stetig vollkommener oder unvollkommener Zur-Wahrnehmungsgegebenheit-Kommen. Wir sagen aber noch mehr. Überhaupt genügt uns das Unvollkommene nicht, wenn wir einmal vom Vollkommenen genossen haben, es fehlt ihm etwas, es weist auf das Vollkommene hin, das, wenn es erlebt wäre, uns befriedigen würde. So auch hier. Das Unvollkommene ist in unserem Fall schon ein Gegebenheitsbewußtsein. Das dingliche Moment erscheint in der Weise der Wahrnehmung. Aber es gilt nicht das Gegebenheitsbewußtsein als vollendetes, es gilt nicht schlechthin, es weist über sich hinaus; es ist Andeutung für das eigentlich Gemeinte, und darin liegt hier, es trägt Intentionen, die in Richtung auf vollkommenere Darstellungen weisen bzw. auf den „Gegenstand selbst", wie er in solchen eben in vollkommenerer Weise zur Gegebenheit käme. Und sie weisen darauf hin durch das Medium der ihrem Wesen nach vermittelnden Darstellungen, in deren Ablauf eine durchgehende Intention waltet, die sich stetig erfüllt und am Ende günstigenfalls das Ziel erreicht, in der Gegebenheit befriedigt ruht, wo in Hinsicht der Gegebenheitsfülle nichts mehr zu vermissen ist. Diese Erfüllung hat im umgekehrten Ablauf ihr Korrelat als „Entleerung" in der stetigen Entfernung vom Ziel, das auch jetzt noch das in jeder Darstellungsphase „Intendierte" ist.

Die Steigerungsreihen der Erfüllung bzw. der Vollkommenheit in der Gegebenheit laufen jeweils in Grenzpunkte oder Grenzgebiete aus, welche Wendepunkte darstellen, in denen Steigerung in Minderung übergeht. Die Minderungsreihen haben ihrerseits die Minderungsgrenze im Nullpunkt des Erscheinens, bei dem das Erscheinen des betreffenden Momentes überhaupt anfängt. Wir sehen, das sind ganz andere Intentionen und Erfüllungen, und zu ihnen <gehören> ganz andere Einheitsformen als vorher. Vorher hatten wir es mit beliebigen Änderungsreihen zu tun, und zu ihnen als solchen gehörten Zusammenhänge von Intentionen, nämlich Hinweise, die jeweils den Phasen entlang von Phase zu Phase laufen: das Nach-vorwärts-Gezogenwerden im vertrauten Zusammenhang, in der Linie stetiger Zusammengehörigkeit. Die Bewegung mochte übrigens dahin oder dorthin gehen, sie mochte besser oder schlechter Gegebenheit realisieren. Die Einheitsform, die hier die Unterlage für die durchgehenden Intentionen bietet, ist die allgemeine, zum Wesen jeder kontinuierlichen Synthesis überhaupt gehörige. Im jetzigen Fall haben wir es aber mit Intentionen zu tun, die sich in anderer Weise des „Sinnes" der Erscheinungen bemächtigen, in ihm walten, durch ihn hindurchgehen. Die erst auftauchende Erscheinung ist schon Bedeutung und bedeutet schon Gegebenheit. Aber sie will gleichwohl noch auf etwas gedeutet werden. Worauf? Auf das, was sich zwar schon in ihr und so in jeder weiteren Darstellungsphase gegenständlich darstellt, aber doch noch nicht so, wie es sich darstellen sollte, was also noch nicht vollkommen und in den weiteren Phasen zwar immer vollkommener zur Darstellung kommt, aber relativ am vollkommensten in einer gewissen Phase, im Höhepunkt der auf Steigerung angelegten Bewegungsrichtung. Auf das Gegenständliche als so Gegebenes will die unvollkommene Phase gedeutet sein. Taucht sie in der Phantasie auf, so eint sich die Phantasiedarstellung mit der lebendigen Darstellung im Bewußtsein der Erfüllung, im Bewußtsein „so ist es". Aber ob Phantasie mitspielt oder nicht, ja selbst, ob die Bewegung aktuell fortläuft oder nicht: Bedeutung ist da, und in ihrem Wesen liegt der „Hinweis" auf mögliche Erfüllung in der explizierenden Darstellungskontinuität von sich steigernder Konstitution. Doch das ist nur potentieller Hinweis. In der aktuell ablaufenden Steigerungsreihe, in der kontinuierlichen Wahrnehmungssynthesis ist der Hinweis mehr als Bedeutung, er ist in der Bedeutung lebend, durch sie und durch die Bedeutungskontinuität hindurchgehende Intention auf das in der betreffenden Richtung und Hinsicht sich herausstellende oder herausstellen sollende vollkommene „Selbst". Diese durch die betreffende Erscheinungskontinuität und durch die Einheit ihres Sinnes hindurchgehende Intention findet stetige Erfüllung, Erfüllung in der stetigen Steigerung des Gegebenheitsbewußtseins. Aber erst im Grenzpunkt als dem Maximalpunkt ist das Steigerungsziel erreicht; die Intention in diesem Status weist nicht mehr auf Erfüllung hin, sie ist in dieser Phase der intentionalen Bewegung Bewußtsein des erreichten Zieles. Es ist unmittelbar klar, daß dieses Spiel von Intention und Erfüllung auf besonderen Einheitsformen innerhalb der kontinuierlichen Synthese aufgebaut ist. Nicht jede Strecke einer kontinuierlichen Synthese hat, sei es überhaupt, sei es in einer herrschenden Einstellung der Aufmerksamkeit, den eigentümlichen Bau, den wir als Steigerung des Gegebenheitsbewußtseins vorläufig bezeichnet haben.

Andere Beispiele für jene beschriebenen Verhältnisse zwischen Intention und Erfüllung bietet die Annäherung und Entfernung: das erste Sichtbarwerden einer Bestimmtheit, etwa der Fassade eines Palastes von der Ferne, die stetige Veränderung der Erscheinung mit der Annäherung, bis das Gegenständliche zur besten Darstellung kommt. Kommt das Ganze in einer besten Form zur Darstellung in einer in der betreffenden Veränderungsreihe günstigsten Abschattung, so braucht dies nicht die beste zu sein für alle Teile. Z.B. die Oberflächenbeschaffenheit der Fassade sehe ich besser hinsichtlich der und jener Wandteile, wenn ich näher und näher trete, obschon dann der Gesamtanblick der Fassade verlorengeht. So hätte ich für jeden Teil zu verfahren, und dadurch resultieren weitere Veränderungsreihen von der günstigsten Gesamtabschattung zu den Partialabschattungen, die in diesen Veränderungsreihen in stetigem Einheitsbewußtsein als dieselben Wandteile erfaßt und gewissermaßen in die Gesamtabschattung eingetragen werden. Nämlich ihr eingewobene Partialauffassungen tragen noch Intentionen, die in der Weise gesteigerter Vollkommenheit erfüllt werden.

Handelt es sich nicht bloß um die Wandfläche ihrer eigenen Bestimmtheit nach, sondern um ihr Raumverhältnis zum ganzen Haus, oder handelt es sich von vornherein um das Haus selbst oder einen voll räumlichen Teil desselben, etwa die Gestalt eines vorspringenden Balkens, so wird die bloße „Annäherung" noch nicht alle Intentionen erfüllen; haben wir die beste Ansicht in dieser Veränderungsrichtung erreicht, so bedarf es neuer Veränderungswege, wir müssen uns um das Körperliche so und so herumbewegen, um in dieser Sphäre relativ bester Darstellungen das klare Gegebenheitsbewußtsein der körperlichen Gestalt und körperlichen Färbung zu gewinnen. Unter diesen Darstellungen kann wieder eine ‹Darstellung› oder eine kontinuierliche Sphäre dadurch ausgezeichnet sein, daß sie in dieser Hinsicht das Beste bietet. Auf sie werden wir in den intentionalen Hinweisen dann geleitet werden.

Wieder gehört hierher die Veränderungsmannigfaltigkeit, die zur Bewegung des fixierenden Auges gehört, das alle Partien der zugewendeten Seite, etwa eines ruhenden Dinges, Punkt für Punkt zum deutlichsten Sehen bringt. Der zugewendeten Seite entspricht hier nicht eine Abschattung, sondern ein zweidimensionales stetiges System von Abschattungen. In jeder Abschattung ‹findet sich› eine kleine, unbegrenzte Partie der Klarheit, in der sich das entsprechende dingliche Moment relativ vollkommen darstellt; diese Partie geht ohne Begrenzung über in immer weitere Sphären von steigender Unklarheit. Ich fixiere etwa ein Wort von einer vor mir liegenden Druckseite. Es erscheint relativ klar, darin wieder am klarsten und bei normaler Augenentfernung vollkommen klar, ein Buchstabe, die nächsten und übernächsten schon an Klarheit abnehmend. Und so geht es fort: Weitaus das meiste ist ein vages *je ne sais quoi*, gegen den Rand des Gesichtsfeldes hin immerfort an Klarheit sich mindernd, in unbestimmter Allgemeinheit als Druckschrift aufgefaßt, aber nicht in bestimmter Einzelheit faßbar. Nun laufen wir mit dem Auge eine Zeile entlang, eine stetige Änderungsreihe von Blickfeldern läuft ab, aufeinander durch Sinneseinheit bezogen; immer wieder wandelt sich Unklarheit in Klarheit, immer neue Worte treten in das enge Feld des erhellten Lichtkreises, während immer wieder bereits erhellte in den Halbschatten und Ganzschatten des Hintergrundes treten. Und überall das Spiel von Intentionen und Erfüllungen. Das Unklare weist auf die kommende Klarheit hin; in ihr weist sich aus, was mit dem Unklaren eigentlich gemeint war, was es eigentlich darstellte, mindestens relativ. Denn die beste Darstellung in der betreffenden Änderungsrichtung kann für andere Änderungsrichtungen noch unvollkommen sein, noch Hinweise tragen, die Erfüllungssteigerung fordern und eventuell erfahren.

Solche Verhältnisse fehlen auch nicht für das taktuelle Ding. Denselben Tisch, den ich taktuell durch die aufliegende schreibende Hand wahrnehme, nehme ich besser wahr, wenn ich zu den Fingerspitzen übergehe und sie über die Tischfläche tastend führe. Auch hier hat jedes Gegenständliche verschiedene Möglichkeiten der Darstellung und jeweils seine beste Darstellung, sei es beste Gesamtdarstellung oder beste Partialdarstellung (‹eine› Kugel, die ich mit der hohlen Hand umfasse, dann aber zur besten deutlichen Auffassung mit den Fingerspitzen Punkt für Punkt betaste), doch vermittelt hier im weiten Maß die Kontinuität des Gesichtsraumes und der mit ihr statthabenden Veränderungsreihen hilfreich für die Identitätserfassung verschiedener Darstellungen, statt daß diese bloß in sich selbst kontinuierlich ineinander übergingen.

‹§ 33. *Die Rolle der uneigentlichen Erscheinung im Prozeß der Näherbestimmung. Das Ideal adäquater Wahrnehmung*›

Doch sehen wir von solchen Komplikationen hier ab. Ziehen wir, um den Bau der kontinuierlichen Synthesis vollkommener studieren zu können, zunächst die bisher außer Betracht gelassenen uneigentlichen Erscheinungsmomente heran. Daß auch in

Hinsicht auf sie im Fluß der kontinuierlichen Synthesis Sinnesübereinstimmung statthat, braucht nicht gesagt zu werden. Ein Komplex solcher Momente kann nun im Fluß immerfort uneigentliche Erscheinung bleiben und dabei unverändert bleiben oder Veränderung erfahren, letzteres in Form der Bereicherung bzw. näheren Bestimmung; der Bereicherung, insofern in den Gesamtrahmen der Auffassung sich eine Fülle neuer Auffassungsmomente einfügt (psychologisch gesprochen, indem neue Assoziationsdispositionen in Erregung kommen). Das können sie aber nur im Sinne der Modifikation der vorhandenen Auffassung, die ja vorausgesetztermaßen immerfort konkrete Gegenständlichkeit zur Erscheinung bringt, also ein in sich vollständig Bestimmtes, wenn auch vage und vielfältig unbestimmt Aufgefaßtes. Das Gegenständliche im Sinne der bereicherten Auffassung steht also nicht bloß mit mehr Bestimmtheiten behaftet da, sondern auch als in gewissen Hinsichten „anders" da, anders als vorher erscheinend, obschon nicht geändert. Die Färbung erschien als homogen, jetzt fügen sich ihrer Einheit mannigfache Färbungsbesonderheiten, Diskontinuitäten u. dgl. ein; sie ist jetzt eine reichere, als sie zuerst erschien, aber auch eine andere, sie ist eben nicht in Wahrheit homogen. Bereicherung besagt also notwendig auch Andersbestimmung. Das betrifft entweder die Eigenschaften, die bei Identisch-Erhaltung des geometrischen Körpers ihn in verschiedener Weise qualitativ bestimmen, oder es betrifft den Körper selbst, eventuell seine Erweiterung oder Verengung. Das ursprünglich Aufgefaßte stellt sich im Fortgang als ein bloßes Stück heraus bzw. gilt im weiteren als das, wird als das aufgefaßt, sei es auch uneigentlich. Das sind also Modifikationen, die, indem sie den erscheinenden Gegenstand als einen anderen gegenüber der vorangegangenen Auffassung erscheinen lassen, ihn zugleich bereichern, sofern er nun mit einer größeren Fülle von Teilen und Bestimmtheiten dasteht. Dazu kommen die näheren Bestimmungen: Im Fortgang des Flusses der Erscheinung modifizieren sich die Auffassungen so, daß sie weitere in engere Bestimmtheit wandeln. Über das Phänomenologische der Andersbestimmung und näheren Bestimmung haben wir früher schon gesprochen, es findet das Ausgeführte auf den jetzigen Fall kontinuierlicher Synthesis natürlich ohne weiteres Anwendung. Wir dachten uns diese Modifikationen als Möglichkeiten im Fluß uneigentlicher und uneigentlich bleibender Auffassungsmomente.

Ein weiteres synthetisches Vorkommnis ist aber die Wandlung von Uneigentlichkeit in Eigentlichkeit. Die leere Intention wandelt sich in volle, die stetige Modifikation der jeweiligen darstellenden Inhaltskomplexion, die notwendig stetig ist mindestens hinsichtlich ihrer prä<empirischen> Ausbreitung, bringt für die leere Auffassungskomponente eine Fülle und schafft eigentliche Auffassung an Stelle uneigentlicher. Ebenso können sich aber und müssen sich je nach Art der Veränderungsreihe notwendig umgekehrt eigentliche Erscheinungsmomente in uneigentliche verwandeln; die darstellende Fülle verschwindet, sie zieht sich zunächst zusammen, wird ärmer an eigentlich darstellenden Momenten und birgt schon innerhalb der eigentlichen Erscheinung Momente der Uneigentlichkeit, Verworrenheit. Sie schwindet dann völlig, und es bleibt leere Auffassung übrig, allmählich auch an Bestimmtheit, wenigstens ist dies eine Möglichkeit, abnehmend.

All diese Vorkommnisse gehen auch das an, was wir unter dem Titel Minderung und Steigerung der Gegebenheit in einer engeren Sphäre kennengelernt haben. Nämlich wir achteten zunächst nur auf Momente der eigentlichen Erscheinung und die Möglichkeiten der Steigerung des Gegebenheitsbewußtseins. Auch hier liegt, näher besehen, die Steigerung zum Teil in Bereicherung innerer Bestimmungen bzw. Unterschiede, zum Teil in Näherbestimmung (wobei jeweils das Neue im Zusammenhang seine Motivation hat, sich als Hineingehöriges einfügt). Dazu kommt, wie wir wohl sagen müssen, eine gewisse Steigerung der Intention der Fülle, wie dergleichen z.B. klar hervortritt, wenn eine homogen gefärbte Fläche in immer größerer Breite der Perspektivdarstellung in die Erscheinung tritt und sich ohne Zuwachs an inneren Unterschieden und an Auffassungsbestimmtheit in gesteigerter Weise derjenigen Darstellung annähert, in der sie sich in der betreffenden kontinuierlichen Erscheinungsreihe „nach ihrem wahrhaften Sein" am „besten" darstellt. Also auch diese wachsende Intention ist ein hier wesentlich mitspielendes Moment.

Indem wir also den inneren Bau der kontinuierlichen Synthesis studieren, finden wir überall, in allen Phasen stetigen Übergangs, sei es Bereicherung, sei es Verarmung, in irgendeiner Hinsicht das eine, in irgendeiner das andere; das Gegebenheitsbewußtsein wird in einer Rücksicht vollkommener, ein gegenständliches Moment besser zur Erscheinung bringend, in einer anderen schlechter. Es zeichnen sich aber in den möglichen kontinuierlichen Synthesen solche aus bzw. einzelne Strecken dadurch aus, daß in ihnen hinsichtlich eines ins Auge gefaßten gegenständlichen Momentes fortgesetzt Vollkommenheitssteigerung statthat, in anderen eine fortgesetzte, von Phase zu Phase fortschreitende Minderung, Abnahme der Gegebenheitsfülle und Vollkommenheit. Im ganzen aber ist die kontinuierliche Synthesis jeweils gleichsam ein Geflecht von Partialsynthesen der Steigerung und Minderung, wobei freilich die einzelnen Fäden des Geflechtes keine Selbständigkeit haben und haben können.

Im Fortgang von vollkommeneren zu minder vollkommenen ‹Gegebenheiten› hat die kontinuierliche Synthese den Charakter der Entleerung, der Minderung an Gegebenheitsfülle; in anderer Richtung haben wir die Einheitsform der Erfüllung: Zur Einheit kommen auf der einen Seite das leere oder ungesättigte, auf der anderen Seite das volle, das satte, mindestens relativ satte Gegebenheitsbewußtsein. Die Erscheinungen haben ein Moment der Steigerung, der relativen Sättigung, der relativen Fülle oder Leere, und zwar hinsichtlich der Weise, in der sie Gegenständlichkeit zur Gegebenheit bringen.

Wir haben soeben das Wort Erfüllung in Hinsicht auf die Einheitsform der Erscheinungen gebraucht. Es kann sich aber auch beziehen auf die in dieser Einheitsform waltende, durch sie hindurch herrschende „Intention"; Intention jetzt nicht genommen als die Darstellung selbst, die in der Synthesis sich reicher füllt und erfüllt, sondern als die dem Sinn der Steigerungsrichtung folgende Meinung: So, wie die Erwartung sich auf das Kommende richtet und das tut durch die ihr zugrunde liegende Vorstellung, und so, wie Erwartung sich durch einen bestimmten Vorstellungslauf hindurch erfüllt, so ‹erfüllt sich› hier die durch eine Linie der Steigerung hindurchgehende Intention.

Es mag sein, daß das Sich-hingerichtet-Fühlen auf das Gegenständliche in seiner vollkommenen Gegebenheit nicht nur voraussetzt die beschriebene Einheitsform des kontinuierlichen Ablaufes der Erscheinungen, sondern durch sie notwendig auch mit gegeben ist, vorausgesetzt nur, daß das in der Steigerungsreihe sich darstellende Moment durch die Aufmerksamkeit seine Hebung erfahren hat. Aber jedenfalls ist die Einheitsform selbst zu unterscheiden von der in ihr waltenden „Intention auf". Die Unterscheidung ist freilich eine schwierige. Am nächsten liegt es, die Auffassung selbst als die meinende Intention zu fixieren und somit das Steigerungs- bzw. Minderungsbewußtsein selbst, die betreffende Einheitsform der Darstellungen als das einzig Vorliegende anzusehen. Indessen scheint es mir bei genauer Betrachtung der Sachlage, daß die zielgerichtete Meinung ein Neues ist gegenüber der Darstellungskontinuität der beschriebenen Konstitution.

Im übrigen gehören diese Momente der Meinung, unter welchem Titel neben der Aufmerksamkeit, wie wir sehen werden, noch mancherlei anderes und phänomenologisch wohl zu Scheidendes steht, in eine höhere analytische Schicht hinein. Was für uns hier die Hauptsache ist und zum Hauptzug unserer bisherigen Reflexionen gehört, das ist die Einheitsform der bloßen Erscheinungen in dem kontinuierlichen Zusammenhang einer explizierenden Wahrnehmung. Die Abhebung jener höher liegenden „Intention auf" hat in dieser Hinsicht den Nutzen, uns, was Sache eben der Einheitsform der Erscheinungen selbst ist, rein hervortreten zu lassen.

Die Sättigungsunterschiede der Gegebenheit, die in der Vergleichung der zu einer entfaltenden Wahrnehmungsmannigfaltigkeit gehörigen Erscheinungen hervortreten, legen die Frage nahe, ob nicht eine Wahrnehmungsmannigfaltigkeit denkbar wäre, die zu einem Grenzpunkt hinleiten könnte, in dem absolute Sättigung und Sättigung in jeder Hinsicht bestände. Jede Dingwahrnehmung ist inadäquat, die ruhende schon darum, weil sie bloß einseitig ist, und die variable, weil sie zwar den Gegenstand allmählich oder in Schritten zu vielseitiger und immer reicherer Gegebenheit bringt, aber doch nimmer das Ziel absoluter Gegebenheit erreicht. Was in ihr zur Gegebenheit kommt, tut dies vor allem doch nur in verstreuter Weise: Die sich kontinuierende Erscheinungsmannigfaltigkeit bringt in einer Erscheinung dies, in einer anderen jenes Moment zur Gegebenheit, und während sie hinsichtlich einer Bestimmtheit eine Vollkommenheitsstufe, einen Sättigungsgrad erklimmt, geht ihr die Sättigung verloren, die in den vorgängigen Erscheinungen schon gegeben war. Bereicherung auf der einen Seite geht mit Verarmung auf der anderen Hand in Hand. Nähern wir uns einem durch seine Entfernung nur sehr unvollkommen erscheinenden Gegenstand an, so haben wir zunächst nur reinen Gewinn: allerdings nur in Hinsicht auf ihn. Denn die Gesamtwahrnehmung verarmt schon hinsichtlich der Dingumgebung, von der immer weniger in das immer gleich eng begrenzte Gesichtsfeld zu fallen vermag. Aber beschränken wir uns auf das Ding selbst, so gewinnen wir ständig. Aber bloße Annäherung liefert keine voll gesättigte Gegebenheit. Gesetzt, die erscheinende, qualitativ so und so charakterisierte Vorderseite käme zu einer voll gesättigten Gegebenheit, dann bedürfte es der Wahrnehmung der anderen Seiten, und sowie wir zu ihnen übergehen, verlieren wir den Gewinn der ersten Veränderungsreihe. Wir können die Gegebenheit der Vorderseite in ihrer Fülle und Sättigung nicht festhalten und zugleich die anderen Seiten zu Gesicht und womöglich in vollkommener Weise zu Gesicht bekommen. Also schon die volle körperliche Gestalt, und zwar die Körperfläche mit den sie materialisierenden Bestimmtheiten, ist ein Unerreichbares für diese Intention auf absolute Gegebenheit. Und das natürlich, wenn es von vornherein richtig war zu sagen, daß eine ruhende Wahrnehmung nicht „adäquat" sein kann. Die andere Phase der absolut steigernden und allseitig steigernden Wahrnehmung ließe sich ja wie jede Phase zu einer ruhenden Wahrnehmung ausbreiten. Handelt es sich hier um Zufälligkeiten des menschlichen Wahrnehmens, oder gründet diese Sachlage im Wesen des Wahrnehmungstypus, den wir unter dem Titel „äußere Wahrnehmung" fassen? Weist nicht die inadäquate Wahrnehmung auf die Möglichkeit einer adäquaten als ein nur für uns unerreichbares Ideal hin?

Es liegt bei dieser Fragestellung ein gewisses, mit Rücksicht auf das Sättigungsverhältnis konstruiertes Ideal zugrunde. Es ist ein Ideal, das sich an der naiven Interpretation der Wahrnehmungsgegebenheit orientiert, die unser gewöhnliches Leben beherrscht. Dem Dinge fern, auf einen einseitigen Standpunkt beschränkt, der uns das Ding allseitig zu sehen verhindert, desgleichen im Dunkel, im Nebel, bei ungünstigen Wahrnehmungsbedingungen nehmen wir das Ding wahr, es erscheint, aber nicht so, „wie es in Wahrheit ist". Erst wenn wir herantreten, wenn wir um es herumzugehen vermögen, in sein Inneres hineinzusehen, hineinzutasten, es auseinanderzulegen u.dgl. und wenn wir für gutes Licht sorgen, für die normalen Wahrnehmungsbedingungen, sehen wir, wie das Ding eigentlich ist, wir erfassen seine wahren Beschaffenheiten. Nun mögen wir, wie wir es bisher getan, von den Wahrnehmungsbedingungen und den zu ihnen gehörigen Variabilitäten abstrahieren, sie von vornherein als normal denken und wie ein absolut Konstantes behandeln oder sie als das voraussetzen. Beschränken wir uns dann auf die kinetischen Veränderungen, setzen wir das Ding als unverändert voraus, dann finden wir in der Tat Sättigungsunterschiede, Unterschiede vollkommenerer oder unvollkommenerer Gegebenheit und in gewissen Richtungen Maximalpunkte der Vollkommenheit. Da scheint also eine Erscheinung zu resultieren, die mindestens in einer gegenständlichen Hinsicht, hinsichtlich derjenigen gegenständlichen Bestimmtheit, die da Steigerung der Gegebenheit erfährt, zu vollkommener Gegebenheit führt: zu vollkommenster, bester in der betreffenden Wahrnehmungsreihe, also im allgemeinen nur zu relativ bester; aber warum nicht einmal bei günstiger Wahl der Erscheinungsreihe zu absolut bester, also zu absoluter Gegebenheit der betreffenden gegenständlichen Bestimmtheit? Wenn auch nicht das Ding voll und ganz, so hätten wir dann sie so, wie sie selbst ist, sie wäre adäquat gegeben. Demnach scheint nun das Ideal ein mögliches und berechtigtes, nämlich das Ideal einer Gegebenheit, die dasselbe für alle Bestimmtheiten, für das ganze und volle Ding leistet: eine Erscheinung, die in jeder Hinsicht absolut gesättigt ist und ihren Gegenstand in adäquater Weise zeigt, wie er in sich selbst ist.

Sehen wir uns aber die Sachen näher an, so werden wir skeptisch. Denken wir uns die ideale Erscheinung aus dem Erfüllungszusammenhang herausgenommen und zeitlich extendiert, dann hätten wir eine voll konkrete Erscheinung als absolute Gegebenheit eines Dinges. Welcher Art wäre diese Gegebenheit? Sie enthielte nichts von uneigentlicher Gegebenheit, also keine Rückseite, kein Innen bliebe ohne Darstellung; sie enthielte nichts von Unbestimmtheit, sie wäre durchaus eigentliche und voll bestimmende Erscheinung. Hätten wir noch einen Unterschied zwischen Erscheinung und Erscheinendem und die damit angesetzte Transzendenz? Die Erscheinung wäre ja keine bloße Abschattung, sie enthielte nichts von unerfüllten, über sich gleichsam hinausweisenden Auffassungsmomenten. Das scheint zunächst ganz wohl denkbar, nämlich in der Weise der reell immanenten Wahrnehmung, wie wir sie da haben, wenn wir auf die Ausbreitung der visuellen Inhalte im visuellen Feld achten und sie, wie sie gerade gegeben ist, objektivieren. Ein unendlich vollkommener Intellekt, möchte man phantasieren, hat von dem Ding und hat von der ganzen Welt reine Anschauung. Er hat in seinem Gesichtsfeld die und die qualitativ so und so ausgefüllten Gestalten, und das sind die Dinge. Allerdings, unser visuelles Feld ist zweidimensional. Nun, der unendliche Intellekt hat ein dreidimensionales Gesichtsfeld. Das ist der „objektive Raum"; dieser kann sich verschieden begrenzen, d.h. verschiedene Aufteilung durch trennende Qualitätsausbreitungen erfahren und die zu jedem Zeitmoment gehörige Aufteilung. Die Mannigfaltigkeit der ausgefüllten Gestalten — das ist die zu dem betreffenden Zeitmoment gehörige „Welt". — Indessen, die Sache hat ihre großen Bedenken. Ein Gesichtsfeld ist kein Raum und der Ausschnitt eines solchen Feldes kein Ding, weder für uns noch für den lieben Gott. Wie steht es doch mit der Bewegung?

<§ 34. *Bewegung und Lage im Feld — objektive Bewegung und Lage*>

Das Ding in der Reihe seiner bloß kinetischen Veränderungen ist in sich völlig unverändert: Es ist ein individuell Identisches als Ganzes wie nach allen konstitutiven Bestimmtheiten. Das ist nach dem Sinn der Dinglichkeit (der Dinglichkeit, die ihren Sinn in der „äußeren Wahrnehmung" ausweist) evident. Scheinbar stimmt auch das für jene Feld-Interpretation des Raumes; indessen nur darum, weil wir der naheliegenden Versuchung unterliegen, die der erscheinenden Bewegung parallele Veränderung der darstellenden Inhalte im Sehfeld auch als Bewegung anzusehen, also ihr räumliche Bedeutung zu verleihen genau so, wie wir und infolge davon geneigt sind, das, wodurch gegenständliche Beschaffenheit zur Darstellung kommt, etwa die präempirische Farbe, für einerlei oder nur unwesentlich verschieden zu halten im Vergleich mit der Beschaffenheit selbst, der objektiven Farbe. Der Ausschnitt des Gesichtsfeldes, der soeben mit Farbe so und so bedeckt ist, kann herauspointiert und immanent wahrgenommen werden. Dies ist aber kein Dingobjekt, das Bewegung erfahren könnte. Das dadurch dargestellte Ding bewegt sich, und parallel damit bewegt sich, meinen wir, dieser so und so geformte immanente Inhalt. Wir schieben da schon dem Feld eine Raumfläche unter und denken uns den Inhalt sich bewegend wie einen farbigen Schatten auf der Papierfläche. Aber der Inhalt bewegt sich nicht, weil seine Individualität die Individualität dieses erfüllten Feldstückes ist, und das Feldstück ist dieses Feldstück und kein anderes. Ändert sich der Inhalt im Sinne der *quasi*-Verschiebung im Feld, nun, dann haben wir im Sehfeld neue und neue Partien ausgezeichnet, die anderen ähnlich sein mögen und hinsichtlich der prä‹empirischen› Gestalt und Farbe eventuell gleich; aber Gleichheit ist nicht Identität. Ich bin gerne bereit, hier sogar die Fiktion zuzulassen, daß alle Unterschiede zwischen deutlichem und undeutlichem Sehen fortfallen, daß das ganze Feld aus lauter Punkten deutlichsten Sehens bestehe. Nehmen wir in diesem absolut homogenen Feld die vollkommenste Gleichheit der präempirischen Figur in ihrer *quasi*-Bewegung, so ergibt sich niemals in dieser *quasi*-Bewegung individuelle Identität eines sich Bewegenden, also niemals Bewegung im echten Sinn. Bewegung haben wir erst, wenn der sich *quasi* bewegende Inhalt, der in jedem Moment ein Ausschnitt des Gesichtsfeldes ist, nicht selbst das Ding, sondern Darstellung des Dinges und das Ding das in der kontinuierlichen Veränderung der Darstellungen Identische ist. Und dann ist das Feld nicht selbst der Raum, sondern Darstellungsfeld für alles Räumliche und damit Dingliche.

Damit scheint das Ideal adäquater Wahrnehmung noch nicht depossediert. In der *quasi*-Bewegung des prä‹empirisch› gestalteten Inhaltes beseelt ihn, möchte man sagen, eine darstellende Funktion derart, daß sie ein in dieser *quasi*-Bewegung individuell Identisches konstituiert, das sich in jeder Veränderungsphase darstellt. Die Darstellung aber mag adäquate Darstellung sein, sofern sie keine Erfüllung fordert und keine zuläßt. Indessen, ich kann mich nicht so schnell zufrieden geben. Kommen wir mit solcher Darstellung aus? Genügt die Annahme einer durch die *quasi*-Bewegung des prä‹empirischen› Inhaltes hindurchgehenden identifizierenden Darstellung, um schon Bewegung und Ruhe, Unveränderung und Veränderung in jeder Hinsicht zu konstituieren? Und damit objektive Raumlage, überhaupt Raum?

Bewegt sich jenes Identische, wenn der visuell darstellende Inhalt und das übrige in Mitleidenschaft gezogene Feld sich im Sinne jener *quasi*-Bewegung modifiziert? Oder ruht es? Und wie sieht Erscheinung einer Bewegung aus, und wie die einer Ruhe? Soll etwa die betreffende Darstellungsänderung, die wir jetzt immer als „*quasi*-Bewegung" bezeichnen, ohne weiteres Bewegung des Identischen bedeuten und die *quasi*-Ruhe des Darstellenden Ruhe im objektiven Sinn bedeuten? Und wie steht es, was damit zusammenhängt, mit der Lage des Dinges? Stellt sie sich in der *quasi*-Lage des darstellenden Inhaltes im Feld dar? Da kommen wir aber auf die Schwierigkeit, daß der Raum unendlich ist (wie Kant sagt, er werde als eine unendliche Größe gegeben vorgestellt. Wir zweifeln jedenfalls nicht an der Evidenz der Unendlichkeit.) Das Feld aber ist endlich. Den lieben Gott lassen wir jetzt aus dem Spiel; an der Evidenz, daß eine Erscheinung, eine Gesamtwahrnehmung nicht in unendlich viele Stücke zerstückbar sein kann und daß alle Unendlichkeit phänomenologisch zurückführen muß auf so etwas wie „Grenzenlosigkeit im Fortgang der Anschauung", also auf ideale Möglichkeiten kontinuierlicher Wahrnehmungsmannigfaltigkeiten, an dieser Evidenz werden wir auch nicht rütteln wollen.

Somit sind wir mit den Darstellungsmitteln des endlichen Feldes einmal auch zu Ende, und wir sehen, daß jedenfalls mit der Darstellung gerade durch diesen oder jenen Feldteil und durch *quasi*-Bewegung oder *quasi*-Ruhe des Feldteiles noch nichts ausgemacht ist für die objektive Lage, für Ruhe und Bewegung des Dargestellten. Und in der Tat, wir selbst haben ein begrenztes Sehfeld und haben all die hierher gehörigen präphänomenalen Vorkommnisse. Aber objektive Lage stellt sich nicht ohne weiteres durch *quasi*-Lage dar; Ruhe des Dinges stellt sich bald durch unveränderte Erscheinung, zumeist aber durch Erscheinungsveränderung dar, wobei die darstellenden Inhalte über das Sehfeld beständig spazierengehen. Und endlich verträgt sich Bewegung sehr gut mit *quasi*-Ruhe der darstellenden Inhalte im visuellen Feld. Doch ich spreche von sich „vertragen". Vielmehr ist es offenbar etwas zum Wesen der betreffenden Darstellungen Gehöriges, daß sie für Ruhe und Bewegung jeweils so beschaffen sind und daß, wenn sie anders beschaffen sind, sich Ruhe nicht als Ruhe, Bewegung nicht als Bewegung darstellen könnte.

38 beschaffen sind *lies:* beschaffen wären

Jedenfalls ersehen wir aus dieser Betrachtung, daß mit dem bloßen Feld und den in ihm möglichen Darstellungsmitteln, als da sind prä<empirische> Qualität, prä<empirische> Figur, so und so mit Qualität erfüllt, und prä<empirische> Lage noch nichts getan ist für die volle Ermöglichung der Konstitution von Raumdingen, wozu eben Raum und die Möglichkeit allseitiger endloser Bewegung, die Möglichkeit der Ruhe in bestimmter Lage u. dgl. gehört. Auch wenn wir zur prä<empirischen> Ausbreitung und Fülle mit hinzunehmen eine Darstellung, die, im jeweiligen Feld gegeben, in seiner *quasi*-Bewegung individuelle Identität setzt, kommen wir nicht zu Rande mit der Dingkonstitution. So aber bot sich, zunächst auch plausibel, die Realisierung des Ideals einer adäquaten Darstellung. Ist aber diese Art phänomenologischer Realisierung nicht die notwendige Konsequenz des Ideals selbst? Überlegen wir doch: Das Ding soll adäquat gegeben sein, in einer Erscheinung soll der geometrische Körper so, wie er mit eigentlich materialisierenden Bestimmtheiten erfüllt ist, voll und ganz, nach allen Seiten, Teilen, Punkten, Punktfüllen usw. zur Darstellung, zur wirklichen und nicht abgeschatteten Darstellung kommen. Natürlich gehört dann sozusagen das ganze Ding zum Phänomen. Es ist evident, daß dann die füllenden Momente Punkt für Punkt in der Darstellung vertreten sind; jeder sich ausbreitenden Qualität entspricht notwendig eine *quasi*-Qualität, nämlich ein entsprechend prä<empirisch> darstellendes Moment. Ebenso natürlich die Ausbreitung: Der gesehenen, erscheinenden Ausbreitung muß entsprechen eine prä<empirische> Ausbreitung als Darstellungsmittel. Also das ganze Ding fällt sozusagen mit seiner Darstellung zusammen, nämlich mit der Extension der prä<empirischen> sinnlichen Data, also mit dem erfüllten Feldstück für jedes der sich durchdringenden sinnlichen Urdinge. Und nun hätten wir Feldstücke, aber keine Dinge. Was bleibt noch übrig? Die Darstellung, welche das wandernde Feldstück in ein Dingphänomen, in Darstellung eines individuell Identischen verwandelt. Und das geht nicht. Wir müßten ja auch fragen: Wie kommen die Feldstücke der verschiedenen Felder dazu, Darstellungen für dasselbe Ding zu sein? Wie kommt es zur Durchdringung der verschiedenen Urdinge derart, daß visuelles und taktuelles Ding dasselbe Raumding sind mit individuell einem Raumkörper? Ideal gesprochen möge ein Ding ganz andere

Gruppen von Urqualitäten, von materialisierenden, haben; aber zum Wesen der Dinglichkeit gehört der eine identische Körper, der durch die Qualitäten jeder Gruppe vollständig materialisiert, also so vielfältig bedeckt ist, als es Felder gibt. Ließe sich diese Schwierigkeit beseitigen, so bliebe aber immer unübersteiglich die der Bewegung.

‹§ 35. *Das Feld als endliches Darstellungsmittel. Notwendige Inadäquatheit der Dingwahrnehmung*›

Der Raum ist eine unendliche Mannigfaltigkeit möglicher Lagen und bietet damit ein Feld unendlich vieler Möglichkeiten von Bewegungen. Jedes Ding ist *a priori* als erfüllter Raumkörper beweglich, und *in infinitum*; also *a priori* muß die Möglichkeit gewährleistet sein, daß Bewegung gegeben werde, d.h. zur Darstellung komme. Wo sind die Darstellungsmittel für Lagen und Lagenveränderung *in infinitum?* Es ist sicher, daß das Feld nur endlich viele Darstellungsmittel bieten kann und daß es in zweierlei Hinsicht hierbei nicht ausreichen kann. Einmal soll in einem Feldstück ein kontinuierlicher Körper zur Darstellung kommen. Da das Feldstück keine innere Unendlichkeit von unterscheidbaren Punkten bieten kann, so muß die dadurch vermittelte Darstellung des geometrischen Körpers, gesetzt auch, daß er ganz in das Wahrnehmungsfeld fiele, eine inadäquate sein, und es ist vorauszusehen, daß es zu Zwecken der Darstellung ein Analogon der „Annäherung und Entfernung" wird geben müssen, in welcher das kontinuierlich nach seiner *quasi*-Größe sich ändernde Feldstück als Darstellung desselben körperlichen Momentes gilt. Dazu ‹kommt› die prinzipielle Möglichkeit eines immer erneuten Prozesses der Abschattungsdehnung sozusagen, den die Teile und die Teile der Teile *in infinitum* erfahren können, und durch deren identifizierende Eintragung in das Schema des Ganzen die jeweilige Gesamtdarstellung und schließlich auch jede Partialdarstellung immer wieder als eine unvollkommene und vervollkommungsfähige dasteht. Wir sehen, die Kontinuität des Dingkörpers setzt „inadäquate" Wahrnehmung, Wahrnehmung durch Abschattungen, die immer wieder der Bereicherung und näheren Bestimmung fähig sind, voraus.

Ebenso ist vermöge der extensiven Endlichkeit des Feldumfanges eine zweite Sorte von Inadäquatheit gefordert: Nämlich, sich bewegend kann das Objekt aus dem Feld heraustreten und wieder eintreten, also partiell ins Feld fallen und partiell nicht. Natürlich wird davon auch Gebrauch gemacht bei der fortgesetzten Inanspruchnahme größerer Feldstücke für die Darstellung eines und desselben Körperstückes im Prozeß der fortgesetzten Annäherung. Schließlich haben wir kein genug großes Feldstück mehr zur vollen Darstellung. Wie immer wir uns diese „Annäherung" denken, ob <als> etwas der bekannten Annäherung Gleiches oder nur Ähnliches, jedenfalls ist es klar, daß die intensive und extensive Unendlichkeit des Raumes, an der in seiner Weise jedes Ding Anteil hat, in adäquater Weise nicht zur Darstellung kommen kann. Mit beschränkten Darstellungsmitteln muß jede mögliche Darstellung haushalten, und sie kann es nur, wenn immer wieder dieselben und der Mannigfaltigkeit nach endlichen Darstellungsmittel in Aktion treten und die Unendlichkeit durch die Reihenform der Anordnung der Operationen zur Darstellung kommt. Und damit hängt notwendig Inadäquatheit zusammen: Die einzelne Erscheinung kann auf eine Unendlichkeit möglicher Operationen und Darstellungen hinweisen, aber sowie sie das tut, ist sie eben im Sinne des leitenden Ideals eine inadäquate.

Diese Betrachtung war in gewisser Weise eine apriorische. Wir analysierten das Ideal der Adaquätheit und erwogen die zu der Natur einer Raumdinglichkeit gehörigen Möglichkeiten einer phänomenologischen Konstitution: die notwendigen Möglichkeiten, die Möglichkeiten, die gewährleistet sein müssen, wenn Dinglichkeit sich phänomenologisch soll konstituieren können.

Wir verfahren nun noch gleichsam aposteriorisch. Ich sage „gleichsam", denn die Wesensanalyse verlassen wir nicht. Wir erwägen nämlich jetzt unsere sogenannte menschliche Raumanschauung, um zu sehen, ob sie wirklich auf das Ideal der sogenannten adäquaten Wahrnehmung als in ihr beschlossene ideale Möglichkeit hinweisen kann. Erschrecken Sie nicht, wenn ich von menschlicher Raumanschauung spreche. In phänomenologischer Reduktion hört die menschliche Raumanschauung natürlich auf, menschliche zu sein. Andererseits kann die Idee dieser Raumanschauung bzw. die Dinganschauung als Konstitution der Dinglichkeit im empirischen Sinn sehr wohl eine Spezies sein eines höheren Genus, dem als Korrelat Dinglichkeit in einem allgemeineren Sinn entsprechen könnte. Für unsere bisher geführten Betrachtungen ist es z.B. irrelevant, ob der Dingraum ein drei- oder vier- oder wie immer -dimensionaler ist, ferner, ob er ebener oder gekrümmter ist u. dgl.; vorausgesetzt ist nur die Kongruenz in sich selbst, die unabtrennbar zum Sinn der Bewegung gehört, und die Kontinuität. — Also jetzt betrachten wir „unsere" Dinganschauung, unsere Dinglichkeit und unsere Art, sie zur Darstellung zu bringen: *nota bene* die hierher gehörige phänomenologische Spezies. Zunächst scheint es wirklich, daß im Wesen der Dingdarstellung die Möglichkeit einer Adäquation beschlossen, ja daß sie durch die Idee der Dingdarstellung notwendig gefordert ist. Ich erinnere Sie an unsere Rede von den Maximalpunkten in den möglichen Steigerungsreihen. Ich selbst bin der hier so naheliegenden Täuschung früher unterlegen und habe darüber noch in meinen Vorlesungen vor zweieinhalb Jahren [1] Falsches vorgetragen.

Was uns von vornherein stutzig machen muß, ist der Umstand, daß, wenn die Maximalpunkte wirklich adäquate Gegebenheit, wenn nicht des Dinges, so irgendeiner Seite, eines Momentes vom Ding, bedeuteten, wir auf eine arge Unzuträglichkeit kämen. Die Dinganschauung, sagten wir, ist nicht adäquat, das Ding als ganzes ist nie endgültig gegeben. Aber hinsichtlich sei es dieses oder jenes dinglichen Momentes kann immer vollkommenere Darstellung statthaben, und diese scheint in den jeweilig eingeschlagenen Veränderungsrichtungen <zu> kulminieren in einer besten Darstellung, in einer Erscheinung, die keiner weiteren Steigerung bedarf. Gut, nehmen wir diese beste Darstellung als adäquate Gegebenheit des betreffenden Momentes. Aber was ist das für ein Moment? Ein Stück kann es nicht sein, denn das könnte evident verselbständigt sein als ein volles Ding für sich, und von einem Ding gibt es fortschreitende Explikation der Gegebenheit in Form eines Wahrnehmungs-, Erscheinungszusammenhanges, aber keine adäquate in einer Einzelerscheinung. Es ist also nur ein unselbständiges Dingmoment. Kann ein vom Ding unabtrennbares unselbständiges Moment allein zu adäqua-

[1] Gemeint ist die Vorlesung *Hauptstücke aus einer Phänomenologie und Theorie der Erkenntnis*, die Husserl im Wintersemester 1904/05 vorgetragen hat. — Anm. d. Hrsg.

ter Gegebenheit kommen? Ist da nicht eine Schwierigkeit? Zugleich ist darin ein sehr gutes Argument gegen die Feld-Theorie der Gegebenheit, welche adäquate Gegebenheit als reelles Sein in der Wahrnehmung faßt. Wie soll das Moment reell immanent sein und das davon unabtrennbare vielleicht überhaupt nicht sein?

Um zur Klarheit zu kommen, stellen wir folgende Überlegung an: Zum Wesen der Dingwahrnehmung gehört, daß das Ding in der Weise der Leibhaftigkeit dasteht als so und so erscheinendes, und darin liegt, als mit den und den Bestimmtheiten ausgestattetes. Die [1] Erscheinung weist vermöge ihres Sinnes auf Möglichkeiten der Erfüllung hin, auf einen kontinuierlich-einheitlichen Erscheinungszusammenhang, in dem sich der Sinn in jeder Hinsicht realisieren, in dem also die Bestimmtheiten zu „vollkommener" Gegebenheit kommen würden. (Die Evidenz dieser Möglichkeit besagt, genau besehen, die evidente Möglichkeit sich der Wahrnehmungserscheinung anpassender Phantasieerscheinungen, die als Phantasiemodifikationen von Wahrnehmungserscheinungen das „Sich-Vorstellen, daß das und das zur vollkommeneren Gegebenheit kommen würde" ausmachen. Es besteht die evidente Möglichkeit, die betreffende Erscheinung in eine kontinuierliche Phantasieerscheinungsmannigfaltigkeit einzuordnen, in welcher die stetige Erfüllung der Wahrnehmungserscheinung nach dem ihr immanenten Sinn als Möglichkeit, nämlich als Phantasieerfüllung vorliegt; darin wird erschaut die wesentliche Möglichkeit der Erfüllung, die wesentliche Möglichkeit der Steigerung des Gegebenheitsbewußtseins.) Betrachten wir die Sachlage näher, so finden wir hinsichtlich der verschiedenen Bestimmtheiten Maximalpunkte bzw. Maximalgebiete; d.h. zu jeder Bestimmtheit gehört in idealer Möglichkeit eine Erscheinung oder ein Erscheinungsgebiet, in welcher sie als „vollkommen gegeben" gilt derart also, daß jede sonstige Erscheinung wenn sie Erlebnis ist, in diesem Gebiet die ausgezeichnete Erfüllung findet, in ihm sich in einem Erfüllungsbewußtsein eint, das gleichsam sagt: So ist die Bestimmung wirklich, bzw. hier ist sie eigentlich und voll gegeben, nicht mehr als verworrene Vordeutung, als unklare Abschattung oder gar leere Intention. In der

[1] Vgl. zum folgenden zwei kritische Notizen Husserls; siehe Beilage I (S. 339). — Anm. d. Hrsg.

Sphäre eigentlicher Erscheinung haben wir überall Darstellung, und nennen wir jede Darstellung Abschattung, so haben wir überall Abschattung der Bestimmtheit. Hier heißt es aber, daß diese Abschattungen sich im Sinne der Steigerung nuancieren und in diesem neuen Sinn sich selbst abschatten und daß wir zu einer Grenzsphäre kommen, wo die Gegebenheit eine klare und vollkommene ist und wo in den Abschattungen das erreichte Ziel liegt: die eigentlichste Selbstdarstellung, die als letzterfüllende auf keine weitere Erfüllung mehr hinweist. In der Mannigfaltigkeit der eigentlichen Erscheinungen haben wir also überall Gegebenheitsbewußtsein, aber darunter ein Gebiet eigentlichsten Gegebenheitsbewußtseins, das in dem höchsten Sinn das Selbst der Bestimmtheit gibt, sie gibt „so, wie sie im Sinne der Meinung wirklich ist". Auf sie zielt jede andere Darstellung, jedes andere Gegebenheitsbewußtsein gleichsam hin. Wieder ist das im Sinne der Möglichkeit zu verstehen. Habe ich eine Erscheinung, so meint sie das Gegenständliche als so Bestimmtes, und zum Wesen dieser „Meinung" gehört die Möglichkeit einer *quasi* erfüllenden Phantasieerscheinung oder vielmehr Erscheinungskontinuität.

‹§ 36. *Optimale Gegebenheit und Interessenrichtung*›

Wir [1] beschäftigten uns in der letzten Vorlesung mit der Idee der adäquaten Wahrnehmung und der Frage, ob im Wesen der Dingwahrnehmung die Realisierbarkeit dieses Ideals eingeschlossen oder ausgeschlossen ist, und zwar in dem Sinn: Ist eine Erscheinung (wir könnten aber ebensogut auch sagen: Ist ein endlich abgeschlossenes Erscheinungskontinuum) denkbar, in dem das Ding als eine absolute Gegebenheit in absolut erfüllter Weise sich konstituiert? Die Unmöglichkeit dieses Ideals schien aus allgemeinen Gründen deutlich hervorzugehen. Nun bleibt aber noch übrig, mit den von uns konstatierten Maximalpunkten bzw. Maximalsphären fertig zu werden. Um in dieser Hinsicht zur Klarheit durchzudringen, begannen wir in der letzten Vorlesung mit folgender Überlegung:

Zum Wesen der Wahrnehmung gehört doch, daß das Ding in der Weise der Leibhaftigkeit als ein so und so bestimmtes dasteht,

[1] Beginn einer neuen Vorlesung. — Anm. d. Hrsg.

also mit einem Sinn, der auf Möglichkeiten der Erfüllung hinweist, wodurch das Ding Schritt für Schritt zu voller Gegebenheit kommen würde. Dem schien es zu entsprechen, daß die Dingwahrnehmungen hinsichtlich der verschiedenen Bestimmtheiten auf Maximalpunkte bzw. Maximalgebiete hinweisen, also jeweils auf eine Erscheinung oder ein eng begrenztes Erscheinungsgebiet, in welchem, wenn es aktualisiert wird, die betreffende Bestimmtheit als „vollkommen" gegeben gilt. Der Übergang in diese Erscheinungssphäre erfüllt die zur Ausgangswahrnehmung gehörige Intention. Was in jener verworrene Vordeutung ist, sei es leere Intention, sei es verworrene Abschattung, das steht nun in der Weise vollkommener Gegebenheit da. Selbst eigentliche Erscheinung tut es also nicht. In der eigentlichen Erscheinung haben wir überall Gegebenheitsbewußtsein hinsichtlich dessen, was da eigentlich erscheint. Aber die eigentlichen Erscheinungen nuancieren sich in solch einer Erscheinungsreihe im Sinne einer Steigerung, und wir laufen in Grenzpunkte oder Grenzsphären aus, wo das Steigerungsziel erreicht, wo die Gegebenheit eine vollkommene ist, als solche dasteht. Und auf diese Grenze, auf dieses eigentlichste Gegebenheitsbewußtsein geht die Intention im jeweiligen Abfluß der Wahrnehmungen, wofern er als ein die betreffende Bestimmtheit ausweisender, sie zur vollen Gegebenheit herausstellender charakterisiert ist. Dieses eigentlichste Gegebenheitsbewußtsein ist das Ziel der Wahrnehmungsbewegung. Ein solches Abzielen finden wir schon in der einzelnen Wahrnehmung, wir können sie befragen, was sie „meint", und finden als Antwort die Evidenz, daß sie auf eine Erscheinung sozusagen hinauswill, welche den Charakter einer maximal gesteigerten Erscheinung hat. Genauer gesprochen, zum Wesen dieser Meinung gehört die Möglichkeit einer *quasi* erfüllenden Phantasieerscheinung als Terminus, gegen den eine Phantasieerscheinungskontinuität hinausläuft, welcher Terminus die Maximalgegebenheit als solche, als erfüllendes Endziel vorstellig macht. In der modifizierten Erfüllung in Form der Phantasie kommt wesenhaft die Möglichkeit zur Evidenz, daß die Erscheinung sich in solcher Gegebenheit im stetigen Erscheinungsfluß erfüllenwürde, daß, was in ihr unvollkommen dargestellt ist, in unvollkommener Gegebenheit, dort vollkommen dargestellt wäre, in vollkommener Gegebenheit erschiene.

Ich sehe z.B. eine Hexaederfläche in unvollkommener Weise, in einer bloßen „Projektion". Ich verstehe die Meinung, ich mache sie mir klar, indem ich mir die Fläche so vorstelle, wie sie bei passender Drehung des Hexaeders (die ich in der Phantasie ausführe) in der Parallelstellung zur frontalen Ebene erscheinen würde, *nota bene* bei guter Beleuchtung. Die so erscheinende Fläche ist evidenterweise die in der aktuellen Erscheinung gemeinte, auf sie werden wir in der letzteren hingewiesen als Herausstellung der eigentlichen Selbstgegebenheit, derjenigen, die zeigt, voll und ganz zeigt, wie die Fläche dem Sinn der ursprünglichen Erscheinung gemäß eigentlich ist und aussieht. (Oder Hexaeder im Dunkel — bei Tageslicht).

Zu bemerken ist, daß wir hinsichtlich des ganzen Dinges wie auch hinsichtlich einzelner Bestimmtheiten natürlich nicht von einem einzelnen Maximalpunkt, sondern von einer zusammengehörigen Gruppe, Sphäre von Maximalpunkten sprechen müssen, die Zusammenhang in stetigen Erscheinungsreihen hat. Die Körperform meiner Zündholzschachtel sehe ich im dunkeln Winkel zwischen Büchern nicht klar und ebenso nicht die Farben. Ich würde auch sagen, ich erkenne sie nicht so, wie sie wirklich sind, wenn ich sehr weit entfernt wäre u. dgl. Habe ich die Schachtel aber vor mir auf dem Tisch im freien Licht, so bin ich zufrieden, *nota bene*, wenn ich sie mir allseitig ansehe, wobei jede dieser kontinuierlich zusammenhängenden Erscheinungen in der Drehung und Wendung den Charakter maximalen Gegebenheitsbewußtseins hat.

Es ist weiter zu bemerken, daß dieser Kreis maximaler Gegebenheiten kein fester ist, sofern er sich innerhalb gewisser Grenzen frei verschieben läßt. Die Differenzen, die jede der Maximalgegebenheitserscheinungen erfahren, sind durchaus merklich, gelten aber als irrelevant; sie sind hinsichtlich der Steigerung oder Minderung der Vollkommenheit ohne Bedeutung. Habe ich hinsichtlich der Schachtel „gutes Licht", so macht es weiter nichts, ob die Sonne höher oder tiefer steht, ob sie durch Wolken verdeckt oder nicht verdeckt ist. Habe ich eine angemessene Entfernung, so ist sie doch keine absolut feste; innerhalb nicht unerheblicher Abstände kann ich meinen Platz in Annäherung und Entfernung modifizieren. Erscheinungsmäßig gibt das wohl merkliche und gar nicht unerhebliche Differenzen. Aber kommt es auf die allgemeine Form der Schachtel an und auf die Gesamtfärbung, ist sie dasjenige, worauf es abgesehen ist, mit anderen Worten, nehme ich das Ding eben als das gewöhnliche Ding im Sinne irgendeines gemeinen Interesses des praktischen Lebens, so machen sich hinsichtlich der Erfüllung keine Steigerungsunterschiede geltend. Die meinende Intention reicht in das bevorzugte Gebiet hinein, aber für die Erfüllung dieser Intention ist jede Erscheinung des Gebietes eine gute, die gewisse Variationsgrenzen nicht überschreitet. Und jede Variation ergibt gleich gute Erscheinungen. Ändert sich das Interesse, gibt ihm vielleicht irgendeine „Andeutung" in der bisher als vollkommen geltenden Erscheinung eine neue Richtung, so verwandelt sich der Kreis vollkommen genügender Erscheinungen in einen ungenügenden, und eventuell werden Erscheinungsunterschiede, die früher irrelevant waren, jetzt relevant. Er bringt nicht zur Gegebenheit, zur voll zureichenden, was mich jetzt interessiert, z.B. die Reibfläche; welcher näheren Beschaffenheit ist sie, was ist das für ein Stoff, mit dem sie bestrichen ist, u. dgl.? Oder es handelt sich um ein Haus hinsichtlich seiner architektonischen Form, so fragt es sich: In welchen Erscheinungen ist dies am besten zu geben? Wird das Baumaterial zum Gegenstand des Interesses, wird es fraglich, ob die Säulen aus Sandstein oder Zement sind und wie ihre „nähere" Beschaffenheit ist, so heißt es nähertreten; und neue Wahrnehmungsreihen kulminieren in neuen Steigerungsgrenzen, Grenzen, die wieder Gebiete der Irrelevanz für dieses Interesse sind.

Das natürliche Interesse an einer Blume ist anders als das des Botanikers, und so sind beiderseits die besten Erscheinungen andere, und die volle Gegebenheit, in der sich das Interesse befriedigt, ist beiderseits eine sehr wesentlich verschiedene. Die Blume ist dabei dieselbe Blume, es ist ein und derselbe Erscheinungszusammenhang und näher Wahrnehmungszusammenhang, in dem sich die Blume als Gegebenheit konstituiert und in den sich die volle Gegebenheit im Sinne des gemeinen Interesses und diejenige des morphologisch-botanischen Interesses einordnet.

Da stoßen wir also auf Unterschiede des Interesses, und mit diesen hängen Unterschiede einer gewissen „Intention" oder, wie man sagen möchte, „Repräsentation" zusammen. Eine jede „unvollkommen" genannte Erscheinung der Blume trägt eine Intention, gerichtet auf den Kreis von Vollkommenheitserscheinungen, in deren geordneter Realisierung man sieht, wie die Blume eigentlich ist, nämlich wie sie ist im Sinne des bestimmenden Interesses. Je nach Richtung des Interesses ist die „Repräsentation" eine andere, und demgemäß terminiert die Erfüllung, die Befriedigung dieses Interesses dann auch in anderen Erscheinungen. Der Kreis vollkommener Gegebenheit ist ein anderer. Unter dem Titel Erfüllung haben wir hierbei offenbar ein Doppeltes zu unterscheiden:

1) das Bewußtsein des erreichten Zieles, das die den Erfüllungsprozeß terminierenden Erscheinungen insofern begründen, als sie die „Repräsentanten" sind, d.h. daß der erscheinende Gegenstand gerade in dieser Darstellungsweise der gemeinte ist, und nun wie der gemeinte so selbstgegebene;

2) die zum Interesse als solchem gehörige Befriedigung, die sich darauf baut und die ihr mögliches Negativkorrelat hat im Bewußtsein, es mangle nichts.

<§ 37. *Interessenrichtung und Begriffsbildung*>

Mit den Unterschieden der Meinung und des ihr Ziel bestimmenden Interesses hängt offenbar die empirische Begriffsbildung wesentlich zusammen. Der Begriff Blume, die Wortbedeutung, meint etwas, weist in dieser Meinung auf etwas hin: Dies kommt zur Gegebenheit in den sie erfüllenden Erscheinungen (sei es Wahrnehmungserscheinungen, sei es Phantasieerscheinungen), sie sind Anschauungen vom Gemeinten. Was aber letztlich gemeint ist, das bekundet sich in der die Erscheinungsmannigfaltigkeit (in welcher sich das gemeinte Gegenständliche konstituiert) durchsetzenden Intention bzw. in deren Erfüllung im Vollkommenheitsbewußtsein; also Meinung bei der Wortbedeutung und Meinung in den Erscheinungen, und in den Erscheinungen eine letzterfüllende Meinung, letzterfüllend durch ihren Erscheinungsgehalt, der den Sinn der Meinung im klaren, letzterfüllenden Sinn verwandelt in dem zugehörigen Erfüllungsprozeß. Natürlich bezieht sich die letzterfüllende Meinung nicht auf eine einzige Erscheinungsphase, sondern, wie schon ausgeführt, auf einen ausgezeichneten Erscheinungskreis, der selbst wieder in einer Sphäre der Irrelevanz variabel ist. Wie der Begriff orientiert ist, das bestimmt das die Begriffsbildung, die Konstitution des Allgemeinheitsbewußtseins beherrschende Interesse.

Gehen wir nun weiter. Wir stellten fest: Jede Dingwahrnehmung hat ihre Meinung, sie bestimmt, als was das Aufgefaßte sozusagen gilt, worauf es mit der Wahrnehmung sozusagen hinauswill, also den Sinn der möglichen Erfüllung. Andererseits kann diese Meinung wechseln, obschon die Wahrnehmung Wahrnehmung desselben Dinges ist. Daraus scheint aber die Ansicht hervorzugehen, daß die Vollkommenheitssphären, die Maximalpunkte und -gebiete nicht zum Wesen der Erscheinung als solcher gehören, sondern zu dem darin fundierten Interesse und der zugehörigen Intention. Versuchen wir dies durchzuführen. Wir hätten dann zu sagen: In den Erscheinungen als solchen liegt gar keine Begrenzung; ihr Wesen schreibt Möglichkeiten des einheitlichen Ablaufes vor. Ist eine Erscheinung vorausgesetzt, so sind damit unendlich viele Möglichkeiten für Erscheinungsreihen offen, die Erscheinungsreihen eines und desselben Dinges wären.

Unendlich viele mögliche Erscheinungen besagt nicht alle möglichen Erscheinungen überhaupt. Die Einheit einer möglichen Wahrnehmungssynthese überhaupt, in die die betreffende Erscheinung sich einreihen soll, schreibt den in solcher Einheit möglichen Erscheinungen Regel und Gesetz vor. Wird diese Norm innegehalten, so haben wir immer an die verschiedenen Vorkommnisse zu denken, die als apriorische Möglichkeiten zu jeder Erscheinung als Phase einer Wahrnehmungssynthese gehören. Da ist die Bereicherung und Andersbestimmung, deren jede Erscheinung im Fortfluß der Erscheinungsmannigfaltigkeit zugänglich ist, und prinzipiell zugänglich ist; ferner die Aufnahme von neuen Unbestimmtheitsmomenten, denen gemäß dann immer neue Möglichkeiten näherer Bestimmung sich ergeben können. Schon mit Rücksicht darauf ist es evident, daß von einer adäquaten Wahrnehmung eines Dinges im Sinne einer Erscheinung desselben, die als absolute Gegebenheit nichts mehr offen läßt, keine Möglichkeiten der Andersbestimmung, Bereicherung und näheren Bestimmung, keine Rede sein kann. Immer ist die Möglichkeit offen, daß es, dasselbe Ding, neue Bestimmtheiten habe, die in den jetzt erscheinenden nicht dargestellt oder mindestens nicht so dargestellt sind, daß sie in neuen Erscheinungen sich nicht mit bislang ungeschautem Reichtum an inneren Differenzen darstellen könnten. Es hilft nichts, wenn man mit Rücksicht auf die grenzenlose Mannigfaltigkeit möglicher anhängender Bestimmtheiten, die im Zusammenhang der Erfahrung erwachsen können, sich auf das Urding mit seinen Urbestimmtheiten zurückzieht. Denn in gewissem Sinn herrscht auch hier Grenzenlosigkeit, die durch das Wesen der Erscheinungen begründet ist. Wir müssen unterscheiden die Erfüllungsverhältnisse, die zu der in den Erscheinungen waltenden Meinung (einer wechselnden Meinung) gehören und die im Wesen der Erscheinungen gründenden Geflechte von Steigerungen und Minderungen, darunter die kontinuierlichen Steigerungen, von denen wir unter dem Titel von Sättigungen gesprochen haben. Im Wesen der Erscheinungen gründet keine Möglichkeit absoluter Sättigung. Jede Sättigung läßt, ideal gesprochen, die Möglichkeit weiterer Sättigung offen. Aber freilich kann ein gesteigertes Moment, eine gesteigerte Erscheinung oder ein zugehöriger Erscheinungskreis ausgezeichnet sein durch die ganz andere Sättigung des Interesses und Erfüllung auszeichnender Meinung. Nehmen wir von den Unbestimmtheiten etwa die Ausdehnung, so wissen wir, daß unter dem Titel „Annäherung" phänomenologisch eine stetige Steigerung der Darstellungen steht. Aber die Annäherung hat keine im Sinne der Wahrnehmung liegende Grenze, die selbst noch Wahrnehmung ist. Zum Sinn unserer Dingwahrnehmung gehört die räumliche Stellung des Objektes zum räumlichen Ich-Zentrum als dem Beziehungszentrum aller räumlichen Orientierungen, aller möglichen Darstellungen (d.h. in allen Darstellungen mitaufgefaßt).

Die Annäherung ist Annäherung des Objektes an diesen Orientierungspunkt. Dies kann prinzipiell *in indefinitum* gehen. Praktisch setzt der Annäherung die normale Sehweite u. dgl. eine Grenze; aber was hat normale Sehweite mit dem Wesen der Erscheinungen zu tun? Nun könnte man sagen, die Annäherung habe immerhin doch eine Grenze, warum sollte prinzipiell die Entfernung, die Annäherung nicht bis wirklich gleich Null gehen? Und wie ist es doch beim Tastraum? Berühren wir nicht das Ding selbst, nähern wir uns ihm nicht bis auf Null an? Warum sollte nicht das Auge sich auf das Ding auflegen und sehend es in der Null-Entfernung erfassen können? Faktisch geht es nicht. Aber prinzipiell ist es denkbar. Indessen ist zu beachten, daß fürs erste der Vergleich mit dem Tastsinn nicht angeht, denn Annäherung oder Entfernung des Objektes ist taktuell nicht Annäherung oder Entfernung des Objektes vom tastenden Finger, da dies taktuell nicht erscheint. Allenfalls wäre das Analogon das Heranholen des gefaßten Objektes mit der zunächst ausgestreckten und dann sich beugenden Hand.

Ferner ist im visuellen Beispiel zu beachten, daß die immanente Erscheinungsveränderung, die Annäherung konstituiert, rein immanent, also phänomenologisch betrachtet, keine Steigerungsgrenze hat, vielmehr ihrem Wesen nach ins unendliche zu steigern ist. Die Bildveränderung nähert sich evidenterweise nicht einer Grenze an, so wie etwa die Intensitäten eines Tones sich dem Grenzpunkt der Stille annähern, oder wie die Helligkeiten sich dem Schwarz annähern.

‹§ 38. *Klarheit und Deutlichkeit in der Gegebenheit des Wahrnehmungsdinges*›

Wenn diese Betrachtung einen Zweifel übrig läßt, so könnte er sich wohl nur auf jene Sättigungsunterschiede beziehen, die einen bestimmten Begriff von Klarheit bzw. Unklarheit innerhalb der Sphäre der eigentlichen Erscheinungen begrenzen. Man kann ja in verschiedenem Sinn von Unklarheit sprechen. Im Rahmen unserer jetzigen Betrachtungen kann einmal unklar heißen die uneigentliche Erscheinung im Gegensatz zur klaren, eigentlichen Erscheinung. Wieder kann unklar heißen die unvollkommen bestimmende, nähere Bestimmung offen lassende Erscheinung. Diese Unklarheit tritt auch in der Sphäre der eigentlichen Erscheinung auf. In dieser letzteren Sphäre haben wir dann weiter die Unterschiede der „Klarheit" oder besser Deutlichkeit, die sich auf den inneren Reichtum der Darstellung bezieht, also Unterschiede wie diejenigen der Nähe und Ferne, der günstigen oder ungünstigen Stellung zum Objekt, wodurch bald mehr, bald weniger Bestimmungen des Objektes zur Darstellung kommen, worunter wir auch die Intension befassen. Darunter befaßt sich zunächst auch, wenn es schon, genau besehen, etwas eigenes ausmachte, die Unklarheit, die aus der Besonderheit der physikalischen Umstände erwächst: schlechte Beleuchtung, Nacht und Nebel u.dgl. All das habe ich jetzt nicht im Auge, vielmehr Klarheitsunterschiede, die ebenfalls den Reichtum der dargestellten Bestimmtheiten angehen, aber eine besondere Aufmerksamkeit erfordern. Ich meine im visuellen Feld die Unterschiede zwischen der Sphäre deutlichsten Sehens und den Abstufungen der gegen den Rand des Sehfeldes hin sich immerfort mindernden Deutlichkeit. Ähnliche Unterschiede haben wir im Tastfeld, die Sphären des deutlichsten Tastens, deren hier mehrere sind, vermittelt durch Sphären undeutlichen Tastens mit bald steigender, bald abnehmender Deutlichkeit. Man kann hier zweifeln, ob die Deutlichkeit oder Klarheit hier nicht ein fest begrenzter Vorzug ist, der als solcher seine transzendentale Bedeutung hat, sofern er vielleicht zur Ermöglichung der Raumobjektivierung gehört, was wir noch werden überlegen müssen. Jedenfalls könnte man darauf hinweisen, daß, wenn das Objekt gleichsam hineingerückt ist in die Sphäre des deutlichsten Sehens, damit eine Modifikation vollzogen sei, die keine Steigerung mehr offen läßt, und nicht nur empirisch, sondern wesentlich, während andererseits die Undeutlichkeit sich *in indefinitum* gestuft denken ließe. (Wir bemerken, daß diese Klarheitsabstufungen in einer ganz anderen Linie liegen als die vorhin erwähnten, zur eigentlichen Erscheinung gehörigen, weil sie für das Objekt keine darstellende Bedeutung haben. Die Verdunklung hat objektive, physikalische Bedeutung. Die Dehnung des Bildes oder Zusammenziehung hat räumliche Bedeutung: Näherung und Entfernung, dagegen die Modifikation der Undeutlichkeit im Sehfeld nicht. Wäre das Sehfeld überall klar, so scheint es, daß sich für die Darstellung nichts änderte. Es kommt nur auf die Möglichkeit der *quasi*-Bewegung an.)

Man [1] könnte nun darauf hinweisen, daß, abgesehen von allen auszeichnenden theoretischen und praktischen Interessen, jede im Sehfeld undeutliche Erscheinung einen Hinweis trage auf die entsprechend deutliche bzw. auf einen gewissen Kreis verdeutlichender Erscheinungen, der dasselbe Objekt zu voller Deutlichkeit (innerhalb der Sphäre des deutlichsten Sehens) bringt, und daß so ursprünglich eine eigentliche Gegebenheit als Gegebenheit in dieser Deutlichkeitssphäre ausgezeichnet sei. Andererseits aber gehöre es zum Wesen des Objektes, daß es in

[1] Zum folgenden bis S. 134, Z. 37 bemerkt Husserl am Rand „Nicht gelesen; vgl. neue Vorlesung."; siehe Beilage I (S. 339). — Anm. d. Hrsg.

jeder deutlichen Erscheinung zur Gegebenheit komme und keine deutliche Erscheinung entbehren könne, wenn das Objekt sich allseitig und vollständig ausweisen solle. Es bedarf des ganz idealen grenzenlosen Erscheinungszusammenhanges, um eine volle Gegebenheit zu konstituieren: sei es des Objektes in sich selbst, sei es seiner räumlichen und sonstigen Verhältnisse zum Ich und zu anderen Objekten. Ich denke, dagegen wird sich wenig sagen lassen. Durch unsere Betrachtungen wird es nun verständlich, inwiefern die endgültige Objektbestimmung vom Neukantianismus mit Recht als unendliche Aufgabe bezeichnet werden kann bzw. worin die phänomenologischen Gründe davon liegen. Denn *a priori* gehören zu jeder Erscheinung Möglichkeiten der Neubestimmung, der Bereicherung usw., *a priori* die Unendlichkeit möglicher kinetischer Bestimmungen, die von Seiten des Objektes ihre Beherrschung durch die Geometrie finden, *a priori* aber auch die Möglichkeit unendlich vieler anhängender Bestimmtheiten, die, in der Charakteristik als dem Objekt wirklich zugehörige, aus dem Zusammenhang der Erfahrung durch Erfahrungsmotivation erwachsen. Wie immer das Objekt erscheinungsmäßig dasteht, mit wie reicher Bestimmtheit es aufgefaßt und durch den Erfahrungsglauben als seiend gesetzt ist, jede neue Erfahrungskonstellation, in die sich die Erscheinung einordnet (bzw. jeder Wechsel der dinglichen Umstände, unter denen das Ding phänomenal dasteht) bringt neue Erfahrungsmotive heran, die auf die Dingauffassung notwendig Einfluß gewinnen. So bestehen *a priori* unendlich viele Möglichkeiten und immer neue Möglichkeiten der Dingbestimmung, die ich freilich nicht als unendliche Aufgabe bezeichnen möchte. Man wird es eben, weil diese Sachlage besteht, als kein vernünftiges Ziel bezeichnen können, irgendein Ding absolut zu bestimmen, die Dingbestimmung muß von vernünftig praktischen Interessen geleitet und begrenzt sein. Dasselbe ergibt sich auch für ein anderes, hier nicht näher zu erörterndes Ideal nicht individueller, sondern allgemeiner Dingbestimmung: dies <Ideal> der Erforschung der die Dinglichkeit durchherrschenden morphologischen „Gesetze". Ob es sich anders verhält hinsichtlich der exakten Naturgesetze der „Physik", das bedürfte aber neuer Untersuchung.

<§ 39. *Zusammenfassung.* *Die Dingwahrnehmung als prinzipiell unabschließbarer Prozeß*>

Wir [1] versuchten in der letzten Vorlesung den Gedanken durchzuführen, daß die Auszeichnungen von Maximalpunkten und Maximalgebieten nicht zum eigenen Wesen der Erscheinung als solcher gehören, sondern zu dem sie durchherrschenden Interesse bzw. zu der ihm zugehörigen Intention. In den Erscheinungen als solchen liegt kein Terminieren gegen Grenzen, die als Grenzen vollkommener Gegebenheit gelten können, als ob, wenn diese Grenzen realisiert sind, darin das volle Ding oder auch nur irgendeine Bestimmtheit desselben endgültig gegeben wäre; als ob somit eine Erscheinung für sich Gegebenheit im adäquaten Sinn herstellen könnte, sei es auch nur hinsichtlich irgendeines noch so geringen gegenständlichen Momentes. Ist das Interesse auf ein Gebiet von Erscheinungen aus der zum Ding gehörigen kontinuierlichen Synthesis abgestimmt, dann erfüllt sich dieses Interesse und die den sonstigen Erscheinungen anhaftende Intention gegen dieses Gebiet hin, wenn eben die Erscheinungen dieses Gebietes zusammenhängend ablaufen, aber eine dem jeweils herrschenden Interesse gemäße, ihm vollkommen genügende Erscheinung oder Erscheinungsgruppe haben, die vom Ding das gibt und es in solcher Fülle und Bestimmtheit darstellt, wie dieses Interesse es fordert; das heißt nicht, das Ding selbst so, wie es ist und nach allem, was ihm zukommt, zu adäquater Gegebenheit bringen. Das kann weder eine einzelne Erscheinung noch eine Erscheinungsgruppe aus der ideell ins Unendliche fortlaufenden Synthesis, sondern nur diese ganze Synthesis. Und sie ist eine endlose, nie abgeschlossene, nimmer fertige, weil prinzipiell immer die Möglichkeiten der näheren, vollkommeneren, inhaltreicheren Darstellung bestehen. Fingieren wir ein absolut unverändertes Ding, nie in die Mannigfaltigkeit möglicher kinetischer Veränderungen eintretend und sich entsprechend darstellend, so ist fürs erste zu sagen, daß, vermöge der Kontinuität des nunmehr starr zu denkenden geometrischen Dingkörpers und der Endlichkeit der in der Erscheinung (welche immer wir herausnehmen) unterscheidbaren Momente, wir auf einen unendlichen Progressus angewiesen sind.

[1] Beginn einer neuen Vorlesung. — Anm. d. Hrsg.

Und in der Tat, die Erscheinung kann ihrem Wesen nach *in infinitum* stetige Modifikation hinsichtlich ihrer *quasi*-Extension erfahren, prinzipiell kann „Annäherung", verstanden als die eigentümliche Modifikation der Dehnung der visuellen Erscheinung, *in infinitum* erfolgen. Und diese Dehnung bietet fortschreitend ein Mehr an Unterscheidbarkeiten für das erscheinende Objekt. Diese Unterscheidbarkeiten betreffen die Möglichkeit, qualitative Differenzen zu erfassen oder hineinzuphantasieren und damit zugleich Teilungen in die erscheinende Fläche hineinzubringen. Andererseits hilft keine vorgegebene Auffassung über die Möglichkeit hinweg, daß der Fortgang aktueller Wahrnehmung Neubestimmung und Andersbestimmung mit sich führe, daß Erwartungen enttäuscht, daß dem als homogen Aufgefaßten Inhomogenität in Andersbestimmung und eventuell Näherbestimmung unterlegt werden muß. Selbst wenn wir ein absolut bekanntes Ding fingieren, so ist doch das, was ihm zukommt, das, als was es da absolut bekannt wäre, nie und nirgend letztlich gegeben, es hätte sich erst auszuweisen und im Fortschritt der Wahrnehmungskontinuität als Gegebenheit herauszustellen. Und diese Gegebenheit ist nie abgeschlossene und letzte Gegebenheit, da erst der Fortschritt der Wahrnehmung über Zulässigkeit, näher Begrenzung oder Veränderung der Auffassung entscheidet, also über die Gültigkeit der zur Erscheinung zu Beginn gehörigen und sie zur vollen Wahrnehmung ergänzenden Glaubensmeinung. Wie der Dingraum, und zunächst schon jedes noch so kleine Flächenstück des Dinges, seine volle Gegebenheit nur finden kann in dem unendlichen Prozeß der ausweisenden Dehnung und Austeilung unter fortgesetzter stetiger Einheitssetzung des Ungedehnten mit dem Gedehnten, so die Materialisierung der Ausdehnung, und in demselben Prozeß. Endlich ist es auch eine Fiktion bzw. Annahme, daß das Ding ein absolut unverändertes sei. Das Ding ist uns ja nicht vorgegeben, und die Erscheinungs- und Wahrnehmungsreihe ein Nachkommendes. Vielmehr weist sich das etwa zu Beginn als unverändert erscheinende Ding als solches erst aus in der zugehörigen Konstitution der Wahrnehmungsmannigfaltigkeit, und dieses Sich-Ausweisen ist nichts Endgültiges, nichts adäquat mit einem Schlage zu Gebendes und überhaupt nur relativ und unter Vorbehalt zu Gebendes; prinzipiell ist es immer möglich, daß das Ding doch sich verändere und daß die in der fortgesetzten Bestätigung noch so sehr bekräftigte Auffassung der Unveränderung infolge neuer Erscheinungsmotive der Auffassung als Veränderung weichen muß, und natürlich umgekehrt, wenn das Ding schon als Veränderung aufgefaßt war.

Dieses Resultat wird nicht gefährdet, und das wäre der Sinn der Ausführung, mit der ich am Schluß der letzten Vorlesung abbrechen mußte, wenn es innerhalb der kontinuierlichen Synthesis Erscheinungsmodifikationen gibt, die insofern sich nicht einfügen dem, was wir allgemein hingestellt haben, als sie in sich Grenzen, und zwar Vollkommenheitsgrenzen begründen. Ich wies in dieser Beziehung hin auf die Abstufungen jener Klarheit der Darstellung im visuellen Feld, die vom Randgebiet desselben als Gebiet des undeutlichen Sehens fortläuft bis zum Gebiet des deutlichsten Sehens. Das letztere macht hinsichtlich dieser eigentümlichen Modifikationsreihe eine Grenze aus, und eine Grenze für die Vollkommenheit des Gegebenheitsbewußtseins, sofern unter gleichen Helligkeitsbedingungen das sich durch solch „deutliche" visuelle Inhalte Darstellende einen Vorzug hat vor demselben sich durch undeutliche Inhalte Darstellenden. (Im Dunkeln sehen wir freilich besser mit Randpartien der Netzhaut als mit den Mittelpartien.) Und Analoges gilt für die Deutlichkeit und Undeutlichkeit der Akkommodation. Indessen, wenn dementsprechend das Undeutliche seinen Hinweis trägt und allgemein trägt auf das im angegebenen Sinn Deutliche, so besagt die Deutlichkeit der Darstellung doch nimmer eine Gegebenheit im absoluten Sinn; denn in der bevorzugten Gegebenheitssphäre stehen wir erst recht im unendlichen Fluß der Relativitäten, die im Wesen der Wahrnehmungserscheinungen und der auf sie gebauten setzenden Intentionen (der *belief*-Intentionen) gegründet sind. Es gliedern sich nicht und können sich *a priori* nicht gliedern die Erscheinungsmomente in solche, die absolute Gegebenheit besagen, und in solche, die es nicht besagen.

Vielmehr gehört zum Wesen der Dinglichkeit hinsichtlich aller ihrer Momente ein Fluß grenzenloser Kontinuität, ein grenzenloses Reich offener Möglichkeiten *a parte ante*, die *a parte post* immerfort näher bestimmt, begrenzt, bereichert werden können, aber immer wieder die Unendlichkeit vor sich haben. Das gilt für jederlei Bestimmtheiten und für jede Gruppe in ihrer Art. Für die materialisierenden Bestimmtheiten ergab sich das schon aus dem Bisherigen, wozu noch zu beachten wäre die durchgängige Relativität der „sinnlichen Qualitäten" vermöge ihrer Abhängigkeit von den „Umständen", und daß das auch für die anhängenden gilt, sieht man ohne weiteres. Man sieht ja, daß auch aller Anhang seine Quelle in der Erfahrungsmotivation hat, das ist in der Motivation, die ihre Fundation hat in der wesentlichen Eigentümlichkeit aller in einem Wahrnehmungsbewußtsein beschlossenen Mannigfaltigkeiten von Einzelwahrnehmungen, daß sie ihre Gegenstände wechselseitig voneinander abhängig machen und sie sich erfahrungsmäßig wechselseitig bestimmen lassen. Diese Motivationskraft hängt *a priori* ab von der Zahl der Fälle, unter denen eine gleiche Gegenständlichkeit unter „gleichen Umständen" erschien. Offenbar ergibt sich daraus ein grenzenloses Heer von Möglichkeiten für die Angliederung von Erfahrungsbestimmungen als anhängenden Bestimmungen an die primär materialisierten Dinglichkeiten. Selbstverständlich gehören hierher nicht nur die scheinbar unmittelbar den Dingen zugehörigen akustischen Bestimmtheiten und diejenigen der anderen Sinne, sondern auch alle Bestimmtheiten des Wirkens und Leidens, alle kausalen Bestimmtheiten, all das, was die Physik als physikalische Eigenschaften objektiv bestimmen will.

Freilich erhebt sich alsbald die Frage, welche Konsequenz die Grenzenlosigkeit alles Gegebenheitsausweises für die Erkenntnis hat.

Das Ding und alles zur Dinglichkeitssphäre Gehörige überhaupt ist nie endgültig gegeben und zu geben. Es kommt zur Gegebenheit nur in einem unendlichen Progressus der Erfahrung. Wird damit die Erkenntnis nicht zu einem ziellosen Unternehmen? Oder sollen wir uns zufrieden geben mit der „unendlichen Aufgabe"? Wer wird sich vernünftigerweise eine Aufgabe stellen, deren Lösung nur durch unendlichen Prozeß zu leisten ist oder, besser gesprochen, deren Lösung ihrem Wesen nach nicht zu leisten ist?

Natürlich, wenn die Aufgabe in der Herstellung absolut vollständiger Gegebenheit liegt, dann ist sie *a priori* unlösbar, sie ist eine unverständig gestellte Aufgabe. Was wir daraus schließen werden, ist also von vornherein dies, daß die Realitätserkenntnis dieses Ideal nicht haben kann, wofern wir das Vertrauen haben dürfen, daß sie wirklich Vernünftiges leistet und es leistet, weil sie sich vernünftige Ziele stellt.

In dieser Richtung liegen große Probleme. Auf sie einzugehen, kann hier nicht unsere Aufgabe sein.

<7. Kapitel
Rekapitulation. Die Wahrnehmungsanalysen im Rahmen der phänomenologischen Reduktion>

<§ 40. *Der Sinn der phänomenologischen Wahrnehmungsanalysen*>

Nach Abschluß [1] der allgemeinen Betrachtungen, zu denen uns gewisse, sich über Gebühr aufdrängende besondere Eigentümlichkeiten in der Sphäre der kontinuierlichen Wahrnehmungssynthese gezwungen haben (jene Maximalgebiete, die mit den zu den Erscheinungen gehörigen Sättigungsunterschieden zusammenfließen schienen), wäre es die Aufgabe, in der Deskription fortzuschreiten. Rekapitulieren wir. Abgesehen ist es auf ein analytisches und durchaus klares Verständnis der Konstitution des Dingobjektes in der Wahrnehmung, das ist auf ein Verständnis der ihr zugehörigen Intentionalität, des in ihr stattfindenden Ding-Gegebenseins. Wir sagen nicht: Draußen sind Dinge; wie können wir von ihnen wissen? Wir sagen nicht wie Kant im Jahr 1772 [2]: Auf welchem Grund beruht die Beziehung desjenigen, was wir in uns Vorstellung nennen, auf einen an sich seienden Gegenstand? Wir sagen nicht: Die Dinge draußen üben auf unsere Sinnesorgane Reize, an die sich psychophysische Empfindungen und in weiterer Folge Vorstellungen und sonstige Seelenregungen knüpfen. Wie können wir aus diesen uns im Bewußtsein vorliegenden Wirkungen auf ihre Ursachen zurückschließen? Und wir sagen wieder nicht: Alle Behauptungen und Annahmen über Dinge gehen zurück auf Erfahrungen, zuletzt auf Wahrnehmungen. Diese subjektiven Erlebnisse sind das uns allein Gegebene. Da sie nicht selbst die

---

[1] Vgl. zum folgenden eine kritische Notiz Husserls; siehe Beilage I (S. 339). — Anm. d. Hrsg.

[2] Vgl. Kants Brief an Marcus Herz vom 21. Februar 1772 — Anm. d. Hrsg.

Dinge sind, die vielmehr außerhalb des Subjektes sein sollen, so müssen es Schlüsse sein, die uns veranlassen und die es berechtigen, draußen Dinge anzunehmen. Wie sind diese Schlüsse zu formulieren, worin haben sie innerhalb der allein gegebenen Sphäre subjektiver Wahrnehmungserlebnisse ihren Anhalt? Wie verbürgt die Realität des Subjektiven eine doch nur hypothetisch anzunehmende Realität des Objektiven, Außenweltlichen?

Mit solchen Fragen, vermeintlich so klar berechtigt und so dringend, haben wir nichts zu schaffen. Sie sind nicht nur andere Fragen als die unseren, sondern, wie wir wissen, verkehrt gestellte Fragen. Die Dinge an sich der Metaphysik lassen wir dahingestellt, die Dinge der Physik und die Realitäten der Psychologie, Seelen, Personen, Dispositionen und Erlebnisse usw. lassen wir dahingestellt, aber auch die Dinge des gewöhnlichen Lebens. Dahingestellt — das heißt, wir enthalten uns jedes Urteils über reale Existenz; unsere Welt sozusagen ist die Welt der absoluten Gegebenheiten, der absoluten Zweifellosigkeiten, die Welt der „Phänomene", der „Wesen", kurzum das, was durch die Setzung realer Existenz oder Nichtexistenz nicht betroffen wird. Kein Satz irgendeiner Wissenschaft, keine Meinung des gewöhnlichen Lebens, keine Wahrnehmung oder Erinnerung oder Erwartung kommt für uns als Prämisse bzw. als Erkenntnisgrund in Betracht, nämlich so genommen, wie ihn Wissenschaft oder Leben meint, als wahre Setzung eines Sachverhaltes, als Wahrnehmung eines als seiend gesetzten Gegenstandes usw. Andererseits kommt all das für uns wieder in Betracht nach der phänomenologischen Reduktion; der Satz als Phänomen bzw. Urteilsessenz, die Wahrnehmung als Phänomen bzw. als Wahrnehmungsessenz usw. Nicht die Existenz des Wahrgenommenen und irgendeine reale Existenz überhaupt ist in Frage und ist noch so entfernt vorausgesetzt, vielmehr ist in Frage das Wesen der Wahrnehmung, das Wesen des Urteils, das Wesen der Evidenz usw., also Phänomenologie, nicht Psychologie, Physiologie, Metaphysik. Und was uns hier speziell interessiert, ist Onto-Phänomenologie, und diese in ihrer ersten Stufe.

Dinge erscheinen. Dinge, dingliche Bestimmtheiten und dingliche Vorkommnisse, als da sind Vorgänge, Relationen zwischen Dingen usw., erscheinen, sie sind gegeben in einzelnen Wahrnehmungen und Wahrnehmungszusammenhängen, sie sind wieder vergegenwärtigt in Erinnerungen, sie sind dargestellt in Bildern, sie sind phantasiert in Phantasien. Da haben wir gewisse „Phänomene", die Phänomene der „Erfahrung" im ursprünglichsten Sinn und die ihnen verwandten Phänomene der Fiktion und Phantasie. Wir schalten alle urteilsmäßige Setzung der erfahrenden Personen und der erfahrenen Dinglichkeiten aus, wir üben phänomenologische Reduktion und Wesensbetrachtung. Wir fragen: Was liegt im Wesen der Erfahrung, in ihrem originären „Sinn"? Zu ihrem Wesen als Inbegriff absoluter phänomenologischer Gegebenheiten gehört, ihr Wesen selbst ist Beziehung auf einen erfahrenen Gegenstand. Die Wahrnehmung in sich selbst ist Wahrnehmung eines Wahrgenommenen, ihr Wesen ist, Gegenständliches zur Erscheinung zu bringen und das Erscheinende glaubensmäßig zu setzen: als seiende Wirklichkeit. Wie ist das zu verstehen: diese Intentionalität der Wahrnehmung, der Erfahrung und der parallelen modifizierenden Phänomene, die wir mit dem Titel Fiktion und Phantasie bezeichnen?

Wir fragen nicht, wie Erfahrung entsteht (nämlich als Inbegriff psychologischer Erlebnisse, eingeflochten in den realen Zusammenhang der Erlebnisse und Erlebnisdispositionen empirischer Personen), sondern was in ihr „liegt", was aus ihr als absolute Gegebenheit vermöge ihres Wesens zu entnehmen ist, was sie als ihren eigenen Gehalt und Sinn rein phänomenologisch ausweist. Was wesenhaft, also unaufhebbar in ihr liegt, das kann durch keine theoretischen Annahmen überschritten, das kann durch keine vermeintlichen Selbstverständlichkeiten empirischer Psychologie und metaphysischer Beurteilung verletzt werden; denn jede solche Verletzung bedeutet Widersinn. Der Sinn, der in der Erfahrung, der in Wahrnehmung, Erinnerung usw. wesenhaft liegt, muß die letzte Norm abgeben für die Bemessung des berechtigten Sinnes aller Interpretation des realen Seins. Die Bedingungen der „Möglichkeit der Erfahrung" sind das erste. Bedingungen der Möglichkeit der Erfahrung bedeutet hier aber nichts anderes und darf nichts anderes bedeuten als das alles, was immanent im Wesen der Erfahrung, in ihrer *essentia*, liegt und somit unaufhebbar zu ihr gehört. Die Essenz der Erfahrung, die die phänomenologische Erfahrungsanalyse erforscht, ist dasselbe wie die Möglichkeit der Erfahrung, und alles im Wesen, in der Möglichkeit der Erfahrung Festgestellte ist *eo ipso* Bedingung der Möglichkeit der Erfahrung. Der Erfahrung etwas zumuten, was ihrem Wesen als Dingerfahrung widerstreitet, bzw. ihrem Gegenstand etwas zumuten, was ihm als Erfahrungsgegenstand, als dem sich in Erfahrung ihrem Sinn gemäß Konstituierenden widerstreitet, das heißt Erfahrung und Erfahrungsgegenständlichkeit widersinnig interpretieren, das ist Absurdität.

Erforschen wir nun das Wesen der Erfahrung und zunächst das Wesen der Wahrnehmung, so ist es das beherrschende Ziel zu verstehen, wie sie es sozusagen anstellt, Gegebenheitsbewußtsein von einem Gegenstand zu sein, von einem Dinggegenstand. Es ist in der phänonenologischen Stellungnahme evident, daß eine Dingwahrnehmung wie eine Hauswahrnehmung eben ein Ding, ein Raumobjekt meint und daß zum Sinn dieses Raumobjekts als des in der Wahrnehmung Gemeinten und Gesetzten dieses und jenes gehört.

Ebenso evident ist es aber, daß das so Gemeinte nichts der Wahrnehmung reell Immanentes ist. Wie, in welchen Momenten, konstituiert sich diese Intentionalität der Wahrnehmung? Wie weist sich durch Analyse ihres Wesens, durch welche analytischen Momente, in welcher Weise das „Selbstgegebensein" aus, das den Charakter der Wahrnehmung ausmacht?

Dies aufzuklären, haben wir Schritt für Schritt Unterscheidungen, Abhebungen vollzogen. Daß in der Wahrnehmung als solcher ein von ihr wahrgenommener Gegenstand glaubhaft und leibhaft dasteht, daß in der einfältigen Wahrnehmung,[1] wie wir es nennen könnten (im Gegensatz zur mannigfaltigen), der Gegenstand zwar als gegeben dasteht, aber nur von „einer Seite", in der mehrfältigen aber von mehreren Seiten, daß in jeder einfältigen Wahrnehmung (sei es für sich, sei es als Phase in einer mehrfältigen und gar kontinuierlich vielfältigen Wahrnehmung) zwischen darstellenden Inhalten und Auffassungscharakter zu unterscheiden ist, worauf sich wechselnd Intentionen und Aktcharaktere einer höheren Schicht, darunter der Glaube, gründen, das wurde besprochen. Es wurde von diesen höher liegenden Charakteren abgesehen und als ein in ihrem Wechsel Konstantes und Fundierendes die Erscheinung herausgehoben als dasjenige,

[1] Vgl. dazu eine kritische Notiz Husserls; siehe Beilage I (S. 339). — Anm. d. Hrsg.

was vorliegt und zugrunde liegt, ob die Aufmerksamkeit primär auf dieses oder ob sie vielmehr auf ein anderes primär gerichtet ist, während das Objekt doch „erscheint"; wieder, ob das Objekt als wirklich seiend gilt oder, wie in der entlarvten Halluzination, als nicht seiend oder im Zweifel als zweifelhaft, in der Glaubensenthaltung als Dahingestelltbleibendes u.dgl.

Die Erscheinung wurde als die Einheit der darstellenden Inhalte mit der Auffassung bezeichnet und diese Einheit natürlich nicht als eine Summe oder eine miteinander zusammengebundene Zweiheit verstanden, sondern als eine innigste Einheit, die wir durch das Wort Beseelung zu charakterisieren suchten: Die darstellenden Inhalte sind nicht für sich und dazu sich fügend der Auffassungscharakter, sondern die Auffassung gibt ihnen beseelenden Sinn, in ihm stehen sie durchaus schlicht da. Die Abhebung erfolgt durch Gegenüberstellung inhaltlich verschiedener Wahrnehmungen bzw. Erscheinungen desselben Gegenstandes, die dasselbe meinen, aber verschiedene Darstellungsinhalte zeigen, und zumal bei Wechsel der Meinung unter identischer Festhaltung der darstellenden Inhalte im intuitiven Widerstreit sich durchdringender und aufhebender Erscheinungen. Im Zusammenhang damit schieden wir auch eigentliche und uneigentliche Erscheinung mit Beziehung darauf, daß die einfältige Wahrnehmung das Ding nur nach einer „Seite" erscheinen läßt und doch das Ding meint, das nicht seine Seite ist. Wir schieden das, was vom Ding seine eigentliche Darstellung findet vermöge ihm speziell zugehöriger Darstellungsinhalte, und das, wofern speziell zugehörige darstellende Inhalte fehlen und damit eigentliche Erscheinung. Auffassung reicht also weiter als Darstellung, und auch dieses Weiterreichende ist nicht etwas Abzustückendes und nur an die eigentliche Auffassung Angebundenes, sondern etwas, das bloß im Wege evidenter Identifikation und Unterscheidung bei Gegenüberstellung verschiedener Erscheinungen, die sich als Erscheinungen desselben Gegenstandes ausgeben, zur Abhebung kommt. Zum Wesen solcher Erscheinungen gehört es, die Möglichkeit solcher Identifikation und Unterscheidung zu fundieren: Also die Meinung der einzelnen ist nicht beschränkt auf das als „Seite" des Gegenstandes gleichsam Augenfällige, sondern auch auf das von ihm nicht Augenfällige. Und die Meinung impliziert die Beziehung auf die nicht dargestellten Seiten. Das will nichts anderes besagen, als daß die Meinung einen Wesenscharakter hat, der sie zu solchen Identifikationen geschickt macht, in denen ja die Evidenz liegt: Dasselbe, was da von der einen Seite sich darstellt und nicht von der anderen, ist auch in der anderen Wahrnehmung, die diese Seite nicht und dafür jene darstellt, gemeint.

‹§ 41. *Einstellung auf das Ding und Einstellung auf die Erscheinung (gegebene Seite) des Dinges*›

An dieser Darstellung, deren Evidenz ich mich nicht zu entziehen vermag, so oft ich sie durchlebe, hat Herr Hofmann[1] Anstoß genommen. Er vermag nicht, das Quale des phänomenologischen Datums Wahrnehmung sich gegenständlich zu machen so wie, meint er, das Quale eines bestimmten Tones. Und er sagt: wenn ich ein Haus wahrnehme, gibt es neben dem physischen Ding Haus nicht noch ein psychisches oder phänomenologisches Ding, genannt Wahrnehmung. — Der letztere Satz drückt allerdings ein Nebeneinander aus, von dem wir nie gesprochen haben. Natürlich haben wir nur eines im phänomenologischen Sinn, nur eine absolute Gegebenheit und doch zwei evident verschiedene Richtungen des Urteils: einmal über den erscheinenden Gegenstand, das andere Mal über die Erscheinung. Wir unterscheiden Erscheinungen nicht nur numerisch, sondern auch ihrem Inhalt nach. Wir sagen doch, sie alle seien Erscheinungen desselben Dinges. Und dafür haben wir phänomenologische Evidenz, nämlich bei voller Epoché über die dingliche Existenz. Das gilt auch vom Beispiel des Tones. Höre ich den gleichmäßig gedehnten Pfiff einer Dampfpfeife, so sage ich, mich annähernd, es ‹sei› derselbe und immerfort gleichmäßige Pfiff; das ist der Gegenstand. Achte ich aber auf das phänomenologisch Gegebene, so finde ich für jedes Zeitstück des Erscheinenden eine wesentlich andere Erscheinung; dieses Quale ist nicht dasselbe. Ich sondere also Erscheinung und Erscheinendes, und in der Erscheinung, in der der Dampfmaschinenpfiff erscheint, finde ich ein sinnliches Quale, das prä‹empirische› sinnliche Datum.

---

[1] Gemeint ist Heinrich Hofmann, ein Schüler Husserls, dessen Dissertation 1913 erschien. Vgl. H. Hofmann, „Untersuchungen über den Empfindungsbegriff", in: *Archiv für die gesamte Psychologie*, XXVI. Band. Leipzig 1913, S. 1–136. — Anm. d. Hrsg.

Vielleicht hat zu der Identifikation von Erscheinung und Ding der Umstand beigetragen, daß im Übergang von der Betrachtung der Erscheinung zur Betrachtung des Dinges, das erscheint, die Erscheinung sich nicht vom Ding als einem zweiten nebenliegenden trennt, sondern als Sache des Dinges und als ihm Zukommendes dasteht bzw. das Ding nur in ihr und mit ihr dasteht. Damit hängt zusammen die Objektivierung, die die Erscheinung als „Seite im Ding" gewinnt. Darüber will ich einiges sagen; vielleicht trägt es zur Klarheit bei.[1]

Die Objektivität der Seite des Dinges. Die grüne Wiese mit gelben Blüten bedeckt am Rohnshang <bietet> von jedem Punkt eine andere „Erscheinung": immer dieselbe Wiese, derselbe Hang, aber in „anderer Seite". Die „Seite": hier die verschiedene Abschattung der objektiven Hangfläche bzw., denn auch das kann verstanden sein, die eigentliche Erscheinung der Hangfläche (nicht der Komplex der in die Erscheinung fallenden Bestimmtheiten). Diese Seite <ist> ein Objektives am Ding, die Seite des Dinges.

Was ist das für Objektivität? Was haben wir zu unterscheiden?

a) Der Hang selbst, der sich in der Seite, seiner Seite, darstellt;

b) die Seite, in der er sich darstellt, in der er erscheint.

α) Die Ausbreitung der sinnlichen Inhalte: die Ausbreitung, in der die „Fläche" sich darstellt (zur eigentlichen Erscheinung kommt), die sinnliche Fülle der Ausbreitung, ihre Überdeckung, in der sich die objektive Färbung darstellt. Teile der Ausbreitung gehören zu den einzelnen Gräsern, Blumen, von denen einzelne sich deutlicher abheben, ebenso Teile der Gesamtfärbung.

β) Das, was die Ausbreitung zur Darstellung macht (Darstellung macht hier also eigentliche Erscheinung aus), was der Ausbreitung mit ihrer Fülle einen Sinn, eine Bedeutung verleiht.

γ) Das, was die Einheit von α und β als etwas am Ding, als Seite des Dinges erscheinen läßt.

1) Die erste Stellung, die „natürliche", ist diejenige, die zugrunde liegt, wenn ich das Ding z.B. mit Worten beschreibe. Das

---

[1] Vgl. zum vorangehenden eine kritische Notiz Husserls; siehe Beilage I (S. 339). — Anm. d. Hrsg.

Ding beschreibend sage ich: Hier ist ein grüner, mit Blumen durchsetzter Hang, der Hang von Feldern am Rohns<hang>. Und auch, wenn ich nicht zu beschreiben im Begriff bin und darauf eingestellt bin, kann ich „wahrnehmend" so eingestellt sein, daß ich dieses selbe da meine.

2) Ich achte auf die „Erscheinung", sie ist mein Gegenstand: die Seite, d.i. die Abschattung, die räumliche, so und so gefüllte Abschattung (eigentliche Erscheinung).

Was ist das für eine geänderte Stellungnahme?

Auf den Blütenhang achten — auf die eigentliche Erscheinung achten: das ist der Gegensatz. Ich bekämpfte in meinen *Logischen Untersuchungen* [1] das Grundvorurteil, als ob das Achten auf etwas notwendig das Hinschauen und Achten auf einen immanenten Inhalt bedeute, als ob wir also notwendig auf die sinnlich-präempirischen Data und andererseits auf das, was sie zu Darstellungen macht, auf das sogenannte „Gefühl" der Bewußtheit oder den Charakter der „Bewußtheit", achten müßten. Ich meinte, achten können wir auf das auch, aber dann bedarf es eines Hinblickens darauf, eines neuen Erlebnisses, eines neuen präphänomenalen *dabile*, das verwandt ist mit dem Charakter des Wahrnehmens (wahrnehmenden Auffassens und Ansetzens). Aber ich meine, Aufmerksamkeit ist eine gewisse „Einstellung", ein unsagbares Charakteristikum, das bei der Hinwendung auf den gesehenen Gegenstand nichts weiter voraussetzt als das Erlebnis der Erscheinung; Erscheinung aber, das heißt das Erlebnis der sinnlichen Inhalte mit ihrer Deutung, mit ihrem sie beseelenden Auffassungscharakter. Diese Beseelung aber besagt nichts anderes als die Bewußtheit, die das Wechselnde ist, wenn die sinnlichen Data in verschiedenem Sinn aufgefaßt werden, sei es mit verschiedener gegenständlicher Richtung, wie wenn wir zwischen zwei Dingauffassungen widerstreitend schwanken, sei es, daß die Bestimmtheit der gegenständlichen Deutung wechselt, ein neues Verständnis, ein näher bestimmendes aufleuchtet u. dgl. Das alles ist etwas, was wir merken, wovon wir nicht bloß sprechen, sondern was wir auch in gewisser Weise „sehen", den wahr-

[1] Vgl. *Logische Untersuchungen* Bd. II (1901), *V. Ueber intentionale Erlebnisse und ihre „Inhalte"*., S. 322 ff. Vgl. dazu auch eine kritische Notiz Husserls; siehe Beilage I (S. 339). — Anm. d. Hrsg.

nehmenden Finger darauflegen können: Es kommt, es tritt neu auf, es wechselt, obschon es kein sinnlicher Inhalt ist.

Ich sage nun: Beseeltes sinnliches Datum, beseelte erfüllte Ausbreitung, das ist Erlebnis, wenn wir dem Gegenstand zugewendet sind, aber es ist nicht Objekt, es ist nicht das, worauf wir hinsehen, worauf wir achten. Im Erlebnis „Aufmerksamkeit auf den Gegenstand" ist nichts weiter vorfindlich als beseeltes Datum und eine unsagbare Durchtränkung mit der aufmerkenden Intention, die eben in dieser Durchtränkung das ausmacht, was wir Achtung auf das Gegenständliche der Deutung nennen. Es ist eine Einstellung, die die Unterlage für gegenständliche Beschreibung und die Unterlage für die Identifikationen überhaupt ist, in denen sich der Gegenstand als derselbe und ständig gemeinte herausstellt, als das Bewußtseinsthema-Worüber. Andererseits, wenn wir auf die Erscheinung achten, so vollzieht sich eine neue Stellungnahme, und dann ist die Erscheinung, die Abschattung das Thema-Worüber. Und da finden wir das, was das Thema zum Thema macht, das gegenständliche Setzen und das Aufmerken, das hier, meine ich, so wenig das Objektivieren ist, wie es das ist im anderen Fall. Jedenfalls ist es klar, daß die Aufmerksamkeit hier ganz anders fungiert und daß ein anderes Objekt da ist, ob wir die Wiese meinen, den Blütenhang, oder ob wir die Abschattung, die Seite meinen. Andererseits ist in jedem Fall das Phansische der „Seite" Erlebnis; wie immer wir ‹ein›gestellt sein mögen, zum Wesen der Sachlage gehört, daß die eine und andere Stellungnahme möglich ist und ein Übergang von der einen zur anderen. Damit aber besteht jederzeit auch die Möglichkeit, die eine und andere Gegenständlichkeit in Beziehung zu setzen.

Sind wir eingestellt im Hinblicken auf die „Seite" im angegebenen Sinn, so ist doch die Seite selbst nichts anderes als Darstellung bzw. eigentliche Erscheinung des Hanges, die sich erweitert zur vollen „Erscheinung" des Dinges (auch uneigentlich), sofern eigentliche Erscheinung eben nichts Selbständiges ist; ist überhaupt die Seite erlebt, so erscheint das Ding, der Hang als Selbstgegenwärtiges; denn Erlebnis des „Selbstda des Hanges" ist nichts anderes als Erlebnis der „Seite", der so und so ausgebreiteten sinnlichen Data, so und so von Deutung beseelt, und zwar auch verflochten mit dem Überschuß „uneigentlicher" Erscheinungsintentionen. Wenden wir uns nun dem Ding zu und dann wieder der Seite oder umgekehrt, gehen wir wieder von der Seite zum Ding in der Beachtung über, so gehört die Seite zum Ding, und das Ding hat die Seite, es stellt sich in ihr so und so dar. Es ist das Verhältnis der Darstellung zum Dargestellten, und die Durchdringung der beiden Wahrnehmungserlebnisse läßt das Verhältnis als ein besonders inniges erscheinen. Auf die Seite hinblickend kann ich aussagen, was sie darstellt, als was sie das Ding erscheinen läßt, als was es ihrem Sinn nach ist. Und vom Ding kann ich aussagen, es sei das in dieser Seite so und so Dargestellte.

Das Ding hat aber eine Dingumgebung, die mitaufgefaßt ist, und zur Dingumgebung gehört auch das Ich, natürlich das empirische Ich mit seinem empirischen Ichleib und seinen Erlebnissen. Und nun gehört zum empirisch miterscheinenden Verhältnis zwischen Ding und Ich dies, daß das Ich seine Raumstellung zum Ding hat und daß zu dieser Raumstellung, sofern sie erscheinende ist, gehört, daß das Ding gerade in dieser Seite zur Darstellung kommt. So besitzt die Seite nicht nur eine Beziehung zum Ding, sondern auch zum empirischen Ich und zu der Stellung zwischen beiden. Also: Die Seite ist etwas Subjektives, es ist „meine Wahrnehmungserscheinung", die mir zugehört, wofern ich diese und diese Stellung zum Ding einnehme. Und sie ist etwas Objektives. Sie gehört zum Ding, in ihr erscheint das Ding, in ihr kommt es zur Gegebenheit des „Selbstda".

Wende ich mich dem Ding zu und dann der Erscheinung, so finde ich nicht in gewissem Sinn zweierlei Gegebenheit, das Ding und die Erscheinung, nämlich insofern, als ich reflektierend nur Phänomenologisches finde, also kein Ding. Ich finde die Erscheinung und eine verschiedene Stellungnahme der Aufmerksamkeit, wozu freilich noch gehört ein neues Hinschauen, das Schauen der „Reflexion". Phänomenologisch habe ich bloß ein etwas geändertes Gewebe, in dem immer wieder die Erscheinung den hervorstechenden Hauptkern ausmacht, sachlich aber habe ich zweierlei Gegebenheit, da der Gegenstand Wiese ein anderer ist als der Gegenstand „Wiesenabschattung", „Wiesenerscheinung". Und so kommt es, daß wir die Neigung haben, einerseits dem natürlichen Urteilsding folgend zu sagen: Da ist das Ding; und andererseits im Hinblick auf die Erscheinung zu sagen: Die Erscheinung, diese Dingseite ist freilich da, aber nur in ihr ist das Ding gegeben; es ist nichts weiter als „Ding" zu finden, nämlich Erscheinung ist

Erscheinung des Dinges, und anderes liegt nicht vor; Ding haben und Seiten vor Augen haben ist einerlei. Wir haben nicht zweierlei, Ding und Dingseite oder Dingerscheinung.

Wir aber sagen: Es liegt verschiedenerlei vor; immer die Dingerscheinung, aber bald die Dingerscheinung objektiviert, d.i. selbst zum Gegenstand gemacht, zum Thema-Worüber, bald die Dingerscheinung nicht objektiviert, aber objektivierend und sich der Aufmerksamkeit und eventuell dem Urteil unterlegend. So erscheint das Ding nicht nur, sondern es ist das Ding nun Thema-Worüber. Und wieder liegt vor ein Beziehen zwischen Ding und Erscheinung und Ich, kurz, all das, was wir auseinandergesetzt haben.[1]

‹§ 42. *Veränderte und unveränderte Wahrnehmungen*›

Ich[2] habe in der letzten Vorlesung den allgemeinen Gang unserer Betrachtungen zu rekapitulieren begonnen. Ich will die Rekapitulation nicht in voller Ausführlichkeit fortsetzen, sondern nur in zwei Worten soviel in Erinnerung bringen, daß wir in fruchtbarer Weise anknüpfen können. Nachdem wir gewisse, allgemeinste Eigentümlichkeiten der Wahrnehmungen hervorgehoben hatten, schieden wir unveränderte, d.h. während ihrer phänomenologischen Dauer unveränderte Wahrnehmungen von den sich verändernden. Dabei bezog sich Veränderung und Unveränderung auf die den Wahrnehmungen zugrunde liegenden Erscheinungen. Die ersteren stellen die Gegenständlichkeit unverändert, aber immerfort nur von einer und derselben Seite dar, sie sind einseitig und einfältig. Die anderen können ebensowohl veränderte als unveränderte Gegenständlichkeiten darstellen, sie sind im allgemeinen mehrseitig und jedenfalls mehrfältig, sofern eben die Erscheinung bei diesen Wahrnehmungen ein Erscheinungskontinuum ist, allenfalls vermittelt durch Strecken unveränderter Erscheinung; jeder Phase des Erscheinungskontinuums entspricht durch bloße zeitliche Dehnung eine mögliche unveränderte Erscheinung. Insofern sind die Erscheinungskontinua vielfältig, kontinuierlich vielfältig.

[1] Vgl. zum vorangehenden eine kritische Notiz Husserls; siehe Beilage I (S. 339). — Anm. d. Hrsg.

[2] Beginn einer neuen Vorlesung. — Anm. d. Hrsg.

Wir schieden dann bei den vielfältigen Wahrnehmungen die verschiedenen Veränderungsfälle mit Beziehung auf die erscheinende Gegenständlichkeit; es hoben sich uns von den sonstigen Veränderungen ab die rein kinetischen. Das erscheinende Objekt ist in sich selbst nach all seinen konstitutiven Bestimmtheiten unverändert. Also unverändert bleibt der räumliche Körper des Dinges nach allen seinen inneren geometrischen Bestimmtheiten ebensowohl wie nach seinen Qualitäten, in erster Linie nach seinen primär materialisierenden, die wir speziell ins Auge fassen wollten. Dagegen bestehen äußere Veränderungen; nämlich entweder das Ding erscheint als sich bewegend oder es erscheint als ruhend, aber das wahrnehmende Ich bzw. sein Körper bewegt sich. Es bewegt sich das Auge, der Kopf oder der ganze Leib, es ändern sich die Relationen des Dinges zum Leib, und dem entsprechen immer wieder andere Erscheinungsweisen des Dinges.

Wir haben die kontinuierlich vielfältigen Wahrnehmungen, diese merkwürdig prä<empirischen> Zeitverläufe, nach gewissen allgemeinsten Eigentümlichkeiten studiert. Wir haben aufmerksam gemacht auf die im Wesen der in diese Kontinuität eingespannten Erscheinungsphasen gründende Identität der gegenständlichen Richtung; wir unterschieden Übereinstimmung und Identität des Sinnes, wir sprachen von dem Vorkommnis der Unbestimmtheit und der zugehörigen näheren Bestimmbarkeit, von Bereicherung und Andersbestimmung. Mit diesen Vorkommnissen hing die Rede von Erfüllung zusammen, doch wurden wir alsbald auf einen anderen Sinn dieser Rede aufmerksam, da wir beobachteten, daß gewisse Erscheinungen in der kontinuierlichen Synthesis ausgezeichnet zu sein pflegen, auf die der Ablauf der Synthesis sozusagen abgestimmt zu sein scheint. Wir wurden auf gewisse Maximalsphären aufmerksam, in welchen ein bevorzugtes Gegebenheitsbewußtsein besteht, ein solches, das eine vollkommenere Gegebenheit herzustellen beansprucht als die in dieser Weise nicht bevorzugten sonstigen Phasen. Von da wurden wir auf allgemeinere Erwägungen hingeleitet, die Frage betreffend, ob im Sinne dieser Vollkommenheit das Ideal immanenter, absoluter Gegebenheit liege oder ob nicht vielmehr absolute Gegebenheit in Form einer ruhenden Erscheinung oder eines ausgezeichneten Stückes der Synthesis durch das Wesen der Wahrnehmungsgegebenheit überhaupt ausgeschlossen sei. In der Tat, zu voller Gegebenheit gehört, wie wir sehen, die ganze Synthese in ihrer Unendlichkeit. Das Ideal war ein falsches Ideal.

‹§ 43. *Die Rolle der Glaubenssetzung in der kinetischen Wahrnehmungssynthesis*›

Mit diesen allgemeinen Betrachtungen ist nun die Analyse der kinetischen Wahrnehmungssynthesis nicht abgeschlossen. Einerseits haben wir das Moment der Glaubenssetzung und die ihr gleichgeordneten Modifikationen nicht in Rechnung gezogen, und andererseits bedarf es offenbar einer sehr schwierigen Einzelanalyse der in die Synthesis eingehenden Erscheinungen, und einer viel weiter dringenden als bisher, um die Konstitution der unveränderten Gegenständlichkeit in der Mannigfaltigkeit der wechselnden Erscheinungen und wieder um die Unterschiede zwischen Bewegung des Objekts und Bewegung des wahrnehmenden Subjekts phänomenologisch klarzustellen.

In der ersteren Hinsicht will ich nur kurz andeuten, daß es sich bezüglich des Glaubens und der gleichgeordneten Momente nicht um unerhebliche Annexe handelt, sondern um wesentliche und Einheit gebende Momente. In der Wahrnehmung im engeren Sinn steht das Erscheinende als Seiendes da, es gilt als wirklich. Es kann der wesentliche Kern des Phänomens, das, was wir Erscheinung nennen, aber erhalten bleiben, während dieser Charakter des Glaubens fehlt. Vielleicht geht Glauben in Zweifel, in Unglauben, in Annehmen, in ein Dahingestelltseinlassen, in eine bloße Glaubensneigung über und was dergleichen mehr. Dabei ist noch die Frage, welches die wirklich gleichgeordneten und primitiven Vorkommnisse sind und welches die komplizierten und fundierten. Z.B. im Zweifel schwanken wir zwischen Glauben und Unglauben; dieses Schwanken ist ein eigentümliches Phänomen, das fundiert ist in widerstreitenden Glaubensneigungen, widerstreitend aufgrund verschiedener, durch ihr Wesen einheitlich unverträglicher Erscheinungen.

In diesen verschiedenen und näher zu studierenden Vorkommnissen kann, nach idealer Möglichkeit gesprochen, dieselbe Erscheinung zugrunde liegen. Das braucht nicht zu sagen, daß die Erscheinung nicht ein identisches Stück im Wechsel solcher Charakterisierungen bedeute, als ob diese wie Annexe sich der

Erscheinung beifügten. Vielleicht, daß es sich um Modifikationen handelt, welche durch und durch gehen, andererseits aber ein abstrakt Identisches unter dem Titel Erscheinung in sich fassen. Demnach wird die kontinuierliche Synthesis der Erscheinungen auch in Hinsicht auf diesen intellektiven Charakter höherer Stufe ihre Einheit haben, und diese Einheit ist für die Konstitution der Dinglichkeit offenbar nichts Gleichgültiges. Sie ersehen dies aus Folgendem: Jede Erscheinung läßt sich in unendlich vielfältiger Weise in andere Erscheinungen überführen. Die Synthese, als unendliche genommen, ist trotz ihrer Unendlichkeit aber eine fest bestimmte, sofern sie die Synthesis sein soll, die dem bestimmten Ding zugehört, gerade dieses und kein anderes konstituierend. Diese Unendlichkeit ist herausgegriffen aus unendlich vielen Unendlichkeiten, d.h. aus unbegrenzt vielen anderen Synthesen, in die sich die ins Auge gefaßte Erscheinung auch einordnen könnte. Was macht die Festigkeit einer Synthese aus, daß sie in sich ein festes, mit sich identisches Ding konstituiert? Offenbar die Einheit des sich gerade in dieser Abfolge von Erscheinungen immer wieder bekräftigenden und bewährenden Glaubens, der die Einheit der Erfahrung ausmacht.

Natürlich, der Glaube ist nichts für sich, er geht als einheitlicher Charakter durch die Erscheinungen der Kontinuität hindurch und durch alle objektivierenden Momente dieser Erscheinungen. Und die Erscheinungen sind einheitlich verbunden in der Kontinuität, die ja eben darum Kontinuität heißt. Aber sie sind einheitlich im Modus des sich immer neu motivierenden und immer neu erfüllten Glaubens. Phantasieren wir ein Ding, so ist die Erscheinung nur darum eine Dingerscheinung, weil sie in der Phantasie ihrem Sinn gemäß gelten soll als zugehörig zu einer möglichen festen Synthesis. Dann tritt an Stelle des Glaubens, des wirklichen Glaubens, ein Phantasieglaube, der nun die Erscheinungen, die modifizierten Erscheinungen, wenn sie ablaufen, Einheit gebend durchherrscht. Phantasierend mögen wir ja freilich die Erscheinung beliebig sich modifizieren lassen. Es schwebt uns etwa eine rote Kugel vor, wir können sie gesetzlos in alle möglichen Raumformen übergehen lassen und gesetzlos alle möglichen Qualitäten hineinbringen. Herrscht eine Phantasieglaubensintention einheitlich, sich *quasi* bekräftigend und erfüllend, Strecken solcher Veränderung hindurch, so haben wir die

Vorstellung eines seine Form oder Farbe jetzt so, jetzt anders modifizierenden Dinges. Wird alles zur Willkür, wird die Einheit der durchgehenden, eine mögliche feste Synthesis auszeichnenden Erfahrung preisgegeben, dann ist auch von keinem Ding mehr die Rede, das da als ein festes und in sich identisches phantasiemäßig sich konstituierte. Also die Erscheinungen mögen einzeln oder streckenweise als Dingerscheinungen angesprochen werden können (und das geschieht nur mit Beziehung auf eine im Phantasieglauben mitgenommene Phantasiesynthesis), wird keine durchgehende Einheit möglicher Erfahrung festgehalten, so konstituiert sich nimmer ein Ding. Um ein Ding in der Phantasie zur Konstitution zu bringen, bedarf es einer in der Phantasie als Möglichkeit sich konstituierenden Einheit der Erfahrung. Einheit der Erfahrung ist also nicht bloß Kontinuität der Erscheinungen, sie setzt sie nur voraus. Das Ding ist „nicht bloß ‚Vorstellungs-' sondern ‚Urteils'-Einheit".

Das bezeichnet also eine Richtung fundamentaler Forschungen. Hier liegen sie nicht in unserer Linie. Es bedürfte für uns nur der Betonung der Urteilseinheit, die Erfahrung herstellt, damit unsere Erscheinungsanalysen in richtigem Sinn und gehöriger Begrenzung verstanden würden.

‹IV. Abschnitt

DIE BEDEUTUNG DER KINÄSTHETISCHEN SYSTEME FÜR DIE KONSTITUTION DES WAHRNEHMUNGSGEGENSTANDES›

‹8. Kapitel
Der phänomenologische Begriff der Kinästhese›

‹§ 44. *Vordeutung auf weitere Themen der Untersuchung*›

Es ist nun unsere Aufgabe, die Erscheinungsanalysen weiterzuführen, und zwar des ausgezeichneten und relativ einfacheren Falles bloß kinetischer Veränderungen. Die große Aufgabe wäre es hier, in die phänomenologische „Schöpfung" der dreidimensionalen Räumlichkeit bzw. in die phänomenologische Konstitution des identischen Dingkörpers in der Mannigfaltigkeit seiner Erscheinungen möglichst tief einzudringen. Diese Erscheinungen aber sind Bewegungserscheinungen. Alle Räumlichkeit konstituiert sich, kommt zur Gegebenheit, in der Bewegung, in der Bewegung des Objektes selbst und in der Bewegung des „Ich", mit dem dadurch gegebenen Wechsel der Orientierung. In der einzelnen, „einfältigen", Wahrnehmung erscheint uns zwar das Räumliche, und zwar sowohl das Ding nach seinem Raumkörper als auch seine Lage zu anderen Dingen (nämlich vermöge der Einordnung der Wahrnehmung in die umfassendere „Gesamtwahrnehmung"). In mehreren einfältigen Wahrnehmungen erscheint dann eventuell, nämlich in der verbindenden Synthesis der Identifikation, der Körper von verschiedenen Seiten. Aber zu voller und sich ausweisender Gegebenheit kommt er so nicht. Schon das ist zu beachten, und das ist eine Sache, die sich auf alle diskret gegebenen einfältigen Wahrnehmungen bezieht, daß in den vereinzelten Erscheinungen nicht so viel liegt, daß sich darin wirkliche Identität des erscheinenden Gegenstandes ausweisen könnte. Populär gesprochen, wenn ich eine bestimmte Dingwahrnehmung habe, etwa eines bekannten, und noch so bekannten Dinges, und eine diskrete zweite Wahrnehmung gäbe nun die Rückseite des Dinges, so mag ich die in der Erinnerung noch nachlebende erste Wahrnehmung synthetisch zur Identitätseinheit mit der neuen bringen. In der Tat, sie sind ihrem Wesen nach durch Sinnesidentität verbunden. Aber ich muß sogleich einschränken. Ich sagte, durch Sinnesidentität; das hieße, die Rückseite, wie sie in der ersten vorgestellt ist, tritt in der zweiten selbst in die Erscheinung. Aber ist diese Tatsache gegeben? Es ist doch möglich, daß die zweite Wahrnehmung sich auf einen zweiten, dem ersten völlig gleichen Gegenstand bezieht derart, daß ich den ersten von der Vorderseite und den zweiten von der Rückseite sehe. Also hätten wir möglicherweise Sinnesgleichheit, aber nicht Sinnesidentität, und allgemeiner, wir hätten Gleichheit der gegenständlichen Richtung, nämlich Richtung auf Gleiches, nicht aber Identität als Richtung auf Identisches, auf den einen und selben Gegenstand.

Nur wenn in der Einheit der Erfahrung der stetige Übergang von der einen Wahrnehmung in die andere gewährleistet ist, dürfen wir von der Evidenz sprechen, daß die Identität gegeben sei. Die Einheit des Gegenstandes weist sich nur aus in der Einheit der die mannigfaltigen Wahrnehmungen kontinuierlich verknüpfenden Synthesis, und diese kontinuierliche Synthese muß zugrunde liegen, damit die logische Synthese, die der Identifizierung, evidentes Gegebensein der Identität der in verschiedenen Wahrnehmungen erscheinenden Gegenstände herstellt. Die Wahrnehmungen müssen sich als Phasen in die Synthesis einordnen, und das sehen wir eben nur, wenn wir die Synthesis vollziehen.

Diese wichtige Tatsache gilt allgemein. In unserem Fall besagt sie, daß ein identisch-ungeänderter Raumkörper sich als solcher nur ausweist in einer kinetischen Wahrnehmungsreihe, die kontinuierlich seine verschiedenen Seiten zur Erscheinung bringt. Der Körper muß sich drehen und verschieben, oder ich muß mich, meine Augen, meinen Leib bewegen, um ihn herumgehen und mich zugleich nähern und entfernen; oder endlich, beides muß stattfinden. So drückt sich die Sachlage vom Standpunkt des erscheinenden Dinges aus.

Wie sehen nun die hierher gehörigen phänomenologischen Zusammenhänge aus? Was konstituiert in ihnen die dreidimensionale Räumlichkeit von den bekannten Beschaffenheiten, was den Dingkörper in seiner Identität, was seine mannigfaltig mögliche Bewegung und seine Stellung zum Ich-Zentrum? Wir wissen, daß Räumlichkeit sich doppelt konstituiert, einmal mit den visuellen, das andere Mal mit den taktuellen Bestimmtheiten. Wir können also scheiden: Wie konstituiert sich der visuelle und wie der taktuelle Raum, wofern sie überhaupt voneinander unabhängig sich konstituieren? — Jedenfalls ihren Anteil müssen wir feststellen können. — Und was macht die Identität des Raumes, der sich einmal visuell und das andere Mal taktuell materialisiert und in der doppelten Materialisierung der eine und identische ist?

Es ist leichter, Fragen zu stellen, als sie zu beantworten. Es wäre eine ungeheuerliche Anmaßung von mir, wenn ich beanspruchen wollte, mit den nachfolgenden Bemerkungen die Fragen beantwortet zu haben. Es handelt sich um erste Anfänge, die nur zeigen können, daß die Probleme angreifbar und wirklich lösbar sind, obschon man ohne Übertreibung wird sagen dürfen, daß sie zu den schwierigsten im Bereich der menschlichen Erkenntnis gehören. Uns aber kommt zugute, was wir an vorbereitender Arbeit zur Phänomenologie der Dinglichkeit in diesem Semester schon getan haben.[1]

<§ 45. *Ruhe und Bewegung des unveränderten Dinges in bezug auf Ruhe und Bewegung des wahrnehmenden Ich*>

Wir wollten[2] die phänomenologische Gegebenheit (das sich phänomenologisch Konstituieren) des visuellen Dinges erforschen, und zwar in einer bestimmten Beschränkung. Es handelt sich um das Ding, das unverändert dasselbe ist in der Mannigfaltigkeit der kinetischen Erscheinungen. Die Identität des Dinges bleibt gewahrt in verschiedenen Änderungsreihen. Objektiv gesprochen

---

[1] Wir unterscheiden das Denken eines Dinges, seiner Ruhe und Bewegung, und das Wahrnehmen. Ich weiß im Denken, daß ich mich mit der Erde im Weltraum bewege, aber ich „sehe" es nicht.

[2] Beginn einer neuen Vorlesung. — Anm. d. Hrsg.

kann die Änderung eine bloß kinetische sein, der gesamte konstitutive Bestand des Dinges bleibt dann ungeändert. Ungeändert bleibt dabei erstens der Dingkörper, der Körper im Sinne der Geometrie als Körperlehre, und andererseits die den geometrischen Körper füllende Materie. Wir sagen einfach, das Ding bleibt ungeändert, es bewegt sich „nur". Das Ding als das Identische in den stereometrischen Änderungen (Identisches der bloßen Gestaltänderungen) und wieder als das Identische in den „materiellen" Änderungen werden wir später behandeln müssen. Offenbar handelt es sich hier um eine notwendige, in der Natur der Sachen liegende Teilung der allgemeinen Aufgabe der Dingkonstitution.

Das unveränderte Ding kann nun ruhen und sich bewegen. Die Erscheinungen der Ruhe und Bewegung des Dinges sind mannigfaltige, und zwar versuchen wir, eine Art Übersicht zu gewinnen, indem wir auf die Bewegungen oder Unbewegungen des wahrnehmenden Ich Rücksicht nehmen.

I. Fürs erste kann ich wahrnehmend in voller Bewegungslosigkeit verharren: Mein Auge, mein Kopf, mein ganzer Leib in Ruhe, soweit dergleichen für die kinetische Erscheinung überhaupt bedeutsam sein mag. Dann kann das Objektfeld der Wahrnehmung

1) in Ruhe sein, natürlich erscheinungsmäßig. Soll dies der Fall sein, so muß das Gesamtphänomen unverändert bleiben, und speziell die darstellenden Inhalte, der Gesamtempfindungsbestand, der der Auffassung des Objektsfeldes dient, bleibt unverändert. Sowie das visuelle Feld merkbare Änderung erfährt, erscheint notwendig Bewegung oder sonstige Änderung.

2) Unter den gegebenen Voraussetzungen kann auch Bewegung erscheinen. Dann ändern sich die darstellenden visuellen Inhalte im visuellen Feld, und zwar in einer gewissen, näher zu erforschenden Weise. Bewegung im Objektfeld läßt wieder verschiedene Möglichkeiten zu: Es können einzelne Objekte in Ruhe erscheinen, es können alle sich bewegen. Für ein ruhend erscheinendes Objekt im bewegten Objektfeld müssen seine darstellenden Inhalte unverändert bleiben, solange es wirklich im Objektfeld bleibt. Wird das Objekt partiell oder ganz verdeckt, so tritt es eben aus dem Objektfeld partiell oder ganz heraus. Solange es aber wirklich gegeben und soviel von ihm gegeben ist, ist es hinsichtlich seiner Darstellung unverändert. Umgekehrt hinsichtlich

der bewegten Objekte: Bewegungserscheinung setzt Veränderung der darstellenden Inhalte voraus. Dies alles unter unserer Annahme völlig unbewegter Körperhaltung und Augenstellung (auch Akkommodation fest gedacht).

An dem Ausgeführten wird nichts durch die Möglichkeit geändert, daß bei völlig unverändertem Erscheinungsgehalt objektiv doch Bewegung statthabe, wie wenn ich z.B. mitsamt meiner gesamten Wahrnehmungsumgebung im objektiven Raum bewegt werde. Wir sprechen hier nicht von objektiver Bewegung, sondern von Erscheinung der Bewegung. Und dies ist nur möglich bei Veränderung des visuellen Feldes.[1]

II. Anstatt den Leib still zu halten, können wir ihn bewegen. Das gibt jedenfalls phänomenologische Veränderungen schon dadurch, daß die Bewegungsempfindungen in bestimmten Änderungsreihen abfließen. Damit verbinden sich aber verschiedene Systeme von visuellen Änderungsreihen. Die Ich-Bewegungen, die für die Dingerscheinungen relevant sind, zerfallen in mehrere voneinander unabhängige Bewegungssysteme. Die Augen können sich bewegen, der Kopf, der Oberleib usw. Dabei ist wohl zu scheiden zwischen „sich bewegen" und „bewegt werden". Das Bewegtwerden ist eine objektive Tatsache. Weiß ich nichts davon, und vor allem ist es nichts Erscheinendes, so ändert es nichts an der erscheinenden Objektwelt. Es kommt also vor allem auf das „sich bewegen" an, das sich bekundet in den kinästhetischen Empfindungen. Um die Verhältnisse hier zu studieren, werden wir besonders an die Augenbewegungen uns halten. Sie bilden ein System für sich. Der übrige Körper mag völlig ruhen. Es kann bei bewegtem Auge ein ruhiges Ding erscheinen, und es erscheint so, während die Phänomene sich mannigfaltig und stetig ändern. Zur Selbigkeit des unveränderten Dinges gehört hier eine gewisse ausgezeichnete Änderungskontinuität der darstellenden visuellen Inhalte. Die Änderungsreihe ist wieder eine bestimmte, aber ganz andere, wenn das Objekt als bewegt erscheint und je nachdem als in dieser oder jener Weise bewegt.

Wie konstituiert sich nun in dieser verwirrenden Fülle von Erscheinungen Ruhe und Bewegung? Ruhe des Dinges, des

[1] Natürlich ist es anders, wenn wir Einfühlung dazunehmen. Wir sprechen hier nicht vom intersubjektiven Ding.

materiell und stereometrisch unveränderten Dinges, besagt völlige Veränderungslosigkeit desselben. Wie kommen Mannigfaltigkeit und kontinuierlich sich ändernde Erscheinungen dazu, ein völlig Veränderungsloses vor Augen zu stellen, z.B. in einer Mannigfaltigkeit von „Augenbewegungen" und sonstigen „Körperbewegungen" und den durch diese Worte angedeuteten bestimmten phänomenlogischen Veränderungen? In ihnen konstituiert sich Bestimmtheit des Dingkörpers und seiner „Lage", seines Ortes, und so Bestimmtheit jedes Raumortes. Und welche Erscheinungsveränderungen konstituieren dann Bewegung als Veränderung des Ortes, Verschiebung und Drehung eines identischen Körpers?

‹§ 46. *Darstellende und kinästhetische Empfindungen*›

Es scheint in unserem Anfang eine Inkonsequenz zu liegen. Wir wollten doch das visuelle Ding und die visuelle Konstitution von Räumlichkeit und Örtlichkeit betrachten, und nun ziehen wir von vornherein die Leibesbewegungen hinein und durch sie die Bewegungsempfindungen, die doch nicht in die Gattung der visuellen Inhalte gehören. Es stellt sich aber bald heraus, daß visuelle Inhalte rein für sich nicht ausreichen, um als Auffassungsinhalte für visuelle Räumlichkeit und für Dinglichkeit überhaupt zu dienen. Und ich füge gleich bei: Dasselbe gilt von den Tastinhalten und den Tasträumen.

Die Rede von visuellem und taktuellem Raum hat, wie aus unseren früheren Ausführungen hinreichend deutlich hervorgegangen ist, sicher eine gewisse Berechtigung. Sie weist hin auf gewisse Klassen von Empfindungen, welche die auszeichnende Eigentümlichkeit haben, sich zu Feldern zusammenzuschließen. Und darin wieder liegt: Empfindungen der Art wie etwa die visuellen (von den taktuellen gilt dann desselbe) lassen an ihrer Konkretion zweierlei Momente unterscheiden, materielle und extensionelle Momente der Materie (der Qualität in einem weiteren Sinn) bedecken oder erfüllen eine präempirische Ausdehnung, und zwar notwendig. Das Rot-Moment in der und der Helligkeit und Sättigung ist, was es ist, nur als Fülle einer gewissen Ausbreitung; es dehnt sich aus. Wir können nun sagen: Nur Empfindungen, die solche Eigentümlichkeiten zeigen, sind dazu befähigt, Dinglichkeit zur Darstellung zu bringen, objektive Materie, in objektiver Räumlichkeit sich ausbreitend, zur Darstellung zu bringen. Soll materiell erfüllter Raum objektiv erscheinen, so muß er sich in einem Empfindungsfeld, in einer Empfindungsprädikation, gleichsam in einem Bilde darstellen.[1] Empfindungsklassen, die keine Felder haben, zu deren Konkretion ursprünglich keine „Extension" gehört, sind also zu projizierender Darstellung unfähig. Sie können nur zu Darstellungen für sekundäre Raumfüllen, für sekundäre dingliche Bestimmtheiten dienen, die dem Ding, dem schon anderweitig konstituierten, anhängen und ihm dann ebensogut zukommen können als ihm fehlen (das Ding, bald tönend, bald nicht tönend, bald warm, bald ohne Temperaturbestimmtheit usw.).

Sieht man nun näher zu, so erschöpft die projizierende und dabei notwendig materialisierende Darstellung nicht Darstellung überhaupt und im weitesten Sinn, wofern wir unter „Darstellung"[2] den Titel verstehen, der alle Empfindungsinhalte befaßt, all das, was an physischen Daten in die Einheit der Erscheinung eingeht und beseelende Auffassung erfährt, eben dadurch Erscheinung der Dinglichkeit ermöglichend. Ich habe hier natürlich die Bewegungsempfindungen im Auge. Sie spielen bei der Auffassung jedes äußeren Dinges eine wesentliche Rolle, aber weder werden sie so aufgefaßt, daß <sie> eigentliche, noch daß sie uneigentliche Materie vorstellig machen; sie gehören nicht zur „Projektion" des Dinges. Nichts Qualitatives entspricht ihnen im Ding, und auch den Körper schatten sie nicht ab, stellen sie nicht projizierend dar. Und doch, ohne ihre Mithilfe ist kein Körper da, kein Ding.

Damit ist gesagt, daß das extensionale Moment der Gesichtsempfindung wie auch der Tastempfindung zwar Räumlichkeit abschattet, aber doch zur Ermöglichung der Konstitution von Räumlichkeit nicht ausreicht, ebensowenig, als das qualitative Moment zur Konstitution des objektiven raumfüllenden Merkmals ausreicht. Es bedarf noch neuer Empfindungen, und wir sprechen hier von den Bewegungsempfindungen, und diese haben in der

---

[1] Vgl. hierzu eine kritische Notiz Husserls; siehe Beilage I (S. 340). — Anm. d. Hrsg.

[2] Vgl. zum Begriff „Darstellung" eine kritische Notiz Husserls; ebd. (S. 340). — Anm. d. Hrsg.

beseelenden „Auffassung" natürlich eine ganz andere Stellung und Funktion als die darstellenden Inhalte. Sie ermöglichen Darstellung, ohne selbst darzustellen. Doch muß ich terminologisch gleich bemerken, daß das Wort Bewegungsempfindung für uns unbrauchbar ist, da nicht gemeint sein soll, daß wir die Bewegung des Dinges empfinden oder auch nur, daß sich in ihnen Bewegung des Dinges darstellt. Bekanntlich bezieht sich das Wort auf den sich Bewegenden und will psychologisch verstanden sein. Wir werden unter Ausschluß der psychologischen Bedeutung das Wort *kinästhetische Empfindung*, das als Fremdwort weniger beirrend ist, verwenden. Natürlich haben wir es bei „Augen-, Kopf-, Handbewegungen" usw. mit kontinuierlichen Empfindungsverläufen zu tun, die sich beliebig terminieren und deren jede Phase sich bei unverändertem Inhalt in eine Dauer ausbreiten läßt. Diese unveränderten Empfindungen ergeben uns also die schlichten kinästhetischen Empfindungen im Gegensatz zu den kinästhetischen Veränderungen oder Verläufen.

Natürlich bestimmen wir den Begriff dieser Empfindungsgruppe nicht psychologisch oder psychophysisch, sondern phänomenologisch. Ob sie eine grundwesentliche neue Grundgattung von Empfindungen ausmachen oder nicht vielmehr mit den Tastempfindungen in eine obere Gattung zusammengehören, das ist eine Doktorfrage. Für uns kommt nur in Betracht, daß sie, ob in visuellen oder taktuellen Erscheinungen fungierend, doch gegenüber allen visuellen und taktuellen Empfindungen ihre bestimmte Eigenart haben, daß sie mit diesen Empfindungen zwar verbunden und, wenn man will, verwoben auftreten, aber sich doch nicht mit ihnen mischen können, als ob sie mit ihnen die Funktion vertauschen könnten.

<§ 47. *Einlegung der kinästhetischen Empfindungen in den Leib*>

Ich sagte, <daß> die Bewegungsempfindungen keine Materie darstellen, und das bezog sich auf das erscheinende Außending. In gewisser Weise gilt es nicht von dem Ichleib, dem sie ja erscheinungsmäßig eingelegt werden. Dies geschieht aber in einer Weise, die den Leib von allen äußeren Dingen wesentlich unterscheidet. Einerseits ist der Leib auch ein Ding, physisches Ding wie irgendeines sonst, nämlich sofern es seinen Raum hat, und mit eigentlicher und anhängender Materie erfüllt hat. Es ist ein Ding unter anderen Dingen, zwischen ihnen hat es seine wechselnde Lage, es ruht oder bewegt sich wie andere Dinge. Andererseits ist dieses Ding eben Leib, Träger des Ich; das Ich hat Empfindungen, und diese Empfindungen werden im Leib „lokalisiert" teils denkmäßig, teils unmittelbar erscheinungsmäßig. Sehend lokalisiere ich die Gesichtserscheinungen allerdings nicht erscheinungsmäßig in meinem Körper, wohl aber die Tastempfindungen und die mit ihnen verflochtenen Empfindungen, darunter Bewegungsempfindungen. Die tastende Hand „erscheint" als die Tastempfindungen habend. Dem betasteten Objekt zugewendet erscheint als ihm zugehörig Glätte oder Rauhigkeit; achte ich aber auf die tastende Hand, so hat sie die Glätteempfindung oder Rauhigkeitsempfindung und hat sie an oder in der erscheinenden Fingerspitze. Ebenso werden die Lage- und Bewegungsempfindungen, die ihre objektivierende Funktion haben, zugleich der Hand und dem Arm zugedeutet als in ihnen steckend. Taste ich mit der linken Hand die rechte, so konstituiert sich mit den Tast- und kin‹ästh›etischen Empfindungen wechselweise die Erscheinung der linken und rechten Hand, eine über die andere sich so und so bewegend. Zugleich aber, nämlich bei Wechsel der Auffassung, ‹erscheint› das sich Bewegen in dem anderen Sinn, der nur dem Leib zukommt, und überhaupt werden dieselben Empfindungsgruppen, die objektivierende Funktion haben, bei Wechsel der Aufmerksamkeit und Auffassung subjektivierend aufgefaßt, und zwar als etwas, was die in der objektivierenden Funktion erscheinenden Leibesglieder in sich lokalisiert „haben".

Da gibt es phänomenologisch allerlei zu analysieren. Hier kommt es nur darauf an, daß sich die Konstitution physischer Dinglichkeit in merkwürdiger Korrelation mit der Konstitution eines Ichleibes verflicht. Dieser ist auch ein physisches Ding und konstituiert sich wie jedes physische Ding und zeichnet sich doch vor allen anderen physischen Dingen erscheinungsmäßig aus, nämlich durch eine Klasse anhängender Bestimmtheiten,[1] die ihm ausschließlich, und zwar in eigentlicher Erscheinung zugehören. Es sind das die „subjektiven" Bestimmtheiten. Zu diesen gehören die kinetischen Empfindungen, aber auch andere

[1] Vgl. dazu eine kritische Notiz Husserls; siehe Beilage I (S. 340). — Anm. d. Hrsg.

Empfindungen, die sogar eine primär materialisierende Funktion für die erscheinenden Dinge haben, wie die Tastempfindungen; dazu Gefühle, wie Schmerz und Lust usw. Halten wir uns bloß an die Empfindungen, die eine dinglich objektivierende Funktion haben, so finden wir, daß sie eine Doppelauffassung annehmen, einmal diejenige, die das physische Ding und auch den Leib als physisches Ding erscheinen läßt und das andere Mal diejenige, die den Leib als empfindenden, als den Träger der und der Empfindungen erscheinen läßt. So werden aus ihnen anhängende Bestimmtheiten eigener Art, subjektive und dem Leib eingelegte, in ihm lokalisierte Vorkommnisse. Gehen wir über den Bereich eigentlicher Erscheinung und der Erscheinung überhaupt hinaus, so erwächst hieraus schließlich die Introjektion aller Empfindungen und aller Erscheinungen, aller phänomenologischen Vorkommnisse in das Ich und den Ichleib, ebenso wie die Möglichkeit, anderen physischen Dingen introjizierende „psychische Vorkommnisse", „Erlebnisse der Empfindung, Wahrnehmung usw." einzulegen und sie als „beseelte Leiber" aufzufassen. Aber das geht schon über unsere Linie hinaus. Speziell interessieren uns hier die kinetischen Empfindungen. (Sie sind nicht für die Erscheinung physischer Dinglichkeit wesentlich.) Sie sind nicht darstellende im prägnanten Sinn, sie konstituieren keine Dingmaterie, auch keine anhängende. Sie lassen nur eine Auffassung zu, die sie in anhängende Bestimmtheiten verwandelt, nämlich nur die subjektivierende, die prinzipiell allen Empfindungen zugänglich ist und die den schon anderweitig konstituierten Ichleib voraussetzt, damit aber voraussetzt, daß kinetische Empfindungen in anderer Weise fungiert haben.

Es wird sich darum handeln, unter Absehen von der subjektivierenden Vergegenständlichung die physisch-objektivierende Funktion der kinetischen Empfindungen zu verstehen und damit überhaupt die Konstitution der Dinglichkeit zu verstehen. Und abgesehen ist es auf das unveränderte Ding, identisch dasselbe, nur bald hier, bald dort seiend, bald ruhend, bald seinen Ort verändernd.

<9. Kapitel
Die Korrelation zwischen visuellem Feld und kinästhetischen Verläufen>

<§ 48. *Die Darstellungsmittel des visuellen Feldes*>

Überlegen wir die Darstellungsmittel, und zwar für das visuelle Ding, und beschränken wir uns auf die Darstellungsmittel des Einauges. Die eine Gruppe bietet uns der Titel visuelles Feld; in ihm breiten sich prä<empirische> „Materien" aus. Wir haben hier also Materie und „Form" oder, um das vieldeutige Wort Form zu vermeiden, Materie und Ausbreitung prä<empirisch> zu unterscheiden. Daß diese Scheidung phänomenologisch ihr Recht hat, ist, denke ich, zweifellos. Sie besteht offenbar unabhängig von der Bewegung; es sind, ob die Erscheinung sich ändert oder nicht ändert, ob Verläufe von Bewegungsempfindungen statthaben oder nicht statthaben, in jeder konkreten visuellen Empfindung die zwei Momente vorhanden. Es besteht ja — innerhalb gewisser Grenzen erfassen wir sie zunächst — unabhängige Variabilität. Betrachten wir die Sachlage an Phänomenen, die eben günstige analytische Bedingungen bieten, an Phänomenen innerhalb der Sphäre „deutlichen Sehens", so finden wir, daß dieselbe Qualität (hinzugenommen die ihr wesentlich zugehörigen Momente, wie Helligkeit und Sättigung) gewisse Modifikationen erfahren kann, Modifikationen der Ausbreitung. Und umgekehrt kann dieselbe Ausbreitung Modifikationen erfahren hinsichtlich der Qualität, der Qualität im engeren Sinn, der Helligkeit, der Sättigung oder alles das zusammen. In mehreren Erscheinungen können wir Gleichheit der Ausbreitung finden bei Ungleichheit der Fülle, ebenso bei Gleichheit der Fülle Verschiedenheit der Ausbreitung, dazu in beiderlei Hinsicht verschiedene Abstufungen der Ähnlichkeit bis zur Unähnlichkeit. Zum Wesen dieser Sachlage, die die Worte „Feld" und konkret „Inhalte im Feld" andeuten, gehört der Unterschied der Lage. Zwei gleiche visuelle Konkreta (gleich sowohl nach Ausbreitung als nach Materie) unterscheiden sich nur durch ihre Lage; die eine ist hier, die andere dort. Ferner, zwei hinsichtlich der Ausdehnung verschiedene Konkreta können sich nach Größe und Figur unterscheiden. Vollkommene Ausdehnungsgleichheit ist Gleichheit nach Größe und Figur, aber beides kann unabhängig variieren. Hierbei ist angenommen, daß sich wirkliche Empfindungskonkreta für sich abschließen, abgrenzen. Das Feld kann eine innerlich unbegrenzte Einheit sein, es kann aber auch in sich Grenzen haben und Einheiten gegen andere abgrenzen, kann sich aufteilen und kann Einheiten in Teile zerfallen lassen, die einheitlich umgrenzt sind und dann wieder in sich begrenzte Teile haben.

Da gäbe es vielerlei zu beschreiben. Jedenfalls übersieht man, daß diese Teilbarkeit durch Begrenzung auch mit sich führt, und wesentlich mit sich führt, das Aneinandergrenzen und daß hinsichtlich der in einem Ganzen sich begrenzenden und aneinandergrenzenden Teile ein geordneter Zusammenhang besteht. Eben dies charakterisiert das Feld, daß eine mannigfache Zerstückung als Möglichkeit zu ihm gehört, und daß jede disjunkte Zerstückung einen Ordnungszusammenhang begründet. Die Teilung konstituiert sich erscheinungsmäßig vermöge qualitativer Diskontinuitäten. Teile ich ‹das Feld› etwa durch eine Reihe farbiger Stufen von diskreter Qualität, rot, blau, grün; rot, blau, grün etc., so hat jede Stufe ihren bestimmten Nachbarn, dieser wieder usw. Das gibt feste Ordnung. Demnach hat jedes Stück des Sehfeldes, jedes visuelle Konkretum, das in ihm zu unterscheiden ist, seine Stellung im Gesamtzusammenhang, und innerhalb dieses Konkretums jeder Teil und schließlich jeder kleinste noch unterscheidbare Teil und jede Grenze, jeder Punkt.

Diese Ordnung ist es, die uns das Feld als ein festes Lagensystem charakterisiert. Jedem unterscheidbaren konkreten Empfindungselement entspricht seine Lage, sein Hier. Und dieses Hier ist ein ihm zugehöriges Moment, das Relationen des Abstandes begründet. „Kontinuierlich" ist jedes Element im Feld überzuführen in andere, etwa bei Erhaltung voller Gleichheit, und dabei ändert sich kontinuierlich das Hier, der Ort in immer wieder andere Orte. Darauf führt „Verschiebung" und „Drehung" im Feld zurück. Bei der Drehung erhält ein Element seine Stellung, andere verändern sie unter Erhaltung der relativen Abstände usw. Wir kommen schließlich darauf, daß das Sehfeld eine zweidimensionale Mannigfaltigkeit ist, in sich kongruent, stetig, einfach zusammenhängend, endlich, und zwar begrenzt; es hat einen Rand, der kein Jenseits hat. Die Zweidimensionalität besagt, daß jedes Stück des Feldes begrenzt ist durch unselbständige Grenzen, die selbst wieder stetige Mannigfaltigkeiten sind, also abermals zerstückbar derart, daß die Stücke „aneinander grenzen". Die Grenzen sind jetzt aber unzerstückbar, sie sind einfache Ausdehnungselemente, „Punkte". Die Grenzen der Stücke des visuellen Feldes sind stetige Punktmannigfaltigkeiten, deren Stücke durch Punkte begrenzt sind, d.h. sie sind Linien. Und das charakterisiert die zweidimensionale Mannigfaltigkeit, daß die Grenzen ihrer Stücke Linien sind. Der Zusammenhang des Feldes ist dabei nirgends durchbrochen. Jedes Stück ist zerstückbar, hat ein Inneres und Äußeres, und von dem Inneren jedes Stückes geht die Möglichkeit stetiger Wege in das Innere jedes Stückes. Das Letzte, nicht mehr zerstückbar und nicht mehr begrenzbar, ist der Punkt, wobei es zu erwägen wäre, ob nicht im Wesen des Feldes prinzipiell Zerstückbarkeit *in infinitum* ruht, oder ob die faktische Zerstückung, die auf *minima visibilia* führt, in diesen wesentlich letzte Elemente ergibt, ob also Punkte und visuelle Atome einerlei sind. Zu beachten wäre für die Beantwortung der Frage die wesentliche Ähnlichkeit des Sehfeldes in sich selbst, im großen und kleinen, im ungeteilten und geteilten, in der Verschiebung und Drehung. Offenbar ist es diese immanente Ähnlichkeit, welche als evidente gattungsmäßige Gleichheit die Übertragung der sozusagen im Makroskopischen gefundenen Wesensverhältnisse auf die mikroskopischen und jenseits der Teilbarkeit liegenden „Atome" begründet.

In all diesen Erscheinungen ist nun zu beachten, daß die Termini, die wir gebraucht haben, nicht im räumlichen Sinn zu verstehen sind, also Termini wie Linie, Punkt, Lage, Figur, Größe usw. Wir haben schon früher gesagt, daß das visuelle Feld nicht etwa eine Fläche im objektiven Raum ist, was gar keinen Sinn gibt, und ebensowenig sind Punkte und Linien im Sehfeld Punkte und Linien im objektiven Raum, oder gar zu räumlichen Punkten und Linien in irgendwelchen räumlichen Verhältnissen stehend.

Das visuelle Feld bietet uns also vermöge seiner Wesenseigentümlichkeiten neben den präempirischen Materien die prä‹empirischen› Orte, Figuren, Größen u.dgl. Weiter kommen als Darstellungsmittel in Betracht die möglichen Veränderungen.

Ein Feldkonkretum kann sich *quasi*-materiell verändern nach Qualität, Helligkeit, Sättigung bei fester Umgrenzung in der und der Größe und Figur und Lage. Es kann aber auch in diesen Hinsichten sich ändern, sei es allein, sei es zugleich qualitativ. Also *quasi*-Verschiebung, *quasi*-Drehung sind möglich, *quasi*-Zusammenziehung oder -Auseinanderdehnung und -Zerrung usw. Es können auch die Begrenzungen vage werden, indem die Schärfe der qualitativen Diskontinuität nachläßt; zu erwähnen sind hier die markanten und für Darstellungszwecke bedeutsamen Vorkommnisse bei derjenigen Lagenänderung eines visuellen Gebildes, die dasselbe in den Rand des Sehfeldes überführt, und wieder die Veränderungen, die wir als Akkommodationsveränderungen objektiv zu bezeichnen pflegen.

Natürlich dürfen auch diese Veränderungen niemals im dinglichen und empirisch-räumlichen Sinn interpretiert werden. So können wir wohl von einer bloßen Bewegung eines „Bildes", d.i. eines visuellen Konkretums im Sehfeld, allerdings nur innerhalb enger Sphären, sprechen. (Bekanntlich gehen beim Übergang von der Feldmitte gegen den Feldrand immer qualitative Veränderungen vonstatten.) Aber das sich bewegende Bild ist kein sich bewegendes empirisches Ding. Zum Wesen des Dinges gehört es allerdings, mit sich selbst identisch zu sein im Fluß seiner Veränderungen. Aber nicht jedes Identische im Fluß von Veränderungen ist ein Ding im empirischen Sinn. Es ist allgemein Folgendes auszuführen: In jeder in einem prä‹empirischen› Zeitfluß ablaufenden Kontinuität „liegt" eine Identität, nämlich es liegt die ideale Möglichkeit vor, die Kontinuität im Einheitsbewußtsein zu vollziehen, also Identität eines Gegenständlichen im Fluß der Phasen zu erschauen und als Gegebenheit anzusetzen, somit auch die Möglichkeit, analytisch aus der Einheit herausgenommene Phasen in ein synthetisches Identitätsbewußtsein zu einigen und sich zum evidenten Bewußtsein der Identität des in diesen Phasen sich „darstellenden" „Gegenständlichen" zu erheben. Das ist ein Wesensgesetz, gültig für alle im prä‹empirischen› Zeitfluß ablaufenden Kontinua. Z.B. ein Ton dauert oder er verändert sich, je nachdem in dem Zeitfluß des tonalen Ablaufes alle Zeitphasen gleiche Zeitfülle haben oder wechselnde Zeitfülle (stetige oder in einzelnen Phasen diskret wechselnde Zeitfülle). Den tonalen Verlauf erlebend, können wir auf den Ton als das Identische im Verlauf hinsehen. Der Ton, der sich ändert, ist Einheit in der fließenden und wechselnden Mannigfaltigkeit. Er ist adäquate Gegebenheit im Einheitsbewußtsein, aber keine reell immanente Gegebenheit; eine Transzendenz, wenn wir das reell Immanente schlechthin als immanent bezeichnen, eine Transzendenz, gegeben auf dem reinen Grund der Immanenz. Ich sprach in dieser Hinsicht im letzten Semester[1] von prä<empirischer> Substanz und von prä<empirischen> Akzidentien. Der Ton ändert z.B. seine Tonhöhe oder seine Klangfarbe, oder die eine bleibt unverändert, die andere ändert sich. Offenbar nehmen die Momente der einzelnen Phasen an der Substantialisierung Anteil, sie erhalten Einheit durch das sie verbindende Einheitsbewußtsein: Die Höhe des Tones <ist> das Identische aller in den Tonphasen vorhandenen Höhenmomente.

Diese Objektivierung, die zum Wesen des Abflusses einer Kontinuität, sei es einer Kontinuität gleicher oder eine Kontinuität stetig oder stetig-diskret <sic!> wechselnder Daten gehört, kommt natürlich auch den visuellen Daten, sowie sie in unveränderter Dauer oder im Veränderungsfluß begriffen sind, zugute. Auch im visuellen Feld können wir also prä<empirische> Substantialisierungen vornehmen, und wir tun es, so wie wir sagen und schauen: „Dieses Bild ändert seine Färbung, seine Helligkeit, seinen Ort.“ Und insofern ist hier auch die Rede von Bewegung und eventuell von bloßer Bewegung als bloßer Ortsveränderung evident fundiert. Aber so <ein> wichtiges Stück der Dingobjektivierung mit der „Identität in der Kontinuität“ aufgewiesen ist, so ist das noch nicht dingliche Identität, und es gehört noch ein ungeheurer Weg dazu, um zu ihr vorzudringen. Die Tonidentität ist Identität im aktuellen phänomenologischen Fluß und reicht darüber nicht hinaus, jene Bildidentität in der präempirischen Lagenänderung ist Identisches in dieser aktuellen Änderung, in dieser „Bewegung“. Das Ding ist aber nicht nur in und mit dem Fluß seiner aktuellen, sondern auch seiner möglichen Veränderungen, und die möglichen sind zwar unendlich, aber fest

[1] Es handelt sich wohl um die Vorlesung *Einleitung in die Logik und Erkenntnistheorie*, die Husserl im Wintersemester 1906/07 in Göttingen gehalten hat. — Anm. d. Hrsg.

umgrenzte. Und das empirische Ding ist das im Fluß der prä<empirischen> Vorkommnisse erscheinende, aber nicht das in ihnen „liegende", aus ihnen adäquat zu entnehmende Identische. Niemand nimmt zweierlei Dinge wahr, die äußeren Dinge und die immanenten Felddinge. Z.B. wenn bei Bewegung der Augen ein ruhendes Dingobjekt erscheint, so vollzieht das Bild eine *quasi*-Bewegung im visuellen Feld. Wie können darauf achten, können die Ortsveränderung des Bildes im Feld bemerken, wir nehmen dann nicht ein sich bewegendes Ding und in der anderen Aufmerksamkeitsrichtung und bei Hinzunahme der empirisch-verdinglichenden Auffassungen nachher ein ruhendes Ding <wahr>. Es erscheint eben und kann nur erscheinen ein einziges Ding, weil das „Bild" in seiner Feldlagenänderung zwar als ein Identisches gesetzt werden kann, aber nicht als ein Ding. Es ist sowenig ein Ding, als eben ein Ton, der als Identisches in seiner Intensitätsänderung erscheint, vermöge seiner Identitätssetzung schon ein Ding ist. Daß wir bei den Feldinhalten so ein Moment haben wie Feldlage und demnach Lagenänderung und Identität im Fluß dieser „Bewegung", macht keinen prinzipiellen Unterschied aus.

<§ 49. *Funktioneller Zusammenhang visueller Daten und kinästhetischer Verläufe. Einauge und Doppelauge*>

In eine völlig neue Linie gehört die Klasse von Darstellungsmitteln, die wir jetzt zu besprechen haben und die außerhalb des visuellen Feldes stehen, mit den visuellen Inhalten so wenig innerlich durch Fundierung zusammenhängend wie diese mit den taktuellen. Farbe und Ausdehnung gehören zusammen, sie sind ineinander fundiert. Die Farbe füllt die Ausdehnung, breitet sich in ihr aus und erzeugt gefärbte Ausdehnung; jede Änderung der Ausdehnung bzw. ihrer Form betrifft in gewisser Weise auch die Farbe mit und umgekehrt. Die zur Farbe gehörigen Bestimmtheiten Farbton, Helligkeit, Sättigung gehören freilich anders zusammen wie Farbe und Ausdehnung, und wieder wie die Momente der Größe, Figur, Lage innerhalb der Ausdehnung. Aber es sind doch überall Zusammengehörigkeiten, die im Wesen gründen und bei aller Veränderlichkeit der einzelnen Momente doch deren gattungsmäßige Erhaltung bedingen und so untrennbare Einheiten herstellen.

Anders hinsichtlich der kinästhetischen Empfindungen. Ihnen fehlt jede wesentliche Beziehung zu den visuellen Empfindungen; sie hängen mit ihnen funktionell zusammen, aber nicht wesentlich. Die Verbundenheit in der funktionellen Einheit ist Verbundenheit von Trennbarem, nicht Verbundenheit oder vielmehr innere Einheit des sich Fundierenden. Die kinästhetischen Empfindungen bilden stetige Systeme von mehreren Dimensionen, doch so, daß sie ähnlich wie die Tonempfindungen stetige Einheiten nur bilden als Verläufe, wobei eine lineare Mannigfaltigkeit, herausgegriffen aus der Gesamtmannigfaltigkeit der kinästhetischen Empfindungen, sich in der Weise eines füllenden Kontinuums deckt mit der stetigen Einheit des prä<empirischen> Zeitverlaufes. Eine kinästhetische Mannigfaltigkeit kann nur als eine lineare Mannigfaltigkeit kontinuierliche Einheit gewinnen dadurch, daß sie eine Zeitstrecke füllt. Da nur eine stetige lineare Mannigfaltigkeit als Zeitfülle fungieren kann, so kann ein mehrdimensionales System von kinästhetischen Empfindungen nicht zu einer geschlossenen zeitlichen Einheit kommen. Heben wir das System der kinästhetischen Empfindungen des Auges (System der Augenbewegungen) hervor, so ist es, abgesehen von der Augenrollung, sicher zweidimensional; denn jeder Stelle des Gesichtsfeldes entspricht eine Stellungsempfindung des Auges (mindestens innerhalb gewisser Grenzen), und jede visuelle Linie, die mit dem Blick durchlaufen wird, hat einen stetigen kinästhetischen Verlauf als Korrespondenten, der sich empfindungsmäßig von jedem anderen unterscheidet. Ob die „Feinheit der Unterscheidung" in beiden Gebieten eine gleiche oder verschiedene ist (bekanntlich ist das letztere der Fall), das ist nicht wesentlich. Im großen und ganzen besteht die Korrespondenz und besteht die der Zweidimensionalität des visuellen Feldes entsprechende zweidimensionale Abstufbarkeit der kinästhetischen Empfindungen. Vermöge der wesentlichen Ähnlichkeit aller kinästhetischen Verläufe miteinander wird die wesentliche Zerstückbarkeit der großen auf die kleinen Verläufe übertragen und diesen ebenfalls unbegrenzte Teilbarkeit und schließlich Stetigkeit zugeschrieben.

Daß die kinästhetischen Augenempfindungen und die kinästhetischen Kopfempfindungen und so überhaupt die kinästhetischen Empfindungen der verschiedenen Systeme phänomenologisch verwandt sind, ist evident. Andererseits sind sie gesondert und gehen ineinander nicht stetig über, wenigstens nicht normalerweise. Ob dies an ihrer spezifischen Eigenart als einfachen Empfindungen liegt oder nicht vielmehr daran, daß es sich eigentlich um ziemlich komplexe Produkte assoziativer Verschmelzung handelt, die in den einen und anderen Systemen charakteristisch unterschiedenes Gepräge haben, das können wir hier nicht erforschen. Es kommt überhaupt für unsere Zwecke nicht darauf an, ob der Titel kinästhetische Empfindungen eine wesentliche neue Gattung von einfachen Empfindungen bezeichnet, sondern nur darauf, daß hier phänomenologische Empfindungen und Empfindungsverläufe aufweisbar sind, die mehrdimensionale stetige Mannigfaltigkeiten bilden und die durch die Dingauffassung eine auf die visuellen Empfindungen und Empfindungsverläufe bezogene und in diesem Zusammenhang Raumdinglichkeit konstituierende Funktion haben. Probleme stecken hier übrigens Schritt für Schritt. Wir aber wollen Hauptlinien verfolgen.

Neben den kinästhetischen Verläufen haben wir noch eine andere Gruppe von Empfindungen bzw. Empfindungsmodifikationen zu erwähnen, die für die Dingkonstitution in Frage kommen; die bisherigen gehören zum visuellen Raum des Einauges. Die jetzt folgenden bringt das doppeläugige Sehen speziell mit sich. Da eine Trennbarkeit besteht, habe ich es vorgezogen, die fraglichen Momente erst jetzt zu besprechen, obschon sie sich an die visuellen Empfindungen eng anschließen.

Unter den visuellen Bildänderungen, die im doppeläugigen Sehen neu auftreten, ist zu erwähnen das Zerfallen eines Bildes, einer visuellen Empfindungsabschattung, in Doppelbilder bzw. das Ineinanderfließen von zwei Bildern in eins. Dabei handelt es sich um zwei Bilder, die im Verhältnis besonders weitgehender Ähnlichkeit stehen, einer Ähnlichkeit, die sich auf alle inneren Momente der Bilder erstreckt, die aber im visuellen Feld des schielenden Doppelauges einen Abstand und eine verschiedene Orientierung im Sehfeld haben (obschon die Unterschiedenheiten typisch sind und sich in gewissen Grenzen bewegen), jedenfalls also verschiedene Örtlichkeit. Die Ähnlichkeit ist so groß, daß das eine Bild als „Wiederholung" des anderen erscheint, und oft sind in der Tat die Ähnlichkeiten so große, daß ein Ungleichheitsbewußtsein keinen Anhalt finden kann. Indessen sind Unterschiede des Inhaltes in anderen Fällen merkbar. Sie betreffen einerseits die Klarheit, die für beide Bilder eine verschiedene sein kann. Objektiv gesprochen, das eine hat den Vorzug scharfer Akkommodation gegenüber dem anderen. Ferner können bei gleicher Klarheitsstufe, bei gleicher Schärfe der Umrandung und bei „völliger" Gleichheit der Größe und Figur erhebliche Unterschiede der Färbung auftreten.

Im Zusammenhang mit den Doppelbildern steht das Wettstreitphänomen, die eigentümliche Veränderung, die ein Bild hierbei erfährt, indem seine Färbung sich gleichsam verdünnt und indem es „durchsichtig" wird, wobei es schließlich einem anderen Phänomen, dem durchscheinenden, immer Platz macht, um zu dessen Gunsten zu verschwinden. Doch das Wichtigste ist, daß jedes Bild, das aus Doppelbildern durch Einigung hervorgegangen ist oder das umgekehrt in Doppelbilder zu zerfällen ist, abgesehen von dem Vorzug der Fülle, den ‹Vorzug› des Reliefs, der Tiefenunterschiede oder Tiefenwerte zeigt. Wir werden hier aufmerksam auf eine Mannigfaltigkeit von sich abstufenden Empfindungsmomenten, die zwischen festen Grenzen sich bewegen derart, daß die eine Grenze den Charakter einer Null-Grenze hat. Es handelt sich um Empfindungsmomente, die, abgesehen von der Auffassung, am Bild hängen und sich über die Bildausdehnung verbreiten, sie also gewissermaßen füllen, zugleich und parallel mit der Färbung. Sie folgen genau den zur Bildausbreitung gehörigen Ortsunterschieden und den durch sie lokalisierten Momenten der Färbung; aber nicht so, als ob verschiedenen Ausbreitungswerten auch verschiedene Tiefenwerte entsprächen, als ob die Tiefenwerte also eine zweidimensionale Mannigfaltigkeit bildeten, sich deckend mit der zweidimensionalen Ausbreitungsmannigfaltigkeit. Vielmehr bilden sie nur ein eindimensionales System, das kontinuierliche Einheit der Überdeckung der Verschmelzung mit dem einheitlich kontinuierlichen System der Ausbreitungsmannigfaltigkeit verdankt und sie nun entweder kontinuierlich mit demselben Wert oder mit wechselnden Werten erfüllt. Wie bei allen Doppelkontinua kann auch hier ein Bruch der Kontinuität, also Auftreten von tiefen Diskontinuitäten nur an Grenzen erfolgen, die durch kontinuierliche Vermittlung verbunden sind. Dabei gilt auch hier der Fall der stetigen Gleichheit als Kontinuität.

Dieses Tiefenmoment ist fundiert im Ausbreitungsmoment, und eben dadurch gewinnt die Färbung nun nicht bloß Ausbreitung, sondern Ausbreitung mit Tiefe, eventuell mit wechselndem Relief. Gehen wir über das Bild, *nota bene* das einfache Bild im visuellen Feld des Doppelauges, hinaus, so breitet sich das Tiefenmoment weiter aus, sei es über das ganze Feld, falls es von Doppelbildern frei ist, sei es über zusammenhängende Teile desselben. Das Tiefenmoment bedingt Tiefenunterschiede, die wie alle kontinuierlich sich abstufenden ‹Unterschiede› Abstände fundieren. Beim visuellen Feld des Einauges (also ebenso bei den Doppelbildern) fallen alle Tiefenunterschiede fort. Also scheint es sich um ein Kontinuum von Unterschieden zu handeln, die sich über die prä‹empirische› Ausbreitung ganz oder partiell ausbreiten können, aber nicht müssen, also von ihr trennbar sind. Denn im Wesen ist Feld Feld und Bild Bild, ob es sich um Einauge oder Doppelauge handelt. Indessen ist zu überlegen, daß wirkliche Trennbarkeit besteht. Die Abwesenheit von Tiefenunterschieden im „Einfeld", wenn ich den Ausdruck gebrauchen darf, bedeutet nicht ohne weiteres Abwesenheit jedes Tiefenwertes in demselben, sondern vielleicht den eines konstanten Wertes. Es ist hier eine noch nicht geklärte Schwierigkeit. Einerseits kann ich nicht umhin, das Verhältnis zwischen Tiefen- und Ausbreitungswerten als ein Verhältnis der Fundierung zu fassen. Tiefenempfindung ist doch nichts für sich Denkbares. Soll man dann aber sagen, Ausbreitung ganz ohne Tiefe ist denkbar, aber nicht Tiefe ohne Ausbreitung? Wieder hat es aber ernstliche Bedenken, dem Feld des Einauges eine, sei es auch konstante Tiefe beizumessen. Diese Dinge müssen wir uns noch sehr überlegen.

Das Tiefenelement in seiner kontinuierlichen Verschmelzung mit dem stetig einheitlichen System der Orte der zweidimensionalen Ausbreitung macht einen wesentlichen phänomenologischen Unterschied des Doppelfeldes gegenüber dem Einfeld aus. Mag das Tiefenbewußtsein mit dem Einfeld noch so lebhaft auftreten — empirisch gesprochen, mag das einäugige Sehen Tiefe „wahrnehmen" —, so fehlt doch Tiefenempfindung, als das spezifische Darstellungsmoment für eigentlich gesehene Tiefe. Im übrigen ist wieder zu sagen, daß Tiefenempfindung oder prä<empirische> Tiefe in sich nicht dingliche Tiefe ist, und prä<empirisches> Relief nicht „wirkliches", dingliches Relief ist. Da kann aber nur die „Tiefe" im Sinne des Reliefs gemeint sein, das das erscheinende Ding sozusagen überdeckt und das nur die erscheinende Seite des zweiäugigen Dinges „empfindungsmäßig" zeigt. In welchem Sinn das sogenannte Tiefenmoment dreidimensionale Räumlichkeit und speziell gegenüber dem Rechts-Links, Oben-Unten das Vorn-Hinten in Relation zu „mir" darstellt, das ist erst zu überlegen.

Das „Relief" ändert sich, was zu beachten <ist>, bei jeder Augenbewegung, es bedeutet <aber> dasselbe dingliche Relief; dingliches Relief ist aber ein System von dreidimensionalen Unterschieden; was für welchen, ist wieder genauer zu bestimmen. „Breite" stellt sich dar durch Ortsunterschiede im visuellen Feld. Doch was ist „Breite"? Sagen wir vorerst Abstand, relative Lage. Das Identische in der Mannigfaltigkeit der Lagenunterschiede <ist> das Bild im visuellen Feld; das <ist> das Ursprüngliche. Jene „Relief"-Unterschiede sind zunächst keine Lagenunterschiede, aber sie gewinnen die Bedeutung von gewissen Lagenunterschieden. Der Unterschied ist hier evident schon dadurch, daß dingliche Tiefenunterschiede vergleichbar sind mit Ortsunterschieden sonst: Alle dinglichen Ortsunterschiede sind vergleichbar und sind in der Weise der Kongruenz zur partialen oder totalen Deckung zu bringen. Die prä<empirischen> Tiefenunterschiede aber liegen in einer völlig neuen Gattung gegenüber den Unterschieden der Ausbreitung. Sowenig ein Zeitabstand gleich oder ungleich sein kann einem Breitenabstand, kann ein Breitenabstand, präempirisch gesprochen, gleich oder ungleich sein einem Abstand prä<empirischer> Tiefen. Natürlich wäre es grundverkehrt zu sagen, daß, wenn eine Gerade etwa von der Ebene sich in die „Tiefe" dreht, daß sie sich dann aus dem ebenen Sehfeld herausdrehe und daß wir dann die Gleichartigkeit der Ausbreitungsgeraden mit der in die Tiefe gerückten Geraden sehen und was dergleichen mehr. Natürlich gibt es kein Herausdrehen aus dem Sehfeld, und die in die Tiefe rückende Gerade ist empfindungsmäßig ständig geändert: Sie ändert einerseits stetig ihr Ausbreitungsmoment und andererseits ihre Tiefenabstufungen in bestimmter Weise.

Ich habe schließlich noch eine Gruppe von kinetischen Empfindungen zu erwähnen, die zum Doppelauge gehören, die Konvergenz- bzw. Divergenzempfindungen; das sind gewisse Koordinationen der Empfindungen der beiden Augen, mit denen funktionell die wechselnde Divergenz der Doppelbilder, ihr verschiedener Abstand im Doppelfeld zusammenhängt bzw. das Zusammengehen derselben in ein Bild und dann der wechselnde Tiefenwert.

Nach der Deskription der Darstellungsmittel, des Empfindungsmaterials, das in der Mannigfaltigkeit der Dingerscheinungen Auffassungsfunktionen trägt und gleichsam den Stoff ausmacht, mit dem das Bewußtsein die Schöpfung der Natur vollzieht, kommt es darauf an, in die Art dieser Schöpfung Blicke zu tun.

<§ 50. *Ablauf der Bilder bei Augen- und Objektbewegung*>

Das Ding, das da erscheint, ist das identische in der Ruhe und Bewegung, es ist das identische in der quantitativen und materiellen Veränderung. Zu jedem dieser Titel gehören Mannigfaltigkeiten von Erscheinungen. Nach unserem Plan haben wir die Identität in Ruhe und Bewegung zunächst zu betrachten, und zwar in Einschränkung auf das Einauge. Hier werden die kinästhetischen Empfindungen für die Dingkonstitution eine wesentliche Rolle spielen. Zunächst möchte man in Ansehung des Falles, daß bei völlig unbewegtem Auge und Leib ein Ding — sei es in Ruhe oder in Bewegung — erscheinen kann, denken, daß kinästhetische Empfindungen für die Dingkonstitution außerwesentlich sind. Kinästhetisch ändert sich dabei ja nichts. Es scheint also, was das rein visuelle Feld an Darstellungsmitteln bietet, auszureichen, um Dingerscheinung zu konstituieren. Indessen erkennt man die Unzulässigkeit dieses Gedankens durch Vergleichung der Fälle, daß das Objektfeld ruht und nur das Auge sich bewegt, andererseits, daß das Auge ruht und das Objektfeld sich bewegt. Es kann dabei genau dieselbe Veränderung des visuellen Feldes statthaben. Bei bloßer Augenbewegung wandert das visuelle Bild über das visuelle Feld und erfährt eine bestimmte Serie von Modifikationen, auch qualitativen. Ist das Auge in Ruhe, so kann genau dieselbe Serie von Modifikationen ablaufen, und es erscheint dann Bewegung.

Dasselbe gilt, wenn wir statt bloßer Augenbewegungen Leibesbewegungen überhaupt nehmen, die Erscheinungsveränderungen mit sich führen. Gewisse Bewegungen vollziehend, haben wir etwa die Erscheinung eines immerfort ruhenden Objektfeldes, wobei eine gewisse Serie stetig so und so ineinander übergehender visueller Bilder abläuft. Unseren Leib in völliger Ruhe belassend, haben wir, wenn das Ding als ruhend erscheint, ein einziges unverändertes Bild. Es kann nun aber das Objekt sich in Bewegung setzen und dabei so, das genau dieselbe Serie visueller Bilder abläuft wie vorhin bei bewegtem Leib. Aber nun erscheint Bewegung, während vorhin Ruhe erschien trotz der Identität des Erscheinungsverlaufes. Wir können auch folgendes gegenüberstellen: Auge und Leib überhaupt ruhen und es erscheint ein ruhendes Objektfeld. Das visuelle Empfindungsfeld ist unverändert. Nun bewege sich der Leib und zugleich das Objektfeld, aber so, daß er gewissermaßen dem sich Bewegenden nachgeht, nämlich so, und das ist offenbar eine Möglichkeit, daß das Objektfeld stets in genau gleicher „Erscheinung" erscheint, sich in genau demselben visuellen Feld darstellt. Bei unverändertem visuellen Feld erscheint also einmal Ruhe und einmal Bewegung.

Wir ersehen daraus, daß in der Tat die bloß visuellen Verläufe für die Auffassung nicht ausreichen, daß sie die Mittel nicht in sich haben, Ruhe und Bewegung zu unterschiedener Erscheinung zu bringen. Damit ist aber gesagt, daß die Konstitution der objektiven Lage und objektiven Räumlichkeit wesentlich vermittelt ist durch die Leibesbewegung, phänomenologisch gesprochen, durch die kinästhetischen Empfindungen, sei es durch konstante, sei es durch verlaufende, durch kinästhetische Verläufe.

<§ 51. *Erscheinungsverlauf bei bloßen okulomotorischen Änderungen*>

Betrachten wir nun die Erscheinungsmannigfaltigkeit, die zur bloßen Ruhe gehört. Das Ding steht materiell und stereometrisch unverändert und ruhend da. Heben wir zunächst die Erscheinungsschicht heraus, die zu den kinästhetischen Augenverläufen gehört. Den übrigen Körper lassen wir auch ruhen, also die zugehörigen kinästhetischen Empfindungen konstant. Wir nehmen auch bestimmte Akkommodation an. Ist die kinästhetische Augenempfindung K_1 zunächst auch konstant (also objektiv gesprochen: das Auge ruhend), etwa während des Zeitflusses t_0—t_1, so bleibt das visuelle Bild b_1 auch konstant während eben dieser Zeit. Wandelt sich dann K_1 in einem stetigen Verlauf in der neuen Zeitstrecke t_1—t_2 in K_2, so wandelt sich das Bild b_1 in b_2. Kehrt K_2 in K_1 zurück, so auch b_2 in b_1 in derselben Zeitstrecke. Jede beliebige Veränderung der *K* bedingt eindeutig eine Veränderung der *b* derart, daß dieselbe Zeitstrecke, die mit der einen Veränderung erfüllt ist, es auch mit der anderen ist. Jedes Innehalten der *K*-Veränderung bedeutet ein Innehalten der *b*-Veränderung. Wird *K* während einer Zeit konstant, so auch das zugehörige *b*. In jeder Erscheinung des ruhenden Dinges kommen diese beiden Empfindungsfaktoren vor, der *K*-Faktor und der *b*-Faktor. Und die beiden stehen in einem Abhängigkeitsverhältnis, das wir soeben zu bestimmen versuchten. Die Abhängigkeit ist eine wechselseitige. Bei gleicher *K*-Empfindung das gleiche Bild und bei gleichem Bild auch die gleiche *K*-Empfindung.

Andererseits wissen wir, daß die Verbindung zwischen *K* und *b* keine feste ist, als ob die bestimmte Bewegungsempfindung *K* ein für allemal einen Hinweis auf das bestimmte Bild *b* enthielte und umgekehrt das bestimmte Bild *b* einen solchen auf die bestimmte Bewegungsempfindung *K*, geschweige denn, daß diese Verbindung eine innere und unlösliche wäre. Das letztere ist klar. Verträglich ist jede Empfindung *K* mit jedem visuellen Bild, und wenn ich jetzt faktisch im Wahrnehmen des ruhenden Objekts und bei bestimmter Wahrnehmungssituation in der Erscheinung *K* und *b* zusammen finde, so lehrt mich jede Wegwendung des Kopfes oder die Erinnerung oder eine anschauliche Phantasie, daß ebensogut dasselbe *K* mit einem anderen Bild vereinbar ist zu Zwecken einer einheitlichen Erscheinung sei es desselben oder eines anderen Dinges. Eben dieselbe Überlegung lehrt, daß *K* und *b* nicht etwa in beständiger Koexistenz stehen und nicht eine entsprechende empirische Motivationsbeziehung begründet haben können derart, daß eins auf das andere als ein für allemal Zugehöriges empirisch-motivierend hinweist. Andererseits ist nicht abzusehen, wie Inhalte, die durch ihre eigene Artung keine Fundierungseinheit besitzen, anders zur Einheit kommen könnten als durch Assoziation. Es handelt sich hier unter dem Titel Assoziation nicht um ein genetisch-psychologisches Faktum dispositioneller Begünstigung des Auftretens eines α gelegentlich des Erlebtseins eines β innerhalb einer Seele, wenn etwa *K* und *b* öfters zusammen erlebt waren, sondern um ein phänomenologisches Faktum einer gewissen Zusammengehörigkeit und eines gewissen Hinweises des einen auf das andere derart, daß die Glaubenssetzung des einen die des anderen motiviert und das eine als etwas zum anderen Gehöriges, mit ihm in eigentümlicher Weise Einiges dasteht, ohne daß doch diese Einheit innere Wesenseinheit, Einheit durch Fundierung ist.

Zusammen-gegeben-Sein und mehrfach Zusammen-gegeben-Sein in einem Bewußtsein schafft eine Art Einheit, deren Kraft sich mit der Zahl der Fälle des Zusammen-gegeben-Seins in einem Bewußtsein steigert. Und dieses Schaffen ist selbst ein phänomenologisches Faktum, d.h. es ist wesensgesetzlich evident, daß je öfter in einem Bewußtsein ein α und β zugleich und nacheinander Gegebenheit war, um so stärker die Annahme, es sei ein α gegeben, die Annahme motiviert, es werde in eins damit β gegeben sein, oder im anderen Fall, es werde β nachher gegeben werden. Und wieder, daß die wirklich gegebenen α, β dann um so mehr Zusammengehörigkeit bekunden, um so „stärker" aufeinander hinweisen und sich diese Hinweise um ‹so› „stärker" erfüllen. Diese Aussagen sind aber in richtiger Weise, nämlich phänomenologisch zu interpretieren, also alles in einem wirklich schauend vollzogenen Motivationszusammenhang. Zu der phänomenologischen Sachlage gehört auch die „Gegenkraft" kontradiktorischer Instanzen. Die Enttäuschung der assoziativen Intentionen schwächt ihre motivierende und Einheit gebende Kraft und setzt ihr im Widerstreit Gegenkraft gegenüber. Abgesehen von allen Hypothesen über die Seele und ihre sogenannten Dispositionen, die der Assoziationslehre unterlegt zu werden pflegen, gehören zur Assoziation als solcher phänomenologische und wesensgesetzliche Befunde, wie ich darauf schon gelegentlich in den *Logischen Untersuchungen* hingewiesen habe. Welche Rolle die Assoziation für die Konstitution von Erfahrungsverknüpfung von Gegenständen spielt, für die Vorkommnisse des unter gewissen dinglichen Umständen Daseins und Sobeschaffenseins, haben wir hier nicht zu betrachten. Hier sprechen wir von Assoziation in der schlichtesten Form der Verknüpfung „zusammengeratener" Erlebnisse zu „zusammengehörigen" bzw. von den assoziativen Intentionen und Erfüllungen, durch welche phänomenologische Data, die wesentlicher Einheit entbehren, eine gewisse außerwesentliche Einheit erlangen: Es ist die aposteriorische oder empirische Einheit gegenüber der apriorischen Einheit. Doch bringt das Wort „empirisch" hier seine Vieldeutigkeiten herein.

Kehren wir nun zurück zu unseren kinästhetischen Empfindungen und den mit ihnen geeinten Bildern, so scheint hier zunächst keine Assoziation zwischen *K* und *b* für ihre bestimmte Verbundenheit aufkommen zu wollen. Zwar ist es gewiß, daß, wenn ich bei ruhendem Objekt die Augen hin und her bewege und dabei öfters zu derselben Lage zurückkehre, ich da wieder dasselbe *b* finde bei gleicher *K*. Und somit gewinnen sie assoziative Beziehung zueinander. Aber diese ist von geringer Kraft, da sie durch die immer neue Verbindung solcher *K* mit ganz anderen und in der Regel ganz unähnlichen Bildern „zerstört" wird: Jetzt wende ich den Kopf und den Körper, das Gesichtsfeld ist anders erfüllt, ich bin anderen Dingen zugewendet und so immer wieder anderen.

Andererseits liegt hier doch ein Zusammenhang vor. Habe ich jetzt bei der *K*-Lage des Auges eine gewisse Bilderverteilung im visuellen Feld und will ich eine andere haben, die (immer mit Beziehung auf ein ruhendes Objektfeld) ein jetzt zur linken Hälfte des Feldes gehöriges Bild b' auf eine bestimmte Stelle des rechten schafft, an die Stelle eines jetzt dort stehenden Bildes b'', so weiß ich sofort, welche Augenbewegung ich auszuführen habe. Mit der Vorstellung einer Bildbewegung $b' \frown b''$ habe ich alsbald die Vorstellung eines kinästhetischen Ablaufes $K' \frown K''$ als eines dazugehörigen; K' gehört dabei phänomenologisch zu b', und K'' zu der neuen Lage b''. Gehe ich so dem Bewegungssystem der Bilder nach, das jedes Bild in welche Partien des visuellen Feldes immer hineinbringt, so finde ich als dazugehörig das Variationssystem der *K*, und zu jedem Bild bzw. jeder Bildverteilung gehört ein bestimmtes *K*. Wie ist das zu verstehen?

Wie immer ich das Auge halte, immer ist das ganze visuelle Feld mit allen Orten da. Die Ortsmannigfaltigkeit ist etwas absolut Invariables, immer Gegebenes. Und sie ist nie ohne ein *K* gegeben und wieder kein *K* ohne die nur wechselnd erfüllte gesamte Ortsmannigfaltigkeit. Insofern haben wir eine feste und nie zu störende Assoziation, aber nicht zwischen einem *K* und einem Ort, sondern zwischen der ganzen Ausbreitung von Orten und „*K* überhaupt", aber freilich wieder mit keinem bestimmten *K*. Denn das „*K* überhaupt" besagt, daß irgendein *K* oder irgendein stetiger Verlauf von *K* immer mit der Ortsmannigfaltigkeit empirisch eins ist. Und ist es ein Verlauf, so tut er der Ortsmannigfaltigkeit nichts an. Sie ist, wie gesagt, das absolut Invariable. Andererseits besteht doch eine gewisse Zuordnung der *K*-Empfindungen zu den Bildern des ruhenden Objektfeldes: Jedem bestimmten Bild entspricht ein bestimmtes *K*, und jedem geänderten *K* entspricht ein anderes Bild aus der zu demselben ruhenden Objekt gehörigen Objektmannigfaltigkeit. Was besagt hier das „entsprechen" oder die „Zusammengehörigkeit"? Liegen hier nicht doch assoziative Verbindungen vor, und wie ist die phänomenologische Sachlage genauer zu fassen und zu beschreiben?

„Ein für allemal" ist ein bestimmtes *K* und ein bestimmtes *b* nicht verknüpft, phänomenologisch gesprochen: Das K_0 als spezifisch so geartetes, das K_0 als K_0, weist nicht auf das betreffende b_0 als b_0 überhaupt hin. Wende ich mich um, so weist mich die gleiche K_0-Empfindung nicht auf das b_0 hin, ich bin nicht enttäuscht, daß ich mit K_0 jetzt ein anderes *b* zusammenfinde. Aber wohl gehört das K_0 unter den gegebenen Umständen zu dem b_0. Was macht hier die Verbindung, und was zeichnet sie aus? Denken wir uns ein im Blickfeld ruhendes Quadrat in einer beliebigen ruhenden Umgebung:

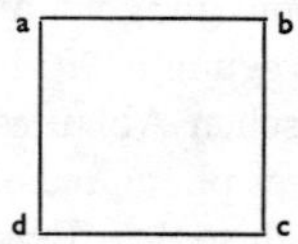

Wir bewegen den Blick und halten ihn gelegentlich auch inne. Es sei etwa *a* fixiert, und nun wandere der Blick so, daß wir, der Umrandung entlang laufend, *b*, *c*, *d*, *a* fixieren. Jeder Augenstellung entspricht dann eine bestimmte prä‹empirische› Figur: f_a geht über in f_b, f_c, f_d. Zugleich gehen die *K*-Empfindungen stetig über: K_a in K_b, K_c, K_d. Phänomenologisch finden wir, daß in diesem stetigen Übergang f_a auf seine stetigen Nachbarn „hinweist", daß also Intentionen durch die Reihe f_a bis f_d hindurchgehen und sich im Ablauf der Reihe stetig erfüllen. Wir finden ein durchgehendes, in diesen Momenten fundiertes Einheitsbewußtsein. Freilich faßt dieses mehr, als was hier in diesen Intentionen aktuell vorliegt. Wir wissen ja, daß diese Reihe nicht das objektive Quadrat vollständig gibt; es gehören zu seiner vollen Darstellung noch viele andere mögliche Reihen, die sich auf andere Körperbewegungen und zugehörige Bildveränderungen beziehen. Sehen wir von den entsprechenden intentionalen Komponenten ab, so ist doch jedenfalls die vorliegende intentionale Reihe eine Komponente, und <zwar> eine Komponente, die Gegebenheit konstituiert.

Ganz anders verhält es sich mit der Reihe der *K*; sie weisen aufeinander nicht hin, sie laufen ab, sie sind aber nicht Träger durch sie hindurchgehender Intentionen der Art wie sie die f haben, nicht ein durch sie gehendes Einheitsbewußtsein. Die Umkehrung der Abfolge der *K* gibt wieder einen Abfluß von Intentionen, die durch die f hindurchgehen: f_d, f_c, f_b, f_a, aufeinander und durcheinander gerichtet, während die *K* umgekehrt ablaufen wieder ohne diese Auszeichnung. Wir finden in den Erscheinungen also zwei ganz verschieden fungierende Momente. Die *K* sind die „Umstände", die f sind die „Erscheinungen". Bei bestimmter Änderung der Umstände <erfolgt> eine bestimmte Änderung der Erscheinungen, und zwar eine Änderung, die ihren Intentionen Abfluß gibt, Erfüllung, durchgehendes Einheitsbewußtsein. Die *K* und die f bilden miteinander natürlich auch nicht eine derartige Einheit, wie die f sie miteinander haben. Das Einheitsbewußtsein geht nur durch die f und nicht teils durch die *K*, teils durch die f. Beide sind andererseits auch nicht ein bloßes Zusammen, vielmehr so, daß, wenn K_0 in K_1 übergeht, f_0 erwartungsmäßig in f_1 übergeht, auf jede neue Phase hinweisend und sich in ihr erfüllend.

Das *K* kann nun sich sonst noch beliebig verändern in der fest begrenzten Mannigfaltigkeit der *K* (Augenbewegungsmannigfaltigkeit). Ich fixiere nichts mehr im Quadrat, ich fixiere etwa Punkte der Umgebung, gehe diese oder jene Fixationswege hindurch. Die Sachlage bleibt dieselbe. Die f nehmen neue Veränderungsweisen an, das Bild wandelt entlang dieser oder jener *quasi*-Linie des visuellen Feldes, es verbleibt immerfort im Einheitsbewußtsein: In der ablaufenden Bilderreihe weist eins stetig auf das andere und immer wieder andere hin, oder durch es hindurch geht die Einheitsintention und Einheitserfüllung. Diese Intentionalität hat es aber nur unter seinen „Umständen". Wenn einmal ein f_a mit K_a zusammen gegeben ist, so gehört zu jeder bestimmten Änderung ΔK_a in zeitlicher Deckung ein bestimmter Erfüllungsverlauf Δf_a, und zur bloßen Dauer des K_a dieselbe Dauer des f_a.

‹§ 52. *Übertragung der erörterten Sachlage auf das gesamte Objektfeld*›

Wir haben bisher ein bestimmtes Objekt des Feldes bevorzugt, das bestimmte Quadrat in der beliebigen ruhenden Umgebung. Ziehen wir jetzt das übrige Objektfeld in Betracht, so gewinnt unsere Beschreibung einen neuen, wesentlichen Zusatz. Das Ausgeführte gilt nicht nur von dem Quadrat, sondern auch von jedem Objekt des Objektfeldes, und dabei gehört, wie wir nun sehen, die bestimmte kinästhetische Empfindung *K*, die zu einer bestimmten Lage des Quadratbildes im visuellen Feld gehört, zu jedem Bild und Bildpunkt aller Objekte des Feldes: für alle also, für das ganze Bildfeld, dasselbe identische *K*. Unter gleichen kinästhetischen Umständen haben wir dasselbe Bildfeld. Jede kinästhetische Änderung ändert das Bildfeld. Das Phänomen des ruhenden Objektfeldes in der Mannigfaltigkeit der Unveränderungen und Veränderungen des Bildfeldes ist ein Phänomen, das die Kontinuität der *K*-Empfindungen und die der ganzen Bildfelder in eindeutige Korrespondenz setzt mit der wesentlich verschiedenen Charakterisierung, wonach die *K* als Umstände charakterisiert sind, aber nicht Träger des Einheitsbewußtseins sind, das vielmehr ausschließlich durch die Bildfelder hindurchgeht und sich in ihnen oder mit ihnen erfüllt. Und es geht durch die Bildfelder durch implizit, es geht durch alle einzelnen, in ihm sich sondernden Bilder durch.

Dasselbe gilt aber für jedes ruhende Objektfeld. Jedes verschiedene stellt sich in einer verschiedenen Bildermannigfaltigkeit dar; und schon das ist ein Unterschied, wenn dieselben Objekte in demselben Objektzusammenhang sich mit verschiedenen Bildern darstellen, sei es auch nur so, daß die Zuordnung der Bilder zu den *K* geändert ist, also etwa dasselbe Bildfeld, das früher mit K_0 verbunden war, jetzt mit einem anderen *K* verbunden ist, wie, wenn ich ein wenig nur den Kopf drehe und dabei keine Perspektivänderungen merklich werden.

Danach ist es klar, daß, wenn Assoziation im Spiel sein soll, sie natürlich nicht Assoziation zwischen der *K*-Empfindung und irgendeinem Bild sein kann, da das ganze Bildfeld mit in Frage kommt. Und wieder ist es keine Assoziation mit einem bestimmten Bildfeld, da jedes andere ebensogut eintreten kann. Dieselbe *K*-Mannigfaltigkeit verbindet sich mit allen möglichen Bildfeldmannigfaltigkeiten, die in sich Einheit eines ruhenden Objektfeldes darstellen, und immer wieder eines verschiedenen. Was haben sie allgemein? Natürlich die identische Ortsmannigfaltigkeit [1] des prä‹empirischen› Feldes. Die aber gibt keinen Anhalt für eine Verknüpfung. Denn die ist eben immer da, immer mit irgendwelchen *K* zusammen gegeben und dabei mit allen möglichen *K* und *K*-Verläufen.

Also kann die Verknüpfung nur liegen in der formalen Einheit der Verläufe. Jeder der Verläufe, in denen sich ein ruhendes Objekt feldmäßig darstellt, bildet einen Typus, sei er kleiner oder größer, gehe er in einer Richtung oder in der umgekehrten Richtung. Jeder solche Verlauf hat seinen Gegenverlauf und bildet in dieser Umkehrung einen Typus. Und all diese Verläufe sind miteinander zu umfassenden Verläufen zu verbinden oder zu vermitteln und bilden einen Gesamttypus. Andererseits ist jeder solche Typus, im Ablauf sich realisierend, zusammen gegeben mit einem bestimmten *K*-Verlauf in zeitlicher Deckung; also bei allseitigem Umwandeln und wieder Umwandeln des Blickes immer wieder der parallele Verlauf der beiden Reihensysteme, einerseits der Bildersysteme und andererseits der kinästhetischen Abläufe und Ablaufsysteme: die beiderseitigen Zeitreihen identisch und ihrer Fülle nach sich gegenseitig-eindeutig entsprechend. Die assoziative Verbindung knüpft die entsprechenden Phasen durch Koexistenz und die Paare in ihrer stetigen Folge durch Sukzession aneinander. Bieten sich dem Blick etwa durch Körperwendung immer neue und neue ruhende Objektsysteme dar, oder ändert sich das Objektsystem durch eigene Bewegung oder in sonstiger Weise, um dann in Ruhe zu enden, so sind in den Übergängen zu

---

[1] Ob das Objekt sich bewegt oder ruht, oder was immer es tut, das Ortssystem ist immer dasselbe.

den neuen Ruhen allerdings andere Bildersysteme von ganz anderem Typus erlebt und mit denselben *K*-Systemen zusammen gegeben. Aber wenn nun auch in neuen und neuen Fällen ruhender Objektsysteme die sie darstellenden Bildermannigfaltigkeiten andere und wieder andere sind, so hat doch eine jede in sich selbst den gleichen allgemeinen Typus, und somit hat auch die parallele Verbindung derselben mit der immer gleichen *K*-Mannigfaltigkeit denselben allgemeinen Typus. Er begründet die allgemeine Assoziation, vermöge deren, wenn ein Stück, sozusagen nur ein Differential, ein Ansatz von einem Verlauf, der solchem Typus einzuordnen wäre, gegeben ist, alsbald die Einordnung in den Typus apperzeptiv erfolgt, d.h. es steht ein ruhendes Objekt oder Objektfeld da. Es erscheint, und dabei scheidet sich die Funktion der *K* und die Funktion der Bilder, denn die *K*-Empfindungen sind das überall in gleicher Bestimmtheit und Form Gegebene oder Ablaufende. Die Bilder sind das überall Neue, oder vielmehr die Art der Bedeckung des überall identisch gegebenen visuellen Ortsfeldes ist das überall Neue, und nur die Form ihres Verlaufes in paralleler Einheit mit dem *K*-Verlauf ist das Gemeinsame.

Nach diesem kleinen Exkurs in die assoziative Interpretation der Sachlage, wobei zu beachten ist, daß solche „Assoziationspsychologie" von allen transzendenten Suppositionen frei ist, kehren wir zur Beschreibung zurück.

<§ 53. *Das visuelle Feld als Ortssystem und seine möglichen Transformationen*>

Wir hatten [1] in der letzten Vorlesung die Zusammenhänge der Phänomene bei der Mannigfaltigkeit bloßer Ruhe immanent-assoziationspsychologisch untersucht. Wir kehren nun zur phänomenologischen Deskription zurück. Das System der zu demselben ruhenden Objektfeld gehörigen Bilder und ihre stetige Ineinanderüberführung durch die kinästhetischen Augenveränderungen bedeutet ein ideell geschlossenes System von Transformationen des visuellen Feldes als Ortsystems in sich selbst. Dabei bemerken wir, daß die beiden Komponenten des Bildes, Qualität und Extension, in verschiedener Weise fungieren. Jedes Bild hat

[1] Beginn einer neuen Vorlesung. — Anm. d. Hrsg.

seine eigene Qualität, und das heißt zugleich eine sich abhebende. Ohne qualitative Diskontinuität gegenüber der Umgebung grenzt sich kein Bild ab und wird kein Bild ein für sich zu beachtendes. Sie ist also Bedingung der Möglichkeit des bestimmten Bildes als einer visuellen Gegebenheit für sich. Wandert das Bild, so wandert gleichsam diese qualitative Diskontinuität. Genauer, es wandert die sich abhebende Einheit so und so geformter Färbung. Färbung ist aber bestimmte Färbung nur durch die Bestimmtheit der Form, der Figur, die sie erfüllt. Durch das Ordnungssystem der Ortspunkte werden die in ihnen lokalisierten Farbenelemente geordnet, und einheitlich zu einer Färbung. In den Qualitäten an sich liegt nichts individuell Unterscheidendes. Zwei gleiche Qualitäten können nur existieren als Qualitäten verschiedener Orte, ihre Unterschiedenheit oder Zweiheit verdanken sie den Orten. Die Orte sind in sich unterschieden, die Qualitäten aber nur durch die Orte. Andererseits verdanken Orte und Ortskomplexe ihre Abhebung den Qualitäten, nämlich ihrer qualitativen (spezifischen) Diskontinuität. Die Einheit der Färbung gründet also in der Ordnungsform der Ausdehnung als des Ortssystems, das sie überdeckt, so daß der Begriff der Färbung, wenn wir ihn auch in Abstraktion von dem Ortssystem betrachten können, doch dieses voraussetzt und in gewisser Weise wieder impliziert.

Andererseits gründet die Abhebung der Färbung zu einer Einheit für sich, und damit die Abhebung des ganzen Bildes, in der spezifischen Diskontinuität der Färbung, näher ihrer Ränder gegenüber der Umgebung. Im Wandern des Bildes unter den *K*-Umständen erhalten nun die ganzen Bilder eine kontinuierliche Zuordnung, darin aber in bevorzugter Weise ihre Ortssysteme; ihre Qualitäten, d.h. ihre einheitlichen Färbungen haben ja Einheit nur durch die Ortssysteme und verdanken diesen ihre Zuordnung. Die Zuordnung erstreckt sich auf alle qualitativen Elemente, aber auch diese nur durch das Medium der tragenden Orte. Andererseits verdanken die Ortssysteme ihre Zuordnung der jeweiligen Art der qualitativen Bedeckung, nämlich dem diskontinuierlichen Gefälle derselben an den Grenzen. Das ist aber eine sehr allgemeine Bedingung. Wir verstehen daher, daß die Transformation des visuellen Ortsfeldes in sich selbst, die durch irgendeine kinästhetische Veränderung erzeugt wird, wodurch also im Übergang von einem Bild in ein anderes die absolute Figur des einen in die absolute Figur des anderen transformiert wird, daß diese auch geleistet werden kann bei ganz anderer Färbung, wofern nur das diskontinuierliche Gefälle, die Abhebung erhalten bleibt. Würde sich die Färbung anders modifizieren, als es in der Mannigfaltigkeit bloßer Ruhe statthat (Erscheinung desselben ruhenden unveränderten Dinges), so würde die Transformation in sich selbst, die die Ortsmannigfaltigkeit erfährt, unverändert bleiben; so in der Tat bei der Bewegung unter qualitativer Veränderung.

In jeder Erscheinung bzw. Bildmannigfaltigkeit, in der sich systematisch einheitlich die Darstellung einer Gegenständlichkeit nach dieser oder jener Richtung entfaltet, geht aber jedenfalls die Einheit durch prä‹empirische› Ausdehnung und Färbung hindurch. Die Mannigfaltigkeit der prä‹empirischen› Ausdehnungen bedeutet überall eine Transformation der visuellen Ortsmannigfaltigkeit in sich selbst; die Färbungen geben den Ausdehnungen die Fülle und die Abhebung und kommen, indem die Bilder sich erschließen, aufgrund jener Transformation mit zur Einheit, bzw. es kommen aufgrund jener Transformation die ganzen so und so gefärbten Bilder zur Einheit.

Die ideal geschlossenen Mannigfaltigkeiten möglicher Erscheinungen einer Dinglichkeit überhaupt bzw. möglicher Darstellungen einer Dinglichkeit überhaupt enthalten nun verschiedene, charakteristisch geschlossene partiale Mannigfaltigkeiten, die sozusagen Schichten der Dingkonstitution ausmachen. Eine solche geschlossene Schicht ist die der Ruhemannigfaltigkeit, deren Analyse uns beschäftigt und auf die wir wieder zurückgehen.

‹10. Kapitel
Das Ding als Einheit in einer kinästhetisch motivierten Erscheinungsmannigfaltigkeit›

‹§ 54. *Das Einheitsbewußtsein in den Bild- und kinästhetischen Verläufen*›

Wird ein Komplex von *K* und *b* in seinem typischen Ablauf als Ruhe aufgefaßt, so hängt an ihm ein Auffassungscharakter, der, verschieden verteilt auf *K* und *b*, gleichsam auf die im Gesamtsystem möglichen Verläufe der *b* unter den möglichen kinästhetischen Umständen hinweist, also die idealen Möglichkeiten der Erfüllung im Ablauf gerade solcher Systeme mit sich führt. In jedem solchen Erfüllungszusammenhang werden die Bilder getragen von dem Einheitsbewußtsein, Bewußtsein des Selbigen, das das Selbige ist und bleibt, wo die hierher gehörigen Erscheinungen unter zugehörigen kinästhetischen Umständen sich im Sinne des Gesamttypus erfüllen. Dieses Einheitsbewußtsein konstituiert das identisch ruhende Ding als das sich identisch durch die Bilder darstellende oder in den einzelnen Erscheinungen erscheinende, und zwar gesetzmäßig so erscheinende unter zugehörigen Umständen. Liefen Intentionen nur durch dieses System hindurch, ordnete sich dieser systematische Typus nicht in umfassendere Typen ein, auf die Erscheinungskomponenten, Komponenten der Auffassung hindeuten, so wäre das Ding ein in dieser Mannigfaltigkeit voll Konstituiertes; Ding hätte keine Beziehung auf Bewegung und Veränderung. Aber freilich, Ding wäre dann kein Ding. Jedenfalls, ein wesentliches Stück der Ding- und Raumkonstitution ist durch unsere Schicht schon aufgeklärt. Der Hauptcharakter der Dingkonstitution ist schon ersichtlich. Wir können ihn so beschreiben:

Eine im prä<empirischen> Zeitverlauf sich ausbreitende Bilderkontinuität (es sind Bilder des visuellen Feldes) fließt ab in zeitlicher Deckung und Verschmelzung mit einer Kontinuität von kinästhetischen Umständen. Diese Bilderkontinuität ist eine lineare Mannigfaltigkeit, herausgegriffen aus einer mehrdimensionalen Mannigfaltigkeit möglicher Bilder, die wie diese noch unendlich viele andere lineare Mannigfaltigkeiten von Bildern in sich faßt eine jede ihrem bestimmten Typus nach umspannt von dem bestimmten Gesamttypus der Gesamtmannigfaltigkeit. Diese ist von gleicher Mächtigkeit mit der stetigen Mannigfaltigkeit der möglichen *K*. Jede aktuell ablaufende Doppelmannigfaltigkeit der Bilder und der *K* ist geeinigt durch die Einheit der Auffassungskontinuität, welche die zu jeder Zeitphase gehörigen (*K*, *b*) zu einer Auffassungseinheit funktionell einigt (zu einer Erscheinung) und die Erscheinungen zu einem zeitlich hinströmenden Erscheinungsganzen. Die Erscheinung in jeder Phase und die Erscheinungseinheit in ihrer zeitlichen Extension hat zwei wesentlich verschiedene Komponenten, die *b*-Komponente und die *K*-Komponente. Die *b*-Komponente liefert die „Intention auf", die *K*-Komponente die Motivation dieser Intention. Die „Intention auf" ist so differenzierte und so gerichtete unter diesen Umständen *K*. Genauer, der Fluß der *K* und gerade dieser *K* bestimmt motivierend die Art und Form der „Intention auf"[1] in ihrem Abfluß. Jede Phase der *b*-Komponente ist derart „Intention auf", daß sie hindurchgeht, hinweisend und hindurchweisend, durch die nächste Phase, durch ihr Bild: hier sich erfüllend, aber durch die nächste wieder durchgehend und sich erfüllend usw., so daß jedes *b* Erfüllung und erfüllend ist, und dies natürlich durch seine Auffassungsfunktion.

Diese Erfüllungsreihe, die aktuelle, ist aber nur eine unter einer Mannigfaltigkeit von Möglichkeiten, und dieses kommt natürlich nicht als objektive Tatsache in Betracht, sondern phänomenologisch dadurch, daß jede Auffassungsphase in ihrem Wesen die Beziehung zu allen Möglichkeiten enthält. Die jeweilige aktuelle *b*-Phase enthält neben der *a parte ante* erfüllenden und sich selbst *a parte post* in der Stetigkeit des Flusses alsbald erfüllenden „Intention auf" (mit ihrer linearen Richtung) noch einen Hof von *quasi*-Intentionen. Diese sind unter den gegebenen *K*-Umständen bei den im Ablauf gerade dieser *K* anhängenden Motivationen nicht „Intentionen auf" und nicht erfüllend und Erfüllungen. Sie sind jetzt nur mögliche Intentionen, das heißt aber: Wenn die *K* andere Richtung der Veränderung einschlügen, dann wären notwendig die und die neuen Intentionen motiviert und aktuell vorhanden. Jetzt aber, bei der gegebenen Ablaufrichtung der *K* sind sie es nicht, an ihrer Stelle aber <sind> ihnen entsprechende Auffassungsmomente, die wir da *quasi*-Intentionen nennen, den aktuellen *b*-Intentionen eingeschmolzen und ihren Charakter färbend. Der Fluß der *K* kann Fluß der bloßen Dauer sein. Dann motiviert das *K* die „Intention auf" des Bildes so, daß es auf stetige Dauer abgestimmt ist, auf *b* und immer wieder *b* ohne Veränderung. Ist der Fluß des *K* ein Änderungsfluß $K_0 \frown K_1$, so motiviert jedes Änderungsdifferential ein zugehöriges Änderungsdifferential der „Intention auf". Bild weist auf sich änderndes Bild hin in bestimmter Linie; das Ding ist aber nicht bloß das

[1] Natürlich meint hier „Intention auf" nicht aufmerkendes Meinen etc.

Identische dieser Linie (vorhin der Unveränderung, hier der bestimmt charakterisierten Veränderung), sondern es ist das Identische dieser und zugleich aller möglichen Linien, aller möglichen Bilderkontinuitäten unter allen möglichen *K*-Umständen. Indem es als Ding dasteht, hat es auffassungsmäßig die Beziehung zu allen. Es hat aber „Intention auf" in aktueller Weise als die durch diese Linie hindurchgehende und sich erfüllende Intention; im übrigen hat die Auffassung in ihrem Wesen die Charakterisierung, die sie eben geschickt macht, in andere Erfüllungsreihen einzutreten und das Bewußtsein „wenn *K* so und so wäre, dann wäre die ‚Erscheinung' so und so" zu fundieren. Erscheinung im charakteristisch engeren Sinne ist hierbei die *b*-Komponente.

Das Einheitsbewußtsein, das in dieser Erscheinungskontinuität mit der wesentlich zugehörigen Kontinuität der *K*-Motivation sich entfaltet, setzt die Dingeinheit, konstituiert das Ding. Es gehört zum Sinn dieser Einheit, die wir Ding nennen, Einheit in einer Erscheinungsmannigfaltigkeit zu sein, in einer Erscheinungskontinuität von einem bestimmten ideellen, unendlichen Typus. Und gegeben ist das Ding in jedem aktuell fließenden Stück dieser Kontinuität. Und in jeder Erscheinung eines solchen Stückes ist das Ding gegeben, in jeder ist Identitätsbewußtsein der Erfüllung lebendig, auch wenn sie eine unveränderte Erscheinung ist (wie wir vorhin sahen: Erfüllung auch in der Dauer); aber zum Wesen dieser Gegebenheit gehört es, daß sie unendlich viele Möglichkeiten neuer Gegebenheit in bestimmter Weise offen läßt als motivierte Möglichkeiten. Das Bewußtsein eigentlicher Gegebenheit, das durch die aktuelle Bilderkontinuität hindurchgeht, ist Bewußtsein von Gegebenheit im erfüllenden und auf neue Erfüllung vorweisenden Bild. Da ist umflossen vom Hof der *quasi*-Intentionen eine Linie wirklicher Gegebenheit (eigentlichster Wahrnehmung). Die „Intention auf" ist dabei eine Breite von Intentionen, die durch alle unterscheidbaren Teile und Momente des Bildes hindurchgehen, und eben das charakterisiert die Darstellung durch Abschattung, die eigentliche Darstellung: jedem Teil des Bildes also ein Teil oder Strahl aus dem ideellen (aber durchaus einheitlichen) Strahlenbündel der Gesamtintention entsprechend.

‹§ 55. *Kinästhetisches Ablaufsystem und eigentliche Erscheinung*›

Nach [1] dem, was wir in der letzten Vorlesung besprochen haben, konstituiert sich bloße ruhende Dinglichkeit in einem typisch bestimmten Kontinuum von Erscheinungen in eins mit einem Kontinuum motivierender „Umstände" *K*. Des näheren handelt es sich um ein ideelles System von möglichen kontinuierlichen Erscheinungsreihen in zeitlicher Deckung mit möglichen kontinuierlich motivierenden kinästhetischen Reihen. Gegeben ist das Ding als unverändert und ruhend dauerndes in jedem aktuell abfließenden Stück irgendeiner solchen Doppelreihe, es steht da in jeder Erscheinung; und jede ist lebendiges Erfüllungsbewußtsein, auch wenn sie eine unveränderte Erscheinung ist, wie wenn wir bei zeitweilig ruhendem Auge das ruhende Ding wahrnehmen. Im aktuell realisierten Stück der gesamten Erscheinungskontinuität, und näher, ‹in› einer Linie aus derselben (da sie selbst ein unendliches Kontinuum von möglichen linearen Mannigfaltigkeiten ist), ist in gewisser Weise als Potentialität die gesamte Erscheinungskontinuität beschlossen, nämlich so, daß die aktualisierte Erscheinung das aktualisierte Linienstück aus der Gesamtkontinuität Wahrnehmung im eigentlichen Sinn enthält in Form einer Bilderkontinuität, die beseelend verknüpft ist mit einer kontinuierlich durchgehenden, sich immerfort erfüllenden und zugleich intendierenden „Intention auf". Und diese gehört ihrerseits als stetiges Motivat zu den stetig motivierenden *K*. Die „Intention auf" ist eine unbegrenzte Intention, sofern sie ihrem Wesen nach nicht im bestimmten Bild terminiert ist, als ob sie auf diesen momentanen Bildinhalt, auf diese momentane Phase begrenzt wäre. Sie geht durch sie hindurch und behält diesen Charakter des Durchgehenden, wie immer die aktuelle Erscheinungskontinuität sich erweitern mag; dieses Unbegrenztsein gehört zum Wesen der Sachlage.

Wesentlich verschieden von der in der Erscheinung lebenden Intention, in der Gegebenheit sich aktualisiert, ist die Ablaufsintention der *K*. Und wie der aktuelle Verlauf der *K* einer ist aus einer Fülle einheitlich vertrauter Möglichkeiten und demgemäß das *K* jeweils umgeben ist von einem Hof von Auffassungs-

[1] Beginn einer neuen Vorlesung? — Anm. d. Hrsg.

färbungen, von *quasi*-Intentionen, die diesen Möglichkeiten entsprechen, so ist die stetige, in der Erscheinung lebende Intention umgeben von einem abhängigen Hof von *quasi*-Intentionen, die der Erscheinung erst ihren bestimmten Charakter geben, als Erscheinung des Dinges. Die Erscheinung ist phänomenologisch so geartet und die in Motivationseinheit mit ihr stehende Auffassung der Umstände ist so geartet, daß, „wenn die *K* so und so verlaufen würden, ein korrelativer Erscheinungsverlauf von der und der Artung motiviert wäre". Die und die Bilderkontinuität würde also zu den betreffenden *K*-Verläufen gehören, statt der jetzt erfolgenden Bildabwandlung würde die neue eintreten, und durch sie würde die intentionale Erfüllung, das stetige Gegebenheitsbewußtsein hindurchgehen.

Diese Möglichkeiten sind im Wesen jeder aktuellen Erscheinung des Dinges vorgebildet und auf sie in wesensgesetzlicher Evidenz zu beziehen. Es wäre denkbar eine aktuelle Bilderkontinuität, einheitlich als Kontinuität und selbst schon motiviert durch eine assoziativ zugehörige *K*-Reihe, aber so, daß keine darüber hinausgehenden Auffassungscharaktere mit verflochten wären. Also würde nicht das Ding dastehen als das Einheitliche, das sich in anderen Bilderkontinuitäten darstellen könnte und das in entsprechenden anderen Erscheinungsreihen sich nach seinen anderen Seiten ausweisen würde. Das in dem aktuellen Abfluß sich einheitlich Darstellende hätte keine anderen Seiten, es wiese in nichts auf solche hin.

Was die durch die aktuell gegebenen Bilder hindurchgehenden intentionalen Strahlen anbelangt, so verknüpfen sie im Einheitsbewußtsein entsprechende Punkte der kontinuierlich ineinander übergehenden Bilder und konstituieren damit dasselbe immerfort in die eigentliche Erscheinung fallende gegenständliche Moment. Was wir früher eigentliche Erscheinung nannten, das ist das Strahlenbündel der ausgezeichneten, durch die Bilder hindurchgehenden Intentionen, nur bezogen auf jede Erscheinungsphase. In unserer Beschränkung auf die Erscheinungsmannigfaltigkeit eines ruhenden Objektes bei bloßer Augenbewegung, und dabei im einäugigen Sehen, fällt das Objekt immer mit derselben Seite in die Erscheinung. Wir müssen, ‹um› genau zu sein, sogar noch eine Beschränkung hinzufügen, nämlich, daß das Objekt so liege, daß es nicht durch extreme Augenbewegung aus dem Objektfeld ganz oder zum Teil verschwinden könne. Dann erscheint also immer dieselbe Objektseite, und ganz. Alle durch die *K*-Veränderung motivierten lebendigen Intentionen gehen durch das jeweilige Bild hindurch, und zwar so, daß der durchgehende Strahl wiederum durch das neue Bild hindurchgeht. (Wir werden hören, daß das nicht immer der Fall ist, nämlich nicht beim Herumgehen um das Objekt, wobei erscheinende Objektmomente verschwinden und neue auftauchen. Mit Rücksicht darauf wird sich auch zeigen, daß das Strahlenbündel motivierter lebendiger Intentionen nicht ohne weiteres identisch ist mit einem Bündel durch das Bild hindurchgehender und sich durchaus erfüllender Intentionen, durch welche die Bilder zur Einheit der Deckung gebracht würden.)

Dabei ist folgendes zu bemerken: Die zueinander in Korrespondenz gesetzten Bilder, die immer ein und dasselbe vom Gegenstand zur Darstellung bringen, sind einander ähnlich; innerhalb der Sphäre deutlichsten Sehens steigert sich die Ähnlichkeit bis zu ununterscheidbarer Gleichheit. Soweit die Gleichheit reicht, entspricht jedem unterscheidbaren Bildteil sein Korrespondent im gleichen Bild. Die Korrespondenten unterscheiden sich nur durch ihre Individualität, d.i. durch die absoluten Orte im Feld. In dem durchgehenden Erfüllungsstrahl stellen sie ein und dasselbe als gegeben dar. Denkbar wäre wohl ein Feld, das hinsichtlich der möglichen Transformationen in sich selbst vollkommen homogen wäre, also derart, daß bei bloßer „Bewegung" des Bildes im Feld die ständige Ähnlichkeit des Bildes mit sich selbst eine Ähnlichkeit ununterscheidbarer Gleichheit wäre. Dann hätten wir in der Bildermannigfaltigkeit, in welcher sich das ruhende Objekt oder voll ruhende Objektfeld bei bloßer Augenbewegung darstellte, Bild auf Bild stetig so bezogen, daß ein durchgehendes Strahlenbündel von Intentionen alle unterscheidbaren Punkte oder Teile in ein-eindeutige Korrespondenz versetzte; und das Korrespondierende wäre überall Darstellung desselben Objektiven. Mit anderen Worten, jedem Teil oder Punkt der erscheinenden Objektseite entspräche in jedem Bild ein darstellender Teil oder darstellender Punkt, alle Bilder hätten die gleiche Fülle und Vollständigkeit der Darstellung. Das phänomenologisch uns gegebene Feld ist aber inhomogen, d.h. bei Hineinrücken eines Bildes in die Randpartien verbleibt dieses niemals völlig gleich, und die Darstellung des ruhenden Objektes bei bloßer Augenbewegung ist notwendig Darstellung durch eine Kontinuität ähnlicher, aber sich von der Gleichheit bis zu erheblicher Unähnlichkeit abstufender Bilder. Wenn diese nun dasselbe darstellen, dieselbe Objektseite, und zugleich jedes unterscheidbare Stück in jedem Bild etwas von dieser Seite darstellt, wenn also die lebendige Intention ein Bündel ist, die ihre impliziten Strahlen durch all diese Stücke und Punkte hindurchsendet, so fragt es sich nun, wie die Korrespondenz der Bilder zueinander beschaffen ist. Die Abstufung der Ähnlichkeit ist eine solche, daß das Bild im Hinausrücken in die Randpartien des Ortsfeldes an inneren Unterschieden bzw. an inneren Unterscheidbarkeiten verarmt; darunter kann zunächst die durch qualitative Abhebungen vollzogene extensive Teilung des Bildes leiden, es werden immer weniger Sonderteile sich abheben können. Die qualitativen Modifikationen können aber auch in der Richtung erfolgen, die gegebenenfalls zu der Verarmung an unterschiedenen Teilen keine Beiträge leistet. Bei dieser Sachlage kann eine gegenseitig-eindeutige Korrespondenz natürlich nicht bestehen. Sie kann nur eine einseitige sein, nämlich so, daß jedem unterscheidbaren Teil im inhaltsärmeren Bild ein unterscheidbarer im inhaltsreicheren entspricht. Im stetigen Übergang zum reicheren findet aber doch stetige Erfüllung statt, stetige Identifizierung in der immer reicheren Darstellung. Es teilt sich also in der Weise der Explikation jeder intentionale Strahl, der in der ärmeren Darstellung ein nicht mehr Teilbares durchsetzt und sich in die reichere Darstellung so hinein erstreckt, daß er ein bestimmtes zusammenhängendes Stück mit mehreren inneren Unterschieden sich als Korrespondenten zueignet, dabei aber diesen inneren Unterschieden gemäß sich explizierend teilt. Jeder reicheren Darstellung entspricht nach allen unterscheidbaren Momenten Intentionalität, also die durch sie hindurchgehende Intention ist ein intentionaler Komplex. Die ärmere Darstellung als sich in diesem erfüllende, also identifizierende, kann trotz der größeren Armut nicht weniger enthalten an Intentionalität; sie enthält dies nur in anderer Form, in der Form der Implikation, nämlich so, daß ihre Intention ihrem Wesen nach die Eignung hat, in eine größere Mannigfaltigkeit von darstellenden Strahlen überzugehen, und dies natürlich in der Weise der erfüllenden Identifizierung.

Wir haben hier an die früher unterschiedenen Vorkommnisse der intentionalen Bereicherung als näherer Bestimmung und auch Andersbestimmung zu denken. Der Typus der Ruhemannigfaltigkeit und speziell der Sondertypus des Erscheinungssystems bei bloß bewegtem Auge ist ein assoziativer Typus, aber ein allgemeiner Typus. Bei Ablauf der kinästhetischen Umstände ist die Bildänderung über die wirklich vollzogene hinaus im voraus, aber nur dem allgemeinen Typus nach bestimmt und demgemäß auch der Charakter der durchgehenden Intention. Ihre Unbestimmtheit ist nähere Bestimmbarkeit in gewisser Sphäre, und nähere Bestimmung bietet jedes dem Gesamttypus gemäß sich einstellende neue Bild von größerem Reichtum. Der intentionale Strahl, der den Modus der Unbestimmtheit hat, ist, indem er sich bestimmend expliziert und sich in eine Mehrheit von intentionalen Strahlen auseinanderlegt, nicht selbst ein Bündel oder eine Verschmelzung der nachher gesonderten Strahlen. Er hat keine Sonderung in sich, sondern eine eigene Charakterisierung, zu deren Wesen die Möglichkeit des so Auseinandergehens in Form mehrfältiger Explikation gehört.

Beim Übergang von dem mehrfältigen, durch eine mannigfaltigere Darstellung hindurchgehenden Strahl zu einem darstellungsärmeren Strahl verhält es sich aber anders. Die innere Explikation der Intention geht nicht oder nicht ganz verloren. Möge Bestimmtheit sich auch im Übergang zum ärmeren Bild bis zu einem gewissen Grad in Unbestimmtheit wandeln und möge auch Unbestimmtheit insofern wieder auftreten, als die genaue Bestimmtheit der neuen, wenn auch ärmeren Darstellung nicht vorgezeichnet sein wird, so wird doch die Sonderung der intentionalen Strahlen, die sich mit der reicheren Unterschiedenheit des günstigeren Bildes vollzogen hatte, eine Strecke erhalten bleiben können und erhalten bleiben müssen. Populär gesprochen: Das Ding ist nach Auftreten der reicheren Darstellung das durch sie bestimmte, es ist von nun ab als das gemeint, als was es sich in dieser reicheren Darstellung darstellte.

Wie durchsetzt nun aber diese reichere Intention das ärmere Bild und die Serie der ärmeren Bilder, in der die Bildbewegung abfließt? Hier geht durch die geringere Mannigfaltigkeit von Unterschieden eine größere Mannigfaltigkeit von intentionalen Strahlen hindurch. Das unterschiedene einzelne bedeutet sozusagen nun mehr, als es darstellt. So stößt uns ein merkwürdiger Unterschied auf. Fassen wir in der Fixierung eines Objektes einen Reichtum innerer Unterschiede auf und wandeln dann den Blick, dann wieder zur klaren Unterscheidung zurückkehrend in der Fixation und wieder den Blick wandelnd, so besagt jedes ärmere Bild, jedes unklare dasselbe wie das klare, in jedem ist dasselbe Objekt (dieselbe Objektseite), und zwar mit denselben objektiven Unterschieden gegeben. Und doch wieder ist im eigentlichsten Sinn nur im ,,klaren" Sehen diese Seite mit diesen inneren Unterschieden gegeben. In allen anderen Darstellungen sind weniger objektive Unterschiede wirklich gegeben; aber jede meint mehr, als sie darstellt, indem die Fülle von intentionalen Strahlen, die sich in der besten Darstellung nach ihren Darstellungsmomenten gesondert hatte, sich in die ärmeren Darstellungen hineinsetzt, und überhaupt durch die ganze Darstellungskontinuität hindurchgeht, aber nun einen anderen Charakter erhält. Jedem unterschiedenen Strahl entspricht nicht ein unterschiedener Darstellungsinhalt; bündelweise fließen die Strahlen zusammen und haben ihren darstellenden Inhalt einheitlich an dem in sich ununterscheidbaren Inhalt, der nun in anderer Weise darstellt als der reichere Inhalt des Fixationsbildes. Einiges, wie etwa die Figur, bildet er noch vor, anderes, wie innere Teilungen und Besonderungen, bildet er nicht vor, er bietet für gewisse Strahlen gar nichts als zugehörigen Inhalt. (Und auch bei der Figur ist die Darstellung eine weniger reiche und überhaupt unvollkommene.)

So scheidet sich also innerhalb der Sphäre eigentlicher Erscheinungen, die wirkliche Darstellungen sind, eine Sphäre expliziter und eine Sphäre impliziter Darstellung, und wir verstehen den Vorzug voll expliziter Darstellung oder vollständigster Darstellung innerhalb der einheitlich und typisch geschlossenen Mannigfaltigkeit von Erscheinungen, die uns hier beschäftigt. Sie bringt nicht nur überhaupt die Seite des Objektes zur Darstellung, sondern so zur Darstellung, daß jedes Moment der Seite, das da gemeint ist, auch eigens dargestellt ist.

Das Objekt freilich hat noch andere Seiten, und selbst für die erscheinende Seite kommt noch ein Mehr an möglicher Unterscheidung und Bestimmung in Betracht. Aber innerhalb des geschlossenen Systems von Erscheinungen, die zum *K*-System des Auges gehören, ist gegenständlich nur soviel und nicht mehr motiviert. Unter den hier motivierten und in dieser Motivation „lebendigen" Intentionen haben wir den fraglichen Unterschied zu machen; wir finden den Vorzug solcher Intentionen, die innerhalb dieses Motivationszusammenhanges keine weitere Explikation mehr zulassen, durch nähere Bestimmung und durch Teilung und endlich durch Teilung in voll fundierte, mit unterschiedener Bildfülle begabte partiale Darstellungen. Das Strahlungssystem dieser vollen Intentionen geht dann durch alle Erscheinungen in gewisser Weise hindurch, sich in ihnen in der Weise der Implikation und eventuell des Unbestimmtwerdens zusammenschmelzend und modifizierend. Der Vorzug der expliziten Gegebenheit wird dann zugleich zum Vorzug des Interesses, und so erfüllt sich das sachliche Interesse in der vollen, d.i. expliziten Gegebenheit der Sache und befriedigt sich um so mehr, je größer die Annäherung an die Explikation ist. Das bedeutet also auch relativ „adäquate Gegebenheit" der Sache, nämlich die Adäquation in Relation zu der typischen Mannigfaltigkeit der motivierenden Umstände. Sie liegt in einer Erscheinung oder in einem ganzen, hinsichtlich der Explikation gleichwertigen Erscheinungsgebiet vor, in der die Stufe der Explikation die höchste ist, jedes veränderte gegenständliche Moment seine eigene Darstellung findend, was aber nichts daran ändert, daß nicht der darstellende Inhalt der Phase der Gegenstand ist, sondern Gegenstand das Einheitliche in der kinästhetisch motivierten Mannigfaltigkeit von Erscheinungen ist.

Interessant scheint es mir, daß die Bildermannigfaltigkeit und eine auf sie gegründete Erscheinungsmannigfaltigkeit unter den bloßen Umständen der Augenbewegung offenbar für sich eine gegenständliche Einheit konstituieren könnte, sofern nämlich die Erscheinungen gar keine über diese Mannigfaltigkeit hinausweisenden *quasi*-Intentionen tragen müßten, wie ich das schon erwähnt habe. In gewisser Weise und ganz richtig konstituiert ist eine Gegenständlichkeit, nur daß weitere Auffassungskomponenten hinzukommen; die Gegenständlichkeit ist so nicht die volle Dinglichkeit eben der vollen Wahrnehmung. Diese Gegenständlichkeit käme in der fixierenden Betrachtung zu adäquater Gegebenheit (mindestens unter leicht sichtlichen Beschränkungen).

Es wäre kein Ding, aber doch eine Art Objektität, die wesentliche Züge mit der Dingobjektität gemein hätte.[1]

‹§ 56. *Die Zeitstruktur der kinästhetischen Abläufe*›

Wir haben in der bisherigen Betrachtung hinsichtlich der Darstellung immer nur die Funktion des Bildinhalts in Erwägung gezogen mit seiner wechselnden absoluten Örtlichkeit, seiner Extension und seiner füllenden *quasi*-Qualität, nicht aber das Moment der Zeitlichkeit. Gegebenheit vollzieht sich als ein Prozeß in der phänomenologischen Zeitlichkeit, das Gesamtphänomen mit seiner K- und b-Komponente ist zeitlich extendiert. Im Übergang von K_0 zu K_1 haben die dadurch motivierten Bilder ihren Abfluß b_0—b_1 und stehen mit den K in zeitlicher Deckung. Wie jeder erfüllte Zeitfluß so hat auch dieser seine Zeitgestalt; und sie kann wechselnde Zeitgestalt sein. Es kann der Fluß der K und damit derjenige der b schneller oder langsamer erfolgen, und dabei in verschiedenster Weise in gleich großer oder ungleich großer Geschwindigkeit, je nachdem die Zeitfülle sich über die Zeitstrecke ausbreitet, mit größerer oder geringerer „Dichte" die oder jene Partialstrecken füllt. Es kann ferner der Ablauf der K und damit der Bilderfolge sich umkehren, und wieder in wechselnder Zeitgestalt. Dem folgen die Zeitgestalten des Gegebenheitsbewußtseins. In gewisser Weise ist all das für das erscheinende und als gegeben dastehende Objekt irrelevant sowie auch die größere oder geringere Extension des kinästhetischen und Bilderabflusses bzw. der größere oder geringere Abfluß der möglichen Erscheinungen aus der ideellen Gesamtmannigfaltigkeit. Ich sage: irrelevant, insofern ja immerfort dasselbe inhaltlich unveränderte und ruhende Ding dasteht, immer in derselben Zeitgestalt seine dingliche Inhaltsfülle ausbreitend, nämlich in überall gleichmäßiger Dichte. Und doch hat die Zeitlichkeit des Flusses für die Objektivation etwas zu sagen: es erscheint ja ein Zeitliches; Zeitlichkeit gehört wesentlich zum erscheinenden Gegenstand,

[1] Vgl. zum vorangehenden eine kritische Note Husserls; siehe Beilage I (S. 340) — Anm. d. Hrsg.

und in unserem Fall Zeitlichkeit in Form der Dauer des unveränderten, ruhenden Dinges. Man wird nun sagen: Es muß doch die Objektivation der Zeit ihren „darstellenden" Anhalt haben im Phänomen und worin sonst als in seiner phänomenologischen Zeitlichkeit. Näher wird natürlich die Erscheinung im engeren Sinn, die jeweilige unter den motivierenden Umständen stehende Erscheinung, in Frage kommen und wie in ihr das Bild durch seine Örtlichkeit das objektiv Örtliche darstellt und damit durch die *quasi*-Figur und *quasi*-Größe die objektive Figur und Größe und wieder durch seine *quasi*-Färbung die objektive Färbung, so durch seine Zeitlichkeit die objektive Zeitlichkeit. Das Bild ist Bild im Fluß der Bilderkontinuität; jeder Bildphase in diesem Fluß entspricht die erscheinende objektive Zeitphase des Dinges, näher der in diesem Bild sich darstellenden Objektseite, die prä<empirische> Zeitstelle des Bildes ist Darstellung der objektiven Zeitstelle, die prä<empirische> Zeitextension im Ablauf der Bilderkontinuität <ist> die Darstellung der objektiven Zeitausbreitung des Dinges, also seiner Dauer. Das alles ist evident.

Näher besehen ist freilich diese „Darstellung" der objektiven Zeit eine wesentlich andere als diejenige des in der objektiven Zeit seienden, in ihr dauernden Dinges als des in der Zeit identischen und die Zeit in der Weise der Dauer füllenden. Nehmen wir der Einfachheit halber eine Kontinuität gleicher, also gleich reicher Bilder innerhalb der engen Sphäre „deutlichsten Sehens", so geht ein intentionales Strahlenbündel durch die in der *quasi*-Zeitlichkeit abfließenden Bilder so hindurch, daß dadurch die Bilder in ein-eindeutige Korrespondenz gesetzt werden. Die auf demselben intentionalen Strahl liegenden Punkte stellen durch ihre Inhalte einen und denselben Objektpunkt dar. Hier geht also ein einheitsetzendes Bewußtsein durch die prä<empirische> zeitliche Kontinuität hindurch. Ein Fluß von Inhalten, aufgereiht am intentionalen Strahl, stellt Phase für Phase denselben Dingpunkt dar. Jeder Bildpunkt hat aber auch seine prä<empirische> Zeitstelle. Durch die aufeinanderfolgenden Zeitstellen geht aber nicht wieder ein sie zu identischer Einheit objektivierendes Einheitsbewußtsein: Die in dieser Zeitstellenkontinuität sich ausbreitende Punktreihe der Bilder stellt denselben Dingpunkt dar, aber die Zeitstellenreihe nicht einen identischen Zeitpunkt desselben, sondern wieder eine Zeitreihe. Und der einzelne Bildpunkt hat dieselbe Zeitstelle wie alle anderen koexistenten Bildpunkte. Das ganze Bild hat eine Zeitstelle, jedes verschiedene eine verschiedene. Jede verschiedene Zeitstelle im prä‹empirischen› Bilderfluß stellt eine verschiedene objektive Zeitstelle dar. Sonst erschiene ja nicht ein Ding, das als solches seine Dauer hat, eine erfüllte objektive Zeitreihe.

Die Aufklärung des Zeitbewußtseins hat ganz außerordentliche Schwierigkeiten, und zwar schon in dem Fall, wo es sich gar nicht um Konstitution von dinglicher Dauer handelt, sondern nur um die Konstitution der Zeit in der Sphäre evidenter und adäquater Gegebenheit. Auf diese Schwierigkeiten will ich hier nicht eingehen. Angenommen, sie seien der Hauptsache nach aufgeklärt und ‹es sei› phänomenologisch verständlich, wie im Fluß der stetig in die „primäre Erinnerung" zurücksinkenden und sich dabei phänomenologisch verändernden und immerfort weiter verändernden Phänomene sich Identität des objektiven Zeitpunktes setzt. Dann können wir in unserem Falle soviel sagen: Das sich im prä‹empirischen› Zeitverlauf kontinuierlich ausbreitende Einheitsbewußtsein setzt Einheit im Zeitverlauf der darstellenden Bilder, indem es jedes Bild eben zum darstellenden macht, in ihm Gegebenheit setzt und mit jedem neuen Bild Gegebenheit „eines und desselben". Das in jeder Phase Gegebene ist aber gegeben und gesetzt als ein Jetzt mit dem und dem Inhalt. Im Übergang zur nächsten Phase wird es in seinem Jetzt festgehalten. So wird die neue und jede neue Phase mit ihrem Jetzt festgehalten. Also im stetigen Übergang werden die Phasen so in Einheit gesetzt, daß jede Phase in der Objektivation ihr Jetzt behält und daß die Reihe der Jetztpunkte (als objektiver Zeitpunkte) erfüllt ist mit einem kontinuierlich einheitlichen und identischen Inhalt. Es ist folgendes zu beachten: Wenn die Phase *a* aktuell ist, hat sie den Charakter des aktuellen Jetzt. Aber im Zeitfluß schließt sich Phase an Phase an, und sowie wir die neue aktuelle Phase haben, hat die eben „jetzt" gewesene ihren Charakter als aktuelle geändert. In diesem Fluß der Veränderungen wird die zeitliche Objektivation vollzogen, sofern im Fluß der phänomenologischen Veränderung, die das *a* im Zurücksinken erfährt, kontinuierliche Setzung des identischen *a* mit dem bestimmten Zeitpunkt erfolgt. Im objektivierenden Bewußtsein erscheint der ablaufende Fluß der Bilder als ein Veränderungsfluß von sinnlichen Inhalten, wenn eben jedes Bild mit seinem Jetzt so objektiviert würde, daß es genommen würde, wie es in sich ist: Die Einheit dieser Mannigfaltigkeit wäre die in ihr „liegende", aus ihr zu entnehmende Einheit.

In der Dingobjektivation wird aber der Bildinhalt im Sinne der kinästhetischen Motivationseinheit transzendent so und so aufgefaßt. Er wird also nicht einfach hingenommen, wie er ist, sondern zur Darstellung, zum Träger eines so und so zu charakterisierenden, sich immerfort in der Weise der reinen Deckung erfüllenden intentionalen Bündels. Diese Intentionalität geht durch die Bildinhalte hindurch, während jedes Jetztmoment, das zum jeweiligen Bild gehört, dieselbe Zeitpunktobjektivation erfährt, die es auch ohne die Dingobjektivation erfahren würde. Es konstituiert sich also eine objektive Zeitreihe überall in derselben Weise. Aber die Erscheinungsreihe, in deren Fluß sich objektive Zeitlichkeit konstituiert, ist ihrer Materie nach eine verschiedene, je nachdem sich dingliche Zeitlichkeit oder nicht dingliche konstituiert, z.B. je nachdem sich objektive Zeit in der Dauer oder Veränderung eines Tones oder objektive Zeit in der Dauer eines Dinges konstituiert. Beide Erscheinungsreihen haben ein Gemeinsames, eine gemeinsame Form, die den Charakter der Zeitobjektivation als solcher ausmacht. Aber die Erscheinungen sind einmal Erscheinungen von Immanentem, das andere Mal von Dinglichem. So, wie die Identität des Tones im Fluß der Tonphasen, deren jede ihre zeitliche Individualität hat, Einheit in der Phasenkontinuität ist, Identität des in allen Phasen seienden und somit dauernden Tones, so ist die Identität des Dinges im Fluß der Erscheinungen Selbigkeit des in allen Erscheinungen in der Weise der Selbst- und Jetztgegebenheit erscheinenden und in immer neuen Jetzt erscheinenden und somit dauernden Dinges.[1]

<§ 57. *Das kinästhetische Gesamtsystem der visuellen Sphäre. Das okulomotorische Feld*>

Wir haben bisher ruhende Objekte bei beliebigen Augenbewegungen, und nur Augenbewegungen, besprochen. Wir er-

[1] Vgl. zum vorangehenden eine kritische Notiz Husserls; siehe Beilage I (S. 340). — Anm. d. Hrsg.

weitern jetzt das Bewegungssystem. Nicht nur das Auge bewege sich, es bewege sich der übrige Körper, es mögen also neben den Abläufen der kinästhetischen Augenempfindungen, die wir als *K* bezeichnet haben, die bald als Änderungsverläufe, bald als Ruheverläufe zu denken sind, die kinästhetischen Empfindungen ablaufen, die zum Kopf, zum Oberkörper usw. gehören. Wir wollen hier nicht die einzelnen Gruppen für sich betrachten, sondern nur die allgemeinen Verhältnisse erforschen. Da immer mit den kinästhetischen Empfindungen auch Lageempfindungen hinsichtlich der anderen Bewegungssysteme gegeben sind, so sind die kinästhetischen Umstände überhaupt immer etwas Komplexes. Wir haben also einen Komplex von Variabeln ($K, K', K'', \ldots$), die in bezug aufeinander unabhängig variabel sind, aber so, daß sie ein System bilden, in dem jede der Variabeln immer einen bestimmten Wert hat. In unserem früheren Fall dachten wir uns den sonstigen Körper in irgendeiner festen Lage, wir betrachteten nur die kinästhetischen Umstände des Auges. Mit anderen Worten, wir dachten die $K', K'', \ldots$ konstant und dann das *K* bald konstant, bald sich beliebig variierend. Verfolgen wir nun die Verhältnisse in Hinsicht auf die neuen K', K'', und so überhaupt für das Gesamtsystem der kinästhetischen Umstände, so ist zunächst zu bemerken, daß dem allgemeinen nach ein Stück unserer Analyse bestehen bleibt.

Wir haben wieder die eigentümliche Zusammenordnung der kinästhetischen Komplexe und der beliebigen Mannigfaltigkeit bzw. des bald so, bald so erfüllten visuellen Feldes, vermöge deren sich „Umstände" und „Erscheinungen" in der Auffassungseinheit gegenüberstellen, die Umstände das Motivierende, die Erscheinungen das Motivierte. Mit jeder kinästhetischen Komplexion ist zusammen gegeben ein gewisses, so und so erfülltes Bildfeld, mit jeder bestimmten Veränderung des kinästhetischen Komplexes eine bestimmte Veränderung des Bildfeldes, immer vorausgesetzt, daß wir es noch mit der Konstitution eines ruhenden und auch sonst unveränderten Objektes und Objektfeldes zu tun haben. Jede Rückkehr der K, K' in die alte Konstellation ergibt dasselbe Bildfeld, also bei Umkehr der kinästhetischen Verläufe auch eine Umkehr der Bildverläufe, beide immerfort in zeitlicher Deckung. Dem allgemeinsten nach bleibt auch bestehen, was wir von den Erscheinungen gesagt haben, in denen die Bilder als darstellende Inhalte fungieren (und nur um der darstellenden Funktion willen nennen wir sie hinsichtlich der dargestellten Objekte „Bilder"). Es handelt sich um eine assoziative Komplexion. In der früheren Sphäre konnten wir uns denken, daß all die Intentionen, die wir *quasi*-Intentionen nannten, fortfielen. Sie bezogen sich ja auf die möglichen Erscheinungen, die zu den erweiterten kinästhetischen Umständen gehören. Wären die *K'*, *K"*, ... absolut konstant oder gar nicht vorhanden, so fehlte alles an den Erscheinungen, was ihnen in Hinsicht auf sie Bedeutung verliehe. Alle intentionale Beziehung wäre auseinandergelegt und erschöpft in der Mannigfaltigkeit von Intentionen, die durch die *K* (des Auges) allein motiviert sind und die in der beschriebenen Weise durch die Bilder hindurchgehen, bald sich komplizierend, bald sich explizierend.

Indessen, da die Bildveränderung, die Art der Abgrenzung und Erfüllung des visuellen Feldes nicht bloß abhängig ist von der einzelnen *K*-Variabeln, sondern von dem mannigfaltigen System (*K*, *K'*, *K"*, ...) und da die Variation der *K'* (Name für „*K'*, *K"*, ...") bei Konstanz des *K* neue Vorkommnisse, Bildermannigfaltigkeiten von neuem Typus bestimmt, so ist das intentionale System von vornherein ein sehr viel komplizierteres. Die Gesamtheit der variablen Umstände bildet ein geschlossenes System von möglichen Umständen, und dem gehört zu ein geschlossenes System von möglichen Bildveränderungen, das seinem Typus nach für die Ermöglichung der sich entfaltenden Gegebenheit eines ruhenden Objektfeldes bestimmt ist. Es ist ein allgemeiner (aber jetzt sehr viel komplexerer) Typus, und dieser Typus schließt partiale Typen ein. Wir wissen sozusagen, wie ein Bildfeld aussieht, wenn wir alle Umstände konstant halten und nur das Auge bewegen. Verändern wir dann immer wieder die Körperhaltung, so können wir dann immer wieder das System bloßer Augenbewegungen spielen lassen. So erfährt das Bildersystem, das wir für das *K* kennengelernt haben, immer wieder eine Abwandlung. Jede Verrückung der Körperhaltung modifiziert sie, bringt in das Bildersystem des *K* eine Modifikation hinein, die in ihr selbst nicht vorgezeichnet war, die eben nicht durch *K* allein motiviert war. Wir gewinnen sozusagen neue Dimensionen für die Konstitution der Dinglichkeit. Wir können die Sache ja auch so auffassen: Wir betrachten die identische, rein okulomotorische „Seite" des sich konstituierenden Objektes und verstehen darunter ausschließlich das Identische, das sich konstituiert in der möglichen Gesamtmannigfaltigkeit der Bilder, die unter Voraussetzung einer festen Körperhaltung K'_0 zu der gesamten Variationsmannigfaltigkeit der kinästhetischen Augenumstände gehören. Nun mögen die K' ihre möglichen Änderungsreihen durchlaufen. Dann erfährt diese identische okulomotorische „Seite" ein System von Abwandlungen, und es wird, wie wir sagen können, zur „Darstellungs"-Unterlage für ein System von Intentionen, die auf die Gesamtheit der nun möglichen Abwandlungen Bezug haben und der „Seite" überall einen neuen und reicheren intentionalen Charakter verleihen. Das Identische all dieser „Seiten" aufgrund der durch jene neuen Intentionen bestimmten Erscheinungsmannigfaltigkeit macht die Objektivität höherer Stufen aus. Diesen Abwandlungen haben wir nun nachzugehen.

<V. ABSCHNITT

DER ÜBERGANG VOM OKULOMOTORISCHEN FELD ZUM OBJEKTIVEN RAUM. DIE KONSTITUTION DER DREIDIMENSIONALEN RAUMKÖRPERLICHKEIT>

<11. KAPITEL

Erweiterungen des okulomotorischen Feldes>

<§ 58. *Die Begrenztheit der bisherigen Analysen. Übersicht über weitere Typen von Erscheinungsabwandlungen*>

Aus der mehrdimensionalen Schichtung der Dingkonstitution haben wir bisher nur eine Schicht oder einen Schichttypus kennengelernt. Es ist so, wie wenn man in der Geometrie das Wesen der ebenen Gebilde zunächst allein studiert. Obschon nun jeder Körper in eine unendliche Mannigfaltigkeit ebener Schnitte aufgelöst und als ein Kontinuum ebener Schnitte angesehen werden kann, so besitzt man in der Geometrie der ebenen Gebilde, die all diese Schnittgebilde umfaßt, doch noch nicht die Geometrie des Raumkörpers. Es kommt eben, wenn man von der Ebene ausgeht, auf die Gesetzmäßigkeiten an, nach denen Ebenen und auf ihnen liegende ebene Gebilde sich kontinuierlich modifizieren, eine Modifikation, nach welcher die Gebilde sich nicht in derselben Ebene modifizieren, sondern in ein zusammenhängendes kontinuierliches Ebenensystem treten und dadurch räumliche Gebilde erzeugen. Das Gleichnis darf aber nicht so mißverstanden werden, als ob das Bildersystem des bloß sich bewegenden Auges eine Ebene und ebene Gebilde des objektiven Raumes konstituiere und dann durch kontinuierliche Modifikation der Ebene sich Raum und Raumkörper konstituiere. Ebenen haben wir erst im Raum, wo kein Raum konstituiert ist, auch keine

Ebene, und wo kein volles Ding, keine ebene Dingprojektion.

Es handelt sich nun darum, die neuen Vorkommnisse zu studieren, die das Heranziehen der unter dem Titel *K* befaßten Umstände mit sich bringt. Wir nennen hier folgende: Zunächst ein Vorkommnis, das eigentlich nicht ein neues ist, sofern es beim *K*-System der bloßen Augenbewegungen auch schon zu finden ist, das wir aber vorziehen, erst jetzt zu besprechen. Es spielte im früheren System keine große Rolle und fand nur beschränkt statt. Ich meine die Erweiterung des Objektfeldes, die Bildveränderung ist, kann eine solche sein, daß das sich über das visuelle Feld bewegende Bild verschwindet, den Rand des Feldes passierend; andererseits treten in das Feld neue Bilder ein, Bilder von bislang nicht dargestellten Objekten.

Im vollen *K*-System haben wir speziell zu erwähnen mannigfache Möglichkeiten zyklischer Erweiterung des Objektfeldes. Im Übergang von Erscheinungen zu Erscheinungen treten Objekte aus dem Objektfeld heraus, neue treten hinein in solcher Ordnung, daß schließlich das alte Objektfeld wieder erscheint.

Typus:[1] $O\,(a, b, c, d)$
$O\,(b, c, d, e)$
$O\,(c, d, e, f)$
$O\,(d, e, f, a)$
$O\,(e, f, a, b)$
$O\,(f, a, b, c)$
$O\,(a, b, c, d)$

einfacher: a, b, c, d
b, c, d, e
c, d, e, a
d, e, a, b
e, a, b, c
a, b, c, d

[1] z.B. ich drehe mich im Zimmer um.

Andererseits die unendliche Erweiterung des Objektfeldes: Es kehren nie dieselben Objektfelder wieder, *in infinitum* schließt sich Neues an Neues; z.B. ich bewege mich gehend immer weiter fort, ohne je eine Drehung zu vollziehen.

Wir haben ferner zu bemerken das Vorkommnis der Scheindrehung, und zwar zunächst der Drehung einer während einer Erscheinungsreihe immerfort sichtlichen Objektseite, z.B. eines bestimmten Quadrates eines Hexaeders. Es handelt sich um ein zum ruhenden Objekt gehöriges Phänomen, also das Objekt selbst dreht sich nicht. Empirisch gesprochen, wir drehen uns, und das Objekt vollzieht eine „Scheindrehung". Wir belassen das Wort Drehung, weil das Phänomen, von den kinästhetischen Umständen abgesehen, dasselbe ist wie in dem Fall wirklicher Drehung des Objektes, so zum mindesten hinsichtlich der *quasi*-räumlichen Bildmomente, in denen sich die objektive Räumlichkeit darstellt. Ferner, und sehr nahe zusammenhängend damit, das Auftreten neuer Seiten eines und desselben Objektes. Z.B. vom Hexaeder ist zunächst ein Quadrat sichtbar, bei der Wendung des Kopfes treten, während dieses Quadrat sichtbar bleibt und seine relative Drehung erfährt, zwei neue Quadratseiten in die Erscheinung. Im stetigen Fortgang von Seitenerscheinung zu neuen Seitenerscheinungen des Objektes ordnen sich die Seiten in bestimmten Weisen an, und es besteht die Möglichkeit, zyklisch zur Ausgangserscheinung zurückzukehren. Es kommt die Geschlossenheit der Körpergestalt im zyklischen Erscheinungszusammenhang zur Erscheinung, und in verschiedenen solchen zyklischen Linien verschiedene zyklische Seitenzusammenhänge desselben Körpers. Wir können sagen, es erscheinen so zyklisch geschlossene Körperseiten, und der voll geschlossene Körper ist das Identische all solcher zyklischer Seiten.

Ein weiteres Vorkommnis, das hier zu besprechen ist und das mit der Drehung innig verflochten ist, wäre die Annäherung und Entfernung und die ihr entsprechende Serie von Erscheinungsveränderungen, nämlich von gewissen Dehnungen und Zusammenziehungen der erscheinenden Seite. Ferner die Phänomene der Bedeckung. Ding verdeckt Ding, erscheinende Dingseite Seiten anderer Dinge in wechselnder Weise. Dies dürften die hauptsächlichsten allgemeinen Vorkommnisse sein, die wir näher zu erwägen haben.

Vorweg haben wir in allgemeiner Absicht folgendes zu bemerken. Wie wir früher beobachtet haben, sind die Modifikationen, die ein Bildfeld und in ihm irgendein herausgehobenes Bild durch bloße Augenbewegung und bei unveränderten K' erfährt, von einem bestimmten allgemeinen Typus. Ändern sich nun die K', so treten die neuen Mannigfaltigkeiten von Modifikationen ein, die wir vorhin unter ‹einen› allgemeinen Titel gebracht haben. Es ist nicht gesagt, daß nicht ebensolche Modifikationen im visuellen Feld auch auftreten könnten ohne Änderung der K'. Aber sie stehen dann auch nicht in dem bestimmten funktionellen Zusammenhang zu den K', der ein ruhiges, in jeder Hinsicht unverändertes Objektfeld charakterisiert. Es soll nämlich der Motivationszusammenhang zwischen den KK'-Komplexen und den zugehörigen Bildern ein derartiger sein, daß zu jeder beliebigen KK'-Modifikation eine bestimmte Bildmodifikation gehört und daß zu jeder Umkehr im kontinuierlichen Ablauf der KK' auch eine Umkehr der motivierten Bildmodifikation und ihrer Kontinuität gehöre. All das in zeitlicher Konstanz verstanden. Innerhalb dieses Motivationstypus, der die Erscheinung der Ruhe und Unveränderung charakterisiert, kann in dem Sondertypus, der zu konstanten K' und beliebig variablen K gehört, kein solches Phänomen auftreten wie „Annäherung und Entfernung", wie „Drehung", wie Verdeckung usw. d.h. keine jener Bildmodifikationen, die unter diesen typischen Titel fallen. Oder noch anders ausgedrückt: Würde bei Ablauf einer Bilderkontinuität, die zu bloßer Augenbewegung gehört, aber bei konstanten K', irgendeins der angedeuteten phänomenologischen Vorkommnisse auftreten, dann könnten nicht mehr Ruhe und Unveränderung erscheinen; und wir fügen gleich bei: Vielmehr müßte dann Bewegung erscheinen, sei es Entfernung oder Drehung u.dgl. Dieser Zusatz allerdings weist auf spätere Analysen hin.

Es ist ferner zu sagen, daß auf einige der bezeichneten Vorkommnisse gemeinsame wichtige Ausführungen sich mitbeziehen, aber natürlich *mutatis mutandis*, die wir letzthin für die Zusammenordnung der Bilder in der bloßen K-Mannigfaltigkeit im Einheitsbewußtsein vollzogen haben. Handelt es sich um Modifikationen, die eine immerfort ganz ins Objektfeld fallende Seite erfährt wie bei kontinuierlicher Entfernung oder bei Drehung, die immer das Sichtbare sichtbar erhält, so geht offenbar ein Bündel von intentionalen Strahlen zuordnend und einigend durch das sich stetig modifizierende Bild hindurch. Nehmen wir der Einfachheit halber an, das *K* habe eine Fixationsstellung und bleibe in ihr konstant derart, daß das Bild in die Fixation falle; im Laufe der *K'*-Variation, etwa einer solchen, die der Entfernung entspricht, ist immerfort dieselbe objektivierende Auffassung des Bildes motiviert, und Darstellungsfunktion trägt hierbei nicht nur das Bild als ganzes, sondern dasselbe allen seinen unterscheidbaren Momenten nach. Wieder gilt, daß im allgemeinen der innere Reichtum an Unterschieden in den verschiedenen „Lagen", d.i. in den zu den verschiedenen Variationen von *K'* gehörigen *b*, ein verschiedener sein wird, während immerfort dasselbe Objektive, dieselbe Seite erscheint. Auch hier werden wir also die Unterschiede zwischen Implikation und Explikation machen müssen; je größer der Reichtum des Bildes an inneren Unterschieden ist, umso größer ist der Reichtum der Erscheinung an expliziten und durch die aktuellen *K'* „erregten" (aktuell motivierten) Intentionen. Verarmt das Bild an inneren Unterschieden, so verbleiben die einmal erregten Intentionen erregt, sie sind noch „lebendig", unter diesen Umständen motivierte Intentionen, aber sie entbehren zum Teil der eigenen, ihnen Fülle und Erfüllung gebenden Bildinhalte, die Intentionen versinken hier in das Stadium der Verworrenheit, der Implikation; oder auch, die Erscheinung ist vom Objekt nicht so deutliche Erscheinung. Natürlich sind aber diese intentionalen Strahlenbündel andere als die letzthin behandelten. Das System zu den Augenbewegungen gehöriger Intentionen ist ein anderes wie das zu den sonstigen kinästhetischen Veränderungen gehörige. Sie sind andere, sofern sie Strahlenbündel sind, die verschiedenen Bildermannigfaltigkeiten Einheit geben. Sie sind aber doch gleiche insofern, als sie dieselbe Objektseite mit denselben Bestimmtheiten zur Erscheinung bringen. Sie können daher nicht doppelt auftreten. Verbindet sich Augenbewegung mit Körperbewegung, variieren im Komplex *KK'* beide Variabeln, so treten ja auch nicht als zugehörig zwei Bildermannigfaltigkeiten ein, sondern eine, sozusagen eine diagonale; zu jedem Wert dieses Komplexes gehört notwendig ein und nur ein Bildwert. Die Modifikationen setzen sich gleichsam zusammen wie Kräfte. Ob wir in bestimmter Art eine Augenbewegung vollziehen und dabei zugleich den

Oberkörper eine bestimmte Verbeugung machen lassen oder ob wir zuerst die Augenbewegung bei ruhendem Oberkörper vollziehen und dann dieselbe Beugung desselben vollziehen, ist, ‹um› von den Zeitverhältnissen abzusehen, einerlei, nämlich hinsichtlich des Endergebnisses. Immer geht ein einheitliches intentionales Bündel durch die Bilder, sie einigend, und je nach der Fülle ihres Inhalts sich bald implizierend, bald wieder explizierend. Eine neue Betrachtung wird aber erfordern die Intentionalität der Erweiterung und Verengung in Form der Konstitution des endlosen Objektfeldes und der Herausstellung neuer Objektseiten in der Drehung.

‹§ 59. *Erweiterung des Objektfeldes.* *Objektsetzung über die Sphäre wirklicher Darstellung hinaus*›

Unter [1] den neuen Vorkommnissen, die wir im Zusammenhang der Konstitution des ruhenden Objektes heute besprechen wollten, hatte ich an erster Stelle genannt die Erweiterung des Objektfeldes. Schon bei bloßer Augenbewegung bleibt das Objektfeld nicht völlig konstant; Objekte, die näher am Rand des visuellen Feldes sich darstellen, verschwinden bei passender Augenbewegung, und neue Objekte treten auf den anderen Seiten vom Rand her in das Objektfeld ein. Ein Kern immer erscheinender Objekte ist also umgeben von einem Randgebiet bald erscheinender und bald nicht erscheinender Objekte. Natürlich sind diese Objekte, wenn sie nicht erscheinen, im strengeren Sinn nicht wahrgenommen. Aber gleichwohl sprechen wir bei einem umfassenden Objektkomplex, der nicht in einem Blick zur Darstellung kommen kann, davon, daß wir ihn wahrnehmen, und wir tun es mit bewegtem Auge und Körper. Wir sehen einen Saal voll Menschen, einen Wald mit Bäumen, eine Wiese oder ein Getreidefeld, das in einem Blick nicht zu fassen ist. Das jeweils eigentlich Gesehene ist für unser „Sehen" doch nicht allein da; so gut wie die Rückseite des Objektes eigentlich nicht gesehen und doch mit aufgefaßt und mitgesetzt ist, so auch die nicht gesehene Umgebung des Objektes. Das dargestellte Objektfeld ist Objektfeld in einer „Welt", in einer, sei es bestimmten, sei es noch so un-

[1] Beginn einer neuen Vorlesung? — Anm. d. Hrsg.

bestimmten näheren und ferneren Umgebung und zuletzt im unendlichen Raum.

Wie versteht sich die Objektsetzung über die Sphäre der wirklichen Darstellung hinaus? Bleiben die kinästhetischen Umstände konstant, so stellt sich im visuellen Feld eine beschränkte Objektmannigfaltigkeit dar; aber dies eigentlich Wahrgenommene will sozusagen nicht für sich gelten, es gilt als Ausschnitt einer weiteren Objektumgebung. Die Auffassung, und eventuell die Meinung, reicht über die eigentliche Wahrnehmung hinaus. Ändern sich die kinästhetischen Umstände, so bringt jede Phase ein neu erfülltes visuelles Feld, und in ihr stellt sich ein neues, wenn auch partiell identisches Objektfeld dar. In dem sukzessiven Ablauf eigentlicher Erscheinungen vollzieht sich eine sukzessive Wahrnehmung einer umfassenden Objektität, und zwar einer solchen, die in einer ruhenden Wahrnehmung (also bei kinästhetischer Konstanz) nie wahrgenommen sein könnte. Jede Phase bietet eigentliche Wahrnehmung eines beschränkten Teiles dieser Objektität; die Auffassung reicht aber weiter. Und geht kontinuierlich Wahrnehmungsphase in Wahrnehmungsphase über, so haben wir nicht bloß ein Nacheinander von verschiedenen Objektfeldern, sei es auch von solchen, die partiell identische Objekte darstellen, sondern im Nacheinander der Wahrnehmungen, in ihrem kontinuierlichen Übergang, haben wir ein Objektfeld; so gut die ruhende Wahrnehmung bzw. die einzelne momentane Phase einer motorischen Wahrnehmung ihr Wahrnehmungsfeld hat, ebensogut jeder motorische Wahrnehmungsverlauf. Und auch dieses motorische Objektfeld hat seine Umgebung; über das wahrnehmungsmäßig Erfaßte, obschon sukzessiv Erfaßte, geht die Auffassung noch hinaus, die Welt hat nicht ihr Ende, wo die jeweilige motorische Wahrnehmung endet. Phänomenologisch haben wir offenbar zu sagen: Die im kinästhetischen Verlauf kontinuierlich ineinander übergehenden Bildfelder erfahren stetig solche Auffassung, daß die stetige Folge von Erscheinungen Einheit einer Erscheinung begründet; diese Erscheinungseinheit ist eine durch die prä‹empirische› Zeit hindurch sich erstreckende Einheit.

So allgemein gesprochen gilt der Satz auch für die Erscheinung eines Dinges, das sich im motorischen Wahrnehmen im visuellen Feld immerfort darstellt, also immerfort in jeder Wahrnehmungsphase ganz sichtbar ist. Worauf es uns aber ankommt, ist, daß er auch gilt für die Erscheinung eines nicht immerfort und ganz sichtbaren Dingzusammenhanges bzw. für die Verknüpfung der ganzen, von Phase zu Phase hinsichtlich der dargestellten Objektität sich ändernden Erscheinungsfelder. Es gibt Einheit der Wahrnehmung, die in einem Erscheinungskontinuum immer wieder dasselbe Objekt darstellt und so, daß es in jeder Erscheinung sein voll darstellendes Bild hat, und ebenso für eine Objektgruppe, die sich immerfort voll darstellt, und immerfort hinsichtlich jedes Objektes der Gruppe, andererseits aber eine Einheit der Wahrnehmung, die in jeder Wahrnehmungsphase von dem Objekt oder der Objektgruppe zwar Einzelnes darstellt, aber nicht das Ganze. Wir können auch so sagen: Es gibt Wahrnehmungen, deren Objektitäten sich in ihren visuellen Feldern durch vollständige Bilder darstellen und andererseits solche, die sich nur in unvollständigen Bildern darstellen. Halten wir uns an die einzelne herausgenommene Wahrnehmungsphase, so ist sie eigentliche Wahrnehmung nur von einem Stück der Objektität, und doch als Phase in der Wahrnehmungskontinuität reicht ihre Intention weiter und verknüpft sie sich mit den anderen Phasen einheitlich so, daß Einheit der Wahrnehmung erwächst, in der die umfassendere Objektität zur Darstellung kommt. Die Objektität ist eine ruhende, in der objektiven Unveränderung dauernde, die Darstellung und Wahrnehmung ist eine sukzessiv sich stetig ändernde. Dabei bleibt auch für diese Wahrnehmungen bestehen, daß sie ihre Gegenständlichkeit bloß „einseitig" zur Erscheinung bringen und daß also dieselbe Objektmannigfaltigkeit in verschiedenen solchen Wahrnehmungen und Wahrnehmungsreihen gegeben sein muß, damit sie sich ihren verschiedenen Seiten nach als gegeben herausstelle. Ja schon eine einzige Seite kann durch eine Wahrnehmungssukzession zu unvollständiger Erscheinung kommen. Es kann ja sein, daß die bestimmte Seite einer solchen, sozusagen das visuelle Feld transzendierenden Objektität in einer einheitlichen Erscheinungsfolge zur Gegebenheit kommt, wie z.B. wenn wir bei passender Stellung eine Allee sukzessiv zur Wahrnehmung bringen in einer Wahrnehmungsreihe. Es kann aber auch sein, und das ist ein häufiger Fall, daß die Seite in einer Erscheinungsfolge nicht zu erschöpfender Darstellung kommt und nun mehrere Erscheinungsfolgen ablaufen müssen, verknüpft durch ein Einheitsbewußtsein, das aus ihnen Einheit der Gesamterscheinung der Seite macht, wie z.B. die Erscheinung des ausgestirnten Himmels; oder Einheit des Zimmers: der Blick des Ringsumlaufens in der Rechts-links-Richtung, aber auch in der Oben-unten-Richtung usw.

So tritt hier eine neue Inadäquatheit uns entgegen. Ein Raumding überhaupt kann nur mit einer „Seite" in die Erscheinung fallen. Ein Erscheinungsverlauf gehört also in jedem Fall dazu, um das Ding allseitig zur Erscheinung zu bringen. Aber es scheiden sich zwei Möglichkeiten: Das Ding fällt in das visuelle Feld ganz hinein, d.h. in einem Bild als Ausschnitt des Feldes, und somit in einer momentanen Erscheinung oder dauernd-unveränderten Erscheinung stellt sich das Ding hinsichtlich dieser Seite dar; das ist die eine Möglichkeit. Die andere ist die, daß nur ein Teil der Dingseite sich im Feld darstellen kann; das Ding hinsichtlich dieser Seite erscheint nicht in einer einzelnen momentanen Erscheinung oder in einer einzigen ruhenden Erscheinung. Vielmehr gehört schon ein Erscheinungszusammenhang dazu, um auch nur die eine Seite des Dinges zur Wahrnehmung zu bringen. Eben dasselbe gilt von einer Mehrheit von Objekten, je nachdem sie ganz in das visuelle Feld als Darstellungsfeld fallen kann oder es nicht kann.

<§ 60. *Objektivation aufgrund unvollständiger Darstellungsmittel*>

Wir hatten früher nur die Objektkonstitution studiert innerhalb eines Kreises beständiger und extensiv vollständiger Darstellung. Wir müssen also jetzt Rechenschaft geben über die Objektivation, die mit extensiv unvollständigen Darstellungen wirtschaftet. Innere Unvollständigkeit, die mit innerer Verarmung der Darstellung eines und desselben Objektes zusammenhängt, ist in Erwägung gezogen worden, nicht aber äußere Unvollständigkeit, nicht die Sorte von Wahrnehmungen, die in ihrer Auffassung über den Rahmen des jeweiligen aktuellen Bildes hinausgeht. Dies trifft aber im Grunde jede Dingdarstellung insofern, als bei Änderung der kinästhetischen Umstände jedes erscheinende Ding, das soeben noch ganz in das visuelle Feld gefallen war, über den Rand hinausrücken und dabei zunächst partiell ohne Bildrepräsentation bleiben kann; tritt es schließlich ganz hinaus, so ist es darum nicht verschwunden, so wie es vorhin nicht halb verschwunden war, sondern nur nicht gesehen, was uns aber nicht hindert, den umfassenderen Objektzusammenhang, dem es zugehört und der uns gerade als Einheit interessiert, als wahrgenommen zu bezeichnen, nämlich, wenn wir im Wandel des Blicks und der Körperbewegungen Erscheinungsreihen haben, in denen sich die Objekte dieses Zusammenhangs in ihrer bestimmten Ordnung als eigentlicher gesehen einstellen.

Um dies Verhältnis zur Aufklärung zu bringen, ist zunächst folgendes zu erwägen: Die kinästhetische Modifikation ist eine Modifikation, die nicht bloß ein einzelnes Bild des visuellen Feldes, sondern das ganze Feld affiziert. Wandelt sich das K in bestimmter Weise, durchläuft es K_0—K_1, so wandelt sich nicht nur das einzelne Bild b als b_0—b_1, sondern das ganze Bildfeld. Zunächst mögen wir einen Bilderzusammenhang nehmen, der immerfort in das Feld ganz hineinfällt während des hinreichend beschränkt variierenden K. Dann erfährt jedes Bild seine Modifikation, aber wir können ebensogut sagen, sie erfahren alle zusammen eine Modifikation, sie bilden einen Komplex, der eine einzige und bei dieser Variation der K bestimmte und durch sie fest motivierte Modifikation erfährt. In dieser Modifikation konstituiert sich im charakteristischen System der Ruhemannigfaltigkeit nicht nur das einzelne Objekt als das zu dem einzelnen Bildersystem gehörige, sondern der räumliche Objektzusammenhang. Denn die Komplexion der Objekte, die das Einheitliche ist, das in der einheitlichen Modifikation des Zusammen der Bilder erscheint, das ist die räumliche Komplexion. Je zwei Objekte haben ihre bestimmte relative Lage zueinander, ihren bestimmten Abstand, ihre bestimmte relative Orientierung als Ganzes und nach allen ihren Teilen. Und dies konstituiert sich in der Einheit der Gesamtmodifikation. Das einzelne Bild hat im Feld seine Lage, aber im K-Verlauf ändert es beständig seine Lage und erfährt es überhaupt Modifikationen. Sie sind so geartet, so aufgefaßt und so vom Einheitsbewußtsein in eins gesetzt, daß nicht nur die Bilder als Ganzes in ihrem kontinuierlichen Ineinanderübergehen dasselbe Objektive darstellen, sondern auch alle unterscheidbaren Teile der Bilder. Und wie wir erörtert haben, ist dabei das inhaltsreichste Bild, das die größte Fülle von Teilungen und Abhebungen zuläßt, das maßgebende. So geht also durch die Bilderserie gleichsam ein intentionales Strahlenbündel hindurch. Jedes Bild stellt durch jedes unterscheidbare Stück ein Objektstück dar, und der Ordnung der Bildstücke entspricht die Ordnung der gegenständlichen Stücke. Und jedes Stück weist auf weitere Teilungsmöglichkeiten hin und wird in deren Sinn von vornherein aufgefaßt, so wie sie sich im weiteren Fortgang der Bildermodifikation im reicheren Bild herausstellen würde. Indem also jedes Bild dasselbe darstellt, stellt es auch durch die Art und Ordnung seiner Teile dasselbe dar. Die Identifikation geht durch die Teilung hindurch, und findet im Fortgang innere Bereicherung statt, so wird die Ordnung festgehalten und nur nach innen hin bereichert. In unserer bildlichen Rede: Das, was ein intentionaler Strahl war, das erhält den Charakter eines Strahlenbündels. Der Strahl, der einem letzten Teil eines Bildes entspricht, gewinnt den Charakter eines Strahlenkomplexes durch die Einheitsbeziehung zu dem Identisches darstellenden Teil eines kontinuierlich vermittelten anderen Bildes, welcher Teil durch innere Sonderungen in eine geordnete Mehrheit wiederum darstellender Teile zerfällt. Die Darstellungsidentität jedes unterschiedenen Teiles ist nicht Identität für sich, sondern Identität im Ganzen. Die einheitliche Modifikation des Ganzen, das als Stück des visuellen Feldes ein geordnetes Zusammen von Teilen ist, umfaßt die Modifikation jedes Teiles, und die feste Ordnung der Teile erfährt damit als Ordnung eine feste Modifikation.

Das Objektiv-Einheitliche dieser Modifikation ist Raumordnung der Teile im räumlichen Ganzen. Jeder Strahl setzt eine räumliche Einheit, und erhält der Strahl im Fortgang den Charakter eines Strahlenbündels, so setzt jeder neue Strahl eine räumliche Einheit, und die Ordnung der Strahlen im Strahlenbündel ist eine feste, da sie sich orientiert nach dem Ordnungszusammenhang der Teile im inhaltsreicheren Bild. Die ursprünglich gesetzte Einheit wird zum räumlich-mannigfaltigen Ganzen, das in innere räumliche Unterschiede, als festgeordnete, sich sondert, in Stücke, die immer wieder ihre feste Ordnung haben in der Einheit des Ganzen. Was vom einzelnen Ding gilt, gilt vom Dingzusammenhang. Nehmen wir etwa zwei Dinge, in solcher Wahrnehmung gegeben, daß sie sich im visuellen Feld vollständig abbilden. Die Bilder haben im visuellen Feld eine bestimmte relative Lage. Im kinästhetischen Ablauf erfahren beide eine einheitliche Modifikation, dieselbe Modifikation, die sie erfahren würden, wenn sie beide Stücke wären eines Gesamtbildes, in dem sich ein Ding darstellte. Die Gesamtmodifikation umfaßt einerseits die Modifikation, die jedes einzelne Ding erfährt und die den Anhalt gibt für die Konstitution des einzelnen Dinges, und die Modifikation, die der Bilderabstand und überhaupt ihre relative Lage erfährt. Mit ihr konstituiert sich das Raumverhältnis der beiden Dinge. Hätten die Bilder eine andere Stellung im visuellen Feld, so würde, wenn sie zu einer Ruhemannigfaltigkeit gehören, wieder die kinästhetische Modifikation sie beide einheitlich betreffen; einheitlich würde wieder der Bilderabstand sich durch die Serien von Bilderpaaren hindurch modifizieren und wieder einen Objektabstand konstituieren helfen, aber einen anderen als vorhin, und so für jeden Lagenunterschied der Bilder im visuellen Feld.

Vermöge [1] der festen Ordnung im visuellen Feld wird also die feste Ordnung im Objektfeld unter den Umständen der Ruhemannigfaltigkeit möglich. Nun ist aber das visuelle Feld und damit das Objektfeld eigentlicher Wahrnehmung in jeder Phase des Wahrnehmungsflusses ein beschränktes. Betrachten wir nun das Verhältnis des Eintretens und Austretens von Objekten in das Objektfeld bei Veränderung der kinästhetischen Umstände. Da die Objekte eine feste Ordnung haben, die nach dem Ausgeführten sich mit der bestimmten einheitlichen Modifikation der jeweiligen Bilderordnung konstituiert, so kann sich das Eintreten und Austreten nur in bestimmter Weise vollziehen. Jedes Objektbild wandert über das Feld, diese feste Lagenordnung, ändert darin kontinuierlich seine Lagen, und ebenso jede Reihe von Objektbildern in ihrer Ordnung. Das Objekt tritt in das Objektfeld dadurch, daß ein ihm zugehöriges Bild neu auftritt, und das ist nur möglich durch stetiges Eintreten vom Rand her ebenso wie das Verlassen durch stetiges Austreten am Rand. Sonst wäre die feste Ordnung im stetigen Lauf der Änderungen durchbrochen, der für ruhende Dinglichkeit konstitutiv ist. Das Eintreten und Austreten vollzieht sich also etwa nach dem Schema:

$$O\,(p, q, r, s) \qquad O\,(q, r, s, t) \qquad O\,(r, s, t, u)$$

[1] Vgl. zum folgenden eine Notiz Husserls; siehe Beilage I (S. 340). — Anm. d. Hrsg.

wobei wir uns denken, daß das Auge von links nach rechts gehe (bzw. der ganze Körper), also rechts neue Objekte sichtbar werden, links solche aus dem Gesichtsfeld schwinden.

<§ 61. *Vordeutung auf die Konstitution des Raumes. Der Raum als Ordnungszusammenhang der Dinge*>

Wir [1] waren in der letzten Vorlesung stehen geblieben bei der Betrachtung der Konstitution eines das visuelle Feld transzendierenden Objektfeldes bzw. bei der Betrachtung einer kontinuierlichen motorischen Wahrnehmung, die in jeder Phase ein beschränktes Objektfeld zur Darstellung bringt, indem nämlich sein darstellendes Gesamtbild in der jeweiligen Phase das ganze visuelle Feld ausfüllt. Aber durch die Kontinuität der Phasen geht im Wechsel der Bilderfülle des visuellen Feldes Einheit der Wahrnehmung hindurch; die im kontinuierlichen Nacheinander zur Darstellung kommenden Objektkomplexe schließen sich im Einheitsbewußtsein zu einem umfassenderen Objektkomplex zusammen, und da bei passendem Ablauf der kinästhetischen Umstände die Aneinanderreihung der Objektkomplexe und ihr Zusammenschluß zu einer geordneten Mannigfaltigkeit kein Ende hat und prinzipiell kein Ende haben kann, so konstituiert sich in der Fortführung der Wahrnehmungskontinuität, die immerfort den Charakter einheitlicher Wahrnehmung hat, die Erscheinung des endlosen Raumes und der endlosen Welt.

Um die phänomenologische Sachlage zu klären, schickte ich eine allgemeine Betrachtung voraus. Ich wies darauf hin, wie die feste Ordnung der Bilder im visuellen Feld eine wesentliche Rolle spielen muß für die Konstitution zunächst der in einem einheitlichen Bild darstellbaren und damit eng beschränkten Objektordnung im einheitlich sichtbaren Objektfeld. Im Auf- und Ablaufen der kinästhetischen Reihen erfahren konkomitierend die fest geordneten Bilderkomplexe des Feldes einheitliche, typisch fest bestimmte Verläufe und Umkehrverläufe von Modifikationen, und die Modifikationen sind einheitliche für die einzelnen Bilder, einheitliche aber auch für die figuralen Konstellationen der Bilder, für ihren Ordnungszusammenhang. Was in der Ein-

[1] Beginn einer neuen Vorlesung. — Anm. d. Hrsg.

heit der Modifikation steht, das erfährt Auffassung als dasselbe. Genauer, was immer in motivierter Weise bei Ablauf der *K* einheitliche Änderungsreihen durchläuft derart, daß sich in zeitlicher Deckung die *K*-Phasen und die Änderungsphasen entsprechen, und zu gleichen *K*, wann immer sie wiederkehren, gleiche Änderungsphasen, zu gleichen *K*-Verläufen gleiche Änderungsverläufe, zu umgekehrten umgekehrte, gehören, das wird vermöge der durchgehenden Einheitsauffassung als ein und dasselbe Unveränderte gesetzt. Oder umgekehrt, wo ein aktueller Erscheinungsabfluß den Charakter der einheitlichen Erscheinung einer ruhenden und unveränderten Objektität hat, da finden wir als zum Wesen dieser Erscheinung gehörig dies, daß die Abläufe der darstellenden Bilder und Bilderkomplexe durch die kinästhetischen Umstände motiviert sind und in einer Weise, daß sinngemäß die Evidenz gilt, daß, wenn ein gleicher *K*-Verlauf wiederkehren würde, sich in zeitlicher Deckung mit ihm auch solch ein Bilderverlauf einstellen würde und daß dann weiter zu jedem anderen *K*-Verlauf ein bestimmter, ihm zugehöriger Bilderverlauf motiviert wäre, immer vorausgesetzt, daß fortdauernde Erscheinung von ruhendem Objekt statthaben soll. Also diese motivierte Einheit der Modifikationen gehört wesentlich zur Konstitution von Identischem, und es ist Einheit der Modifikation, die die Ordnungszusammenhänge betrifft, die Lagenkonstellationen, die durch die Bilder fundiert werden und sie als einheitliche Komplexe fassen lassen; und ebenso die Lagenkonstellationen, die jedes einzelne Bild angehen und die fundiert sind in seinen unterscheidbaren Stücken. In dem Einheitsbewußtsein, das durch diese Modifikationen der Ordnungszusammenhänge hindurchgeht, konstituiert sich die Raumordnung.

Indem [1] aber das Feld durch seine innere Anordnung allen Bildern eine feste Ordnung vorschreibt und indem die Einheitssetzung der Kontinuität in der Abwandlung der einzelnen Bilder und ihrer wechselseitigen Orientierungen folgt, erwächst das Bewußtsein von der fest geordneten Dingmannigfaltigkeit und schließlich der Welt. Die festgehaltene Identität des Dinges ist festgehaltene Identität seines so und so erfüllten Raumes. In

[1] Vgl. zum folgenden eine Notiz Husserls; siehe Beilage I (S. 340). — Anm. d. Hrsg.

dieser Identität ist jedes noch so kleine Stück und jede Grenze dieses Stückes und jeder Punkt in seiner relativen Lage als Identisches gesetzt und als Identisches intentional festgehalten und ebenso jede Orientierung des Dinges zu einem anderen mit ihm zusammen sichtbaren Ding. Die Relation des Dinges zu Dingen, die nicht in einem Feld mit ihm zur Darstellung kommen, ist natürlich nur mittelbar bestimmt. Sie ist eine feste, weil feste Ordnungszusammenhänge von dem Ding durch vermittelnde Dinge zu dem anderen Ding laufen. Die absolute Identität und Unverrückbarkeit der vermittelnden Ordnungen bedeutet absolute Identität, Unverrückbarkeit der Ordnungsbeziehung zwischen entfernten, zusammen nicht zu schauenden Dingen. In die Einheit der Wahrnehmung kann jedes Ding mit jedem zwar treten, und das gehört zum Wesen aller Dinglichkeit, ohne das hätte sie keinen Sinn, aber die Einheit der Wahrnehmung ist nicht Einheit der Darstellung in einem Zeitpunkt und einem Bildfeld, sondern einheitlicher Wahrnehmungsverlauf, der das eine Ding zur Erscheinung bringt und in festem Ablauf der Ordnung nach eine Reihe von vermittelnden Dingen, die schließlich in dem zweiten Ding terminieren. Jede einmal im aktuellen Feld konstituierte einzelne oder komplexe Dinglichkeit wird festgehalten; sie ist, was sie ist, in der Kontinuität der bestimmten Abwandlungen unter den zugehörigen kinästhetischen Umständen. Sie bleibt festgehalten, wenn keine sich abwandelnde Bildergruppe mehr da ist, die sie darstellen könnte. Zur Dingkonstitution gehört eben der festgeordnete Zusammenhang der Bildermannigfaltigkeit unter den kinästhetischen Umständen und das dazugehörige Einheitsbewußtsein, zu dessen Wesen die Evidenz der Möglichkeit gehört, bei bestimmter Modifikation der Umstände eine bestimmte Bilderserie erhalten und darin bestimmte Objekte in der und der Erscheinungsweise sehen zu können.

Wie erstreckt sich aber die Raumordnung sozusagen über das visuelle Feld hinaus, wie kann die Wahrnehmung, im prä‹empirischen› Zeitfluß sich abwandelnd und in ihren Phasen immer wieder beschränkte Objektfelder bietend, im stetigen Durchgang durch die Phasen Bewußtsein werden vom Dasein einer umfassenden und schließlich unendlichen Objektwelt? Oder, um uns auf einen einheitlich herausgehobenen Ausschnitt aus derselben zu beschränken, Wahrnehmung einer Gegenständlichkeit, die in keiner Phase vollständig, aber doch „nach und nach" zur Erscheinung kommt?

Im Fortgang von Phase zu Phase haben wir nicht völlig neue Objektfelder. Zum Wesen der Modifikation gehört es, daß sie stetige Modifikation ist dessen, was das Bildfeld in seiner festen Ordnung bietet, und die Modifikation muß, wenn sie die Objekte als identisch ungeänderte setzt, auch ihre Ordnung ebenso setzen. Nehmen wir nun den einfachen Fall, daß keine Objektverdeckungen statthaben und daß somit Objekte nicht neu erscheinen dadurch, daß sie aus der Verdeckung hervortreten, und nicht verschwinden dadurch, daß sie in eine Verdeckung eintreten. Die Modifikation der Objektmannigfaltigkeit als stetige Modifikation ihrer festen Ordnung kann dann neue Objekte nur hereinbringen von außen her durch neu Eintreten in das visuelle Feld vom Rand her. Ich spreche von neuen Objekten; ich meine natürlich solche, die nicht aus der inneren Bereicherung der Darstellung entspringen als Merklichwerden, Sich-allmählich-deutlicher-Abheben u.dgl.

‹§ 62. *Das Neueintreten von Bildern ins Feld. Erläuterung am Beispiel der Wahrnehmung einer Allee*›

Nehmen wir als einfachstes Beispiel etwa eine Allee, von der die Bäume *a, b, c, d, e* im Bildfeld eines bestimmten Momentes unter den kinästhetischen Umständen *K* sich allein darstellen. Wenden wir uns allmählich nach rechts, so wird, motiviert durch den entsprechenden Ablauf der *K*, nun im visuellen Feld sich darstellen *b, c, d, e, f*, wobei der neue Baum *f* in die Erscheinung tritt, dann *c, d, e, f, g* usw. Natürlich liegt hier, wenn wir in eine assoziationspsychologische Betrachtung treten wollen, eine assoziative Verknüpfung vor. Im Auf- und Ablauf der kinästhetischen Reihen tritt in der zugehörigen Folge immer wieder die Bilderreihe in ihrer einheitlichen Ordnung auf und in ihrer stetigen Modifikation. Es bilden sich einerseits die Verknüpfungen heraus und die ihnen zugeordneten Einheitsauffassungen, die der immanenten Kontinuität nachgehen, vermöge deren in stetiger Ähnlichkeitsmodifikation Bilder in ähnliche Bilder, Bilderkomplexe in ähnliche Bilderkomplexe übergehen und dabei fest motiviert durch die in der Konstanz mit ablaufenden und eindeutig zugeordneten kinästhetischen Werte. Das ergibt die durch die Bilder in der Kontinuität der Bildfelder hindurchgehenden intentionalen Bündel, solange diese Modifikation eben läuft, solange wir also im Fortgang der Variationen der visuellen Felder noch Bilder finden, die als kontinunierliche Fortsetzungen zu den Bildern der vorangegangenen Felder gehören. Das hört auf, wenn die Bilder sozusagen den Rand des Feldes passieren.

Andererseits gewinnen doch die kontinuierlich aufeinanderfolgenden Bildfelder nicht nur Verknüpfung durch diese, entsprechende Bilder durchsetzenden intentionalen Bündel. Verknüpft sind nicht nur die im Einheitsbewußtsein als dasselbe Objekt aufgefaßten, ineinander übergehenden Einzelbilder, sondern es sind auch verknüpft die sukzessiven Bildfelder, soweit sie irgendwie an der Einheit des motivierten Änderungsverlaufes beteiligt sind, durch den sich die Allee als sukzessive Gegebenheit darstellt. Zu den bestimmten kinästhetischen Abläufen gehört ja der bestimmte Ablauf der ganz so und so erfüllten Bildfelder oder besser, der bestimmte stetige Änderungsverlauf der Ausfüllung desselben identischen Ortsfeldes durch solche und solche Bilderverteilungen (zum mindesten, soweit die Darstellung der identischen unverändert verbleibenden Allee in Frage ist). Also motiviert ist das Auftreten des neuen Baumbildes, sein bestimmtes Fortrücken im Feld und schließlich sein Verschwinden; und in Umkehr der Bewegung das Wiederauftreten, das Fortrücken in umgekehrter Richtung und dann Verschwinden auf der anderen Feldseite; so für jedes Bild und die ganze Bilderserie in ihrer einheitlichen Veränderung von Phase zu Phase. Danach gewinnt jede zusammen mit gewissen kinästhetischen Umständen auftretende Gesamtbilderserie, die die Gesamtdarstellung der Allee im entsprechenden Bildfeld ausmacht, ihren bestimmten assoziativen Zusammenhangscharakter. In ihrer Motivationsverflechtung mit den kinästhetischen Umständen weist sie, wie immer diese K ablaufen, auf bestimmt zugehörige Änderungen hin, die erwartungsmäßig ablaufen, und überhaupt trägt sie einen solchen Charakter, daß eine Mannigfaltigkeit anderer Änderungsmöglichkeiten bei entsprechender Änderung der kinästhetischen Verläufe impliziert ist. Und überall gehört mit dazu die Möglichkeit, bei Umkehr der Richtung eines K-Verlaufes auch die umgekehrte Folge des Abflusses der Bilderreihen motiviert zu finden, wozu gehört das bestimmte Eintreten und Austreten von Bildern in dem fest geordneten Zusammenhang und mit dem Fluß der die einzelnen Bilder und ihre Lagenkonfigurationen betreffenden Modifikationen.

Als Erfolg der Assoziation trägt also jedes Feld bzw. jede Gesamtdarstellung der Allee im jeweiligen, zu den bestimmten *K* in dem bestimmten Zeitpunkt gehörigen Feld einen intentionalen Charakter, ich meine einen einheitlichen Auffassungscharakter, in welcher Richtung die *K* auch ablaufen oder ob sie überhaupt ablaufen oder in Konstanz verharren. Tun sie das, so geht die lebendige Erwartungsintention auf Unveränderung der Bilderdarstellung; aber neben dieser lebendigen Intention als „Intention auf" geht die einheitliche Auffassung gleichsam auf die mannigfaltigen Möglichkeiten. Die bloße Bilderreihe mit der bloßen Tendenz auf den bestimmten Abfluß oder die bestimmte Unveränderung wäre noch keine Auffassung der in ihr sich darstellenden und sie sozusagen nach innen und außen transzendierenden Objektität: noch keine Auffassung der Allee. Das zeigt sich auch an der evidenten Möglichkeit, in der Phantasie und in bloßen „Gedanken" den Erscheinungsverläufen mit ihren Darstellungsverläufen und kinästhetischen Verläufen nachzugehen und sie als Einheit sich sukzessiv abwickelnder Erscheinung dieser Objektität Allee nachzuleben.

Die Auffassungscharaktere, welche jeder Phase der kontinuierlichen Wahrnehmung zugehören, also der zu der jeweiligen Phase gehörigen Bilderserie Beseelung geben, fundieren die Einheit des durchgehenden Gegebenheitsbewußtseins als eines ständigen Erfüllungsbewußtseins. Bei bestimmter Bewegung, die wir im Anblick der Allee vollziehen, also im Verlauf der betreffenden kinästhetischen Reihe, geht Erscheinung des überhaupt sichtbaren Alleestückes in Erscheinung des nunmehr sichtbaren Stückes, und so immer weiter, über in motivierter Weise: Aber jede solche Erscheinung hat noch ihr Plus an Auffassung, der Rechnung getragen ist durch die Rede von dem sichtbaren „Stück". Und so findet dann die volle Erscheinung, der wir dieses Plus zurechnen, ihre identifizierende Erfüllung. Von jeder Bilderserie strahlen unter den kinästhetischen Umständen lebendige Intentionen aus, die sich von Phase zu Phase erfüllen. Sie laufen zunächst der Reihenfolge der Bilderserien entlang, sofern in bestimmter Weise

a, b, c, d, e

in *b, c, d, e, f*

c, d, e, f, g

übergeht in motivierter Weise. In eins damit vollziehen sich aber die Identifikationen, die durch die identischen Buchstaben angedeutet sind, die Strahlenbündel der *b, c, d* usw. Der durch *a* gehende Strahl gerät dabei freilich ins Leere, aber seine Intention geht nicht verloren, sie bleibt eingeschmolzen der neuen Gesamterscheinung als Erscheinung der ganzen Objektität, wenn auch nur einer jetzt bloß hinsichtlich der *b* bis *f* sichtbaren. In gewisser Weise findet also hinsichtlich des *a* Entleerung statt, aber eine in diesem Zusammenhang motivierte. Die eigentliche Erscheinung des Baumes *a* wandelt sich in leere Intention. Andererseits aber füllt sich die an der ‹Gesamterscheinung› hängende leere Intention der ersten Reihe mit dem neuen Eintreten des *f*. Im Ablauf der eigentlichen Erscheinungsreihen vollzieht sich das kontinuierliche Wahrnehmungsbewußtsein nicht nur als ein Identitätsbewußtsein, hinsichtlich der einzelnen Gegenstände, sondern hinsichtlich der in den ganzen Reihen sich darstellenden, aber nur partiell darstellenden gesamten Gegenständlichkeit, eben dadurch, daß jedes einmal dargestellte Objekt nicht nur in der Darstellung und in der Kontinuität seiner Darstellungsänderung festgehalten wird, sondern auch seine Zusammenhangsintention zurückläßt, nachdem die Darstellung verschwunden ist. Daß an der absoluten Ortsstelle, wo soeben *a* stand, sich in stetiger Veränderung das *b′* einstellt, das seinerseits mit dem vorhin an anderer Stelle stehenden *b* in eins gesetzt wird, daß so die Darstellungsreihen sich verschieben, die doch als die identischen Objekte erscheinen, das gehört zum festen Gang der Motivation und ebenso die mögliche Umkehr. In diesem festen Ineinanderübergehen der Reihen, bei Festhalten des in ihnen einmal Gesetzten, konstituiert sich die eine immer wieder wahrgenommene, aber immer wieder nur partiell wahrgenommene Objektität, die Objektität, die ihre Ordnung von Teilen und Bildern hat und gemäß dieser Ordnung Stück für Stück, Reihe für Reihe zur sukzessiven Sichtbarkeit kommt und bei Umkehr der kinästhetischen Abläufe in umgekehrter Ordnung zur Sichtbarkeit kommen würde.

Die Bestimmtheit der Raumordnung und die Bestimmtheit in der Ordnung der Sichtbarkeit und der jeweiligen Ordnung des aktuellen Sichtbarwerdens gehören wesentlich zusammen. Und das Sein von Objektteilen, die nicht wahrgenommen werden, weist hin auf mögliche, und zwar motivierte Ordnungsverläufe der ausweisenden Wahrnehmungen und darin ihrer Darstellungen, die Zusammenhänge herstellen zwischen jenen nicht wahrgenommenen und den aktuell wahrgenommenen Teilen. Zum Wesen des mit dem aktuell Wahrgenommenen zugleich und dauernd Seienden gehört die Möglichkeit einheitlicher und festgeordneter Wahrnehmungen, die zu jenem überführen in bestimmter Zugehörigkeit zu überführenden kinästhetischen Verläufen.

‹Exkurs: *Die Einheit der Wahrnehmungsauffassung als Einheit der objektivierenden Zeitsetzung*›

Die Einheit der sukzessiven und transzendenten Wahrnehmungsauffassung ist zugleich Einheit der objektivierenden Zeitsetzung der in den Wahrnehmungsphasen sukzessiv zu eigentlicher Gegebenheit kommenden und in sich geordneten Realität.

In der sukzessiven Wahrnehmung gehen parallel mit dem Abfluß der kinästhetischen Umstände Darstellung in Darstellung, Erscheinung in Erscheinung über. Die Phasen der früheren Erscheinung bleiben nicht nur in der frischen Erinnerung erhalten, wie diese bei jeder Erscheinungsfolge statthat, oder wenigstens innerhalb gewisser Grenzen statthat; die jeweils im Jetztpunkt aktuelle Wahrnehmungserscheinung schließt nicht mit dem, was sie zu aktueller Jetztgegebenheit bringt, die durch die Wahrnehmung als jetzt gesetzte Realität ab. Es ist nicht so, daß die vorangegangenen Erscheinungen, als in Erinnerung nachlebende, aufbewahrt werden als Erscheinungen von Gewesenem. Das Erinnerungsbewußtsein der früheren Phasen ist allerdings Erinnerungsbewußtsein, aber hinsichtlich der früheren Wahrnehmung. Das früher Wahrgenommene aber ist jetzt nicht nur gegenwärtig als früher Wahrgenommenes, sondern es ist ins Jetzt hinübergenommen, es ist jetzt gesetzt als jetzt noch seiend. Als jetzt gesetzt ist nicht nur das soeben eigentlich Wahrgenommene, sondern zugleich auch das vorhin als gegeben Gewesene. Während des Flusses eigentlicher Wahrnehmung ist nicht nur das Sichtbare als dauerndes Sein im Fluß seiner Erscheinungen gesetzt, sondern auch das sichtbar Gewesene; und ebenso hinsichtlich der Zukunft. Als jetzt gesetzt ist auch das in der Erwartung der weiteren Phasen eigentlicher Wahrnehmung wahrgenommensein Werdende; es ist jetzt und es dauert und füllt dieselbe Zeit wie alles Ungesehene, aber Sichtbare; d.i. alles, was bei dem möglichen Abfluß der *K* als zugehörig wahrgenommen werden könnte. Es vollzieht sich hier nur eine Erweiterung der Zeitobjektivierung, die wir schon früher in Beschränkung auf immerfort Gesehenes und während des Sehens sich immer wieder anders Darstellendes besprochen haben. Alles Gesehene kann auch ungesehen sein, es ist doch sichtbar. Jeder Wahrnehmungsfluß läßt seinem Wesen nach eine Erweiterung zu, die schließlich das Wahrgenommene in ein Nichtwahrgenommenes verwandelt.

Wie aber die Zeitsetzung, indem sie das Ding, das da „vollständig" erscheint, in dem Wechsel seiner vollständigen Erscheinungen identifiziert, jede Zeitstelle der Erscheinungsphase mit objektiviert und ihr Bedeutung der objektiven Zeitstelle gibt, so daß also ein objektiv Dauerndes sich in der Erscheinungsserie auseinanderlegt, so vollzieht sich auch und in ähnlicher Weise Zeitsetzung hinsichtlich der Gesamterscheinungen, die ein und dieselbe Objektität in unvollständiger und immer wieder unvollständiger Weise zur Darstellung bringen.

Wie klärt sich dann die Wahrnehmung eines umfassenderen Dinges, einer Dingmannigfaltigkeit auf, die sich im visuellen Feld nicht vollständig darstellt, sondern sich im Fluß des Wahrnehmens Stück für Stück, also immer unvollständig darstellt? Eine Summation von verschiedenen Bildfeldern gibt es ja nicht. Es gibt immer nur ein Feld mit seinem festen Ortssystem, das sich weder erweitert noch verengt. Und so gibt es auch keine Summation von Wahrnehmungen zu einer Wahrnehmung in dem Sinn, daß nun eine Wahrnehmung der schlichten Art erwüchse, in der die Gegenständlichkeit mit ihrer vollen Seite in eine Erscheinungsphase oder eine Dauererscheinung fällt.

‹12. Kapitel
Die Typik der Erscheinungsabwandlungen im okulomotorischen Feld›

‹§ 63. *Einfältige Erscheinungen und Erscheinungsverläufe. Die Schichtung des Konstitutionsproblems*›

Das[1] Problem der letzten Vorlesung können wir in folgender Weise bezeichnen. Es gibt für ruhende Objektität zweierlei Erscheinungen: Erscheinungen im gewöhnlichen Sinn, wir sagen einfältige Erscheinungen, und Erscheinungsverläufe. Die letzteren fallen unter den weiteren Begriff der Erscheinung insofern, als sich auch in ihnen Gegebenheit einer einheitlichen Gegenständlichkeit vollzieht. Jede Phase eines Erscheinungsverlaufes ist eine einfältige Erscheinung, oder ihr entspricht eine solche durch bloße zeitliche Dehnung, so daß wir, wo es auf die Zeitlichkeit nicht weiter ankommt, Erscheinungsphase und einfältige Erscheinung wie als gleich behandeln können.

Zu vollständiger Gegebenheit reicht eine einfältige Erscheinung nicht aus, es bedarf vielmehr und wesentlich eines Erscheinungsverlaufes, und im Grunde genommen eines unendlichen, nie abzuschließenden, ja vielfach unendlichen Verlaufes. Soweit stehen alle Dinge einander gleich, genommen unter welchen Umständen auch immer. Nun ergibt sich aber ein wesentlicher Unterschied. Koexistente Stücke einer Dinglichkeit, die in eine Erscheinung fallen, deren Seiten eine Gesamtseite ausmachen, stellen sich in disjunkten Bildern im visuellen Feld dar. Wir können auch sagen: Sie lassen einheitliche Darstellung in einer einfältigen Erscheinung zu, weil sie sich nicht verdecken. Würden sie es, würde ihre Darstellung auf dieselben Teile des visuellen Feldes Ansprüche erheben, so könnten sie nicht einfältig darstellbar sein. Andererseits, koexistente Stücke einer Dinglichkeit, die sich nicht verdecken, brauchen nicht in einem visuellen Feld in einfältiger Erscheinung darstellbar zu sein. Dies hat dann seinen Grund in der Enge des visuellen Feldes. Prinzipiell sozusagen wären sie einfältig darstellbar, aber faktisch sind sie nicht darstellbar, nämlich unter den betreffenden kinästhetischen Umständen. Vielmehr be-

[1] Datum am Rand „18.7.07". Beginn einer neuen Vorlesung. — Anm. d. Hrsg.

darf es eines Erscheinungsverlaufes, in dem sich die Objektität stückweise darstellt. Unter dem Titel einer Dinglichkeit mit Stücken können wir natürlich gut einzelne Dinge und ihre reellen Stücke wie Dingkomplexe mit ihren Gliedern verstehen.

Das Problem war nun dies: Wie ein Objektkomplex, der ohne Verdeckung sich im Gesichtsfeld nach allen Gliedern abbildet, wahrnehmbar ist, wie er sich als Einheit in der bestimmten Modifikation aller dieser konstituiert, das mag verständlich sein. Wie ist aber die Wahrnehmung eines Objektkomplexes verständlich, für den immer nur ein Teil der Glieder sich in den Wahrnehmungsphasen abbildet? Wie kann ein Wahrnehmungsverlauf, dessen Phasen einfältige Wahrnehmungen stets nur einiger Glieder sind, das leisten, was eine einfältige Wahrnehmung, die alle Glieder zugleich darstellt, leisten würde und, wie es zunächst scheint, nur leisten kann? Wie kommt es zur Konstitution eines Objektganzen oder Objektkomplexes, dessen Teile unter gegebenen Umständen nur sukzessive sich abschatten können, weil schon ihre Darstellung das visuelle Feld ausfüllt?

Wir sehen von vornherein, daß im wesentlichen dasselbe Problem auch für die Konstitution eines Objektes in der Sukzession seiner Seitendarstellungen besteht. Wir können für eine Schichtenbehandlung des Konstitutionsproblems am besten wohl so gliedern:

1) Das Ding ist eine Gegenständlichkeit, der es wesentlich ist, <sich> in einer Kontinuität von einfältigen Wahrnehmungen aufgrund einer Mannigfaltigkeit von darstellenden Bildern zu konstituieren. Wie ist das zu verstehen, wie kommt Wahrnehmung dazu, über die darstellenden Bilder hinauszugehen und in ihrem wechselnden Fluß ein sich in ihnen immer darstellendes unverändertes Objekt wahrzunehmen? Das ist die allgemeinste Frage.

2) Das Studium des Falles der bloßen Augenbewegung wies uns auf die Möglichkeit hin, eine Schicht der Dingkonstitution fiktiv oder abstraktiv so zu denken: Das Ding reduziere sich auf das Identische, das wir okulomotorisches Bild nannten. Ein erster Schritt besteht also in der Aufklärung der Möglichkeit einer Wahrnehmung, die in einer stetigen Bildmodifikation unter zugehörigen K ein identisches Objekt als in objektiver Dauer unverändert setzt. Darüber wurde früher ausführlich gesprochen.

3) Wir denken uns zu den Augenbewegungen noch eine Serie

Körperbewegungen K' hinzugenommen; das Objektfeld sei ein solches, daß keine Verdeckung und Drehung in diesen Bewegungen statthabe. Fingieren wir dann wieder, ‹daß› das Objekt sich auf das okulomotorische Bild reduziere, so bleiben in der hinzugenommenen Körperbewegung die okulomotorischen Bilder immer disjunkt. Das Problem ist jetzt die Identität eines umfassenden Objektes und Objektkomplexes, der bei festem K' nur einem Teil nach in Form eines okulomotorischen Bildes oder Bildkomplexes wahrnehmbar ist, als Ganzes aber nur in einer Abfolge von solchen Bildern zur Gegebenheit kommt. Es handelt sich also um die Erweiterung des okulomotorischen Feldes, um das Problem, wie eine Kontinuität von okulomotorischen Feldern ein neues Objektfeld geben könne. Das ist das Problem, das wir zuletzt behandelt haben.

4) Die Objekte sind hier noch immer keine Dinge. Wir ziehen dann Dehnung, Drehung, Verdeckung in Betracht und fragen, wie eine durch Drehung charakterisierte Erscheinungsreihe in der Kontinuität ihrer Abwandlungen und speziell ihrer besonderen Darstellungen eine Objektität setzen kann, die der geschlossenen Körperlichkeit mit einer allseitig geschlossen Oberfläche. Im vorigen Punkt handelt es sich um eine äußere Erweiterung des Objektfeldes, hier um seine Verinnerlichung sozusagen, um dasjenige, was das okulomotorische Feld (eventuell in seiner unendlichen Erweiterung) zur bloßen Projektion einer mehrdimensionalen räumlichen Dinglichkeit macht.

Und somit gehen wir jetzt zum Studium der weiteren Vorkommnisse über, die das erweiterte kinästhetische System mit sich bringt, also der phänomenologischen Vorkommnisse, die der Entfernung, Drehung und Verdeckung im Bildfeld entsprechen.

‹§ 64. *Entfernung, Abstand und Tiefe als Vorkommnisse im okulomotorischen Feld*›

Was die Entfernung anbelangt, so handelt es sich hier objektiv um das Ferner- oder Nähersein des Objekts, das seinen zweiten Beziehungspunkt gewinnt in mir, dem Wahrnehmenden, dessen Körper sich der Welt miteinordnet. Des näheren ist dieser Beziehungspunkt nicht der ganze Körper, sondern er ist in dem nicht gesehenen Teil desselben gelegen, er liegt irgendwo im Kopf, im Auge oder hinter dem Auge. Da er nicht in die Sphäre der Darstellung und Darstellbarkeit fällt, so auch nicht die Entfernung als Abstand zwischen dem Objekt und diesem leiblichen Beziehungspunkt. Im eigentlichen Sinn ist Entfernung als dieser Abstand also nie gegeben und nie zu geben, sie ist nichts im „eigentlichen" Sinn Wahrnehmbares.

Auf welchem Wege die Ansetzung dieses Beziehungspunktes und die Auffassung dieser „Entfernung" zustandekommt, das ist eine besondere Frage. Jedenfalls kann sie uns hier nicht angehen. Uns interessiert hier, was sich wirklich darstellt, was zu eigentlicher Gegebenheit kommt. Abstrahieren wir nun von jenem gleichsam imaginären Ich-Punkt, so bleibt doch ein Unterschied der Nähe und Ferne übrig, der phänomenologisch faßbar ist gleichsam vor der Anknüpfung an ein anderweitig sich konstituierendes oder sich einlegendes absolutes Hier im Hinterkopf. Und offenbar handelt es sich jetzt um ein ganz anderes als um das, was sich als Abstand zweier, im visuellen Feld zugleich sich darstellender Objekte darstellt oder nach Extension des Objektfeldes als Abstand zweier, nacheinander in einer Einheit des Wahrnehmungsüberganges dargestellter Objekte. Dafür kommt die feste Ordnung im Bildfeld auf, der Abstand der Bilder und die zugehörige bestimmte Modifikation unter den bestimmten kinästhetischen Umständen. Wir unterscheiden daher vorläufig Entfernung und Abstand. Es ist erst nachträglich zu zeigen, wie Entfernung dazu kommt, eine Abstandsbedeutung zu gewinnen und näher, Abstand vom imaginären Ich-Punkt. Im einäugigen Sehen kommen für die Darstellung der Entfernung nur gewisse Dehnungen und Zusammenziehungen der Bilder in Betracht. Im Fluß dieser Modifikationen erscheint immerfort dasselbe unveränderte Objekt, es erscheint nur in anderer „Entfernung." Im zweiäugigen Sehen wird außerdem in Betracht kommen das wechselnde Relief oder die wechselnde „Tiefe". Es ist phänomenologisch ein anderes, d.h. die Modifikation der „Bilder" des Doppelfeldes, die der wechselnden Entfernung entsprechen, und der einzelnen Teile der Bilder, die auf verschiedene Entfernung oder Tiefe gedeutet sind, ist noch eine ganz andere, mit Dehnung und Zusammenziehung Hand in Hand gehend, aber grundwesentlich verschieden. Das Wort Tiefe soll, obschon objektiv wieder auf Entfernung vom imaginären Ich-Punkt hindeutend, den

Gedanken an die Reliefdarstellung wecken. Im übrigen merken wir von vornherein den Vorzug der Reliefdarstellung, darin bestehend, daß das einzelne Bild des wettstreitlosen Doppelfeldes sein ,,Relief" als eigentümliche Bestimmtheit desselben hat und damit sein System von ,,Tiefenunterschieden" [1], während im einäugigen Sehen, im einfachen Feld das einzelne Bild nur seine Gestalt, Größe und dergleichen Bestimmtheiten hat, aber keine Darstellung von ,,Entfernungs"-bestimmtheit. Das einzige, was hier auftritt, ist eine gewisse Modifikation der Bilder im Fluß der Erscheinungen, eine Modifikation, die als Möglichkeit in der Natur des visuellen Einfeldes als eines stetigen Ordnungssystems vorgezeichnet ist: nämlich möglich ist da nicht bloß Verschiebung, sondern auch Dehnung und Zusammenziehung, und zwar unter Erhaltung der Ähnlichkeit der Figur.

Diese stetige Modifikation ist es, die objektiv bedeutsam wird; in ihrem Fluß, in der typischen Folge dieser Veränderungen erscheint stetig ein unverändertes Objekt, aber bald sich nähernd, bald sich entfernend. Die so sich darstellende Entfernung ist unabhängig von der Augenstellung, die zu ihr gehörige Modifikation unabhängig von derjenigen, die die Variation des K bedingt. Sie gehört durchaus zu anderen kinästhetischen Variationen, zu gewissen anderen K'. Also welche Stellung ich meinem Auge auch gebe, eine gewisse Modifikation der Zusammenziehung des Bildes bei Erhaltung der Figur fließt ab, wenn ich mich vom Objekte etwa ,,direkt" entferne. Wir können daher die Entfernungsmodifikation als Modifikation des okulomotorischen Bildes ansehen, das in seiner Einheit sozusagen alle Augenbewegungen und alle zugehörigen Bildmodifikationen integriert.

‹§ 65. *Verschiebung und Drehung*›

Wir wollen nun zur näheren Betrachtung in Beziehung setzen Entfernung, Verschiebung und Drehung. Wir scheiden ab die bloße oder ,,direkte" Entfernung von der Entfernung, die zugleich Drehung ist.

Die Modifikation [2] bloßer Entfernung ist charakterisiert durch

[1] Das sind Unterschiede, die in eigentümlicher Weise durch ein eigentümliches Empfindungsmoment Entfernung von mir andeuten (nicht eigentlich ,,darstellen").

[2] Vgl. zum folgenden zwei kritische Notizen Husserls; siehe Beilage I (S. 340). — Anm. d. Hrsg.

die Erhaltung der vollen Ähnlichkeit der okulomotorischen Figur bei stetiger Veränderung ihrer Größe. Was damit gemeint ist, kann natürlich bloß die phänomenologische Anschauung lehren. Bei dieser Modifikation erfährt mit dem ganzen Bild jedes in ihm sich abhebende Stück dieselbe Modifikation, wie sie natürlich einheitlich motiviert ist mit der K-Motivation des Ganzen. Zugleich ist zu bemerken, daß, wenn das ganze Objektfeld ein ruhendes ist, das Ganze nach allen seinen Gliedern dieselbe Modifikation erfährt, und wenn nur einige Objekte ruhen, so doch alle, die eben ruhen, sich einheitlich darstellen und daß dann all diese Darstellungen eine durch dieselbe kinästhetische Motivation bestimmte gleichartige Modifikation erfahren. Da die Zusammenziehung des Bildes Ausfüllung eines kleineren Ausschnittes des visuellen Feldes besagt und die Ausdehnung des Bildes die Ausfüllung eines größeren und da ferner jederzeit und notwendig das ganze visuelle Feld ausgefüllt ist und immer dasselbe begrenzte Ortssystem bleibt, so geht notwendig Annäherung für ein ruhendes Objektfeld Hand in Hand mit Erweiterung desselben und Entfernung mit Verengung desselben, jedoch nur in dem Sinn, daß sich in einfältiger Erscheinung jeweils mehr Objekte bzw. weniger Objekte darstellen.

Ein weiteres hierher gehöriges Vorkommnis ist die Verschiebung, und zwar die bloße Verschiebung des Objektes bzw. des Objektfeldes und die bloße Änderung seiner Orientierung bzw. seine partielle oder totale Drehung im Feld, und zwar als bloße Drehung. Natürlich ist nicht gemeint Drehung des Objektes oder Objektzusammenhangs im objektiven Raum, die ,,wirkliche" Drehung, sondern die Scheinverschiebung und Scheindrehung im Feld. Wir werden Felddrehung sagen. Es handelt sich wieder um einen Typus von möglichen Modifikationen, die durch das Wesen des visuellen Feldes und in weiterer Folge des okulomotorischen Feldes ihrer Möglichkeit nach vorgezeichnet sind und die zu einem bestimmten kinästhetischen System gehören und natürlich zu einem anderen, wie aus dem Gesamttypus der Ruhemannigfaltigkeit ohne weiteres hervorgeht. Typisch verschiedene visuelle Vorkommnisse, soweit sie verschiedene objektivierende Bedeutung haben für die Konstitution der ruhenden Objektität, gehören zu verschiedenen kinästhetischen Umständen und umgekehrt. Das visuelle Feld als ein festes Ordnungssystem von zwei ,,Dimensionen" hat seine festen Orientierungen und dementsprechend auch das okulomotorische Feld. Das okulomotorische Bild ist dasselbe und behält seine okulomotorische Orientierung, d.h. bei gleicher Augenlage haben wir immer wieder dasselbe Bild. Z.B. bei Bewegung des Auges und voller Ruhe aller kinetischen Umstände hat das darstellende Bild eines Objektes immer wieder eine andere Lage im visuellen Feld. So oft wir aber das Auge „geradeaus" richten und überhaupt in eine bestimmte Lage zurückführen, ist das Bild dasselbe. Dementsprechend nennen wir die okulomotorische Orientierung in diesem Fall eine unveränderte. Sowie wir aber den Kopf ein wenig wenden, wird das okulomotorische Bild, vorausgesetzt, daß es unverändert sei, seine Orientierung ändern: z.B. zu seiner Fixation gehört jetzt eine andere Augenstellung als vorhin. Wir können also Koordinaten einführen, und zwar ist ein Koordinatensystem als ursprüngliches vorgezeichnet, nämlich das System, das mit der Rechts-links- und der Oben-unten-Orientierung zusammenfällt bei normaler Kopfhaltung, das aber bei jeder Kopfhaltung natürlich seine Auszeichnung hat, eben als zum visuellen bzw. okulomotorischen Feld selbst gehörig. Wir sagen Breiten- und Höhenorientierung. Alle übrigen Richtlinien sind gleichsam Mischungen aus diesen beiden (oder besser wohl, jeder Stellenwert ist eine Mischung aus einem Rechts-links-Wert und einem Höhenwert). Ein Objekt kann sich nun so darstellen, daß unter den zugehörigen *K*-Umständen das Bild eine bloße Verschiebung etwa in der Breitenorientierung erfährt, so daß alle Teile des Bildes dieselbe Stellungsänderung erfahren, was eben die bloße Verschiebung charakterisiert. Unter dem Bild mag schon das kinästhetische Bild verstanden sein.

‹§ 66. *Korrektur eines Mißverständnisses: Dehnung und Entfernung nicht gleichzusetzen*›

Ich habe heute [1] damit zu beginnen, mich selbst zu korrigieren. Meine Darstellung gegen Schluß der letzten Vorlesung enthielt, als von den Modifikationen des Bildfeldes die Rede war, die der Entfernung und Annäherung entsprechen, eine unpassende Terminologie, die die Tendenz hatte, eine Behauptung, die nur

[1] Datum am Rand „22.7.07". Beginn einer neuen Vorlesung. — Anm. d. Hrsg.

als Definition Sinn hatte, in eine falsche Behauptung zu verwandeln. Jede Bilddehnung hat objektiv die Bedeutung einer Entfernungsänderung, und ich nannte nun die Modifikation der Bilddehnung selbst Modifikation der Entfernung. Ich nannte dann diejenige Dehnung bloße Entfernung, die ohne Drehung im Feld, überhaupt ohne Änderung der Orientierung statthat, und speziell die gleichmäßige Dehnung, da sie jedem Bildteil die gleiche Entfernungsmodifikation, das ist Dehnungsmodifikation erteilt, die also dadurch auch charakterisiert ist, daß sie nur die Bildgröße bei Erhaltung der vollen Ähnlichkeit der Figur modifiziert. Aber es zeigt sich dabei, obschon es richtig ist, daß mit Dehnungsmodifikationen durchaus Entfernungsmodifikationen Hand in Hand gehen, daß es doch nicht statthaft ist, einfach Dehnung und Entfernung terminologisch gleichzustellen. Denn was wir objektiv bloße Entfernung nennen, ist nie und nirgends eine gleichmäßige Dehnung.

Wenn wir uns in irgendeiner geraden Richtung einer Allee annähern, so erfährt das Bild der Baumreihe offenbar nicht allen seinen Teilen nach eine gleichmäßige Dehnung. Und genau besehen gilt dasselbe von irgendeinem ruhenden Objekt hinsichtlich seiner Bildmodifikationen bei der Annäherung in irgendwelcher geraden Richtung. Natürlich ist die ungleichmäßige Dehnung oft genug unmerklich; bei kleineren kinästhetischen Abläufen mag die Dehnung als gleichmäßige beurteilt werden; aber zum Sinn der Auffassung gehört die Möglichkeit der fortschreitenden Realisierung, und dies weist auf kinästhetische Abläufe hin, die schließlich kontinuierliche Dehnung herausstellen, wenn auch zunächst bei kleinen Stücken der Abläufe Dehnung nicht merklich ist. In jeder phänomenologischen Kontinuität gibt es Grenzen in der Merklichkeit der Abstufung. Worauf es hier ankommt, ist, daß hinsichtlich der Erscheinung von Entfernung (als stetiges Sich-Entfernen), wenn sie sich hinreichend vollkommen entfaltet, die Dehnung, und zwar die ungleichmäßige Dehnung, als zugehörig sich herausstellt. Es ist im übrigen selbstverständlich, daß gleichmäßige Dehnung in der Ruhemannigfaltigkeit gar nicht auftreten kann. Denn in diesem Fall würden alle Teile und Punkte des Objekts immerfort gleich weit erscheinen vom Beziehungspunkt der Entfernung, also von dem imaginären Ich-Punkt, der aber ein bestimmter Punkt des objektiven Raumes ist, und das ist offenbar unmöglich. Demnach nennen wir Dehnung eben Dehnung und hüten uns davor, statt von Dehnung von Entfernungsmodifikation zu sprechen. Wie eins zum anderen steht, wird sich schon im weiteren Gang klarstellen.

<§ 67. *Fortsetzung.* *Weitere Erscheinungsabwandlungen im okulomotorischen Feld. Verschiebung und Drehung als Orientierungsveränderungen*>

Nach dieser Korrektur setzen wir unsere Betrachtungen fort. Wir waren am Schluß der letzten Vorlesung dabei, die funktionellen Zusammenhänge der verschiedenen typischen Vorkommnisse, die zu dem Bildfeld bei beliebig bewegtem Körper gehören, zu überlegen. Wir haben dabei Gelegenheit, die Vorkommnisse der Dehnung noch einmal in korrekter Weise zu besprechen, ohne daß erhebliche Wiederholung nötig wäre.

Wir sprachen von der festen Orientierung im System der Lagen des visuellen Feldes und zeigten, wie dementsprechend auch im okulomotorischen Feld von einer festen Orientierung gesprochen werden kann. Denken wir irgendein Stück, irgendeinen Punkt des visuellen Feldes qualitativ ausgezeichnet und nun in der Variation, die er bei jeder beliebigen Augenbewegung erfährt, das Einheitsbewußtsein vollzogen, so definiert er einen festen Punkt des okulomotorischen Feldes. Dasselbe gilt von jedem Punktpaar, von jeder Punktkonfiguration, von jeder Konstellation von visuellen Bildern. So wird jedem Abstand, jeder Reihe, Ordnung und schließlich dem ganzen Ordnungssystem des visuellen Feldes entsprechend eine Reihe, eine Ordnung, ein Ortssystem objektiviert als das Einheitliche in der festen Mannigfaltigkeit von Modifikationen, in die das Visuelle tritt. Wir haben sozusagen schon so etwas wie Raum. Wir haben schon ein objektives Ortssystem, jeder Punkt eine Einheit, sich darstellend in einer möglichen Mannigfaltigkeit von „Erscheinungen".

Indessen, das wäre Raum nur dann, wenn alle Modifikationen ins Reich absoluter Vergessenheit und des Nichtseins versunken wären, die über das okulomotorische Bildsystem hinausführen. Ähnlich, wie das Lagensystem des visuellen Feldes ein festes ist, in dem sich die jeweiligen bestimmten Bilder in bestimmter Weise gegenseitig ordnen; wie aber diese Ordnung doch keine objektive

Ordnung ist, weil die Wahrnehmung nicht die Bilder setzt, sondern in den gesetzmäßigen Zusammenhang von Bildmodifikationen, von örtlichen und qualitativen, objektive Einheiten schauend setzt, Einheiten in diesen Mannigfaltigkeiten; so ist auch die okulomotorische Ordnung noch keine Dingordnung, das okulomotorische Feld kein Dingfeld. Die okulomotorischen Einheiten, obschon Einheiten in Mannigfaltigkeiten, sind immer noch „Bilder". Nicht sie sind in der äußeren Wahrnehmung als Objekte gesetzt, sondern gesetzmäßige Veränderungen dieser okulomotorischen Einheiten, welche wieder zugleich Veränderungen des okulomotorischen Ortes und der okulomotorischen Qualität sind, gewinnen auffassungsmäßig Einheit: In diesen höheren Mannigfaltigkeiten als Erscheinungsmannigfaltigkeit legt sich auseinander eine höhere, in ihnen „erschaute" Einheit, die Dingeinheit. Und wieder: So wie wir sprechen durften von immer neuen visuellen Bildfeldern, obschon eigentlich dasselbe identische Lagensystem vorliegt, in dem sich Mannigfaltigkeiten von Bildern, nur in immer neuer Weise, gegeneinander ordnen, ebenso sprechen wir von immer neuen okulomotorischen Feldern, obschon es immer wieder dasselbe okulomotorische Lagensystem ist, in dem sich nur okulomotorische Bilder in immer neuer Weise gegeneinander abgrenzen. Indem aber die okulomotorischen Bildermannigfaltigkeiten in gesetzmäßiger Weise, und gesetzmäßig motiviert durch die Modifikation der kinästhetischen Mannigfaltigkeiten, stetige Modifikation erfahren und durch diese stetigen Modifikationen, die die einzelnen Bilder und Bildergruppen erfahren, das Einheitsbewußtsein hindurchgeht, erwächst die dingliche Objektität, als Objektität in einem neuen festen Ordnungssystem, im Raum.

Innerhalb der Orientierung des okulomotorischen Feldes treten nun, wie wir allgemein sagen können, folgende denkbare Vorkommnisse auf, die durch sein Wesen vorgezeichnet sind. Das okulomotorische Bild kann sich bloß verschieben, all seine Punkte erfahren eine gleiche Ortsänderung. Es verschiebt sich etwa von rechts nach links, es kann sich drehen, ein Punkt bleibt fest, die volle Umdrehung ergibt die Rückkehr in die alte Orientierung, und zugleich verschieben und drehen. Dies kann das ganze okulomotorische Feld betreffen. Es erfährt eine Gesamtverschiebung. Dazu gehört notwendig, daß ein Teil der okulomotorischen Bilder aus dem Feld austritt und neue okulomotorische Bilder sich von der anderen Feldseite her anschließen. Ideell können wir freilich schon das okulomotorische Feld durch Extension zu einem unendlichen Feld erweitert denken. Denn das erweiterte Feld ist eine Einheit, die sich in einer Mannigfaltigkeit eigentlicher und schlichter okulomotorischer Felder konstituiert, als Phasen. Dann bleibt aber doch die Parallelverschiebung bestehen, sie charakterisiert sich dadurch, daß z.B. der fixierende Blick eine andere Stellung einnehmen muß (eventuell nachdem zuerst eine Körperbewegung auszuführen ist, welche das Bild in das eigentliche okulomotorische Feld bringt), um sich auf dasselbe Objekt zu richten, als welches vorher fixiert war. Und ebenso ist eine Gesamtdrehung denkbar. In jedem Fall befassen wir Verschiebung und Drehung des okulomotorischen Bildes oder Feldes unter dem Titel Orientierungsveränderung.

Nicht immer, wenn eine gesamte Orientierungsveränderung eintritt, aber immer, wenn nur ein Bild sich im Feld bewegt, so tritt Verdeckung ein. Das sich bewegende Bild verdeckt ein solches, das früher wirklich als Bild konstituiert war, macht es zum Teil oder ganz nicht sichtbar. Darin ist eine Objektivierung angedeutet, die das Bild festhält, nachdem es nicht mehr gesehen ist. Ein weiteres und höchst wichtiges neues Vorkommnis ist die Dehnung (wir vermeiden jetzt also, gleich von Entfernung zu sprechen). Wir befassen damit positive und negative Dehnung. Denkbar sind hier vermöge der Natur des okulomotorischen Ortsystems verschiedene Fälle: eine gleichmäßige Dehnung in dem Sinn, der durch die geometrische Ähnlichkeit illustriert wird, und dann mannigfaltige Möglichkeiten ungleichmäßiger Dehnung. Die Dehnung kann in jedem Fall entweder das ganze okulomotorische System umspannen, oder sich auf einzelne Bilder desselben verteilen. Sie könnte gleichmäßige für einige Bilder sein, ungleichmäßige für andere. Und sie kann für einen Teil des Feldes positive Dehnung, für einen anderen Zusammenziehung sein. Somit ergibt sich von selbst die Notwendigkeit für gewisse Fälle, daß Ungleichmäßigkeit der Dehnung mit Verdeckung oder Aufhebung von Verdeckung Hand in Hand gehe. Zieht sich ein Stück des Feldes irgendwie zusammen, sein umgebendes Stück aber nicht oder nicht so schnell, dann tritt etwas aus dem Hintergrund hervor, was nicht sichtbar war; und umgekehrt verdeckt sich ein

Stück des Feldes im Gegenfall. Ferner ist es klar, daß sich Dehnung mit Verschiebung und Drehung im Feld verbinden kann; oder vielmehr, die verschiedenen Möglichkeiten sind bloße Abstraktionen. In Hinblick auf die Phänomene finden wir allenfalls eins oder das andere unmerklich, aber die Variationen doch immer miteinander in verschiedensten Verhältnissen ablaufend. Ich bemerke noch, daß diese allgemeine Erwägung der in der Natur des Feldes gründenden Möglichkeiten von Bildmodifikationen noch nicht danach fragt, welche davon für die Konstitution einer ruhenden Objektität Darstellungsfunktion habe, ob alle oder einige.

Das wichtigste von all diesen möglichen Vorkommnissen ist jetzt offenbar die Dehnung. Bei bloßer Verschiebung und Drehung (Verdeckung ist nichts prinzipiell Neues) hätten wir immer noch eine bloß okulomotorische Objektität, nur ein wenig erweitert, deren Identität nämlich nicht bloß, so wie sie sich in dem System der Augenbewegungen entfaltet, sondern auch in den neuen kinästhetisch so und so motivierten Verschiebungen und Drehungen bewahrt bliebe. Das „Objekt" wäre also das Identische in diesem System von Verschiebungen und Drehungen, und es wäre ruhendes Objekt, wenn der allgemeine Typus der Ruhemannigfaltigkeit vorhanden wäre: Jeder kinästhetische Weg liefert eine bestimmte Erscheinungsserie und der gleiche immer wieder die gleiche. Dieses Objekt wäre aber immer noch das kinästhetische Bild und noch kein Ding. Eine neue Dimension, die aus dem Bild das Ding schafft und aus dem okulomotorischen Feld den Raum, ermöglicht erst das vielgestaltige System der Dehnungen. Eine neue Dimension besagt hier aber nicht das Analogon der Geometrie. Eine Parallelverschiebung der Ebene „erzeugt", wie der Geometer sagt, den Raum. Aber von einer Parallelverschiebung des okulomotorischen Feldes zu sprechen, als ob das ‹okulomotorische Feld› dem Dingraum sich als Fläche einordnete, das gibt wohl keinen guten Sinn. Im Fall der Geometrie haben wir schon den Raum, und ihn „erzeugend" verschieben wir in ihm parallel die Ebene. Zwei Lagen der Ebene haben einen Abstand, der völlig homogen ist dem gleichen Abstand in der Ebene. Sowenig aber zwei visuelle Felder einen Abstand haben, haben es zwei okulomotorische Felder, nämlich als etwas, was sinnvoll gleichgesetzt werden könnte dem Abstand zweier Punkte im okulomotorischen Feld. Und das okulomototorische Feld ist auch nichts weniger als etwas, was im vollen Raum noch als Fläche vorkäme. Es ist ja immer zu beachten, daß wir, wie nur ein visuelles, so nur ein okulomotorisches Feld haben, nur immer wieder anders ausgefüllt mit Bildern.

Jetzt handelt es sich also darum, wirklich etwas neu zu erzeugen, was noch nicht da ist, wobei das Erzeugungsprinzip dasselbe ist wie dasjenige, das in die gesetzmäßige Variation von Bildern im visuellen Feld Einheit setzt unter dem Titel okulomotorisches Bild und okulomotorisches Feld. Im okulomotorischen Feld treten unter gesetzmäßig zugeordneten *K*-Umständen gesetzmäßige Bildveränderungen auf, sie schließen sich zu einem typischen System zusammen und gewinnen Auffassungseinheit. Die Modifikation, die das leistet oder hauptsächlich leistet, ist die Dehnung. Das nicht bloß durch alle okulomotorischen Verschiebungen, Drehungen, Verdeckungen, sondern auch durch alle Dehnungen identisch Festgehaltene und in sie Hineingeschaute sozusagen ist das Ding, zugleich als identisch seiendes gesetzt nach Austreten aus der aktuellen Sichtbarkeit des jeweiligen aktuellen okulomotorischen Feldes, kurz, in der extensiven Erweiterung oder Aneinanderknüpfung der okulomotorischen Bildfelder. Natürlich haben wir aber immer den allgemeinen Typus der Einheitssetzung zu beachten, es handelt sich immer um Erscheinungen unter zugehörigen „Umständen"; die Erscheinungen sind Darstellungen. Auffassungen beseelen darstellende Inhalte, geben ihnen Darstellungsfunktion, indem sie auf gesetzmäßige Abläufe solcher Inhalte unter den motivierenden Umständen gleichsam hindeuten. Im aktuellen Ablauf der darstellenden Inhalte innerhalb des Motivationstypus beseelen immerfort die funktionellen Charaktere, und es konstituiert sich in der Einheit des sich immer neu erfüllenden und immer neu intendierenden Bewußtseins die Gegebenheit des Gegenstands nach den zugehörigen „Seiten" und Teilen.

Doch da ist ergänzend noch einiges zu sagen. Neue darstellende Inhalte, sich parallel abstufend mit neuen kinästhetischen Reihen sind nötig, um eine höhere Stufe empirischer Einheit als Einheit in der Mannigfaltigkeit von motivierten Erscheinungen zu erklimmen, also Dinglichkeit sozusagen auf eine höhere Stufe, auf eine neue Dimension zu bringen. Ich sagte „neue darstellende Inhalte"; besser sage ich: neue Modifikationen, die im Wesen der

Gattung darstellender Inhalte und ihres einheitlichen Feldes gründen. Die Identität des Dinges soll ja stetig durchgehen durch alle Erscheinungen, in deren jeder schon das Ding sich darstellt. Wir haben überall dasselbe Urmaterial: das visuelle Feld mit seinem Ortssystem, in dem sich durch wechselnde qualitative Ausfüllung Bildlichkeit so und so ausscheidet und ordnet. So weit die Möglichkeiten von Modifikationen reichen, die im Wesen des Feldes gründen, so weit reichen die Möglichkeiten für Anschauungen von Einheiten in Mannigfaltigkeit. Die Mannigfaltigkeiten sind stetige Veränderungsmannigfaltigkeiten von dem ein für allemal gegebenen Urmaterial. Das ist das Primäre. Das Sekundäre ist die mögliche Zuordnung zu kinästhetischen Mannigfaltigkeiten, die eben auch in entsprechend reicher Form vorhanden und zugeordnet sein müssen. Bei dem bloßen okulomotorischen Feld und der es konstituierenden Erscheinungsreihe sind nun nicht alle Möglichkeiten erschöpft gewesen. Verschiebung, Drehung, Verdeckung, das konnte über die okulomotorische Modifikation hinaus zur Objektivation herangezogen werden. Das gab ein Mehr und erst recht, wenn extensive Erweiterung vollzogen wurde. Aber diese Dinge, die eventuell übereinander liegen, sich verdecken können, sind keine vollen Dinge im Sinne der alle Möglichkeiten ausschöpfenden Räumlichkeit. Das Übereinander gewinnt keine Beziehung zum Nebeneinander, und dazu fehlt ein wesentliches Stück der Weltkonstitution, die Einordnung des Ich durch den Ich-Punkt in den Raum und Beziehung aller Raumerscheinungen auf diesen Ich-Punkt. Erst wenn Dehnung hinzugenommen wird, haben wir das volle Darstellungsmaterial, das den Raum darzustellen fähig ist.

‹§ 68. *Die besondere Bedeutung der Dehnung für die Raumkonstitution*›

Indessen, ist Dehnung nicht ein Reich völlig vager Möglichkeiten? Wir können das Feld als eine kontinuierliche zweidimensionale Mannigfaltigkeit mit einer Ebene vergleichen, mag auch die Feldkontinuität, wie phänomenologische Kontinuität überhaupt, den Subtilitäten des archimedischen Axioms und sonstiger Bedingungen der mathematischen Stetigkeit nicht zugänglich sein. Jedenfalls ist klar, daß, wie man in der Ebene jede geschlossene Figur auf dem Wege der Dehnung (eventuell würden wir Verzerrung sagen, was aber prinzipiell nichts Neues ist) in jede beliebige andere stetig überführen kann, so auch jede visuelle Figur im Bildfeld in jede andere. Ist das nicht eine grenzenlose Mannigfaltigkeit, sozusagen ein ἄπειρον, das jeder Einheitsgebung spottet? Sehen wir nicht schon hinreichend, daß zur empirischen Einheit Gesetzlichkeit in der Mannigfaltigkeit der Erscheinungen gehört, also Gesetze der Auswahl, welche die kontinuierlichen Übergänge der Darstellungen unter den jeweiligen kinästhetischen Umständen regeln? Doch wie immer es sich mit Dinglichkeit überhaupt verhalten mag, die ihre Einheit durch den Fluß dinglicher Veränderungen und Bewegungen hindurch erhält, es gilt sicher und vor allem für die absolut identische Gegenständlichkeit, die absolut identisch ist im Sinne der Ruhe und der qualitativen Unveränderung. Und der Gedanke liegt ja bei dem ganzen Zug unserer bisherigen Betrachtungen nahe, daß sich vielleicht primär mit dieser absolut identischen Gegenständlichkeit als ihre objektive Ordnungsform der Raum konstituiert und daß sie somit als Norm oder Grundmaß für die Konstitution sich verändernder Gegenständlichkeit fungieren dürfte.

Es ist nun klar: Soll sich im Fluß stetiger Darstellungsunterlagen in ihrer Auffassung absolut unveränderte Objektität konstituieren, die in fest bestimmter Weise unter den jeweiligen Umständen erscheint, wie sie erscheint, und bei jeder möglichen Variation der Umstände ihre bestimmt motivierte Art der Erscheinung bzw. der Darstellung hat, dann muß diese Erscheinungsmannigfaltigkeit und darin die Darstellungsmannigfaltigkeit einen gesetzlich einheitlichen Motivationstypus bilden, sie muß in gesetzlich zusammenhängender Weise gebunden sein, also in der Weise einer generell umgrenzten Auswahl aus den überhaupt bestehenden Möglichkeiten gebunden sein an eine gleich mächtige und generell bestimmte Mannigfaltigkeit motivierender Umstände. Bei den Umständen können wir insofern nicht von Auswahl sprechen, als hier die gesamte Mannigfaltigkeit von Umständen, die überhaupt zur Motivation berufen sind, zusammengenommen werden muß. Nicht alle Umstände, die im Sinne logischer Möglichkeit als motivierende gedacht werden könnten, sind gemeint. Denn im Sinne logischer Möglichkeit könnten wir die Zahl motivierender Variabler beliebig vermehrt denken. Es handelt sich um die Mannigfaltigkeit, die faktisch motivierenden Beruf hat, assoziationspsychologisch gesprochen: die in assoziative Verflechtung mit Variationen von darstellenden Inhalten getreten ist. In der Gesamtauffassung jeder Gegenständlichkeit ist diese ganze Mannigfaltigkeit in gewisser Weise „vertreten", daher sie gedanklich oder phantasiemäßig verfügbar ist. Wir können sie in ihren verschiedenen Richtungen gedanklich durchlaufen und immerfort die zugehörigen Motivate verfolgen, wofern wir nur eine Zuordnung vorausgenommen haben, eine Erscheinung als Ausgangserscheinung von Ruhendem und übrigens Beliebigem. Andererseits ist aber die Mannigfaltigkeit der Darstellungen für die ruhende Objektität eine beschränkte und muß es sein. Aus der Unzahl von Möglichkeiten, die für die Variation von Bildern im visuellen Feld aus seiner Natur hervorgehen, hebt die Ruhemannigfaltigkeit als mögliche Motivate nur gesetzlich umschränkte Variationsreihen heraus. Jede davon abweichende, aktuell auftretende Variationsreihe ist dann kinästhetisch nicht motiviert, und in ihr erscheint nicht Ruhe sondern Veränderung. Also objektive Bedeutung gewinnt jede Dehnung sowie jedes im visuellen Feld unterscheidbare Vorkommnis überhaupt. Denn wenn der darstellende Inhalt in die Einheitsgebung eingespannt wird, verliert er doch nichts an seinem Gehalt an abstufbaren Momenten und so, wie er ist, bedeutet er etwas; nur das offenbar nicht jede beliebige Dehnung konstitutive Bedeutung haben kann für die Konstitution von absolut identischer Gegenständlichkeit und damit von absolut starrer Räumlichkeit, also für die Konstitution des absolut identischen objektiven Ortssystems, das nachher das Feld abgibt für mögliche Bewegungen von Dingen, die sich bald qualitativ verändern, bald nicht verändern.

<§ 69. *Darstellung des dreidimensionalen Objektes in zweidimensionalen Bildern*>

Welcher Art nun *de facto* die Gesetzlichkeit im motivierten Abfluß der Dehnungen ist, die für die Konstitution ruhender Dinglichkeit und objektiver Räumlichkeit bedingend ist, darüber können wir einiges aussagen, nicht phänomenologisch, sondern aufgrund apriorischer Erwägung des konstituierten Raumes, der „unser" Euklidischer Raum ist, und aus der Stellung des Ich-

Punktes darin. Zunächst gehört zu jeder Lage unseres Körpers, in der eine bestimmte ruhende Objektität erscheint, ein bestimmtes okulomotorisches Feld, so und so ausgefüllt, die Darstellung dieser Objektität enthaltend in Form des und des okulomotorischen Bildes. Das okulomotorische Feld ist ein zweidimensionales, also dementsprechend das Bild. Jedes Bild in dieser zusammengeordneten Reihe der okulomotorischen Bilder bzw. Felder wird aufgefaßt im Sinne desselben dreidimensionalen Objektes; und umgekehrt, dieses erscheint jeweils nur in Form eines zweidimensionalen Bildes, es entfaltet sich in einer bestimmten Mannigfaltigkeit zweidimensionaler Bilder, zugehörig *au fond* zu einer und derselben, wie wir sagen können, „ebenen" Ortsmannigfaltigkeit. Die Bilderserie in ihrer kontinuierlichen Folge ist charakterisiert als eine kontinuierliche Folge von Dehnungen, die „dasselbe" Bild im betreffenden kinästhetischen Übergang erfährt. Es wird sich also formal genau verhalten mit diesen verschiedenen Dehnungen wie mit Projektionen eines geometrischen Körpers auf eine Ebene oder besser noch, mit farbigen ebenen Bildern des körperlichen Dinges. Denn offenbar ist Dehnung ein Begriff, der zugleich die Figur und zugleich die Färbung angeht. Achten wir hier speziell auf die Figur. Aber was für Projektionen? Jede Dehnung hat Beziehung auf den Ich-Punkt, sie stellt Änderung der Entfernung von ihm dar. Je stärker die positive oder negative Dehnung, umso mehr Annäherung ‹bzw.› Entfernung; bei ungleichmäßiger Dehnung gehört dem stärker gedehnten Bildteil immer kleinere Entfernung, dem schwächer gedehnten größere.

Vermöge seiner Motivationsbeziehung zu den jeweiligen *K*-Umständen wird nun jedes Bild apperzeptiv in einen gesetzlich bestimmten Dehnungszusammenhang hineingestellt, und zugleich mit dem darin erscheinenden ruhenden Ding im Raum wird dem Ich seine wechselnde Stelle angewiesen: es ist das da und da Stehende, sich dahin oder dorthin Bewegende. Und dabei konstituiert sich eine fest bestimmte Korrelation zwischen Ich-Stellung und Erscheinung derart, daß jedem bestimmten Raumpunkt als Stellung des Ich ein bestimmtes Bild aus der Serie der Dehnungsmannigfaltigkeit zugehört.

Da ist auf die Art der Projektion ein Schluß zu machen. Objektiv geht vom Ich-Punkt ein Bündel von Entfernungsstrahlen zu den sichtbaren Punkten des Objektes. Die Gesamtheit der sichtbaren Objektpunkte bildet das Kontinuum der erscheinenden Objektseite, die sich im okulomotorischen Bild darstellt als Gebilde in einer zweidimensionalen Mannigfaltigkeit. Bei Änderung der kinästhetischen Umstände bewegt sich der Ich-Punkt im Raum und ändert seine Entfernungen von den Punkten der erscheinenden Objektseite, das Bündel der Entfernungsstrahlen ist immer wieder ein anderes und zugleich ändert sich das okulomotorische Bild, sich so und so dehnend. Die Frage ist nun: Gibt es eine Ebene, die das dem jeweiligen okulomotorischen Bild entsprechende Strahlenbündel so schneidet, also auf die wir das Ding so projizieren können vom Ich-Punkt aus, daß die Projektionsbilder, die den verschiedenen Lagen des Ich-Punktes zugehören, genau korrespondieren müssen den okulomotorischen Bildern? Wir hätten dann in dem Kontinuum dieser ebenen zentralen Projektionen die Dehnungsgesetzmäßigkeit auf einen objektivräumlichen Ausdruck gebracht. Die Lage dieser Ebene müßte eine solche sein, daß auf sie jedes mögliche Wahrnehmungsobjekt projizierbar ist von allen Raumlagen des Ich-Punktes. Offenbar genügt diesen Bedingungen eine bewegliche Ebene, die immerfort der frontalen parallel ist und so gelegen, daß sie vor jedem möglichen Objekt liegt, was voraussetzt, daß zwischen dem Ich-Punkt und jedem möglichen Objekt ein freier Abstand bleibt, der nie unterschritten werden kann. Natürlich können wir anstelle dieser beweglichen Ebene dann eine feste nehmen, auf der sich die Bilder so ineinander variieren wie auf dieser beweglichen in ihrer Bewegung.

Im übrigen ist es *a priori* klar, daß man die Vorkommnisse in einer zweidimensionalen ebenen Mannigfaltigkeit, wie es das okulomotorische Feld ist, eindeutig darstellen kann durch Vorkommnisse auf einer Ebene. Andererseits ist es einzusehen und jedenfalls mathematisch zu begründen, daß nicht jede beliebige gesetzmäßige Variation von sich kontinuierlich dehnenden und ihre Orientierung ändernden Bildern durch Projektion eines dreidimensionalen Körpers im dreidimensionalen Raum auffaßbar sein muß, und so wird denn die Konstitution gerade eines dreidimensionalen Raumes aufgrund der Überführung des okulomotorischen Feldes in eine Dehnungs- und Verschiebungsmannigfaltigkeit sicherlich nicht *a priori* deduzierbar sein. Nur soviel können wir sagen: Soll sich überhaupt feste Objektität konstituieren in fließenden Mannigfaltigkeiten von Darstellungen derart, ‹daß› Erscheinung derselben identischen Objektität hindurchgeht, dann muß Festigkeit der gesetzlichen Ordnung in den Erscheinungen walten bzw. in der Motivation der Darstellungsabläufe durch zugeordnete Abläufe von motivierenden Umständen. Die Formen dieser Gesetzmäßigkeit sind dann umschränkt durch die weitere Forderung, daß diese Objektität eine dingliche sein soll, nämlich eine solche, in der Mannigfaltigkeitsdinge sich in feste Verhältnisse setzen derart, daß Möglichkeiten der Bewegung und Veränderung offen bleiben. Identität in der Bewegung setzt aber voraus ein stetiges Ortskontinuum, und zwar ein in sich kongruentes.

‹13. Kapitel
Die Konstitution des Raumes durch Überführung des okulomotorischen Feldes in eine Dehnungs- und Wendungsmannigfaltigkeit›

‹§ 70. *Die Zugehörigkeit der Bilder zu einem identischen Objekt*›

Doch gehen wir nun wieder an die Betrachtung der Orientierungsänderungen und zumal Dehnungen zurück und die nähere Erwägung der Art, wie da das Einheitsbewußtsein sich gestaltet. In der Konstitution des okulomotorischen Bildes (Objektes) ist das, was dem Bild Sonderdasein gibt, die Abhebung gegenüber anderen „Objekten" des Feldes, nichts anderes als die qualitative Diskontinuität. Das Objekt ist Einheit der qualitativ so und so ausgezeichneten Figur, und ausgezeichnet ist die Figur eben dadurch, daß ihre Färbung nicht verschwimmt in die der Umgebung. Natürlich können so auch zwei Bilder, die aneinandergrenzen, als eine objektive Einheit gefaßt werden und schließlich das ganze Feld. Wenn wir aber nicht jede beliebige solche Einheit setzen oder nicht jede beliebige von uns in Betracht gezogen wird, so geschieht es, weil wir schon die Beziehung der okulomotorischen Bilder zu den Dingen im Auge haben. Zum Ding *A* gehört gerade dieses okulomotorische Bild; mag es auch in mehrere sich abhebende Bilder zerfallen, sie gehören alle in ihrem Zusammenhang zu demselben Objekt. Und ebenso gehören die und die disjunkten Bilder im Feld zu dem Objekt *B* usw. Eventuell mögen sogar nicht aneinander grenzende Bilder zu einem Objekt gehören, während die im okulomotorischen Feld vermittelnden zu anderen gehören, wie etwa im Fall der Verdeckung. Im bloß okulomotorischen Feld, wofern es einheitliches Feld der Ruhe ist, haben wir also kein Prinzip, das der künftigen Dingkonstitution bezüglich des Zusammenhanges der zu einem Objekt gehörigen Bilder in entscheidender Weise vorgreift. Gehen wir nun in die Kontinuität der okulomotorischen Felder über, so schafft Änderung der Orientierung und der Dehnung Einheit der Zusammengehörigkeit und enthält Prinzipien der Verknüpfung; so schon die bloße Verschiebung im okulomotorischen Feld, die Hand in Hand geht, wie wir wissen, mit wechselnder Verdeckung. In der Verschiebung ist das sich Verschiebende dasselbe, der Ablauf der motivierenden Umstände motiviert diesen Übergang von okulomotorischem Bild in okulomotorisches Bild derart, daß das Bild keine innere Veränderung erfährt; es ist dasselbe, es ändern sich nur die Zuordnungen der kinästhetischen Umstände und damit die Orientierung im Feld.

Weiter geht schon die Felddrehung; aber die Veränderung ist eine kontinuierliche und nicht nur überhaupt, sondern es besteht gegenseitig-eindeutige Korrespondenz hinsichtlich aller unterscheidbaren Momente der Bilder; jedes hat seinen Korrespondenten in jedem anderen Bild, und jedes hat, aus dem anderen stetig hervorgehend, dieselbe Modifikation erfahren, dieselbe, die wir die Drehung nennen, und es ist die gleiche Drehung überall. Durch die stetige Modifikation geht Identität hindurch, und soweit die Modifikation eine solche ist, daß sie einheitlich durch ein Ganzes unterscheidbarer Teile hindurchgeht, da gilt der allgemeine Satz, daß im Ergebnis der Modifikation jeder Teil, der stetig aus einem Teil des ursprünglichen Bildes hervorgegangen ist, dasselbe darstellt. Unverändertes sich Erhalten des Bildes im Fluß der phänomenologischen Zeit gilt dabei als Grenzfall der Modifikation und zählt mit.

Der Satz gilt nicht nur für die Modifikation, die stetig durch eine reelle Bilderreihe hindurchgeht, sondern auch für die Modifikation der Verdeckung. Wird durch ein dahinwandelndes und verdeckendes Bild (das in seiner Modifikation immer dasselbe Objekt darstellt) ein anderes stetig ausgelöscht, so verbleibt zunächst nach der gegebenen Regel das noch nicht ausgelöschte nach allen Teilen, die sichtbar sind, Darstellung für dasselbe: es ist das identische vermöge seiner sichtbaren Modifikation. Nun wird aber im Fortschritt der Verdeckung immer mehr und mehr ausgelöscht, vielleicht das ganze „Objekt". Aber in der Umkehr der Bewegung baut es sich wieder stetig auf. Dieses stetige sich Auf- und Abbauen durch ein solches verdeckendes Objekt ist ein durch kinästhetische Umstände fest motiviertes System von Modifikationen. Zu jeder kinästhetischen Situation gehört ein gewisses Stadium dieser Verdeckung, zu gleichen ein gleiches.

Zu der Erscheinung, so wie sie in jeder Situation durch die Motivationslage ihren Sinn erhält, gehört es nun, daß das Sichtbare auf das Unsichtbare hinweist. Aber das Sichtbare sammelt in seinem Darstellungsgehalt nicht die zu dem nicht Sichtbaren gehörige und mit motivierte Intention. Die Bilderreihe, in der sich das Verdeckte reell darstellt, setzt sich nicht kontinuierlich fort in die Reihe der Darstellungen des Verdeckenden. In dieser Hinsicht ist kein Band der Identität. Das Strahlenbündel geweckter Intentionen, das durch das verdeckende Bild und dasjenige, das durch das verdeckte Bild hindurchgeht, sind nicht identische, sondern getrennte Strahlenbündel. In der Kontinuität der Modifikationen, in denen das verdeckende Bild immerfort reelles Bild ist, geht durch dieses Bild immer seine lebendige und reell darstellende Intention hindurch; ebenso durch die Bilder der noch nicht verdeckten Objekte. Wird aber ein Objekt stetig verdeckt, so wandeln sich seine vollen Intentionen stetig in leere, aus reellen sozusagen in imaginäre; sie büßen die darstellenden Inhalte stetig ein. Sie behalten darum doch den Charakter von Wahrnehmungsintentionen, lebendig motivierten in dem Motivationszusammenhang: Es gehört zur gesamten Motivationseinheit, daß dieses bestimmt charakterisierte Modifikationsphänomen der Verdeckung sich so und so abspielt; daß, so oft die kinästhetische Situation durch Umkehr der kinästhetischen Abläufe modifiziert wird, das Objekt sich wieder in voller Darstellung konstituiert, sich stetig visuell aufbauend; andererseits, daß es im Zusammen mit dem immerfort gegebenen verdeckenden Objekt wieder stetig in die Verdeckung zurücksinkt, wenn die

Umstände wieder die alten werden. Dabei gewinnt das verdeckende Objekt seine phänomenale Beziehung zum verdeckten: Jedem verschwindenden Objektpunkt entspricht ein Objektpunkt des verdeckenden Objektes, denn dieselbe Stelle des okulomotorischen Feldes, die soeben noch das Objekt *a* darstellte, stellt nun einen Objektpunkt von *b* dar. Fragen wir aber, warum der zum selben Feldpunkt gehörige Inhalt nicht Darstellungsfunktion für *a* übernahm, so lautet natürlich die Antwort: Darstellend ist ein Inhalt nur in seinem bestimmt charakterisierten, wir können sagen, gesetzmäßigen Zusammenhang motivierter Modifikationen. Der betreffende Inhalt ordnet sich eben dem Zusammenhang ein, der konstituierend ist für das verdeckende Objekt. Das verdeckte Objekt aber fordert für sich und an dieser Stelle einen anderen Inhalt. Erfährt sein motivierter Inhalt eine durch seine Gesetzmäßigkeit nicht geforderte Veränderung, sondern eine solche, die zu einer anderen konstituierenden Reihe gehört, so gehört sie eben nicht ihm, sondern dem anderen zu. (Beiden zugleich kann er aber nicht zugehören.)

‹§ 71. *Die konstitutive Funktion der Dehnung (Annäherung und Entfernung)*›

Gehen wir dann weiter zur Klasse von Modifikationen über, die das Wort Dehnung befaßt, so liegt hier wieder ein besonderes Auswahl- und Einigungsprinzip ‹vor›, das aus der Vielfältigkeit der Abgrenzungen im okulomotorischen Feld bestimmte als zur Einheit des Dinges gehörig auszeichnet. Wird schon das dauernd unveränderte okulomotorische Feld vermöge der Dingauffassung in die Mannigfaltigkeiten von möglichen Veränderungen und speziell Dehnungen eingeordnet, sofern in ihm hinreichende Andeutungen liegen, die auf die Art möglicher motivierter Veränderung hinweisen, so erweist sich also die verschiedene Art, wie sich die Dehnung und sonstige Bildveränderung auf die verschiedenen Stücke des okulomotorischen Feldes verteilt, auch sozusagen antizipatorisch wirksam und gibt der Dingauffassung Bestimmtheit, sie schließt zufällige Willkür in der Abgrenzung von Dingdarstellungen aus.

Allerdings kann Dehnung sich auch einheitlich und in gleicher gesetzlicher Form auf das ganze Feld erstrecken. Dann muß aber auch, soweit bloß dieses Feld der Auffassung Handhaben bietet, die dingliche Objektität als eine einzige erscheinen (was übrigens genau so zu sagen gewesen wäre bei einer einheitlichen Verschiebung und Drehung des ganzen Feldes). Im übrigen verteilt sich Dehnung im allgemeinen in verschiedener Weise auf die verschiedenen Stücke des Feldes. Offenbar hebt Einheit der Dehnung ab gegenüber dem, was an dieser Dehnungseinheit nicht teilhat, vielmehr sich entweder gar nicht dehnt oder in anderer typischer Form dehnt. Nach unserem Prinzip gehört sicher zur Einheit einer Darstellung (der Darstellung eines Gegenständlichen), was zur Einheit einer kontinuierlichen Dehnung gehört. Freilich kann, was typisch verschiedenen Dehnungen angehört, doch noch zur Einheit eines Gegenstandes sich zusammenfügen, sofern eine typische Einheit der Modifikation die in sich typisch verschiedene Dehnungen zur Einheit der Darstellung zusammenschließen kann. Denken Sie etwa an den Fall zweier aneinander grenzender Flächen. Nehmen wir zwei zugleich sichtbare aneinander grenzende Polyederflächen, die sich in verschiedener Dehnungsmodifikation darstellen. Aber die beiden Modifikationsreihen gehören zusammen, sie gehören zu denselben kinästhetischen Umständen, fließen zusammen ab und bilden im einheitlichen Abfluß einen bestimmten Typus von einheitlicher Modifikation. Im gleichen Sinn kann es auch sein, daß nicht angrenzende Bilder dadurch, daß sie von einer kinästhetisch zusammengehörigen und typischen Modifikation ergriffen sind, zu einer Objektität zählen (Verdeckung). Wir haben hier auf dem Dehnungsgebiet überhaupt verschiedene Vorkommnisse hinsichtlich ihrer objektivierenden Bedeutung zu studieren.

Zunächst ist merkwürdig die Art, wie sich Dehnung mit Verdeckung durchsetzen kann. Ein Bild kann bloße Dehnung ohne jeden äußeren und inneren Verlust an darstellenden Inhalten durch Verdeckung erfahren. Z.B. verfolgen wir die okulomotorischen Darstellungen einer immerfort sichtbaren ebenen Begrenzungsfläche, etwa einer Hexaederfläche: Sie gehen stetig ineinander über, und zwar so, daß zwischen Punkten, Teilen, Korrelationen gegenseitig-eindeutige Korrespondenz besteht. Das Korrespondierende ist stetige Modifikation der Korrespondierenden, und es stellt also dasselbe dar. Dabei ist aber eins eben die Dehnung des anderen; die okulomotorische Figur hat sich geändert, die ganze sowohl wie jede herauszugreifende Punktkonstellation, wie schon jedes bloße Punktpaar. Jeder okulomotorische Abstand ist stetig geändert, aber in kinästhetisch fest motivierter Weise; also er stellt denselben objektiven Abstand dar. Nun nehmen Sie etwa eine wellige Oberfläche und verfolgen Sie ihre Darstellungen bei kinästhetischer Veränderung. Dann tritt nicht bloß Dehnung, sondern interne Verdeckung auf. Ein Punktpaar etwa, von dem der eine Punkt zu einem Wellenberg, der andere zum Wellental gehört, erfährt im Fortgang der Modifikation eine stetige Dehnung, etwa eine negative. Und dann verschwindet der Abstand plötzlich: Die beiden, vermöge der stetigen Übergänge einzeln genommen identischen und ihren Abstand immerfort identisch festhaltenden Punkte decken sich plötzlich, wir haben auf einmal keinen Abstand im Bild; und im Fortgang der Bewegung deckt sich der eine Punkt vielleicht mit immer neuen und neuen, getrennte Objektpunkte darstellenden Bildpunkten. Das gilt nicht nur für isolierte Punktpaare, sondern für stetige Punktzusammenhänge. Stücke der schon objektivierten Flächeneinheit fallen in der aktuellen Darstellung aus; sie werden aber im Einheitsbewußtsein festgehalten in der Weise des Verdeckten. Dies also sind die Vorkommnisse der internen Verdeckung im Fluß von einheitlichen Dehnungen. Die Objektivierung erfolgt hier ebenso wie bei jeder Verdeckung.

Andererseits geht auch eine andere Verdeckung mit Dehnung oft Hand in Hand, nämlich so, daß im Fortgang der einheitlichen Dehnungsmodifikation von außen her Verkürzung der Darstellungssphäre erfolgt und damit Verdeckung, aber, worauf es ankommt, Verdeckung durch das Objekt selbst; so, wenn eine Kugelkalotte in der *quasi*-Drehung, die sich durch Dehnung darstellt, sich immer mehr von seitwärts darstellt, wobei ein Randteil des Bildes sich immerfort dehnt, andere Teile, gegen die anderen Ränder hin gelegen, sich verkürzen und schließlich verschwinden, verdeckt durch den gedehnten Bildteil bzw. durch die entsprechende Objektseite. Oder wenn ein Hexaeder sich in stetiger Modifikation so darstellt, daß von einem Paar Seitenflächen die eine fortgesetzt Dehnung erfährt, die andere stetige Zusammenziehung bis zum Grenzfall: sie zieht sich auf eine Linie zusammen, die zusammenfällt mit dem Rand der anderen Fläche. Sie verschwindet also hinter der sichtbar bleibenden Fläche. Und sie bleibt doch intentional erhalten in der Weise der verdeckten, und zwar als zugehörig zu dem ganzen Gegenstand, weil die Modifikationen der einen und der anderen Fläche einschließlich der bestimmt gearteten Vorkommnisse der Nullifikation und nun zeitweise fortdauernden Verdeckung zur Einheit einer motivierten Gesamtmodifikation gehören.

‹§ 72. *Die konstitutive Funktion der Wendung. Lineare Dehnungsmodifikation und zyklische Wendungsmodifikation*›

Wir können nun gleich versuchen, in allgemeiner Weise ein höchst wichtiges Vorkommnis der Bildmodifikation unter dem Titel Modifikation der Wendung zu definieren. Zunächst weisen wir darauf hin, daß das Neugewinnen und Verlieren von dargestellten Objektpunkten bei ihr ein wesentlich anderes ist als in den Fällen, wo entweder Gewinn oder Verlust seine Quelle hat im Eintreten und Austreten von Bildteilen in das okulomotorische Feld bzw. aus demselben: wie dergleichen bei Orientierungsveränderungen und Entfernungsveränderungen statthaben kann. Denn bei der Wendung ist gefordert, daß in bestimmter Weise Verdeckung und Aufdeckung im Spiel ist. Durch Verdeckung überhaupt können Bildteile unsichtbar werden, durch Aufdeckung überhaupt werden solche sichtbar (bzw. das dargestellte Objekt sichtbar). Aber das Verdeckende kann eben einmal ein fremdes Objekt sein und einmal das eigene Objekt hinsichtlich seiner eigenen Objektpunkte, und das letztere gehört zur Definition der Wendung. Dazu kommen nun neue fundamentale Charakteristiken dieser beiden Modifikationsgruppen.

Die reine Entfernung ist eine lineare Modifikation. Die motivierenden Umstände variieren in linear orthoider Weise ins unendliche. Die reine Wendung ist eine zyklische Modifikation, die kinästhetischen Umstände variieren zyklisch, sie führen im System reiner Wendungsmodifikationen die wendende Bilderreihe in sich selbst zurück.

In der bloßen Entfernungsmodifikation zieht sich etwa das Bild bloß zusammen (abgesehen von inneren Verdeckungen und Aufdeckungen) *in infinitum* mit der Grenze Null. Der Null-Grenze entspricht kinästhetisch die Unendlichkeit. Nach umgekehrter Richtung haben wir die unendliche Vergrößerung des

Bildes, also gleichsam ‹die› Grenze „Unendlich", während dieser kinästhetisch eine endliche Grenze entspricht. Die erscheinende Seite ist dieselbe: immer die „Vorderseite". Daß das Objekt andere Seiten hat, das dankt es seiner Mitkonstitution durch die möglichen Wendungsmodifikationen. Die Erscheinungsreihe ist eine zyklische und führt zyklisch Seite in Seite über und konstituiert endlich die Abgeschlossenheit der Seiten, das ist die geschlossene Körperoberfläche. Doch von Oberfläche dürfen wir eigentlich noch nicht sprechen. Doch erkennen wir, daß, was sich aufgrund der kontinuierlichen Wendungen konstituiert, ein zweidimensionales Punktsystem sein muß. Nämlich es ist zu bemerken, daß der Zyklus kein linearer Zyklus ist, sondern eine zyklische Mannigfaltigkeit von zwei Dimensionen. Die Wendung (immer als bloße Wendung) kann vielfältig erfolgen, und zwar nach Maßgabe des zweidimensionalen Richtungssystems im okulomotorischen Feld. Gehen wir den stetigen Verdeckungen nach, die ein Objektpunkt vollzieht, und achten wir auf die Stellungen dieses Punktes im okulomotorischen Feld, die zu jeder Phase der Wendung gehören, so erkennen wir, daß alle Punkte des Objektes eine Wendung von links nach rechts vollziehen können und im Strahlenbündel der Polarkoordinaten im okulomotorischen Feld eine Wendung nach jeder anderen Richtung, z.B. auch von unten nach oben usw. Zu jeder eindimensionalen zyklischen Wendung gehört ein bestimmtes System von Erscheinungen, und um die geschlossene Körperlichkeit von allen Seiten adäquat nach allen Erscheinungen zu gewinnen, müßten also all diese Wendungssysteme durchlaufen werden. Und jede Wendung hat ihre Gegenwendung, wie selbstverständlich, da es zum Typus der Ruhemannigfaltigkeit gehört, daß zu jeder Modifikation die Gegenmodifikation gehört, kinästhetisch sowohl wie hinsichtlich der zugeordneten stetigen Erscheinungen.

Eine allgemeine Bemerkung: Bloße Dehnung ist nicht eine Modifikation, die sich zur Änderung der bloßen Orientierung im okulomotorischen Feld verhält wie zwei Kräfte, die sich zusammensetzen können nach dem Satz vom Kräfteparallelogramm. Ich sagte nicht sehr klar, sie sei eine von der bloßen Orientierung unabhängige Modifikation. Richtig heißt es: Bloße Orientierung ist Verschiebung oder Drehung der identisch sich erhaltenden Figur im okulomotorischen Feld. Bei der „Verschiebung" z.B.

erhält jeder Punkt im Feld dieselbe lineare Transformation der Koordinaten: jeder gerichtete Abstand erfährt dieselbe bloße Parallelverschiebung. Die wechselseitige Orientierung der Punkte zueinander ist in der einen Lage der Figur dieselbe wie in der anderen. Was andererseits die Dehnung anbelangt, so besteht sie darin, daß die Punkte ihre wechselseitige Orientierung nicht festhalten. Zum Begriff der Dehnung gehört, allgemein zu reden, zunächst Lagenänderung der Punkte im Feld. Wo alle Punkte ihre Lage behalten, ist natürlich von Modifikation keine Rede. Andererseits aber ändern sich die Lagen so, daß die relative Orientierung der Punkte zueinander nicht erhalten bleibt. Und darin liegt, daß, wenn wir irgendein Punktpaar im Lauf der Modifikation verfolgen, der Abstand zwischen beiden sich im allgemeinen immerfort ändert, und zwar mindestens hinsichtlich einer der beiden Komponenten Größe und Richtung. Dementsprechend ändert sich stetig die Gesamtfigur, sei es der Größe, sei es der Form nach oder in beiderlei Hinsicht. Ein bestimmter Typus von Dehnung ist charakterisiert als Wendung. Es ist diejenige Bildmodifikation, in der Drehung des Objektes erscheint. (Grenzfall: bloße Orientierungsveränderung im okulomotorischen Feld).

Letzthin fiel uns als charakteristisch für Wendung auf, daß in der Dehnungsmodifikation das sich verändernde Bild von außen her stetig neue darstellende Inhalte annimmt und alte verliert, wobei die neuen Bildinhalte stetig aus der Verdeckung durch diejenigen Bildinhalte heraustreten, an die sie stetig sich anschließen, und umgekehrt die sich verdeckenden Bildinhalte stetig durch ihre Nachbarn im Bild selbst verdeckt werden. Dieser Charakter hängt aber mit einem anderen zusammen. Jede Wendung hat eine Wendungsrichtung, und zwar eine konstante oder sich variierende. Nehmen wir eine konstant gerichtete Wendung oder von einer beliebigen Wendung ein Wendungsdifferential. Wir denken uns etwa eine Scheindrehung, erwachsend dadurch, daß wir uns um das ruhende Objekt herumbewegen. Es kann Drehung von rechts nach links oder ‹von› links unten nach rechts oben sein u.dgl., und wird die Richtung immer gewechselt, so können wir ein kleines Stückchen der Wendung betrachten. Jedenfalls ist klar, daß in gewisser Weise alle Punkte hinsichtlich der Richtung in einstimmiger Weise ihre Orientierung ändern. Z.B. es wandert ein ins Auge gefaßter Punkt im Feld von links nach rechts, so wandern alle Bildpunkte mit ihm in einer einheitlich harmonischen Weise, nämlich so, daß sie sich einem bestimmten System zyklischer Modifikationen einfügen lassen, welches Bild in Bild und schließlich das Bild in sich selbst stetig zurückführt. Führen wir die Wendung in konstanter Richtung fort, so führt sie also in sich selbst zurück. Dabei aber führt die Wendung notwendig über das okulomotorische Feld hinaus. Es vollzieht sich nicht eine bloße Drehung des okulomotorischen Bildes im Feld eventuell mit einer zyklischen Verzerrung, während die gegenseitig-eindeutige Korrespondenz der ineinander übergehenden Bildpunkte vor und nach der Modifikation erhalten bliebe. Vielmehr geht der zyklische Prozeß notwendig durch Verdeckung und Aufdeckung hindurch. Und nur einzelne Teile des im Fluß begriffenen Bildes können in Darstellungsidentität mit sich selbst erhalten bleiben, also im Feld selbst eine volle zyklische Veränderung erfahren von der eben beschriebenen Art, wie wenn wir einen Würfel so gedreht denken, daß während der vollen Umdrehung eine bestimmte Würfelfläche immer sichtbar bleibt; ihr Bild vollführt eine zyklische Veränderung mit bestimmten Dehnungen, aber gegenseitig-eindeutige Korrespondenz in allen Lagen bleibt gewahrt. Es ist eben nach allen Punkten dieselbe Fläche, nach allen immerfort erscheinend, nur sich drehend.

Es ist klar, daß hier eine gesetzmäßige Eigentümlichkeit der Wendungen angedeutet ist, und da volle Wendung die Erscheinung in sich selbst zurückführt, so ist schon damit gesagt, daß Wendungen motiviert sind durch in sich geschlossene kinästhetische Reihen.

Jede Wendung, das haben wir in der Charakteristik vorangestellt, bringt stetig neue Darstellungsinhalte, das Bild bringt Neues. Und eben darin liegt, daß die Rede „das Objekt wendet sich" so viel besagt ‹wie› „es zeigt sich stetig von neuen Seiten", wobei zugleich Gewinn mit Verlust sich paart, also für die Erscheinung soeben noch Gesehenes verschwindet. Phänomenologisch konstituiert sich also die wesentliche Eigentümlichkeit des visuellen Objektes, im Sehen „Seiten zu haben" und sich bloß unvollkommen in „Seiten" darzustellen in dem charakteristischen System von Wendungsmodifikationen. Wo volle Wendung vollzogen wird, da schließen sich in der Einheit der sukzessiven Erscheinung die Seiten stetig aneinander und bringen die Geschlossenheit des Seitenzusammenhangs, also die volle Körperoberfläche als eine „geschlossene" zur Erscheinung. Doch ist hier eigentlich von „Oberfläche" noch nicht zu sprechen. Jedenfalls, volle Wendung konstituiert die Geschlossenheit der körperlichen Gestalt. Aber wir müssen genauer sein. Zur vollständigen Gegebenheit der körperlichen Allseitigkeit genügt nicht eine volle Wendung. All die Wendungsphasen bilden nicht ein eindimensionales, sondern ein zweidimensionales zyklisches System oder, was dasselbe, die Wendungsrichtungen oder auch die Wendungskontinua bilden so wie die Richtungsstrahlen, die in der Ebene von einem Punkt aus laufen, ein eindimensionales zyklisches System. Dementsprechend ist das kinästhetische System ebenfalls ein zweidimensionales zyklisches System. Fassen wir irgendeinen Objektpunkt in der Darstellung ins Auge und geht er in der Wendungsmodifikation etwa von rechts nach links, so können wir eine andere Wendung denken, die diesen selben Punkt in jeder anderen Richtung des Richtungsbüschels im okulomotorischen Feld überführte, und so könnte dann die gesamte Wendung dementsprechend verlaufen. Doch sind hier in jeder Richtung selbst noch viele Möglichkeiten darum, weil Dehnung sich mit Entfernung und Annäherung verbinden kann, die einen anderen Typus von Dehnungen darstellt, wofern wir sie rein betrachten. Davon haben wir jetzt zu sprechen.

Diejenige Dehnungsmodifikation, in der bloße Annäherung und Entfernung erscheint, entbehrt des zyklischen Charakters, sie ist in sich selbst nicht darauf angelegt und dazu geschickt, in gleichem Sinn fortgeführt, zyklisch in sich selbst überzugehen; sie hat den Charakter einer zweiseitig ins unendliche fortgehenden Modifikationsart — zweiseitig: sie hat zwei und nur zwei Richtungen, die sich als gegensätzliche zu einer linearen Mannigfaltigkeit (einer offenen, zweiseitig unendlichen, sozusagen orthoiden) zusammenschließen, eben das, was die Korrelativa „Annäherung und Entfernung" besagen. Als Charakteristikum können wir auch das nehmen, was den Gegensatz zu dem Hauptcharakter der Wendung ausmacht. Im System der Ruhemannigfaltigkeit gibt es eben nur zwei Grundformen der Dehnung: Wendung und Entfernung, abgesehen von ihren Mischungen. Wir können daher sagen: Bei bloßer Annäherung oder Entfernung findet kein Gewinn oder Verlust von darstellenden Inhalten durch im allgemeinen stetige extensive Eigenverdeckung oder Eigenaufdeckung statt. Damit ist gesagt, daß zum Wesen bloßer Entfernungsmodifikation gehört, daß sie das Objekt stets von einer und nur einer Seite darstellt; und wieder, daß, wenn die Ruhemannigfaltigkeit bloß über diese Modifikationsweise der Dehnung verfügte, sich in ihr nichts von einer ,,Geschlossenheit" dinglicher Gestalt von einem Kontinuum von Seiten, überhaupt von einem Mehr an Seiten über die gegebenen hinaus darstellen könnte. Der Begriff der Seite würde also überhaupt fehlen. Nicht gesagt ist damit, daß in der Entfernungsmodifikation vom Objekt allzeit identisch dieselben Punkte und niemals neue zur Erscheinung kommen könnten. Wir haben ja interne Aufdeckung und Verdeckung nicht ausgeschlossen. Nicht jede erscheinende Dingseite ist ja wie eine Ebene oder Kugelseite ohne Falten, in die man bei Annäherung und ohne Wendung besser hineinsehen könnte.

In der Entfernungsmodifikation gibt es kein gleichsinniges Sich-Fortdehnen und Sich-Herumdehnen, sondern ein Sich-allseitig Auseinanderdehnen; es ist eine typisch-gesetzmäßige Dehnungsart, aber eine solche, die nicht auf zyklische Prozesse und auf Hinausgehen über den Rand hin abgestimmt ist. Dabei ist die Mannigfaltigkeit doch eine sehr große, weil jeder verschieden geformte Körper seine verschiedenen Modi der Entfernungsdehnung haben muß. Für jeden bestimmten, bestimmt geformten Körper sind sie aber bestimmte, und zwar solche, daß sie sich für ihn auf eine eindimensionale Änderungsmannigfaltigkeit reduzieren. Ebenso sieht ja auch in der Wendung jeder Körper ganz anders aus, aber für jeden ist seine Wendungsmannigfaltigkeit eine zweidimensional zyklische und völlig bestimmte. — Die reine Entfernungsmannigfaltigkeit läuft nicht nach beiden Seiten, nach der eigentlichen Entfernung wie nach Annäherung, ins Unendliche. In Hinsicht auf die Entfernung besteht die Grenze Null. Das Bild schrumpft zum ,,Punkt" zusammen. Was dagegen die parallele kinästhetische Reihe anbelangt, so entspricht diesem Nullpunkt das ,,Unendlich". Freilich würden wir uns, wenn die kinästhetischen Modifikationen in bloß einfachen Empfindungsmodifikationen bestehen würden, vergeblich nach einer kinästhetischen Empfindung umsehen, die unendlicher Steigerung zugänglich ist.[1] Was da supponiert, ist klar. Denken Sie an das

[1] Vgl. hierzu eine Notiz Husserls; siehe Beilage I (S. 341). — Anm. d. Hrsg.

Gehen. Anstelle einförmiger Veränderung tritt die immer wieder in gleicher Weise zu vollziehende Operation in periodischem Wechsel nach dem Typus *ab, ab, ab,* .... Dies würde eine Betrachtung für sich erfordern.

Was die Annäherung anbelangt, so dehnt sich das Bild positiv, ideal gesprochen, ins Unendliche. Dem entspricht aber kinästhetisch eine endliche Grenze, die aber unerreichbar ist, abgesehen davon, daß das Bild über das Feld extensiv hinauswächst. Die endliche Grenze ist eine ideale, aber offenbar im Wesen der kinästhetischen Zuordnung begründet.

‹§ 73. *Zusammenfassung. Die Konstitution des Raumes und ihre Stufen*›

Jede kinästhetische Modifikation ist entweder okulomotorisch oder sie betrifft die übrigen kinästhetischen Systeme. Die erstere konstituiert das bloß okulomotorische Feld, die letztere bringt in dasselbe das System der Dehnungen als Entfernungen und Wendungen, womit alle Orientierungen mit beschlossen sind. Dadurch wird das zweidimensionale okulomotorische Feld in das dreidimensionale Raumfeld verwandelt als Verbindung der eindimensional linearen Entfernungsmannigfaltigkeit mit der zweidimensional zyklischen Wendungsmannigfaltigkeit. Ein Mehr an Modifikationen gibt es nicht und kann es nicht geben, wenn sich eben eine dreidimensionale Objektivität konstituieren soll.

Es hat sich damit gezeigt, daß die Konstitution der Raumdinglichkeit in verschiedenen funktionell wohl zu scheidenden Stufen betrachtet werden muß.

I. Konstitution des okulomotorischen Feldes.

II. a) Die lineare Annäherungs- und Entfernungsmannigfaltigkeit;
b) die zweifach zyklische Wendungsmannigfaltigkeit;
c) Mischung.

Dabei sind wesentliche Punkte der Klärung die Scheidung zwischen Umständen und Erscheinungen und die Vorkommnisse der extensiven Erweiterung des Feldes und Raumes und die der intensiven Erweiterung und Verengung, der Verdeckung in ihren verschiedenen Formen.

‹14. Kapitel
Ergänzende Betrachtungen›

‹§ 74. *Abgrenzung des Einzeldinges aus dem Dingzusammenhang bei objektiver Ruhe*›

Es bedürfte nun noch mancher Ergänzungen, so z.B. die Frage der Sonderung nach einzelnen Dingen, soweit oder inwieweit ruhende Objektität für diese Sonderung schon aufkommen kann. Wo sich in der stetigen Modifikation, in der Entfernung, Wendung, stetig Punkt an Punkt, Seite an Seite anschließt, da geht Einheit der Objektität des dinglichen Zusammenhangs hindurch. Aber hat, wenn wir den Zusammenhängen in der Entfaltung der Dinglichkeit nachgehen, nicht schließlich alles mit allem Zusammenhang? In Erwägung kommt hier, daß bei durchaus ruhender Objektität die Modifikationen der Dehnung und Entfernung durch das ganze Feld hindurchzugehen scheinen. Halten wir uns an die bloße Anschauung, so finden wir aber eine Ausnahme. Für sie erscheinen unendlich ferne Körper, nämlich die, ‹die› in den allgemeinen Fluß der Dehnungen nicht hineingezogen sind. Aber darin liegt ein Widerspruch. Wenn z.B. das Blau des Himmels als Himmelsgewölbe erscheint und damit körperlich gedeutet wird, dann muß doch dieser Körper sein Vorn und Hinten haben, seine geschlossene Oberfläche, die sich in möglichen Umgängen, in möglichen zyklischen Wendungen u.dgl. konstituieren muß. Sich so zu konstituieren, das gehört doch zum unaufhebbaren Wesen der Körperlichkeit, die ihren Sinn ja als Einheit in solchen motivierten Erscheinungsmodifikationen bekundet, ebenso, wenn wir ein sehr fernes Gebirge oder den Mond u.dgl. nehmen. Bei sehr fernen irdischen Objekten führt der Fortgang der Erfahrung, d.h. die Realisation der ins Unendliche gehenden Wahrnehmungsmöglichkeiten schließlich zur kontinuierlichen Änderung des Bildes; Dehnung, Wendung usw. stellt sich ein. Wir sagen dann: Die Änderungen waren unmerklich und sind nun merklich geworden, „die scheinbare Ausnahme bestätige die Regel". Was aber das Himmelsgewölbe anbelangt, so sagt man: Die körperliche Deutung ist hier eine Deutung auf einen sehr fernen Körper;

hier ist aber die Deutung unzulässig, es ist kein wirklicher Körper, sondern ein Scheinkörper. Das Blau (oder, bei Hinzunahme bekannter Erfahrungen, das Schwarz, das sich im Fortgang der Annäherung in bestimmter Richtung einstellen würde) ist kein objektives <Blau bzw.> Schwarz, es gehört zu keinem Ding. Es ist bloß subjektives Phänomen. Lassen wir diese Subjektivität auf sich beruhen, so ist jedenfalls so viel sicher, daß zum Wesen der Dinglichkeit die Möglichkeit gehört, sich durch die beschriebenen Phänomene auszuweisen und sich als Einheit in ihnen zu konstituieren, daß wir also keine andere Wahl haben als die jener zwei Möglichkeiten: Merklichwerden eines Unmerklichgewesenen und Schein-, Trugdinglichkeit. Und wieder ist es an sich klar, daß, rein vom Standpunkt visueller Gegebenheit angesehen, innerhalb der bloßen Sphäre des Sehens leerer Raum denkbar ist, nämlich als ein Rest von visuellen Inhalten, die sich der Einspannung in die Dinglichkeitsauffassung nicht fügen; es müssen sich eben nicht alle fügen. Diejenigen, die es tun, konstituieren Dinge, die ihre Abstände, ihre Ordnungen haben; diejenigen, die es nicht tun, konstituieren das Nichts zwischen den Dingen. Demnach ergibt sich hier als Prinzip der Abgrenzung einzelner Dinge, und als das einzige, die volle und allseitige Geschlossenheit des Körpers, die zugleich Trennung von jedem anderen Körper ist, also Scheidung durch leeren Raum. Sowie zwei Dinge (im gewöhnlichen Sinn gesprochen) aufeinanderliegen, ineinanderliegen u.dgl., geht die dingliche Kontinuität durch beide hindurch, und es ist die Frage, warum nicht jedes beliebige Stück ebensogut als ein Ding gelten soll, da Stück und Stücke sich auch „berühren", aufeinander liegen. Natürlich wird man sagen: Die selbständigen Dinge kann ich voneinander abheben, sie sind unabhängig voneinander beweglich und veränderlich, sie haben verschiedene physikalische Eigenschaften, verschiedene Wirkungsweisen etc. Aber davon sagt uns die Konstitution der ruhenden Objektität nichts. Im Bisherigen haben wir für diese Unterscheidung also keine Prinzipien.

<§ 75. *Nachtrag.*
Die Auffassung einer Verdeckung als Entfernungsabstand>

Wir [1] haben bisher noch nicht Rechenschaft gegeben davon, wie es zur Auffassung einer Verdeckung als eines Entfernungsabstandes kommt.

Verdeckendes und Verdecktes sind verschiedene Objekte: beides unveränderte Objekte. Nehmen wir nun eine ruhende Objektität, aus verschiedenen getrennten Objekten bestehend, so gehört zu ihnen als einer Objektität, daß sie aus einem okulomotorischen Feld durch zusammenhängende motivierte Prozesse der Verschiebung, Wendung, Deckung, Extension darstellbar sind. Dabei muß es ein okulomotorisch mit Darstellungen dieser Objektität erfülltes Feld geben, in dem je zwei der Objekte ganz oder zum Teil sich ohne Verdeckung darstellen. Doch ist dabei zu beachten, daß in der Sphäre der Mannigfaltigkeiten, die eine rein unveränderte Objektität darstellen, sich kein Innen eines geschlossenen Objektes darstellt und darstellen kann. Wir wissen hier nichts von Innen und haben keinen Anlaß, hier ein solches überhaupt für möglich zu halten. Was in eine Verdeckung eintritt und wieder austritt, das kommt zur Gegebenheit. Und umgekehrt, wir haben eine Phänomenologie des Austretens und Eintretens. Wir haben gehört, wie sich ein Sein konstituiert, das nicht gesehenes Sein ist, sofern es verdecktes oder außerhalb der Darstellung des okulomotorischen Feldes liegendes, d.h. erst durch einen gewissen kinästhetischen Prozeß zu gebendes ist. Eine Verdeckung, die prinzipiell immer Verdeckung ist, kann es hier nicht geben. Punkte „in" dem „Inneren" der geschlossenen Fläche, das wären Punkte, die sein und notwendig verdeckt sein sollen, nämlich innerhalb der Mannigfaltigkeit bloßer Ruhe. Davon, daß es noch anderes gibt, andere Möglichkeiten, Punkte anzusetzen: davon haben wir bisher keine Vorstellung, jedenfalls <haben wir> dafür keine Rechenschaft geben können.

Wissen wir nun wenigstens soviel, daß jedem objektiven Punktpaar ein Abstand entspricht? Dann wäre ja, wenn auch nicht die Möglichkeit von „inneren" Punkten, aber doch die Möglichkeit

[1] Vgl. zum folgenden eine Notiz Husserls; siehe Beilage I (S. 341). — Anm. d. Hrsg.

von Deformation jeder Oberfläche gemäß allen möglichen Abständen ihrer auf verschiedenen Seiten liegenden Punkte gewährleistet. Ferner wäre wohl Zerstückung so denkbar, daß die Stücke ein Zwischen hätten, einen Raum zwischen sich, nämlich eben unerfüllte Abstände. Jeder gesehene Abstand wird erhalten. Daher erweitert sich das okulomotorische Feld und daher kann mittelbar von einem Abstand gesprochen werden, auch wo beides nicht in eine Anschauung hineinfällt. Dazu kommt, daß nicht einheitlich Gesehenes, sagen wir zunächst nicht durch Entfernungsmodifikation, also Zusammenziehung, in ein Feld hineingehen ‹kann› und sich in einheitlich Gesehenes überführen läßt. Ebenso kommt es vor, ist also möglich, daß Verdecktes sich trennt und daß also Punkt und verdeckter Punkt einen Abstand ausweisen durch Überführung in einen gesehenen Abstand. Die Identität jedes Punktes wird ja immer festgehalten und so jedes Punktpaares. Aber daß je zwei identische Punkte auch einen „Abstand" haben, daß sie also das abstufbare Verhältnis zeigen, das sich im Feld ausweist, das ist nicht gesagt.

‹§ 76. *Die Gegebenheitsweise des leeren Raumes*›

Ehe[1] wir zur Konstitution des Dinges als des Identischen der Veränderung übergehen, möchte ich einige Worte zur Ergänzung bzw. Verdeutlichung der Ausführungen beifügen, mit welchen wir letzthin geschlossen haben. Sie betrafen die Abgrenzung eines geschlossenen Objekts im Rahmen einer ruhenden Alldinglichkeit. Dehnung als Wendungs- und Entfernungsdehnung ist die Grundlage des Einheitsbewußtseins, das das okulomotorische Feld in das Raumfeld verwandelt. Dehnung stiftet auch bis zu einem gewissen Grade Sondereinheit. Nicht jedes sich im okulomotorischen Feld abhebende Bild ergibt ein Objekt. Nicht jede, im einzelnen okulomotorischen Feld kontinuierlich ineinander übergehende Punktreihe gibt eine kontinuierliche objektive Punktreihe. Kontinuierlich ist ja das ganze Feld, und selbst wenn wir sich abhebende Einheit der Färbung als Einheitsgrund nehmen wollten, so wäre damit nichts getan. Denn kontinuierlich zum

[1] Datum am Rand „27.7.". Beginn einer neuen Vorlesung. — Anm. d. Hrsg.

selben Objekt kann auch eine Punktreihe gehören oder ein kontinuierlicher Punktzusammenhang, der durch Färbungsdiskretion zerspalten ist. Es gilt aber, daß jede kontinuierliche Bildpunktmannigfaltigkeit, die in die kontinuierliche Einheit eines Dehnungszusammenhangs eingeht, eine kontinuierliche objektive Punktmannigfaltigkeit darstellt; so in der bloßen Entfernung. Mag sich auch, wie wenn wir keinen unendlich fernen Scheinhintergrund haben, im okulomotorischen Feld alles und jedes dehnen, so gibt das darum noch nicht kontinuierliche Einheit der Entfernungsdehnung, kontinuierlich durch das ganze Feld hindurchgehend. Objektiv gesprochen: Stehen uns mehrere Objekte vor Augen, so hat jedes eine andere Raumlage in bezug auf uns, eins ist vorn, eins hinten usw. Und zu jedem gehört nun eine, allgemein zu reden, kontinuierlich-einheitliche Dehnung (von einzelnen internen Verdeckungsstellen etwa abgesehen); zu jedem eine, aber nicht zu allen zusammen genommen. Die Ränder, durch welche die jeweiligen Bilder sich voneinander abgrenzen, sind für die Dehnung Diskontinuitätsstellen. Ebenso bei der Wendung. Jedes Objekt stellt sich in einer anderen Wendungskontinuität dar, und wenn auch alle erscheinenden Objekte sich wenden, so sind wieder die Bildränder Diskontinuitätsstellen für die Wendungskontinuität. Eine kontinuierliche Bildpunktreihe, die in eine kontinuierliche Wendung eingeht, konstituiert eine kontinuierliche dingliche Punktreihe. Freilich ist damit nicht entschieden, ob nicht im weiteren Erfahrungszusammenhang sich Kontinuitäten herausstellen zwischen Punkten, die in einer aktuell ablaufenden Dehnungsprogression sich als diskontinuierlich ausweisen, sofern sie, im unmittelbaren Zusammenhang betrachtet, in ersichtlicher Weise nicht zu einer bildmäßig sich darstellenden Punktkontinuität gehören, die sich kontinuierlich dehnt. Aber mittelbar kann sich Kontinuität herausstellen eben dadurch, daß etwa objektiv *a* kontinuierlich mit *b*, *b* mit *c*, *c* mit *d* vermittelt ist, wobei die Paare *ab*, *bc*, *cd* je zur Einheit eines Bildes und seiner einheitlichen Dehnungskontinuation gehören. Zunächst haben wir hier also nur ein Prinzip, um für objektive Stetigkeit und Diskretion entscheiden zu können, die sich eben in Stetigkeit und Diskretion der Bilddehnung konstituiert. Wirkliche und volle Trennung haben wir da, wo zwischen dem Punktsystem, das sich in einer Dehnungsmannigfaltigkeit objektiviert, und dem, das sich in einer anderen Bildmannigfaltigkeit konstituiert, kein stetiger Übergang besteht, und natürlich im angegebenen Sinn kein stetiger Übergang der Bilddehnung, sei es unmittelbar oder mittelbar. Das wäre der Fall bei zwei Kugeln, die sich vom leeren Hintergrund, dem scheinbaren Himmelsgewölbe, abheben. Zwischen ihnen ist leerer Raum. Im übrigen kann man auch sagen, daß immer zwischen zwei objektiv „distanten", d.h. sich in diskreten Dehnungen konstituierenden Punktgebieten, leerer Raum ist. Z.B. relativ getrennt sind zwei sich im gewöhnlichen Sinn verdeckende Objekte oder Objektstücke: in Entfernung und Wendung verhalten sie sich nicht einheitlich, jedes hat seine Dehnung, und diskontinuierlich gegenüber derjenigen des anderen. In der Phantasie können wir uns aber die diskreten Punkte durch eine Kontinuität vermittelt denken, wir phantasieren etwa ein Band hinein, das, sich nun im Bild mitdehnend, für die verbundenen Punkte die Einheit der Dehnungskontinuität herstellt. So sind mannigfaltige kontinuierliche Punktreihen als vermittelnde denkbar, die sich der Einheit der Körperlichkeit anschließen würden. Sofern sie nicht wirklich gegeben, aber möglich sind, scheiden wir die jeweilige aktuelle Körperlichkeit und den Raum und sagen, der Raum sei in mannigfaltiger Weise durch Körperlichkeit zu erfüllen, und zwar in bestimmter Ordnung, eben seiner Raumordnung.

Während also das okulomotorische Feld wie das visuelle Feld ein immer und notwendig ausgefülltes ist, gilt das nicht vom Raum. Eine Körperlichkeit ist gesehen, aber unendlich viele Möglichkeiten für weitere Körperlichkeiten läßt sie offen, nämlich in dem „Zwischen"; das Zwischen aber konstituiert sich dadurch, daß Dehnungsdiskretionen, wie immer sie bestehen, durch Dehnungskontinua in verschiedener Weise vermittelt werden können und schließlich in kontinuierlicher Weise.[1] Das Zwischen als leeren, aber kontinuierlich erfüllbaren Raum, als bloße Möglichkeit gesetzlich bestimmt charakterisierter realer Vermittlungen hätten wir hier also, obschon wir nicht sagen können, daß der leere Raum gesehen sei. Gesehen sind die Körper, und mit dem Gesehenen erfaßt ist das Zwischen, das die Phantasie dann

[1] Stelle ich die Aufmerksamkeit auf einen Punkt des leeren Raumes ein, so brauche ich keine klare Phantasie, aber dann doch eine leere Vorstellung von etwas, das da ist?

12 und *lies:* und <diese ist>

körperlich so oder so ausfüllen kann. ‹Der Raum ist› also eher mitgesehen.

‹§ 77. *Die Gegebenheitsweise des Körperinneren*›

Wie steht es mit dem Innen eines vollen geschlossenen Körpers? Ich meine nicht das räumliche Innen, das auch ein Zwischen ist, sondern das körperliche Innere als erfüllter Innenraum des Körpers im Gegensatz zur Oberfläche. Es gehört natürlich zum Wesen der Anschauung ruhender Objektität, daß sie in Dehnungsdiskretion und Dehnungskontinuität einerseits geschlossene Körperlichkeit und andererseits das Zwischen konstituiert, daß sie aber kein Innen im Gegensatz zur Oberfläche zur Darstellung bringen kann. Auf dem Weg der Phantasiemodifikation mag man hier auch weiterkommen. So wie man sich das Zwischen durch materielle Punktreihen vermittelt vorstellen kann da, wo das Zwischen ein sozusagen offenes ist und sich wirklich darstellendes, so kann man sich das Zwischen allmählich stetig verschließen, wie wenn wir uns eine Kaffeetasse denken und nun die Punkte durch materielle Reihen verbinden, bis alles voll ist.

Indessen, bessere Wege, um zum Ziel zu kommen, bietet wohl die Sphäre der erweiterten Erfahrung, das Voneinanderabheben und Wiederaufeinanderlegen der Dinge, wodurch sich Dinge, die vom Standpunkt der Ruhemannigfaltigkeit eins waren, trennen und an den Aneinanderlagerungsflächen ein Innen haben, das vom Standpunkt der Ruhemannigfaltigkeit sich nicht ausweisen könnte, ebenso die Vorkommnisse des Auf- und Zuklappens, des Zerstückens und Aneinanderklebens usw., daraufhin dann die Bewegungen der Phantasie, welche die Möglichkeiten hier verfolgt, denselben Körper durch Schnittebenen zerschneidet oder ihn umgekehrt durch Bewegung einer Ebene erzeugt u. dgl.

Es wären noch manche Reihen weiterer Ausführungen in bezug auf die Ruhemannigfaltigkeit durchzuführen, wovon ich beispielsweise nur erwähne die Charakteristik der räumlichen Grundgebilde durch ihr ausgezeichnetes Verhalten in den konstituierenden Modifikationsreihen. Doch will ich jetzt nicht hierbei verweilen, vielmehr in der Konstitution der Dingwelt weitergehen. Wir wollen das Gebiet der Veränderungen betreten.

‹VI. Abschnitt

DIE KONSTITUTION OBJEKTIVER VERÄNDERUNG›

‹15. Kapitel
Qualitative Veränderungen des Wahrnehmungsgegenstandes›

‹§ 78. *Zusammenhang von Raumgestalt und qualitativer Füllung*›

Wir haben bisher eine absolut ruhende Dingwelt fingiert.[1] Sie war nicht bloß phoronomisch ruhend, sondern auch qualitativ unverändert, nämlich hinsichtlich aller raumfüllenden Qualitäten (wobei wir von den anhängenden Qualitäten absehen konnten). Da wir es mit dem visuellen Ding zu tun hatten, so blieb also die jeweilige Gesamtfärbung konstant. Wir nehmen nun auf die Veränderlichkeit der Färbungen Rücksicht. Erst dadurch hebt sich eigentlich der geometrische Dingkörper von der ruhenden Dinglichkeit ab,und somit konstituiert sich erst mit Rücksicht auf die mögliche Variabilität der Färbungen der reine Raum als die Form, in die sich alle Dingkörper als Stücke einfügen und sich darin nach allen ihren Punkten in absolut fester Weise ordnen. In der eine ruhende Körperlichkeit konstituierenden Erscheinungsmannigfaltigkeit hat jedes Bild seine präempirische Gestalt (worunter wir auch die Größe mit befassen) und seine prä‹empirische› Farbe als die Gestalt nach allen Teilen füllend, überdeckend. Im Fluß der Modifikationen erfahren diese beiden Komponenten ihre Veränderungen, und was sich konstituiert, ist objektive Gestalt mit objektiver Färbung durch und durch er-

[1] Vgl. hierzu eine Notiz Husserls; siehe Beilage I (S. 341). — Anm. d. Hrsg.

füllt. Die Färbung ist dabei eine Funktion der Gestalt und doch von ihr unabhängig variierbar. Das gesehene rote Hexaeder könnte blau sein, oder teils rot, teils blau u.dgl. Zwei Körper können, abgesehen von ihrer Lage, von ihrem umfassenden dinglichen Zusammenhang, in sich völlig gleich sein, sofern zu beiden in sich genommen ein völlig gleiches System von konstituierenden Modifikationen gehört. Sie können aber auch bloß gleich sein hinsichtlich ihrer Form und unterschieden hinsichtlich ihrer Färbung.

Andererseits aber ist Färbung nicht trennbar von der Gestalt insofern, als sie Bedingung der Möglichkeit konkreter Gestalt und als sich abhebende Färbung im Bild Bedingung der Möglichkeit für die Konstitution sich abhebender Körperlichkeit ist. Ferner besteht ein funktionelles Verhältnis zwischen prä‹empirischer› Farbe und der objektiven Gestalt insofern, als, wenn die objektive Gestalt in einer bestimmten objektiven Färbung erscheinen soll, die prä‹empirischen› Färbungen ganz bestimmte Modifikationen erfahren müssen, für die ihnen die Gestalt die Regel vorschreibt. Soll z.B. ein Hexaeder gleichmäßig rot von der und der Spezies sein, so gehört zu seiner Konstitution ein System von Rot-Abschattungen, denen die Hexaederform die Regel vorschreibt; was aber nicht hindert, daß dieselbe Form auch gleichmäßig blau oder sonstwie gefärbt sein kann. Für jede Färbung gilt dasselbe; sie muß sich dann eben in ihrer Weise in den Bildgestalten dehnen und geregelt modifizieren. Dies zugestanden, werden wir also sagen können: So geregelte Färbungsmodifikationen müssen durch die Bildermannigfaltigkeit jeweils durchgehen, soll sie ein ruhendes Ding darstellen; aber andererseits, wir können doch rein auf den Zusammenhang der Gestalten achten und, wenn wir nur die typischen Gesetzmäßigkeiten innehalten, die für ihre Erfüllung gelten, Färbungen anders denken. Wir gewinnen so das rein Räumliche als die Grundform der Dinglichkeit mit ihren wechselnden Möglichkeiten der qualitativen Ausfüllung.

‹§ 79. *Das Ding als das Identische der qualitativen Veränderung*›

Bisher haben wir von Färbungsänderungen gesprochen, um den „reinen Raum" zur reinen Abhebung zu bringen. Jetzt stellen wir eine neue Grundfrage: Wie konstituiert sich das Ding als

Identisches der Veränderung und näher der „qualitativen" Veränderung? Ding: das Einheitliche der wechselnden Färbung bei Identität der Gestalt.

Statt uns gegebene Färbung anders zu denken oder durch Gegenüberstellung gleichgestalteter Dinge von verschiedener Färbung die reine Form zur Abhebung zu bringen, können wir auch die Färbung sich stetig ändern lassen, und wir können es nicht nur in der Phantasie, wir nehmen auch wahr, daß Dinge sich qualitativ und nur qualitativ ändern. Zunächst: Sie ändern sich. Die Dinge also bleiben dieselben. Sie ruhen noch immer. Sie ändern aber die Färbung. Wie sich in der phänomenologischen Sphäre und in schlichtester Form Änderung konstituiert, das wissen wir. Etwa ein Ton *c* ändert sich hinsichtlich der Intensität; wir finden im Zeitfluß die stetig ineinandergehenden Phasen von derselben Qualität. Die qualitative Gemeinsamkeit geht stetig durch, aber kontinuierlich eine andere Intensität, eine andere Spezies derselben Gattung Tonintensität, die ihrerseits an die Gattungsqualität durch Fundierung gebunden ist, so daß wir also nicht ein bloßes Zusammen, sondern eine innere Einheit haben. Durch diese Kontinuität geht also das Einheitsbewußtsein hindurch: dasselbe *c* in der ganzen Dauer, sich nach Intensität ändernd, immer wieder anders. Im jetzigen Fall liegen die Sachen nicht so einfach.

Das Ding ist nicht in dem Sinn gegeben wie ein phänomenologischer Ton. Es ist Einheit in der Mannigfaltigkeit. Die mehrdimensionale unendliche Mannigfaltigkeit von Bildmodifikationen wird zur Trägerin des Einheitsbewußtseins, das darin nicht Modifikation, nicht Veränderung, sondern Unveränderung erschaut: das so und so gefärbte ruhende Ding. Und nun soll sich die Färbung ändern. Nehmen wir an, daß dies urplötzlich, diskret geschähe, dann besagt dies, daß die aktuelle Wahrnehmung, die zunächst im Sinne jener Modifikationsmannigfaltigkeit verlief, die der ersten Färbung entsprach, einen Sprung erfährt, nicht hinsichtlich der Momente, die zur Figur, sondern derjenigen, die zur Färbung gehören. Also die Bildfärbung erfährt einen Sprung, vermöge deren sie nicht mehr im Sinn der ursprünglichen Auffassung verläuft. Sie enttäuscht die Intention, statt sie zu erfüllen; dies begründet das Bewußtsein des „anders", des „geändert". Soll nun das Ding von nun ab wieder qualitativ unverändert erscheinen, so ist die Reihe der weiteren Farbenmodifikationen des Bildes fest vorgezeichnet, und die dementsprechende Auffassung erfährt, wenn der Verlauf der normale ist, wieder immerfort Erfüllung.

Nehmen wir nun den Fall, daß sich die Färbung stetig ändert, immer bei sonst ungeänderter Dinglichkeit. Wie sieht die zugehörige Erscheinungsmannigfaltigkeit aus? Die Sache ist recht kompliziert. Die aktuelle Wahrnehmung des bloß hinsichtlich der Färbung sich verändernden Dinges ist eine Linie der Wahrnehmung aus einer gesetzmäßigen Unendlichkeit von Wahrnehmungsmöglichkeiten. Es kann, um den nächsten Fall zu nehmen, absolute kinästhetische Ruhe eine zeitlang statthaben: dann ist das Bild andauernd ungeändert hinsichtlich der prä<empirischen> Gestalt und Lage; aber die prä<empirische> Farbe geändert. Es kann dann weiter bloße Augenbewegung spielen. Zur ungeänderten Färbung würde gehören ein gewisses okulomotorisches System von prä<empirischen> Farbenmodifikationen. Aber nun kann dieses Modifikationssystem nicht statthaben. In der Bewegung des Auges erscheint von Phase zu Phase stetig ein anders koloriertes Bild, als es im Sinne der Ruhemannigfaltigkeit zu erwarten wäre. Würde während einer Zeitstrecke stetig die Farbenmodifikation im Sinne der Unveränderungsmannigfaltigkeit laufen, so würden wir notwendig Unveränderung wahrnehmen müssen. Der Fluß der Gestaltmodifikation gibt immerfort im Einheitsbewußtsein die identische okulomotorische Gestalt; die Färbung dieser Gestalt ist von Zeitmoment zu Zeitmoment eine stetig „andere", eine „geänderte". Die identische okulomotorische Gestalt ändert ihre Farbenfülle oder, da Farbe und Gestalt durch Fundierung zusammengehören, das okulomotorische Bild von identischer okulomotorischer Gestalt ändert seine Farbe ähnlich wie der Ton, der als solcher sowohl qualitativ wie intensiv bestimmter Ton ist, bei identischer Qualität *c* seine Intensität ändert. Jede Phase können wir nun fixiert und in der Zeitdauer extendiert denken. Die Änderung ist dann begrenzt, sie endet in einem von nun ab völlig Unveränderten. Beim okulomotorischen Bild besagt die Festlegung der Phase, daß von einer Zeitstelle ab die Bildmodifikationen hinsichtlich der Farbe nunmehr im Sinne der Farben-Ruhe laufen; das „anders" der objektiven Farbenveränderung hatte seinen Sinn in der Enttäuschung der auf Ruhe gestimmten Erwartung; es lief anders, als es im Normalfall der „unveränderten objektiven Farbe" zu laufen hatte, und es lief in jeder Phase anders, stetig abweichend von dem, was da vorauszusetzen war. Und natürlich könnte die Abweichung in verschiedener Geschwindigkeit, Beschleunigung, kurz, in verschiedener Abweichungsform statthaben. Wie nun, das ist die fundamentale Frage. Kann diese Abweichungsform eine ganz beliebige sein, etwa gar eine gesetzlose, und wenn eine gesetzliche, eine nach einem beliebigen Gesetz laufende, *nota bene*, wenn objektive Veränderung, hier Veränderung des okulomotorischen Bildes, sich konstituieren soll?

Gehen wir dann über zum vollen System der kinästhetischen Motivationen, so erhebt sich dasselbe Problem. Wird das okulomotorische Bild als Ding und sich hinsichtlich der Färbung Veränderndes aufgefaßt, so wird es einbezogen in die Unendlichkeiten möglicher Modifikationsreihen, die zu den umfassenden kinästhetischen Systemen des Leibes gehören. Im System absoluter Unveränderung gehörte zu jeder kinästhetischen Situation, zu jeder bestimmten Leibesstellung, eine nach Farbe wie Gestalt fest bestimmte Erscheinung (nachdem einmal die Zuordnung durch eine erste Wahrnehmung vollzogen war) und zu jeder kinästhetischen Serie, zu jeder bestimmten Stellungsveränderung, eine bestimmte Erscheinungsserie. Hier konnte das Erscheinungssystem beliebig durchlaufen und durch Rückkehr zur alten Situation auch das alte Bild gewonnen werden. Jetzt aber, wo die Farbe sich ändert, bietet jede Phase etwas anderes, als was sie in der Ruhemannigfaltigkeit bot, und natürlich ist von einer Rückkehr zu immer demselben keine Rede mehr.

Nehmen wir nun eine bestimmte Wahrnehmungslinie, die aus dem okulomotorischen Feld des ruhendes Leibes hinausführt, so läuft sie anders, als sie unter Voraussetzung der Ruhe zu laufen hatte. In beliebiger Weise anders? Hier liegt wieder das Problem. Es ist leicht einzusehen, daß von Beliebigkeit hier keine Rede sein kann. Würde es sich überhaupt bloß um eine Abweichung von der Serie der gesetzmäßigen Modifikationen handeln, die diese kinästhetische Reihe für die Ruhe fordern würde, um eine beliebige, also gesetzlose Abweichung, könnte sich dann eine objektive Veränderung konstituieren? Objektiv hat der Körper in jedem Moment eine bestimmte und in jedem stetig neuen eine neue Farbe, wobei die Art und Geschwindigkeit der Änderung eine objektiv bestimmte ist. Was liegt darin? Darin liegt, daß, wenn wir eine beliebige Phase fixieren und in eine Zeitdauer ausbreiten, diese Phase sich verwandeln würde in einen ruhenden und auch hinsichtlich der Farbe unveränderten Körper. Die Farbe, die der Körper in der Phase hat, wird zu seiner Dauerfarbe. Ihr gehört zu das ganze unendliche System von möglichen Wahrnehmungen bzw. möglichen Bildmodifikationen, <und> daß eben ruhendes, unverändertes Ding dieses Verhältnis fordert. Schränken wir nun wieder die Zeitdauer auf Null ein, so bleibt diese ganze Mannigfaltigkeit als mögliche Mannigfaltigkeit bestehen, wie denn überhaupt die Bilder der unendlichen Mannigfaltigkeit in sich keine reelle Zeitordnung haben, sondern zu jedem Punkt als möglichen voll gehören. Was liegt in dieser Überlegung? Dasselbe Hexaeder, das seine Farbe von Rot zu Blau ändert, nehme ich jetzt etwa wahr von dem und dem Standpunkt aus. Ich hätte es von jedem anderen Standpunkt aus wahrnehmen können, und speziell eine bestimmte Phase dieser Veränderung, die das Hexaeder in einer bestimmten Farbenphase darstellt, hätte ich statt von dem wirklichen von irgendeinem möglichen Standpunkt aus sehen können, von jedem möglichen Standpunkt aus. Und zur Bestimmtheit der objektiven Farbenphase innerhalb der objektiven Veränderung gehört es, daß ihr für jeden möglichen Standpunkt eine mögliche Wahrnehmung von bestimmtem Inhalt zugehört, nämlich mit einem Bild, das seine bestimmte prä<empirische> Färbung hat. Und damit ist gesagt, daß jede beliebige wirkliche oder mögliche Wahrnehmungsreihe, die zu der objektiven Farbenveränderung gehört, ihre feste Gesetzmäßigkeit hinsichtlich der Farbe hat und daß sich all diese Wahrnehmungsreihen in eine Gesetzmäßigkeit einordnen müssen, die jede Willkür ausschließt. Und wieder ist damit gesagt, daß jede mögliche, zur objektiven Veränderung gehörige Wahrnehmungsreihe von derjenigen, die zu demselben Ding, aber bei unverändert festgehaltener Färbung und bei identischen kinästhetischen Umständen gehört, in gesetzlich bestimmter Weise abweichen muß. Nicht das genügt zur Wahrnehmung von Veränderung, daß überhaupt die variierenden Bildfärbungen anders laufen als im Fall der Unveränderung, sondern sie müssen in gesetzmäßig bestimmter Weise anders laufen derart, daß damit für jede

8 eben *lies:* eben <ein>

mögliche Wahrnehmungsreihe überhaupt das Gesetz des anders Laufens fest vorgeschrieben ist, wobei all die möglichen Wahrnehmungsreihen einander zeitlich zugeordnet sind, Phase für Phase, jede dieselbe objektive Änderungsreihe darstellend als zur selben objektiven Zeitstrecke gehörig.

<§ 80. *Die Gesetzmäßigkeit der Erscheinungsabwandlungen bei qualitativer Veränderung*>

Wir verfolgen irgendeinen beliebigen Zug der Wahrnehmung (eine Wahrnehmungslinie aus der zweidimensionalen Wahrnehmungsmannigfaltigkeit). Die Bilder mögen dabei bezeichnet sein <als> B_1, B_2, ... und sind natürlich in stetigem Übergang zu denken. Jedes solche Bild gehört zu einer bestimmten kinästhetischen Situation, die wir einfach als Situation K_1, K_2, ... bezeichnen. In der Zeit t^1, t^2, ... gehen also die kinästhetischen Erlebnisse stetig ineinander über: $K_1, \ldots, K_2, \ldots$ Würden wir in der Situation K_1 verharren, so würde B_1 hinsichtlich seiner Gestalt unverändert bleiben, es würde aber seine Farbe stetig ändern. Notieren wir nun die Farben und bezeichnen sie durch F, so hätten wir

zu K_1	$F_1{}^1$,	$F_1{}^2$,	...,	$F_1{}^\lambda$,	...
zu K_2	$F_2{}^1$,	$F_2{}^2$,	...,	$F_2{}^\lambda$,	...
. . . .				. . . .	
<zu>K_σ	$F_\sigma{}^1$,	$F_\sigma{}^2$,	...,	$F_\sigma{}^\lambda$,	...
Zeiten:	t^1,	t^2,	...,	t^λ,	...

Geht K_1 stetig in K_σ über, so werden die F der Diagonale stetig ineinander übergehen, während die Gestalten die Veränderungen der Ruhemannigfaltigkeit durchmachen würden, was nicht zur Signatur gekommen ist. Die Vertikalreihen gehören zum selben Zeitpunkt. Sie repräsentieren hinsichtlich der Färbung die zu einer bestimmten objektiven Färbungsphase gehörigen Färbungsabschattungen in den verschiedenen möglichen kinästhetischen Situationen. Würde die objektive Färbung von dem zugehörigen Zeitpunkt an, statt sich zu verändern, unverändert bleiben, so würde sowohl für diesen wie für jeden weiteren Zeitpunkt die Vertikalreihe die Färbungen angeben für alle K: Wir hätten nämlich in der Zeichnung nur immer wieder die Vertikalreihe zu wiederholen. Geht die Änderung nur für die Zeit $t^1 \underbrace{\ldots} t^2$ vonstatten, dann wird in der zugehörigen Veränderung der kinästhetischen Situation $K_1 \underbrace{\ldots} K_2$ die Farbenveränderung in der Diagonalen erfolgen $F_1{}^1\, F_2{}^2$ und dann im Sinne der Vertikalreihe weiterlaufen, da ja die Vertikalreihe sich von nun ab parallel und unverändert erhält. Was hier für eine Wahrnehmungsreihe, die durch ‹die› kinästhetische Reihe $K_1 \underbrace{\ldots} K_\sigma$ motiviert ist, dargelegt ist, gilt für jede Wahrnehmungsreihe überhaupt bzw. für das ganze dreidimensionale System der K.

Wir haben hier also eine wunderbare Gesetzmäßigkeit, die in den Farbenabschattungen waltet. Ist das Ding völlig unverändert, so geht die gesetzmäßige Variation der Farbenabschattungen derjenigen der geometrischen Abschattungen des Dinges genau parallel. Für jede mögliche kinästhetische Situation ist eindeutig bestimmt, welche Farbenverteilung in der zugehörigen Gestaltabschattung herrscht, und zwar so, daß innerhalb der Zeitdauer der Unveränderung der Dinglichkeit die Gestaltabschattung ebensowohl wie die sie überdeckende Farbenabschattung für jede kinästhetische Situation konstant ist. Jede geschlossene kinästhetische Reihe bringt nicht nur dieselbe Gestaltabschattung, sondern auch dieselbe Färbungsabschattung zurück. Ändert sich nun das Ding hinsichtlich seiner Färbung bei Erhaltung seiner geometrischen Körperlichkeit, dann gehört wieder zu jeder möglichen kinästhetischen Situation eine bestimmte Einheit von Gestaltabschattung und Färbung. Aber während hinsichtlich der Gestaltabschattungen die Sachlage ungeändert bleibt, also zyklische Rückkehr zu den alten kinästhetischen Verhältnissen dieselbe Gestaltabschattung ergibt, gilt dasselbe nicht mehr von den Farbenabschattungen. Dadurch aber, daß zum Wesen der Veränderung unaufhebbar gehört, daß jede Phase in eine unveränderte Ruhe auszubreiten ist, also der dinglichen Farbenveränderung nach jeder Phase eine dingliche, unveränderte Färbung korrespondiert (und die ideale Möglichkeit besteht, der Veränderung hier Halt zu bieten und somit ein Ding mit der dauernden Färbung zu haben, die der Phase entspricht): eben darin liegt eine apriorische Gesetzmäßigkeit begründet, welche die Bedingung der Möglichkeit einer Konstitution objektiver Veränderung ist. Das Ding in jeder Veränderungsphase kann von allen möglichen Standpunkten gesehen werden; und soll es das identische Ding sein, das, identisch dasselbe Ding seiend, diese objektive Färbungsphase hat, dann müssen für alle möglichen Standpunkte fest bestimmte Färbungsabschattungen statthaben, und zwar so, daß zu jeder Veränderungsphase eine Abschattungsmannigfaltigkeit gehört, deren Elemente sich auf alle möglichen kinästhetischen Standpunkte verteilen. Da die Gestalt unverändert ist, so entspricht der Mannigfaltigkeit möglicher Standpunkte die fest zugeordnete Mannigfaltigkeit der Gestaltabschattungen. Diese Mannigfaltigkeit ist von Moment zu Moment der Dingdauer dieselbe. Weiter, in jeder Phase der Dauer hat jede Gestaltabschattung des Systems eine bestimmte zugehörige Färbung. Wir haben also mit der Gestaltmannigfaltigkeit in Deckung die Färbungsmannigfaltigkeit, aber mit der unveränderten Gestaltmannigfaltigkeit in Deckung eine stetig neue Färbungsmannigfaltigkeit. Damit aber Veränderung möglich ist, muß die Bestimmtheit der Färbungsmannigfaltigkeit in jeder Phase eine solche sein, daß sie ihrem allgemeinen Typus nach bis auf die Zeitausbreitung identisch ist mit dem Typus derjenigen Färbungsmannigfaltigkeit, die das hinsichtlich der Färbung ungeänderte Ding haben würde. Erfüllt sie diese Bedingung, dann ist es von selbst gegeben, daß, wenn diese Färbungsmannigfaltigkeit plötzlich konstant bliebe (also so, daß sie wie die Gestaltmannigfaltigkeit bei jeder kinästhetischen Veränderung nur in sich selbst ablaufen würde), daß dann die Veränderung des Dinges zur Unveränderung führen, also die Färbung der Phase zur dauernden Färbung desselben würde. All das ist aber nicht selbstverständlich, sondern ist konstitutiv für die Möglichkeit der Objektivierung von Veränderung. — Noch eins, die zu jeder Veränderungsphase gehörigen Systeme oder Mannigfaltigkeiten von möglichen Gestalt- und Farbenabschattungen haben eine feste zeitliche Ordnung; genauer, das objektive Zeitverhältnis der objektiven Veränderungsphasen schreibt der phänomenologisch zeitlichen Folge der möglichen Wahrnehmungen eine Regel vor. Es ist für jede kinästhetische Lage (also für jede Stellung, die ich einnehme) bestimmt, welche Reihe von Erscheinungen ich haben muß, wenn ich diese Lage festhalte, und wenn ich die kinästhetische Situation ändere, welche Erscheinungsreihe ich haben muß für jede Phase dieser geänderten Situation. Das gilt für die objektive Ruhe wie für die Veränderung, nur daß eben für den Fall der Veränderung die Komplikation eine sehr viel größere ist, sofern die Erscheinungsreihe nun diagonal herausgeschnitten ist aus einer Mannigfaltigkeit von mehreren Dimensionen.

‹16. Kapitel
Die Konstitution der bloßen Bewegung›

‹§ 81. *Fundierung aller Veränderung in Identität*›

Wir gehen nun zu einem zweiten Grundtypus von Veränderung über, zur Bewegung, und zwar zunächst Bewegung ohne qualitative Veränderung und ohne Gestaltveränderung, also ‹zur› bloßen Bewegung.[1] Was wir in der Analyse der Verhältnisses von Veränderung und Unveränderung gefunden haben, nämlich die Erkenntnis der Gesetzmäßigkeit, an die die Abweichungen vom System der Unveränderungsmannigfaltigkeit gebunden sind, wenn jeder Phase der Veränderung ein Typus der Unveränderung soll entsprechen und wenn also jede Phase der dinglichen Veränderung soll zu einer dauernden unveränderten Dinglichkeit extendiert werden können; all das überträgt sich auch auf die Veränderung, die wir Bewegung nennen, sowie auf jede dingliche Veränderungsart.

Auch hier bedeutet Änderung Anderswerden, und das Anders weist zurück auf ein Nichtanders oder, um die doppelte Negation wieder auszugleichen, auf ein Identischverbleiben. Das besagt aber wieder, daß Änderung ihre Norm hat an der Ruhe. Im Ruhen ist das „Objekt" stetig dasselbe, und dem entspricht die bestimmte und beschriebene Artung der konstituierenden Ruhemannigfaltigkeit. Im Sich-Verändern ist das Objekt nicht stetig dasselbe, es ändert sich, und dem entspricht Abweichung von

[1] Vgl. hierzu eine kritische Notiz Husserls; siehe Beilage I (S. 341). — Anm. d. Hrsg.

dem System der Ruhemannigfaltigkeit, und speziell Abweichung von ihr in dem wirklichen oder möglichen Verlauf der Erscheinungen des Gegenstandes. Diese Abweichungen können aber nicht beliebig sein, sie stehen unter der Bedingung, daß jede Phase der Veränderung als Phase einer Ruhe soll fungieren und zu einer dauernden Ruhe soll ausgebreitet werden können. Hinsichtlich der Färbung ist ein diskreter Sprung möglich. Es ist möglich, daß das identische Objekt dauernd die und die objektive Färbung hat und in einem Zeitpunkt dann zu einer neuen überspringt. Die Kontinuität der räumlichen Körperlichkeit, etwa die Identität der sich stetig unverändert erhaltenden körperlichen Form, erhält die durchgehende Einheit. Einheit beruht überall auf Kontinuität der Zeitfülle.

Zunächst im phänomenologischen Gebiet: Ändert sich die Tonintensität diskret, so muß doch in der Konkretion des Tones irgendetwas stetig erhalten bleiben, ändert sich diskret auch die Qualität und so alles überhaupt, dann ist keine Einheit mehr da. Irgendetwas überhaupt muß in Stetigkeit die Einheit durchhalten; irgendwo muß Stetigkeit im Phänomen liegen, sonst haben wir zwei zusammenhanglose Sachen im Nacheinander und nicht eine. Dabei aber stehen sich nicht alle Momente gleich. Haben wir schon einen Ton, dann kann sich seine Intensität stetig ändern. Die Intensität allein aber gibt für Töne keine Einheit. Zwei zeitlich angrenzende diskrete Töne werden nicht zu einer Einheit mittels einer sich durch beide Einheiten stetig abstufenden Intensität. Das gibt gar keinen Sinn. Es ist dann nicht ein Ton da oder sonst ein „Reales" da, das sich ändert, nämlich der Qualität nach springt, während es dasselbe bleibt durch die Intensität. Die Intensität ist eben Intensität der jeweiligen „Qualität", aber nicht die Qualität Qualität der Intensität. Während Qualität stetig sich erhält in der Weise der Unveränderung oder Änderung und dadurch Einheit in der Dauer konstituiert, ist erst das eine da, das als qualitativ jetzt so und dann so Bestimmtes lauter und leiser wird. Doch ist es fraglich, was da Qualität bedeutet.

Etwas Ähnliches finden wir hinsichtlich des Verhältnisses von visueller Qualität [1] und visueller Ausbreitung. Qualität ist hier

[1] Farbe mit ihren Bestimmungen, z.B. der Helligkeit (die zur Farbe wieder analog

kein zureichender Einheitsgrund. Das Letztbegründende für Einheit ist hier die Einheit der Extension. Dieselbe Extension kann stetig oder diskret mit Färbung erfüllt sein. Sie stiftet dauernde Einheit, die Qualität allein nicht. Zwei getrennte Bilder sind nicht stetig eins vermöge einer durchgehenden Färbungsstetigkeit. Das überträgt sich vom Phänomenologischen auf das Objektive der Dinglichkeit. Einheit der Raumgestalt ist das Fundament der Einheit der Färbung und der Einheit in aller Färbungsänderung. Im stetigen Fluß der Bilder sind es immer die Bildextensionen, welche Einheit ermöglichen und durchhalten, und demgemäß ist auch objektiv der Raumkörper das ὑποκείμενον, das Substrat für alle Qualität im spezifischen Sinn, er ist der Träger der Qualität, und zwar so, daß er von ihr überall bedeckt wird; nach allen seinen Stücken und Punkten „trägt" der Körper Qualität, und jeder Punkt hat seine Qualität. Dabei gilt das Gesetz, unter dem alle Füllung eines kontinuierlich Ganzen durch Besonderungen, die zu einem anderen Kontinuum gehören, ‹steht›, daß die Füllung nur an einzelnen Stellen diskret, also nicht überall diskret sein kann. Der Körper kann also wie in der Konstanz so in der Sukzession Diskretionen der Färbung haben, aber nur Diskretionen in einem Medium qualitativer Kontinuität (wobei stetige Gleichheit als Kontinuität gilt).

Gehen wir nun zur Bewegung wieder zurück. Zum Wesen der Bewegung gehört, daß sie kontinuierliche Bewegung ist. Identität des Dinges setzt ja während der Dauer des Dinges stetige Dauer des Substrates, des Körpers voraus. Die Einheit der Körperlichkeit ist Unterlage für die Einheit des Dinges als des qualitativ so bestimmten. Die Einheit setzt aber voraus Stetigkeit in der Körperlichkeit, sei es, daß der Körper absolut unverändert bleibt als Körper, sei es, daß er sich verändert.[1] Er muß sich also stetig verändern. Ist eine Form seiner Veränderung die Bewegung, so ist damit gesagt, daß diese wie jede körperliche Veränderung notwendig eine stetige sein muß.

---

steht wie Intensität zur Tonqualität), befassen wir einheitlich unter dem Titel visuelle Qualität.

[1] Körper = geometrischer Körper.

<§ 82. *Bewegung als Lageveränderung und die zugehörigen kinästhetischen Motivationen*>

Das Charakteristische der Bewegung ist zunächst, daß der Körper verschiedene „Lagen" annimmt, also eine Veränderung durchmacht und doch immerfort dasselbe ist, und nehmen wir sogar qualitative Unveränderung dazu, so bleibt sich das ganze Ding immerfort gleich. Was ist das für eine Gleichheit? Wir können sie so charakterisieren: Von zwei koexistierenden Dingen sagen wir, sie seien völlig gleich bis auf ihre Lage, wenn jedes für sich genommen sich in derselben, d.h. einer völlig gleichen Erscheinungsmannigfaltigkeit konstituiert. Was bleibt dann für Verschiedenheit übrig? Sie kann nur in ihrer kinästhetischen Relation liegen und eventuell in der Relation zu anderen Dingen, d.h. in dem umfassenderen Erscheinungszusammenhang, in dem sich die Gesamtdinglichkeit, die da existiert, konstituiert. Angenommen, es wären nur die zwei Dinge überhaupt auf der Welt, so reichte das schon hin, eins von dem anderen zu unterscheiden. Die entsprechenden Erscheinungen der beiden Dinge haben eine andere kinästhetische Zuordnung und müssen eine andere haben, denn gleiche Erscheinungen, das bedeutet gleiche visuelle Bilder, und zwar völlig gleiche. Das Bild aber ist jeweils nur einmal da, und ist die erste Erscheinung identisch, so ist es jede andere vermöge der vorausgesetzten Gleichheit des Erscheinungszusammenhangs, der zu den gleichen ruhenden Dingen gehört. Die Gleichheit also konstituiert sich so, daß, nachdem einmal das Erscheinungssystem des ersten seine kinästhetische Zuordnung hat, die sich feststellt mit der ersten Auffassung eines Bildes als dieses Dinges da, zu der entsprechend gleichen Erscheinung des anderen Dinges eine andere kinästhetische Indizierung gehört; wir müssen einen gewissen kinästhetischen Weg erst machen, um zu dieser Erscheinung zu kommen, und jedenfalls keinen zyklischen Weg, der auf dieselbe kinästhetische Empfindung zurückführte. Abgesehen aber von der kinästhetischen Indizierung sind die Erscheinungssysteme beiderseits völlig dieselben. Eben das macht aus beiden eine einzige Welt, nämlich eine Einheit der

Koexistenz, daß von dem einen zum anderen ein kinästhetisch motivierter Weg führt (wobei natürlich auch Erscheinungen möglich sind und ihrer Möglichkeit nach durch die Natur der einheitlichen Ruhemannigfaltigkeit auch gefordert, daß beide Dinge sich zugleich auch in einem Feld darstellen können; es ist nichts, was sie dann trennen könnte, es gibt ja kein Zwischending).

Die Folge der verschiedenen kinästhetischen Orientierung der zu beiden verschiedenen Dingen gehörigen Erscheinungssysteme ist auch die verschiedene Orientierung der beiden zu jedem beliebig koexistierenden dritten Ding (*a b c*). Die Festigkeit [1] der Koexistenz zwischen *a* und *c* besteht darin, daß in jeder Zeitphase, in der überhaupt eins oder beide Dinge erscheinen, diese Erscheinungen ihre feste kinästhetische Zuordnung haben, nachdem einmal eine erste Erscheinung ihre kinästhetische Zuordnung empfangen hat. Dasselbe gilt von *a' c* und wieder von *a a'*, es gilt auch von dem Zusammen *a a' c*. Da entsprechende Erscheinungen *a a'* verschiedene kinästhetische Zuordnungen haben, so können sie nicht dieselbe mit irgendeiner der Erscheinungen von *c* haben. Führte derselbe kinästhetische Weg von der *a*-Erscheinung und von der gleichen *a'*-Erscheinung zur *c*-Erscheinung, so führte umgekehrt derselbe von der *c*-Erscheinung zu der *a*-Erscheinung und der gleichen *a'*-Erscheinung, womit gesagt wäre, sie seien dieselbe.

Zwei gleiche Dinge sind „dieselben" bis auf ihre verschiedene Lage. Und ebenso, ein Ding, das sich bewegt, das stetig seine Lage ändert, ist immerfort „dasselbe", mit sich immerfort gleich in jeder Hinsicht mit Ausnahme der Lage. Darin liegt, daß verschiedene Phasen der Veränderung, die wir Bewegung nennen, sich verhalten wie völlig gleiche Dinge, und daß die stetige Veränderung also darin besteht, daß nichts weiter sich ändert als die kinästhetische Zuordnung. Halte ich etwa meinen Körper ruhig, etwa sitzend, und selbst das Auge ruhig, so gehört bei Beginn der Bewegungsstrecke des Dinges das Bild α zu dieser Körperhaltung, also zu dem bestimmten *K*-Komplex. Nun bewegt sich das Ding. Nehmen wir eine Phase der Bewegung heraus, so bietet sie als zu demselben *K* gehörig (ich sitze noch immer), aber <zu>

[1] Vgl. zum folgenden eine kritische Notiz Husserls; siehe Beilage I (S. 341). — Anm. d. Hrsg.

einer anderen Zeit, ein anderes Bild β. Dabei gehört aber dieses β-Bild auch schon zum Ding in der Anfangslage, und schon vor der Bewegung. Aber um zu diesem Bild zu gelangen, müßte ich eine andere Körperhaltung einnehmen: K'. Vermöge der Dingbewegung ist das β aber statt mit K' nun mit K verknüpft. Und ebenso gehört zum Ding in der neuen Lage auch das α, aber das α hat nicht seine Zuordnung zu K, sondern zu einem anderen K, etwa K''. Das geht nun durch und durch. Hierbei liegt, wie schon gesagt, in der Anforderung, daß sich die Bewegung als Lagenveränderung des inhaltlich identischen Dinges konstituieren soll, eine Gesetzmäßigkeit beschlossen, welche die stetige Veränderung im Zuordnungsmodus der kinästhetischen Umstände regelt. Es erscheint nicht nur überhaupt eine Dingdarstellung zugeordnet zu anderen kinästhetischen Umständen als im Fall der unveränderten Lage, vielmehr entspricht jeder Phase eine volle, systematisch geschlossene Ruhemannigfaltigkeit und jeder Phase eine stetig geänderte. Die Zeichnung, die wir letzthin entworfen haben, überträgt sich auch auf diesen Fall. Zugleich aber bringt die Besonderheit des Falles folgendes mit sich: Die zum sich verändernden, und zwar sich bloß bewegenden Ding gehörige aktuelle Erscheinungsreihe ist eine von unendlich vielen möglichen Erscheinungsreihen. Objektiv gesprochen, dieselbe Bewegung kann ich von unzähligen Standpunkten aus ansehen, ich kann unendlich viele Stellungen zu ihr einnehmen. Es sind das die unendlich vielen, aber in sich geschlossenen Möglichkeiten kinästhetischer Umstände, sei es, daß ich diese Stellungen einzeln ruhend eingenommen haben könnte oder daß ich mich während der Anschauung der Bewegung selbst bewege und bewegt haben könnte. Jede solche Erscheinungsreihe besteht aber ausschließlich aus Erscheinungen, wie sie auch zum ruhenden Ding in einer beliebigen Lage gehören, und auch jeder kontinuierliche Zusammenhang der Erscheinungen gehört zum System möglicher Erscheinungszusammenhänge beim ruhenden Ding. Der ganze Unterschied zwischen Ruhe und Veränderung besteht ja in der kinästhetischen Zuordnung. Also, dieselbe Erscheinungsreihe, in der sich Ruhe des Dinges als gegeben darstellt bei einem bestimmten kinästhetischen Verlauf, d.i. bei meiner bestimmten Stellungsänderung zum Ding, stellt Bewegung des Dinges als Gegebenheit her, wenn ‹sich› eine andere kinästhetische Reihe, aber eine völlig bestimmte vollzöge.

Als Möglichkeit liegt darin beschlossen, daß ich die kinästhetischen Umstände so wähle, daß sich das Ding immerfort mit demselben identischen Bild darstellt, die Erscheinung also eine unveränderte ist.

Für diesen Grenzfall haben wir also folgende Gegenüberstellung: Ruht das Ding, so habe ich immerfort dasselbe Bild, wenn ich selbst absolut ruhig bleibe, phänomenologisch gesprochen, bei kinästhetischer Konstanz. Bewegt sich das Ding, so kann ich auch immerfort dasselbe Bild haben, nämlich wenn ich eine Leibesbewegung mache, einen bestimmten kinästhetischen Verlauf inszeniere, stetig dem Bild nachgehend. Wir haben also aufgrund desselben dauernden Bildes das Urteil: Das Ding ruht, wenn kinästhetische Konstanz besteht; wir haben das Urteil: Das Ding bewegt sich, wenn kinästhetische Veränderung statthat. Bei einer sich verändernden Bilderkontinuität ist die Sache nicht so einfach zu beschreiben. Man kann dann nur sagen: Es ist eine wohl charakterisierte kinästhetische Modifikation, der zu dieser Bilderserie gehörige Ruhecharakter. Ist die kinästhetische Reihe eine andere, aber die Bilderserie dieselbe, so ist das, was objektiv statthat, Bewegung. Die Bewegung hört auf, sowie von einem gewissen Bild an die Erscheinung unter solchen kinästhetischen Umständen abläuft, und mit solcher Zuordnung zu diesen, daß eben der Abfluß den Charakter der Ruheerscheinung erhält.

In gewisser Weise haben wir damit allerdings noch nicht die volle Theorie der Urteile über Bewegung und Ruhe erschöpft, sondern nur die Urteile sind in Rechnung gezogen, die sich rein nach der Anschauung von Bewegung und Ruhe richten. Nur von dieser haben wir ja eine Aufklärung versucht.

<§ 83. *Sich Bewegen und Bewegtwerden des Leibes. Grenzen der kinästhetischen Konstitution des Leibkörpers*>

Anschauung von Bewegung kann aber als Ruhe, Anschauung von Ruhe als Bewegung interpretiert werden. Ich erinnere an eine Klasse von sogenannten Sinnestäuschungen. Selbstverständlich liegt die Quelle aller Lagen- und Bewegungstäuschungen in der Identität der Erscheinungsmannigfaltigkeit, die zum Bewegten ebenso wie zum Unbewegten gehört, aber nicht darin allein. Wir haben nicht in Erwägung gezogen die Auffassung der kinästhetischen Verläufe als des „Sich-Bewegens", als Bewegung des Ichleibes, und erst recht nicht die Erscheinungsgruppen, die zum „Bewegtwerden" gehören: „ich fahre im Wagen, etwa im Eisenbahncoupé". Hier entspringen aber neue Probleme und Schwierigkeiten. Was hier nur zu betonen ist, das ist aber dies, daß wir fahrend die Bewegung unseres Leibes und unseres Gefährtes nicht sehen. Wir sehen die Umgebung des Wagens sich bewegend; die Landschaft, die Häuser, Bäume usw. erscheinen immer und notwendig sich bewegend, der Wagen als ruhend. Was unseren Leib anlangt, so sehen wir die sichtbaren Teile desselben entweder ruhend oder relativ zum Wagen bewegt wie, wenn wir, im Coupé sitzend, den Fuß oder die Hand heben u.dgl. Die erste und grundlegende Apperzeption, welche aus den visuellen Inhalten Erscheinungen macht, ist die von uns ausführlich beschriebene. Daß sie zu neuen „Interpretationen", also weiteren Auffassungen die Möglichkeit offen läßt, das ist nachkommend zu erforschen. Das Problem ist, wie kinästhetische Reihen zur Auffassung von Leibesbewegungen kommen, Bewegungen, die Bewegungen sind so gut und im selben Sinn wie irgendwelche anderen; weiter, wie der Beziehungspunkt der Entfernungen zum Ich-Punkt wird, die spezifische Ich-Stelle bezeichnend, die, zum Leib gehörig, die Stellung des Ich im Raum bedeutet; weiter, wie nun dieser Beziehungspunkt mitsamt dem Leib spazierenfahren kann im objektiven Raum und wie nun bei der damit gegebenen kinästhetischen Unveränderung dieselbe Erscheinungsreihe, die, als zur kinästhetischen Unveränderung gehörig, als Bewegung erscheint, die Bedeutung von Ruhe und die Erscheinungsreihe des Wagens, die als Ruhe erscheint, die Bedeutung von Bewegung erhalten kann. Somit volle Umkehr der Interpretation im Gegensatz zur normalen Erscheinung.

Wir haben überhaupt auf den Leib, der doch, sei es auch partiell, auch ein erscheinendes Ding ist, keine Rücksicht genommen, auch abgesehen von den eben bezeichneten Problemen. Wir haben so getan, als ob das Ich ein augenhafter Geist wäre, ein leibloser Geist, der aber im übrigen von den Dingen eben dieselben Erscheinungsreihen hat wie wir, und mit denselben kinästhetischen Empfindungsgruppen.

Der Leib ist zunächst ein Ding wie ein anderes, insofern er (obschon nur in beschränktem Maß) auch sich so konstituieren kann wie ein anderes Ding. Auf die Hand hinblickend, sie mag ruhig auf dem Tisch liegen, können wir die Augen bewegen, wir können den Kopf hin- und herbeugen und auch ein wenig den Oberkörper u.dgl., und das gibt in fest bestimmter Weise immer andere Erscheinungsreihen. Freilich, herumgehen können wir um die Hand und so um unseren eigenen Leib nicht, wir können uns nicht beliebig annähern und entfernen. Immerhin aber genügt das, was wir können, um die gleiche Auffassungsweise aufgrund der gegebenen Darstellungsmittel zu vollziehen und den Leib als körperliches Ding zu sehen; freilich in sonderlicher Weise immer und notwendig im Blickfeldrand sich verlierend und über diesen Rand nie hinaus zu verfolgen. Doch damit kommen wir schon auf die fundamentalen Abnormitäten, die den Leib, obschon er erscheinendes Ding ist, von den übrigen Dingen unterscheiden. Populär gesprochen: Jedes Ding in aller Welt kann mir davonlaufen, nur nicht mein eigener Leib. Ich kann mich in bezug auf einen gesehenen Leibesteil annähern oder entfernen (d.h. die betreffenden Dehnungs- und Wendungsmodifikationen laufen auch hier ab), aber nur in ganz beschränktem Maß: Ich könnte mich gedehnt denken so, daß die Füße schließlich im Unendlichen sich verlören, aber dann wäre mein Leib unendlich und nicht im Unendlichen verschwindend, das ist Null, wie jedes Ding sich durch unendliche Entfernung der Grenze Null annähern kann. Der unendlich ferne Fuß hätte immer noch seine stetige Verbindung mit dem übrigen Leib, mit der Brust usw., die ihre endliche Entfernung vom Ich-Punkt behalten und, sich im Rand des Feldes verlierend, dort immer dieselbe nächste Entfernung haben vom Ich-Zentrum. Die Sachlage ist dabei aber nicht so, wie wenn ich einmal durch Hindernisse nicht an ein Ding heran könnte oder festgebunden mich davon nicht entfernen. Vielmehr hat die Bildmannigfaltigkeit, die zum Leib gehört, eine ausgezeichnete kinästhetische Motivation gegenüber anderen Dingen. Dieselbe kinästhetische Veränderungsreihe, die unter dem Titel etwa Gehen und Laufen, überhaupt Sich-Bewegen sozusagen die ganze Welt in Fluß bringt, und wenn es eine ruhende Welt ist, den Strom der Ruhemannigfaltigkeit abfließen läßt, läßt den Leib hinsichtlich seiner Bilder wenig in Aktion treten und zum Teil gar nicht. Eben damit aber weicht er ab, und zwar so, daß er seinen Abstand von den anderen Dingen, den ruhenden, ändert. Und so muß er als bewegt aufgefaßt werden. Zu den kinästhetischen Umständen, die „Gehen" heißen, gehört Bewegung der Beine nicht nur in Relation zum übrigen Körper, sondern des ganzen sichtbaren Körpers durch Abstandsänderung von anderen Körpern.[1] Freilich ist das keine solche Bewegung wie die eines anderen Dinges. Nämlich es bewegt sich der Ich-Punkt immer mit, bei aller Bewegung entfernt sich das Ich nicht, der Leib bewegt sich, ohne sich zu „entfernen": die Bilder von ihm ändern sich nicht im Sinne der „Entfernung". So also bewegt das Ich sich.

Nun denken wir uns einen bewegten Gegenstand, einen Wagen, und meinen Leib daraufgesetzt. Gehe ich neben ihm, so bewege ich mich und er zusammen mit mir, seine relative Lage zu meinem Leib erhaltend. Setze ich mich darauf, so gehe ich nicht mehr, die Außenwelt bleibt, ‹in› ihrer Erscheinungsweise ungeändert, dieselbe Flucht von Bildern als Ruhe aufgefaßt. Ich sage: Das Pferd „läuft" noch immer, der Wagen bewegt sich noch immer, aber „ich werde bewegt". Ich habe jetzt kinästhetische Umstände der Ruhe, Auffassung des Wagens als Bewegung, noch immer als Bewegung und die Umgebung noch immer als Ruhe. Setze ich mich in den Wagen, so findet nun eine Veränderung statt. Wenn ich die Wahrnehmung eines bewegten Objektes habe derart, daß ich seiner Bewegung nachgehe, so behält das Objekt seine relative Lage zum Ich-Punkt und zu meinem Leib. Der Hintergrund aber ändert sich beständig. Lege ich ein Objekt des Hintergrundes auf das bewegte Objekt, so wird es zum mitbewegten: Indem es die relative Lage zum bewegten beibehält, ist es selbst notwendig in gleicher Weise bewegt. Nun setze ich mich selbst aber in den Wagen. —

Also mein Leib kann in doppelter Weise seine relative Lage zum bewegten fremden Objekt beibehalten: 1) einmal so, daß „ich mich bewege", d.h. es findet ein kinästhetischer Verlauf statt,

[1] Wir haben zweierlei zu unterscheiden: 1) die Art, wie Stücke meines Körpers so wie andere Dinge sich modifizieren unter kinästhetischen Veränderungen und demgemäß als Dinge apperzipiert werden; 2) der Erfolg der Leibesbewegung als Abstandsänderung zu anderen Dingen.

zu ihm gehörig der Abfluß der Bildmannigfaltigkeit der „Außenwelt". Zu dem kinästhetischen Ablauf gehört auch das Bilderkontinuum des Leibes. (Fungiert es nicht in gewisser Hinsicht auch als „Umstand der Wahrnehmung"? Gerade die unklaren Partien: Nase, Schnauzbart; in weiterer Folge das übrige des Körpers, aber in wechselnder Erscheinung: der Körper immer sichtbar). Die kinästhetischen Empfindungen sind konstant verbunden mit „Leibesbewegungen"; hebe ich den Arm, so habe ich die und die Empfindung etc., so auch die bestimmenden Bewegungen des Oberleibes, der Füße etc. Das gibt diesen Bilderzusammenhängen des eigenen Leibes eine spezielle Zugehörigkeit zu den kinästhetischen Empfindungen im Unterschied zu den äußeren Objekten, die immer wieder andere sind. Also fungieren die kinästhetischen Empfindungen einerseits als konstituierende für die Dingerscheinung sowohl anderer Dinge wie des Leibes und andererseits als lokalisierte im Leib. Was liegt in dieser doppelten Auffassung? Jedenfalls: Mein Leib, im großen und ganzen in derselben Erscheinungsweise erscheinend, während die kinästhetischen Verhältnisse sich ändern, bewegt sich „mit mir" ebenso, wie jedes andere Objekt, das bei kinästhetischen Veränderungen immer gleich erscheint, sich bewegt, und bewegt sich „mit mir", da ich dabei eben mich auch bewege.

2) Nun aber das Merkwürdige: Mich mit dem fremden Objekt parallel bewegend, mitlaufend, behalte ich mit ihm das gleiche Lagenverhältnis (wenn eben die beiderseitigen Bilder gleich ablaufen). Und dieses Zusammen-Bewegtsein, Zusammen-die-Lage-Erhalten konstituiert sich mittels der kinästhetischen Umstände, die veränderlich sind. Setze ich mich aber in den Wagen, so „bewege ich mich mit ihm", aber ohne kinästhetische Veränderung. Zunächst, kinästhetische Ruhe verbunden mit Bildruhe motiviert Objektruhe. Hier habe ich kinästhetische Ruhe verbunden mit Bildbewegung der Umgebung und mit Bildruhe des Wagens und meines Leibes. Aber nun gerade heißt es nicht: Umgebung bewegt sich, sondern sie ruht, und nicht: ich ruhe, sondern ich bewege mich (werde bewegt). Sollen wir sagen: Der Wagen übernimmt mit seinen Bewegungszuständen bzw. den entsprechenden phänomenologischen Veränderungen die Funktion der kinästhetischen Empfindung. Denke <ich> mir <mich> mit dem Wagen durch die ganze Welt kutschiert, dann

gilt: so oft ich die Bewegung redressiere, habe ich das alte Weltbild, zu jeder Wagenbewegung eine bestimmte Weltbilderreihe; Umkehr: wieder das alte usw. Überlegen wir: Freilich sehe ich nicht die Unterschiede der Wagenzustände (oder kaum etwas davon). Ist diese Auffassung schon vermittelt durch Wahrnehmung von anderen, die einen Wagen besteigen, sich mit diesem also bewegen in der ruhenden Welt, und nun denke ich mich selbst hinein und interpretiere mich selbst als fahrend (wenn ich den Wagen bestiegen habe) und kehre so die Auffassung, die ich habe, als eine Scheinauffassung um? Ich finde, wenn ich im Wagen bewegt worden bin, nach Ausführung der ,,Bewegung" die alte Welt, ich kann auch zu dem Ausgangspunkt zurückgehen, also kinästhetisch von der früheren zur jetzigen Bilderreihe übergehen und die ganze Bilderkontinuität erzeugen. Korrekterweise müßte ich aber sagen: Die Welt hat sich bewegt, während ich ruhte, und nach der Bewegung ist sie sonst genau dieselbe, wie sie früher war, nur mein Leib (mit dem Gefährt) hat zu ihr eine andere Stellung. Nun ja, genau so, wie ich es wahrnehme: Unter mir weg bewegte sich die Erde, während ich ruhte. Genau dasselbe Endergebnis wäre vorhanden, wenn ich neben dem sich bewegenden Wagen hergelaufen und laufend hierher gekommen wäre; und ebenso für alle Phasen der ,,Scheinbewegung". Die Erscheinungsreihen sind dabei beiderseits genau dieselben, nur an Stelle der kinästhetischen Motivation des Laufens jetzt das Schütteln des Wagens, das Geräusch der rollenden Räder u.dgl., was aber in den verschiedenen Fällen ein verschiedenes ist. Wir müssen aber freilich beachten, daß der Titel kinästhetische Motivation zum Teil auch sehr verschiedene Reihen befaßt, die füreinander vikariierend eintreten können. (Was <eine> gewisse Kopfbewegung leistet, das leistet eventuell eine gewisse Bewegung des Oberkörpers usw.) Schließen wir also die Fälle aus, wo, wie im Luftballon, keine Reihen motivierender Umstände sichtlich und sonstwie sinnlich merklich sind (abgesehen vom indirekten Wissen), so können wir sagen: Die Funktion, die normalerweise die kinästhetischen Umstände (d.h. die von uns bisher so betitelten Empfindungskomplexionen) spielen, spielen jetzt andere Umstände, aber wohl nicht direkt, sondern dadurch, daß sie als vikariierende für die normalen aufgefaßt werden. Wenn ich den Wagen besteige und er ,,rollt nun", ,,schüttelt mich" u.dgl., so tritt der Erscheinungsreihe und dem Endresultat nach genau das ein, wie wenn ich mich zum Endort bewegte und alles ruhte. Dies ergibt wieder den allgemeinen Charakter der Ruhemannigfaltigkeit. Nämlich, dieselbe Dinglichkeit stellt sich im selben vollständigen System von Erscheinungen dar, und zwar so, daß zu gleichen Umständen gleiche Erscheinungen gehören. Ob ich mich dahin oder dorthin bewege, oder ob mein Wagen mich dahin oder dorthin fährt, immer habe ich bestimmte Erscheinungen und bei Rückkehr in die alten Umstände die gleichen (Umkehr des Wagens sowie Umkehr des Körpers und Zurücklaufen).

Also zur Konstitution des Raumes gehört es, daß unter gleichen Umständen im Fall der Ruhe dasselbe erscheint, unter gleichen Umständen, wozu immer der eigene Körper in gewisser Erscheinung gehört, außerdem gewisse Gruppen von Bewegungsempfindungen, von Druck-, Tastempfindungen usw. oder auch Gehörsempfindungen (Rollen des Wagens etc.). Damit konstituiert sich äußere Dinglichkeit. Auch auf die eigenen Körpererscheinungen wird dieses Erzeugungsprinzip wirksam, und wie andere Dinge „bewegt" sind, wenn sie bei kinästhetischer Veränderung erscheinungsmäßig unverändert bleiben, so wird auch der Körper als bewegt interpretiert. Und er wird es auch, wenn an Stelle der kinästhetischen Veränderungen vikariierende Veränderungen eintreten, die ebenfalls Ruhe und Bewegung in gleichem Typus konstituieren können.

Eine wichtige Ergänzung tritt hinzu durch die indirekten Auffassungsweisen aufgrund des Wechselverkehrs, des Spiegels etc. Ich kann mich nicht so bewegt sehen wie andere Körper, nämlich so, daß ich kinästhetische Ruhe halte und mein Körper bewegt erscheint. Mein Körper kann mir nicht davonlaufen, sich von mir wegbewegen, von mir, dem „Ruhenden" (keine Bewegungsempfindung etc.). Ich kann auch nicht sehen, daß ich mit dem Wagen bewegt werde so, wie ich einen anderen sehen kann, nämlich so, daß ich bei unbewegter Hintergrundlandschaft und während ich selbst kinästhetische Ruhe halte, die Bewegung sehe. Also es fehlen da gewisse Wahrnehmungsmöglichkeiten, die für jedes andere Ding bestehen. Dagegen kann ich mich in den anderen einfühlen und seine Aussagen mit meinen in Beziehung setzen oder meine mit seinen, seine Aussagen über seine Bewegungserscheinungen und meine Aussagen darüber, daß ich und wie ich ihn sich bewegend und bewegt werdend finde. —

‹SCHLUSSBETRACHTUNG›

‹§ 84. *Reale Existenz und reale Möglichkeit*›

Zum Wesen[1] von Dinglichkeit überhaupt gehört es, identische intentionale Einheit zu sein, die sich in einer gewissen wirklichen oder möglichen Erscheinungsmannigfaltigkeit „konstituiert", sich ihrem Sein und jeweiligen Sosein nach im geregelten und jeweils motivierten Erscheinungszusammenhang ausweist. Der Zusammenhang ist aber ein Zusammenhang zusammenstimmender, sich ineinander erfüllender Erscheinungen, die von einem durchgehenden Glaubensbewußtsein oder, wenn man lieber will, Setzungs-, Seinsbewußtsein getragen sind. Wie dieses Setzungsbewußtsein zu den bloßen Erscheinungen steht, das bedürfte tiefergehender Untersuchungen.

Wir wissen davon aus früheren Andeutungen soviel, daß der Charakter aktueller Setzung zwar einzelnen Erscheinungen mangeln kann, daß aber mit der Motivation, die die jeweiligen gesamten Erscheinungen zu Erscheinungen unter den gegebenen Umständen macht, Grundsetzungen bestimmt sind, die die Voraussetzungen abgeben für die Möglichkeit von Widerstreit und damit für die Aufhebung von Setzungen in Form der sogenannten „Verwerfung", des „Nichtigkeitsbewußtseins", oder für das ungeschlichtete Schwanken zwischen zwei oder mehreren, auf widerstreitende Erscheinungen bezogenen Glaubensneigungen bzw. für modifizierte Setzungen und Verwerfung, für Übergang von dem „ist" zum „ist nicht", vom Seinsbewußtsein zum Nichtigkeitsbewußtsein, wobei aber für keines „Entschiedenheit" oder „Gewißheit" besteht, so daß eben jedes einen gewissen Charakter der Modifikation in sich aufweist.

Das Nicht tritt auf mit jeder Enttäuschung, aber es kann seine

[1] Datum am Rand „3.8.07". Schlußvorlesung. — Anm. d. Hrsg.

Auflösung finden in Form der Andersbestimmung und in Form der Veränderung. Das Ding ist, aber nicht so, wie es aufgefaßt war; das Ding ist, aber es ist nicht identisch im Sinne der Ruhe, der qualitativen und lokalen, es ist nicht absolut identisch, sondern nur identisch in beständigem Anderswerden, in der Veränderung. Im Fall der Andersbestimmung fügt sich diese neue Bestimmung als Ersatz für die aufgehobene der ursprünglichen Auffassung, der festgehaltenen und einstimmig festzuhaltenden Dingeinheit ein: Es ist das Ding, und immer noch dasselbe Ding, nur anders, als die bisherige Apperzeption es vor der wirklichen Gegebenheit der betreffenden Bestimmung ansetzte. Die gesetzmäßige Mannigfaltigkeit des erfüllenden Wahrnehmungszusammenhangs, der die Entfaltung der Dinggegebenheit herstellt oder herstellen würde, bleibt im großen und ganzen dieselbe, nur ein durch gewisse Erscheinungen hindurchgehender Zug wird korrigiert oder durch die Korrektion der Auffassung antizipatorisch betroffen. Ist die Farbe z.B. an einer gewissen Oberflächenstelle eine andere, als sie in der ersten Auffassung angenommen war, so betrifft die Korrektur nur all die Bilder, die diesen Teil der Oberfläche zur Darstellung bringen, und sie betrifft dabei eben nur die Darstellung der Farbe und nicht die der Gestalt dieser Objektseite, geschweige denn die Bildmannigfaltigkeit, die zu dem Übrigen des Dinges gehört.

Handelt es sich um Veränderung, so ist das Anderssein von Moment zu Moment ein gesetzlich bestimmtes und begründet in sich eine durchgehende Einheit, die Einheit des Dinges in der Veränderung. Das Ding ist von Moment zu Moment ein anderes, aber es ist immerfort dasselbe im Sich-Verändern; die konstituierenden Wahrnehmungsreihen sind, unbeschadet dem durch jede Phase hindurchgehenden Andersbewußtsein, doch einstimmig; sie sind getragen von dem durchgehenden Einheitsbewußtsein der Erfüllung, sofern eben die Intention sich auf das stetige Anders einstellt und sich erfüllt, wo die Form der Abweichungen der Darstellungen von derjenigen, die der inhaltlichen Identität entspricht, einem allgemeinen und gesetzmäßigen Typus sich einfügt, der eben durch diese Gesetzmäßigkeit stetige Erfüllung ermöglicht und damit Konstitution einer durchgehenden Einheit.

Ganz anders als mit dem Anderssein und Geändertsein steht es mit dem Nichtsein. Dazu gehört offenbar, daß Erscheinungen auftreten, die sich der Gesetzmäßigkeit des anderweitig gesetzten Seins und in fester Gewißheit gesetzten Seins nicht fügen oder, was dasselbe, die von sich aus auf eine Erscheinungsreihe und Erscheinungszusammenhänge hinweisen, die in die aktuell ablaufende Erscheinungsreihe und in den aktuell umfassenden Erscheinungszusammenhang nicht einstimmig einmünden und insgesamt nicht eine einzige einstimmige Einheit eines Dingzusammenhanges ermöglichen; so z.B. ein Bildfiktum. An der Wand hängt ein Bild. Es erscheint, und zwar in der Weise der Wahrnehmung, eine Landschaft, die sich zwar setzt in die Einheit der Wand; die Wand ist aber durchgehend, und nicht durchbrochene Wand. Als das wird sie aufgefaßt und in Gewißheitsweise gesetzt. Eben damit aber wird die Landschaft, so sehr sie wahrnehmungsmäßig erscheint, zum Fiktum, zum Nichtseienden herabgesetzt. Die Erscheinungsreihe, in der sich die Wand, das Zimmer, das physische Ding „an der Wand hängendes Bild" auseinanderlegt und als Gegebenheit konstituiert, bestätigt die erste Gewißheit in fortlaufender erfüllender Gewißheit, und so ist das Zimmer, die Wand, das physische Bild-Ding. Die erfüllende Gewißheit ist zugleich präsumptive Gewißheit für die weiteren möglichen Wahrnehmungsreihen, die zu diesem Sein gehören. Derselbe aktuelle Gewißheitszusammenhang ist zugleich ein ständiger Enttäuschungs- und Widerstreitszusammenhang hinsichtlich des Fiktums, das sich eben damit als Fiktum herausstellt, daß es sich mit Wand und Zimmer in eine einstimmige Dinglichkeit nicht finden will.

Wenn so Nichtsein, wie schon die Ausdrucksweise andeuten könnte, sein Maß im Sein hat und wenn nur der Widerstreit gegen vorgegebenes Sein Prätention als bloße Prätention ermöglicht, die ihres Anspruchs verlustig geht und ihr prätendiertes Sein als Fiktum herausstellt, so möchte man sagen: daß absolut nichts sei, daß alles und jedes erscheinende Sein bloße Fiktion, also Einbildung, Halluzination, Traum sei, ist ein Widersinn.

Das ist zweifellos richtig. Aber wir müssen doch vorsichtig sein. Gewiß, ohne Sein kein Nichtsein. Aber kann man Sein auch als dingliches Sein, wie es bisher doch gefaßt war, interpretieren und sagen: Ohne dingliches Sein kein dingliches Nichtsein, ohne „Realität" keine Irrealität? Wir leugnen nicht, das jede Irrealität sich als solche durch den Widerstreit herausstellt, der die ihr zugehörige Glaubensneigung zerschellen läßt an dem sicheren Glauben, in dem das Sein als seiend gesetzt ist. Aber ist das eine notwendige Sachlage? *De facto* laufen die Erscheinungszusammenhänge so ab, daß durchgehende Erfüllungseinheiten Dinglichkeiten, die intentional gesetzt sind, als immerfort seiend und gewesen seiend festzuhalten gestatten. Es schieben nun sich Erscheinungsreihen dazwischen, deren intentionale Ansätze sich den übrigen und in sich einstimmigen Erscheinungsreihen nicht einfügen. Auf einem breiten Hintergrund von fortgeltenden Realitäten, von geglaubten, in der Weise der Gewißheit gesetzten und immerfort bestätigten, heben sich die anomalen Erscheinungen ab, Fikta konstituierend, die eventuell im Glauben gesetzt, aber im Glauben nicht festzuhalten sind, sofern im Fortgang der Erfahrung ihr Glauben zerschellt, in Nichtglauben übergehen muß.

Aber muß das so sein? Kann nicht alle Wahrnehmung schließlich Realitätsillusion sein? Könnte es nicht sein, daß von einem Zeitmoment ab jedwede einstimmige Erfüllung aufhört und die Erscheinungsreihen so ineinanderlaufen, daß jede gesetzte Einheit schließlich sich nicht durchhalten läßt, sei es auch nur so, daß sie sich streckenweise als seiend bestätigt, aber endlich sich doch wieder aufhebt? Oder daß gar jede Erfüllung überhaupt aufhört und sich der ganze Erscheinungsfluß auflöst in ein bloßes Gewühl von sinnlosen Empfindungen? Denn es ist ja klar, daß dann notwendig auch die Auffassungen sich auflösen müßten.

Wir können darauf nur sagen, es sei gar nicht abzusehen, wie eine absolute Notwendigkeit dafür, daß es eine Welt soll geben müssen, *nota bene* eine reale Welt als eine Dingwelt, <aufgezeigt werden kann.>

Natürlich, daß es Nichts nicht geben kann, das ist selbstverständlich. Aber ein bloßes „Gewühl von Empfindungen", ein Durcheinander, das in der prä<empirischen> Zeitfolge so unvernünftig aufeinander folgt, daß keine Dingauffassung sich darin erhalten und durchhalten kann, ein bloßes Empfindungsgewühl, sage ich, ist ja nicht ein absolutes Nichts, es ist nur nichts, was eine dingliche Welt in sich konstituiert. Warum muß aber eine Welt existieren und existieren müssen <sic!>? Ich sehe in der Tat nicht ein, daß sie das müßte. Das betrifft die Welt im weitesten Sinn, einschließlich das Ich als Persönlichkeit und andere Ich. Denn man darf ja nicht glauben, daß nur die physische Welt davon betroffen wäre und nicht die psychischen Realitäten. Offenbar hat auch die Einheit der Persönlichkeit, die Einheit der individuellen Seele, die Seele ist des individuellen Leibes, ihre Erscheinungsgesetzlichkeit und konstituiert sich als Einheit in der Mannigfaltigkeit. Aber müssen Mannigfaltigkeiten dieser Art sein, müssen die zugehörigen Erscheinungen als Data genommen, so und so gesetzmäßig ablaufen? So kommen wir auf die Möglichkeit eines phänomenologischen Gewühls als einziges und letztes Sein, aber eines so sinnlosen Gewühls, daß es kein Ich gibt und kein Du gibt und daß es keine physische Welt gibt, kurz, keine Realität im prägnanten Sinn. Und wieder denkt sich das weiter so fort:

Es mag sein, daß Einheit sich im Rohen und Groben ansetzen und durchsetzen läßt; aber nicht im Genauen und Feineren. Es bestehen grobe Regelmäßigkeiten, die als ungefähre Ordnungen in dem Zusammenhang der sukzedierenden Phänomene der Erwartung eine Regel geben und ganz im Sinne der Gesetzmäßigkeiten, die zur Konstitution von Dingeinheit in ihren verschiedenen Stufen gehören. Nur daß es eben nicht strenge Gesetzmäßigkeiten sind oder nicht als solche je durchzuhalten sind, so daß man an die Dinge keine outrierten Forderungen stellen dürfte. Sie bestånden so *taliter qualiter*, aber über die groben Hauptlinien hinausgehend, stießen wir auf Zufälle und Widersprüche. Die Widersprüche wären Widersprüche vom Standpunkt des absolut identischen, also auf absolut feste Gesetzmäßigkeit abgestimmten Dinges, bzw. wenn die Einheitsprätentionen ganz ernst und streng genommen würden. Sie wären zufälliges Anders- und Immer-wieder-anders-Sein, wenn man die Dingidee als strenge aufgäbe. Offenbar wäre auch nicht ausgeschlossen, daß allmählich Regelmäßigkeit in Regellosigkeit überginge und sich die angesetzten Dingeinheiten wieder auflösten: in eine schöne Erinnerung und Phantasie, die sich nicht festhalten ließe.

Alles in allem, die Welt ist ihrer Existenz und ihrem Sosein nach ein irrationales Faktum,[1] und ihre Faktizität liegt einzig

[1] Oder die Rationalität, die im wirklichen und möglichen Erscheinungszusammenhang liegt und die festhaltende Ding- und Welteinheit möglich macht, diese Rationalität wäre ein irrationales Faktum.

und allein in der Festigkeit der Motivationszusammenhänge, die all die erwogenen Möglichkeiten als wüste Möglichkeiten erscheinen lassen, als grundlose, aus der Luft gegriffene Möglichkeiten; während die Existenz einer Welt, in der sich nicht nur überhaupt vereinzelte Realitäten zusammenfinden, sondern zu der schließlich alles und jedes, was als Datum auftritt, seinen Beitrag leistet, die einzig vernünftige Möglichkeit ist, diejenige, die zwar nicht *a priori* vorgegeben, aber *a posteriori* begründet ist. Das soll nicht sagen, daß die Welt als existierend angenommen werde vermöge einer Hypothese; die Dinge, Personen, das eigene Ich, all das wird ja wahrgenommen. Jedes wahrgenommene Reale (dingliches Reales) kann vielleicht nicht sein, und somit kann prinzipiell alles in Wahrnehmung und ebenso in Erinnerung gesetzte Dingliche vielleicht nicht sein, also möglicherweise nichts Reales sein. Aber jede Wahrnehmung ist eine Vernunftsetzung von etwas, was möglicherweise nicht ist, eine begründende Setzung, und das gilt auch von der durch Widerstreit aufgehobenen. Jede Wahrnehmungsauffassung ist motiviert, und in dieser Motivation hat sie ihr Recht, Sein sozusagen zu proklamieren. Aber freilich, diese Vernunftsetzung in der Wahrnehmung ist keine absolute Setzung; sie gleicht einer Kraft, die durch starke Gegenkräfte überwogen werden kann. Erfahrung ist die Kraft, welche die Existenz der Welt verbürgt, und Erfahrung ist eine Kraft, die stetig aus sich neue Kraft schöpft und sich immerfort integriert. Jede Wahrnehmung, schon indem sie dauert, integriert ihre Kraft, und im Wahrnehmungszusammenhang verstärkt sich jede mit jeder, allen Erfüllungsreihen entsprechend, die in mannigfaltiger Verschlingung die verschiedenen Seiten und Strahlen der Wahrnehmungen einheitlich zusammenstimmig verflechten. Die seinsgründende Kraft wächst im Fortgang der Erfahrung, in ihrer fortschreitenden Rationalisierung in Form der Erfahrungswissenschaft, die jeder Ausnahme wieder eine Einordnung in eine Regel verschafft, jedem Nichtsein einen Schein zuordnet, der zu einem Sein gehört. So wächst die Kraft der Welt konstituierenden Erfahrung zu solcher überwältigenden Gewalt (und diese Gewalt ist eine Vernunftgewalt), daß die Möglichkeiten, die auf das Nichtsein einer sich im Erscheinungszusammenhang streng gesetzlich-einheitlich konstituierenden und sich immer vollkommener bestimmenden realen Welt gehen, eben zu leeren, nicht sinnlosen, aber unvernünftigen, grundlosen Möglichkeiten werden. So habe ich die Sachlage immer angesehen, und ich finde in den bisher geführten Untersuchungen kein Motiv, daran etwas zu ändern. Doch will ich damit keine ewige Wahrheit proklamiert und Sie in dieser Hinsicht nur zum Selbstdenken und zur Behutsamkeit gemahnt haben.

Vielleicht werde ich schließlich noch folgende Gedankenreihe anknüpfen. Das Ding konstituiert sich in einer gewissen wirklichen oder möglichen Erscheinungsmannigfaltigkeit. Was heißt das: Ein Ding ist, ist aber nicht gegeben? Es kann nur heißen, daß innerhalb der Mannigfaltigkeit aktueller Erscheinungen das Ding seine Darstellung nicht findet, sofern es etwa außerhalb des jeweiligen Blickfeldes ist, sofern es verdeckt ist u.dgl. Mit anderen Worten, im motivierten Übergang von Feld zu Feld, im Prozeß motivierter Bilderfolgen und Bilderabwandlungen ist sein Bild, seine Darstellung zu erreichen, ist es also wahrnehmbar. Im Motivationszusammenhang wirklicher und möglicher Wahrnehmungen, welche zur Einheit der Erfahrung wesentlich gehören, findet sich auch das System möglicher Wahrnehmungen, in dem sich das fragliche Ding konstituiert, mit dessen Ablauf es also zur Gegebenheit käme. Die Wirklichkeit des nicht gegebenen Dinges reduziert sich also auf Möglichkeiten. Diese Möglichkeiten sind aber nicht leere Denkbarkeiten, sondern es sind durch Motivation begründete Möglichkeiten. Aktuelle Erscheinung „weist hin" auf die und die mögliche Erscheinung, und aktuelle Wahrnehmung im einstimmigen Wahrnehmungszusammenhang weist auf die und die möglichen, zum verlaufenden Wahrnehmungszusammenhang stimmenden Wahrnehmungen hin, eben auf diejenigen, die aktuell eintretend, den bisherigen Wahrnehmungsverlauf erfüllend bestätigen und das damit gesetzte Sein durchhalten würden.

Jede Phantasie hat den Wert einer Möglichkeit, und sie verbürgt Wahrnehmungsmöglichkeit. Aber diese Wahrnehmungsmöglichkeit ist zunächst grundlose Möglichkeit. Ganz anders als mit diesen phantastischen, unbegründeten Möglichkeiten steht es mit den „realen", den begründeten Möglichkeiten, wie solche in jeder Wahrnehmung impliziert sind. Die jeweils auftretenden Erscheinungen sind Erscheinungen unter motivierenden Umständen. Damit ist aber ein funktionelles Verhältnis angesetzt.

Wir können etwa so formulieren: Wenn die Erscheinung *E* unter den Umständen *K* eintritt, dann „gehört" zu dem *K*-Verlauf $K \frown K'$ ein Erscheinungsverlauf *EE'*, zu einem anderen Verlauf $K \frown K''$ ein Erscheinungsverlauf *EE''* usw. Das heißt, an sich ist jede Erscheinung mit jederlei Umständen K_μ verträglich, und insofern in Einheit mit jederlei K_μ möglich. Gesetzt aber, es sei nun eine dieser Möglichkeiten realisiert, es sei die Erscheinung *E* wirklich mit den Umständen *K* gegeben, dann ist, da sie Erscheinung unter den Umständen *K* ist, funktionell motiviert, ‹daß› die Erscheinungsreihe *EE'*, im Fall *KK'* ablaufen würde, die Erscheinungsreihe *EE''* im Fall *KK''* ablaufen würde usw. Ist also die bestimmte Einheit *EK* als wirklich angesetzt (oder angesetzt gedacht), dann ist nicht mehr jede beliebige weitere Verbindung zwischen Erscheinungen und Umständen „möglich", sondern es „gehört" zu der Ansetzung der Wirklichkeit der Umstände *K'* dann gerade *E'* usw. Da tritt also eine neue Möglichkeit auf, eine reale Möglichkeit, die begrenzte, funktionell motivierte Möglichkeit ist.

Die Annahme, eine Möglichkeit sei verwirklicht, fordert nicht Verwirklichung anderer Möglichkeiten, sondern vollzieht im Reich der Möglichkeiten als phantastischer Möglichkeiten eine gewisse Auswahl und bestimmt „reale Möglichkeiten". Die Assoziation, es trete *E* unter den Umständen *K* auf, begründet nicht das Auftreten von *E'* unter den Umständen *K'*, sondern die reale Möglichkeit dieses Auftretens. Nämlich diese Assoziation begründet, daß, wenn die weitere Assoziation gemacht wird, daß *K* in *K'* übergeht, daß dann die Erscheinung *E'* auftreten müßte, indem *E* in *E'* übergehen müßte. Dieses „müßte" ist kein absolutes „muß". Aber es ist ein „muß" im empirischen Sinn, im Sinn empirischer Motivation. Jede reale Möglichkeit ist Möglichkeit unter Assoziation einer Wirklichkeit, das heißt hier, unter Assoziation der aktuellen Wirklichkeit der und der Erscheinungen. Und sie ist unter dieser Assoziation immer noch Möglichkeit, sofern sie auf eine Kompossibilität hinweist, auf eine weitere Assoziation, die sich auf motivierende Umstände bezieht, deren Assoziation dann die Wirklichkeit des als real möglich Bezeichneten empirisch motivieren würde.

Dies geht dann weiter. Haben wir schon eine reale Möglichkeit, also eine Möglichkeit unter solchen Assoziationen, dann kann wiederum diese Möglichkeit anderen Möglichkeiten eine Regel vorschreiben derart, wie sie hypothetische Sätze der Form aussprechen: Wenn *x* real möglich ist, dann ist auch *y* möglich. Und wieder: Unter Assoziation, es sei *x* eine reale Möglichkeit, so wird davon abhängig auch *y* zur realen Möglichkeit derart, daß die Realisierung von *x* allererst *y* zur motivierten Möglichkeit macht. Wir haben es hier überall zu tun mit derart abhängigen Möglichkeiten, die Wahrnehmungsmöglichkeiten nicht an und für sich sind in der Weise phantastischer Möglichkeiten, bloßer Möglichkeiten überhaupt, sondern von gesetzten Wirklichkeiten abhängige Möglichkeiten, durch sie motiviert und durch assumtive Realisierung ergänzender Umstände in motivierte Wirklichkeiten übergehend. Und das ist es, was gemeint ist, wo reale Existenz in Beziehung gesetzt wird zu einem System von Wahrnehmungsmöglichkeiten.

BEILAGE I

<*Kritische Bemerkungen Husserls zu Gedankengang und Ablauf der Vorlesungen, zusammengestellt v. Hrsg.*> [1]

ad **13**, 10: *Nota bene* also schon 1907, aber wohl schon viel früher.

ad **13**, 15–25: Nein! Das ganze weitere Verfahren besteht gerade darin; *cf*. schon die Verbesserung in der nächsten Vorlesung 11 <= **19**, 4 ff.>

ad **21**: *Nota*. Unmittelbar vor Beginn der Vorlesung bin ich dessen inne geworden, daß die geltend gemachte Unterscheidung in eine Doppelunterscheidung zerfallen müsse in Rücksicht nämlich auf meine Erkenntnis der Transzendenz in der Immanenz, die ich unter dem Titel der „phänomenologischen Substanz" evident gegebener Zeitpunkte etc. in meiner Vorlesung des letzten Semesters[2] geltend gemacht habe. Ich habe daher die Vorlesung anders gehalten, als niedergeschrieben wurde und wohl ziemlich korrekt unterschieden zweierlei Unterschiede:

1) Der Unterschied der adäquaten und nicht adäquaten Wahrnehmung oder, was dasselbe, der absolut gebenden und nicht gebenden Wahrnehmung;

2) Unterschied zwischen selbststellender und darstellender Wahrnehmung.

Jede selbststellende Wahrnehmung ist absolut gebend, aber nicht jede absolut gebende selbststellend; wenigstens habe ich in der Stunde die Möglichkeit offen gelassen, daß darstellende Wahrnehmungen selbststellend sind (und das sind sie z.B. bei Phantomen).

Im ganzen habe ich nach dem Blatt 12 <a> <= **21**, 10 – **23**, 22> vorgetragen, aber unter passenden Änderungen. Ich ging aus von den „Erlebnissen in der phänomenologischen Reduktion"; sie seien zweifellos oder absolut und reell gegeben.

Was heißt absolut? Zweifellosigkeit der absoluten Gegebenheit;

---

[1] Wohl 1907–1909. — Anm. d. Hrsg.

[2] Es handelt sich um die Vorlesung *Einleitung in die Logik und Erkenntnistheorie*, die Husserl im Wintersemester 1906/07 in Göttingen gehalten hat. — Anm. d. Hrsg.

leibhaft gegeben sein und im Bewußtsein zweifelloser Wirklichkeit. Zweifellosigkeit allerdings ein negatives Kriterium: absoluter Seinscharakter; absolut gegeben = adäquat.

Andererseits, was heißt reell? Die reelle Gegebenheit *eo ipso* absolut, aber begrifflich von ihr zu unterscheiden. Sie macht den Charakter der Selbststellung aus gegenüber der Darstellung. Im Inhalt der Wahrnehmung als Teil, „reelle Verhältnisse" der Gegenstände, d.h., wie es auf der anderen Seite angedeutet ist, Möglichkeit der partialen Identifikation. Solche partiale Identifikation ist aber vielleicht nicht bei jeder absolut selbstgebenden Wahrnehmung möglich (so bei den phänomenologisch gegebenen Transzendenzen). Also selbststellend und darstellend (Darstellung vom Gegenstand, der dargestellt ist, verschieden; keine partiale Identifikation).

ad **23**, 9–10: Nein! leibhaft = impressional; das gibt hier keinen Sinn.

ad **28**, 4–20: Das reicht aber nicht aus. Wir müssen von vornherein die Synthese des kontinuierlichen Einheitsbewußtseins annehmen, auf die allein die evidente Identifikation bezogen ist.

Das habe ich auch später selbst gesehen. *Cf.* 101 <= **154**, 23 ff.>

ad **29**, 27 ff.: Besseres *cf.* 57 f. <= **92**, 20 ff.>

ad **30**, 9: Zwei Wahrnehmungen „gleichzeitig", zwei Wahrnehmungen „nacheinander": da ist vieles zu berücksichtigen.

ad **30**, 24: Probleme der Evidenzen über Wahrnehmung und Wahrgenommenes. Hingestellt, aber nicht wirklich gelöst; bis 22 <=**41**, 11> zugleich Probleme der Explikation.

ad **31**, 36 ff.: Entweder wir beziehen uns auf eine kontinuierliche Synthese, dann sehen wir die Identität der „gegenständlichen Beziehung" — oder wir halten uns an die identifizierende „Meinung".

Aber da sage ich jetzt, daß jede Wahrnehmung mit jeder in dieser Weise identifiziert werden kann, die mit ihr nur nicht gleichzeitig ist und zu demselben Bewußtsein gehört (denn wo Einfühlung im Spiel ist, da ist auch das noch zu identifizieren).

ad **37**, 6 ff.: Allenfalls lesenswert!

ad **51**, 10 ff.: Nicht benutzt. Die folgende Lehre von der wesentlichen Inadäquatheit der Dingwahrnehmung, sofern sie nur einseitige sein könnte, ist neu zu erwägen aufgrund der späteren Raumanalyse, die wohl dagegen spricht.

ad **52**, 20 ff.: Neu überlegen; zweifelhaft!

ad **61**, 6: Das wurde aber leider nicht scharf betont.

ad **63**, 12: *Cf.* über Inhalt: die parallelen Rauminhalte und die Note am Rand 37 <= **67**, 8 ff.>[1]

ad **67**, 22: Ad 34b <= **63**, 7 ff.> Auszuführen (schon bei der Zeit): Parallele der Raumerfüllung und Zeiterfüllung. Der Ton als Zeitfülle (Dauer des Tones); er materialisiert sie gewissermaßen. Hier haben wir aber keine anhängenden Bestimmtheiten? Oder sollen wir ideale Korrelate der Akte heranziehen?

[1] Die genannte Note ist hier als übernächste wiedergegeben. — Anm. d. Hrsg.

ad **69**, 14–16: Kontinuum der physischen Daten — Kontinuum der Auffassung. Wie stehen diese zueinander?

ad **69**, 37: Was die Unterscheidung zwischen materialisierenden und anhängenden Bestimmungen anlangt, so entspricht ihr offenbar eine Unterscheidung in der präphänomenalen Sphäre. Nämlich nur gewisse physische Data haben im primären und eigentlichen Sinn eine prä<empirische> Ausbreitung wie prä<empirische> Farbe, Rauhigkeit etc. Nur gewisse physische Data sind also durch ihr immanentes Wesen befähigt zur Konstitution von Dinglichkeit im primären Sinn, die Ausbreitung ist Inhalt für die Konstitution der Raumform, die Fülle für die Konstitution der *materia prima*. Andere prä<empirische> Data wie Ton sind ihrem Wesen nach nur auffaßbar in Form anhängender Bestimmtheiten.

ad **70**, 2 ff.: Der Ausdruck Materialisierung ist unbrauchbar, da wir hier genau besehen nur das Ding nach seiner untersten Schicht (Phantom) aufbauen.

ad **78**, 11 ff.: Später wird „Seite" noch in einem anderen Sinn gebraucht, als Erscheinung selbst, und die Seite des Dinges in der Weise, „wie" sie erscheint. Aber schon früher p. <**49**, 19 ff.> ist der andere Begriff der Erscheinung, der ontische, gebraucht. Seite kann man nicht sagen; Schicht.

ad **78**, 19 ff.: Paßt das nicht noch besser auf die „Seite" als Erscheinung selbst?

ad **92**, 33: Während der Vorlesung korrigierte ich überall das Versehen, als ob die Vorderseite immer bestimmt und nur die Rückseite eventuell unbestimmt vorgestellt würde, wie das ja schon in einer früheren Vorlesung richtig dargestellt war.

ad **102**, 36 ff.: Das Folgende unbefriedigend. Es sollte von den „Intentionen" = Hinweisen abgesehen und zunächst der Bau der Einheit von Auffassungen studiert werden, und da kommen nur die Vorkommnisse der näheren Bestimmung, Bereicherung und der Veranschaulichung in Betracht.

ad **124**, 10 ff.: Ursprünglich war der Sinn dieser Darstellung der, daß keine Maximalpunkte aufgenommen wurden, bloß Steigerungen in den Erscheinungen.

ad **124**, 14 ff.: Hauptsache besser wiederholt Anfang der nächsten Vorlesung.

ad **133**, 28 — **134**, 37: Nicht gelesen; vgl. neue Vorlesung.

ad **139**, 9 ff.: Das Kolleg ist durch Einwände H o f m a n n s bestimmt. *Cf.* 93 <= **144**>

ad **142**, 25: „Einseitige" Wahrnehmung wohl besser als „einfältige".

ad **145**, 9: Es ist zu beachten, daß das Wort Darstellung immer im strengen Sinn genommen, also Darstellung nicht mit Auffassung überh. vermengt wird. Dargestellt ist nur das eigentlich Erscheinende, nicht dargestellt, aber vorgestellt ist das „uneigentlich" Erscheinende.

ad **146**, 12: Ungenau.

ad **149**, 12: Dem Unterschied zwischen eigentlicher und uneigentlicher Erscheinung muß in den vorstehenden Blättern besser Rechnung getragen werden.

ad **160**, 3 ff.: Schon früher ausgeführt.

ad **160**, 16: Darstellung im engeren Sinn (Projektion, „Verähnlichung") und Darstellung im weiteren Sinn. Nicht alle Empfindungsdaten sind darstellend im ersten Sinn.

ad **162**, 30–36: Dieses „Anhängen" ist aber ein wesentlich anderes als das der toten Dinge.

ad **197**, 2: *Nota.* Das Gebiet deutlichsten Sehens ist so klein und so schnell stuft sich die Klarheit ab, im allgemeinen jedes Bild, das sich ja über dieses kleinste Gebiet hinaus erstrecken wird, <daß es> bei der Bewegung Deutlichst-Veränderungen und so im Fortgang jede Erscheinung Bereicherung der Explikation erfahren wird. In der Bewegung wird sozusagen jedes Deutlichkeitsmoment in den „Gegenstand" eingetragen, das deutlich Aufgefaßte wird intentional festgehalten und dient zur Bereicherung der Implikation. Jede Bildauffassung ist, können wir auch sagen, zum größten Teil verworren, unklar, aber sie hat in der Weise der Unklarheit in sich, was bei passender Augenbewegung und Explikation sich zur Deutlichkeit und Klarheit auseinanderlegt. Nicht in Rechnung gezogen worden ist die Funktion der Aufmerksamkeit. Wäre das ganze Sehfeld ein Feld durchgehender höchster Klarheit, so würde doch der Aufmerksamkeitsstrahl nur durch gewisse Momente hindurchgehen und seine gebende Kraft den entsprechenden intentionalen Strahlen erteilen, welche auch ihren Reichtum hinsichtlich der *quasi*-Intentionen mitbestimmen werden. Das wäre näher zu studieren.

ad **200**, 30: In der Vorlesung habe ich die Zeit an dieser Stelle etwas ausführlicher behandelt. Wird sie in Erwägung gezogen, dann ist die Frage, wie die Lehre von den Strahlenbündeln der Intention genauer zu gestalten ist, da wir doch nicht eine Bilderreihe als lineare im wirklichen Sinn haben vermöge des Zurücksinkens jedes Bildes in die Zeit, vielmehr eine zweidimensionale; die Zeit bringt eine Dimension hinein.

Linear ist die Bilderreihe, die zu jedem objektiven Zeitpunkt gehört (das Jetztbild und die Serie der abklingenden Bilder), und dadurch geht das Strahlenbündel dieses Zeitpunktes. Es ist also ein diese Bilderserie durchsetzendes Bündel: In demselben phänomenologischen Zeitpunkt, andererseits in der phänomenologischen Sukzession, geht das Bündel durch jedes neue Jetzt und jede Erinnerungsmodifikation der ganzen Zeitreihe, es verschiebt sich das Strahlenbündel, mit dem neuen Jetztpunkt zugleich ein neues Jetztbild durchsetzend.

Das ist näher zu erforschen. Es tritt hervor, daß die Zeit viel früher, vor Eingang dieser Analysen schon behandelt werden muß.

ad **215**, 16 ff.: Wiederholt in besserer Form in der nächsten Vorlesung.

ad **217**, 30 ff.: Beilage. Gehörte zur früheren Vorlesung, wurde aber nicht mehr gelesen.

ad **229**, 34 ff.: Falsch! und leider vorgetragen, aber in der nächsten Vorlesung verbessert. S. 152 <= **231**, 31 ff.>

12 Deutlichst-Veränderungen *lies:* Deutlichkeitsveränderungen

ad **230**, 6–12: Das ist falsch. Homogene Dehnung würde nur erfolgen, wenn ein Inbegriff von mir gleich distanter Objekte sich gleich von mir entfernen oder gleich annähern würde.

ad **254**, 34–38: Mündlich habe ich hier wie sehr oft betont, daß es sich nicht um eine Sorte einfacher und spezifisch eigenartiger Empfindungen handelt oder handeln muß und zudem, daß unter den Titel Umstände auch anderes gehört, wie offenes Auge!

ad **258**, 3 — **259**, 18: Modifikation. Nicht gelesen.

ad **263**, 7: Die Behandlung der bloßen Bewegung folgt erst 178 <= **272**, 11 ff.>

ad **272**, 14: Das hätte doch schon vor der qualitativen Veränderung kommen müssen.

ad **276**, 10 ff.: Kommt da nicht auch die Beziehung auf das Zentrum deutlichsten Sehens in Betracht...?

NAMENREGISTER

Brentano, F. 47, 71
Cohen, H. 4
Euklid 240
Hofmann, H. 144
Kant, I. 4, 43, 119, 139
Locke, J. 22, 44
Marburger Schule 4
Münsterberg, H. 23
Neukantianismus 134
Stumpf, C. 49

SACHREGISTER

Ablauf, kinästhetischer 179, 183, 197, 204, 232, 245, 282
Abschattung 44, 70, 74, 93, 101 ff., 106, 108 f., 116, 121, 125 f., 145 ff., 189, 270
Abstand, Abstände 173, 213, 227 f., 233, 236, 242, 248, 251, 257 ff., 281
Abstraktion 80, 185
adäquat 115 f., 196
Ähnlichkeit(en) 54 f., 86, 164, 166, 171 f., 192 f., 229 f., 235
Akkommodation 86, 88 f., 137, 158, 172, 177
Akt(e) 5, 35 ff., 40
Aktualität 53
Akzidentien, präempirische 168
Alldinglichkeit, ruhende 259
Allgemeinheit, unbestimmte 94, 110
All-Raum 84
Analyse 37, 46, 49, 54 f., 60 f., 75, 80, 85, 99, 186, 201, 207, 272
Änderung 232, 241, 244, 256, 265, 272 f.
–, kinästhetische 182
–, kinetische 157
Annäherung 108 f., 115, 127, 131 f., 136, 196, 206 f., 230 ff., 241, 246, 253 ff., 257
Annäherungsmannigfaltigkeit 255
Anschauung 5, 36, 40, 52, 63, 117, 129, 230, 256, 259, 277 f.
Apophansis 35
Apperzeption 48 f., 279, 286
a priori 28, 48, 90, 121 f., 134, 137 f., 242
Assoziation(en) 80, 84, 177 ff., 183, 221, 229 f.
Assoziationsdispositionen 111

Assoziationspsychologie 184
Atome, visuelle 166
Auffassung 45 ff., 57 ff., 61 ff., 75 ff., 82 f., 86, 89 ff., 94 ff., 101 f., 111 f., 114, 136 f., 143, 157, 160 ff., 169, 172, 176, 208, 210, 212, 217, 221, 228, 237, 239, 258, 265 f., 279, 281 ff., 286, 288
Auffassungscharakter 61, 142, 146, 186, 191, 221
Auffassungseinheit 83, 187, 201, 221, 237
Aufmerksamkeit 81, 90 f., 108, 114, 146 ff.
Augenbewegung(en) 158 f., 161, 174 ff., 179, 191 ff., 196, 200, 205 ff., 226, 229, 233, 266
Augenempfindungen, kinästhetische 171, 177, 201
Augenstellung 180, 231
Augenveränderungen, kinästhetische 184
Augenverläufe, kinästhetische 176
Ausbreitung 68, 72 f., 75, 100, 112, 117, 120, 145, 159, 164, 173 f., 273
Ausdehnung 61, 63, 66 f., 69 f., 78, 83, 86, 99, 159, 164, 169, 186, 230
Ausfüllung 71, 220, 230, 238, 264
Ausgangserscheinung 206, 240
Bedeckung 70 f., 73, 184 f., 206
Bedeutung 107, 133, 145, 230, 247, 279
Begriffsbildung 129 f.
Bereicherung 111 f., 115, 130, 134, 150, 194, 214, 219
Beschaffenheit 44, 113
Beschleunigung 267
beseelen 46 ff., 146 f., 190, 237
Beseelung 143, 221
Besonderung 195, 247
Bestimmbarkeit 59, 93 f., 150, 194
Bestimmtheit(en) 46, 53 ff., 58, 60, 62, 65 ff., 70, 72 ff., 78 f., 88, 92, 98, 102, 105, 108 f., 111 f., 114, 116 f., 120, 124 ff., 131, 133 ff., 138, 140, 156, 159, 162 f., 194, 208, 223, 229, 246
Bestimmung 36, 52, 59, 63, 101, 112, 130, 134
Bewegung(en) 100, 102, 104 f., 107 f., 117 ff., 121, 151, 154, 156 ff., 161, 164, 167 f., 175 f., 183, 186 f., 192, 221, 227, 239 f., 248, 262, 266, 272, 274 ff., 281 ff.
– der Augen 109, 169
– des Ich-Leibes 279
Bewegungsdifferential 103, 105
Bewegungsempfindungen 158 ff., 164, 177, 284
Bewegungssystem der Bilder 179, 201
Bewegungstäuschungen 279
Bewußtsein 12, 22, 26, 31, 33 f., 36 ff., 39 ff., 45, 48, 50 f., 70, 94, 102, 108, 139, 175, 178, 187, 189, 198 f., 217 ff., 265
Beziehung 58, 93, 143, 179, 202
Bild(er) 15, 45, 68, 160, 168 f.,

171 ff., 179 ff., 185, 187 ff., 198, 200, 202, 205, 207 ff., 211 ff., 220 f., 225, 229 ff., 233 ff., 240 ff., 247 f., 251 f., 254 ff., 259 ff., 263 f., 266 ff., 275, 277 f., 281 f., 286 f., 291
–, kinästhetisches 231, 236
–, okulomotorisches 226 f., 229, 231, 235, 237, 241 f., 244, 266 f.
–, visuelles 68, 175 ff., 275
Bildabwandlung 191, 291
Bildausbreitung 172
Bilddehnung 232, 260 f.
Bilderkontinuität 187, 189 ff., 198, 207, 278, 283
Bildermannigfaltigkeit 182, 184, 186, 192, 196, 202, 208, 218, 234, 264, 280, 286
Bildfeld 182 f., 201 f., 207, 213, 218 ff., 227, 233, 239
Bildinhalt 190, 197, 200, 208, 251
Bildmodifikationen 207, 226, 229, 232, 236, 249, 251, 268
Bildpunkt(e) 182, 198 f., 248, 252
Blickfeld 11, 90, 110, 291
Darstellung(en) 17 f., 22 f., 25, 27, 44, 46, 49 ff., 54 ff., 83, 96, 101 f., 104, 106 ff., 112 ff., 116 ff., 125, 131 ff., 135, 143 ff., 157, 160 f., 186, 189, 192 ff., 200, 209, 211 f., 216, 218, 220, 222 f. 225, 227 ff., 234, 237, 239, 245, 247 f., 253, 258, 262, 286, 291
Data, phänomenologische 21, 179
–, physische 47 f., 54, 61 f., 68 f., 82 f., 160
–, sinnliche 54, 69, 120, 144, 146 f., 289 f.
–, visuelle 168 f.
Datum 20, 27
Dauer 61, 66, 84, 161, 168, 182, 187 f., 198 ff., 226, 271, 274
Deckung 75, 78, 87, 92, 94, 97, 174, 182 f., 187, 190, 200 f., 217, 258, 271
Dehnung(en) 63, 133, 136, 206, 225, 227 ff., 231 ff., 235 ff., 243, 246 ff., 250 f., 253 ff., 259 ff.
Dehnungsdiskretion 261 f.
Dehnungseinheit 247
Dehnungsgesetzmäßigkeit 242
Dehnungskontinua 261
Deskription, phänomenologische 139, 184
Determination 94
Deutlichkeit 132 f., 137
Deutung 146 f., 256 f.
Ding(e) 4 ff., 17, 39 f., 42 f., 45, 49 f., 52 f., 56, 59, 62 ff., 72, 74, 76 ff., 80 ff., 87 ff., 96 ff., 115 ff., 120 ff., 128, 131, 134 ff., 138, 140, 142 ff., 151 ff., 159 ff., 167 ff., 174 f., 179, 186 ff., 194, 197, 199, 205 f., 212, 215, 218, 224 ff., 236 ff., 242, 256 f., 262, 264 ff., 270 f., 275 ff., 282, 284, 286, 289 ff.
–, ruhendes 85, 87, 109, 158, 169, 187, 190, 197, 241, 264 f., 268, 275, 277
–, selbständiges 257
–, sich bewegendes 277
–, sich veränderndes 277

–, taktuelles 77, 110
–, unverändertes 88, 135, 156 ff., 163
–, visuelles 77, 156, 159, 164, 263
–, vollständiges 53
–, wahrgenommenes 87
Dingauffassung 59, 76, 83, 134, 146, 171, 246, 282
Dingbewegung 277
Dingdarstellung 123, 212, 246, 277
Dingerscheinung 63, 69, 82 f., 149, 152 f., 158, 175, 282
Dingkonstitution 83, 120, 157, 171, 175, 187, 204, 218, 226, 244 f.
Dinglichkeit 8, 12, 21, 25, 43 f., 47, 57, 62 f., 65 f., 79 ff., 105, 120, 122, 137, 141, 159, 190, 196, 215, 218, 225, 237, 239, 256 f., 263, 266, 272, 274, 284 f., 288
Dingmannigfaltigkeit 82, 217, 224
Dingobjektivation 200
Dingordnung 234
Dingraum 72, 123, 136, 236
Dingseite 149, 206, 212
Dingumgebung 8, 80, 84, 115, 148
Dingwahrnehmung 9, 21, 25, 46 ff., 51 f., 88, 96, 98 f., 114, 121, 126, 130 f., 135, 142, 155
Dingwelt 80, 87, 263, 288
Diskontinuitätsstellen 260
diskret 70, 86, 168, 274
Divergenzempfindungen 175
dreidimensional 18, 69, 78, 123
Dunkelheitssphäre 92
Durchgang, stetiger 218
Ebene 174, 204 f., 236, 238, 242, 253 f.
Eigenschaften 76, 87
Eigenverdeckung 254
Einauge 164, 169, 171, 173, 175
Einfeld 173, 229
Einheit(en) 32, 60, 62, 64, 72, 74, 76 f., 96, 101 ff., 152, 155, 160, 162, 170, 172, 179, 186, 191, 196, 208, 210 f., 214, 216, 218, 220 f., 223, 228, 234, 237, 239, 243 f., 246 f., 249, 252, 256, 261, 265, 273 f., 285 ff., 292
Einheitsauffassung(en) 217, 219
Einheitsbewußtsein 26, 33 f., 36, 103, 167 f., 181, 186 f., 189, 191, 198 f., 207, 212 f., 216, 218, 220, 233 f., 243, 248, 259, 265 f., 277, 286
Einheitsintention 182
Einheitsprätentionen 289
Einheitssetzung 217, 236
Empfindung(en) 43, 45 ff., 63 f., 77, 139, 159 f., 162 f., 171, 282, 288
–, bloße 48
–, darstellende 159
–, kinästhetische 158 f., 161 f., 170 f., 175 f., 179, 182, 201, 254, 275, 282
–, kinetische 162, 175
–, phänomenologische 171
–, taktuelle 76 f., 159, 161
–, unveränderte 161
–, visuelle 76, 159, 161, 164, 170 f.
Empfindungsabschattung 171

Empfindungselement 165
Empfindungsfeld, visuelles 160, 176
Empfindungsfunktion 82
Empfindungsinhalte 42 ff., 50, 55, 62, 64, 68 f., 82, 160
Empfindungskomplex 43 ff., 54, 283
Empfindungsmaterie, -material 55, 64 f., 73, 77, 175
Empfindungsmodifikationen 171, 254
Empfindungsverläufe 161, 171
Entfernung 108, 127, 132 f., 206 ff., 227 ff., 235, 242, 246, 249, 253, 255, 279 ff.
–, bloße 229, 232, 260
Entfernungs(ver)änderung 232, 249
Entfernungsdehnung 254, 259 f.
Entfernungsmannigfaltigkeit 254 f.
Entfernungsmodifikation 232 f., 249, 253, 259
Epoché 144
Erfahrung(en) 4, 6 ff., 131, 134, 139, 141 f., 153, 155, 256 f., 288 ff.
Erfüllung(en) 57 ff., 68, 97, 103, 105 ff., 113, 118, 124 ff., 129 ff., 150, 179, 181, 187 ff., 208, 264, 288
– des visuellen Feldes 202
–, einstimmige 288
–, identifizierende 221
–, intentionale 191
–, stetige 124, 193, 286
Erfüllungsbewußtsein 124, 190, 221
Erfüllungsprozeß 129
Erfüllungsreihe 188 f., 290
Erfüllungssteigerung 110
Erfüllungsstrahl 192
Erinnerung 5 ff., 140, 155, 177, 223, 289 f.
–, primäre 199
Erinnerungsbewußtsein 223
Erkenntnis 138, 156
Erlebnis(se) 6 ff., 10, 12 f., 20 ff., 84, 124, 139 ff., 146 ff., 163, 178
–, kinästhetisches 269
–, objektivierendes 31
Erlebnisdatum, reines 22
Erlebniswahrnehmung, reduzierte 22
Erscheinung(en) 17, 48, 52–59, 61 ff., 68 ff., 72 ff., 75, 77, 79 f., 82, 85, 88 ff., 92 ff., 96, 99 ff., 106, 108, 110 f., 113 f., 116, 119 f., 123 f., 126–130, 135 f., 139–150, 151 ff., 155, 157 f., 162 ff., 166, 175 ff., 181, 186 ff., 190 f., 196, 200 ff., 206 ff., 211 f., 216–219, 221 ff., 225, 230, 232, 237 ff., 243, 245, 250, 252–255, 267, 271, 275 f., 278 f., 282, 284 ff., 288–291
–, aktuelle, aktualisierte 190 f., 291
–, bloße 23, 114, 285
–, deckende 92
–, deutliche 134, 208
–, diskrete 60
–, eigentliche 49–54, 56, 61 ff., 69, 73 f., 77 f., 82, 90, 92, 94 ff., 98, 100 f., 106, 112, 116, 125 ff., 132 f., 143, 145 ff., 163, 190 f., 222

–, kinetische 156 f.
–, räumliche 69
–, unveränderte 90, 100, 103, 119, 149, 189 f., 212
Erwartung 113, 221, 224, 267, 289
Erwartungsintentionen 103
Erweiterung des Objektfeldes 209
–, extensive 237 f., 255
–, intensive 255
evident 43 f., 52, 55, 61, 85, 97 f., 120, 123, 142, 171, 178, 198
Evidenz 14, 17 f., 26, 28, 32, 36 ff., 45, 49 ff., 60 f., 68, 119, 124, 126, 140, 144, 191, 217 f.
Existenz 11, 40, 140, 144, 285, 289 f., 293
Explikation 193 f., 196, 208
Extension 61 ff., 65, 68 f., 71 f., 76 f., 83 f., 120, 160, 184, 197, 228, 235, 258
–, objektive 70
–, präempirische 79
–, präphänomenale 63, 76
–, räumliche 60, 68, 70
–, zeitliche 60 f., 65, 69, 100, 187
Farbe 117, 169, 186, 263 f., 266 ff., 286
Farbendaten 69
Farbenextension 77
Farbenveränderung 268, 270
Färbung 106, 172 f., 185 f., 241, 243, 259, 264 ff., 268 ff., 273 f.
Färbungabschattungen 269 ff.
Färbungsänderungen 264, 274
Feld(er) 118 ff., 159, 164 ff., 169, 173, 179, 182, 192, 213, 215 ff., 220 f., 224, 229, 235 f., 238, 240, 243 f., 247, 251 f., 255 f., 258, 276, 291
–, aktuelles 235
–, okulomotorisches 200, 204, 225, 227, 230 f., 233–238, 241–246, 250, 252 f., 255, 258 ff., 267
–, präempirisches 183
–, taktuelles 82 f.
–, visuelles 82 f., 117, 119, 133, 137, 158, 164, 166, 168 ff., 173–176, 179, 184, 187, 201, 205 f., 210–216, 219, 224 ff., 228, 230 f., 236 ff., 240, 261
Felddrehung 230, 244
Feldkontinuität 238
Figur 120, 165 ff., 169, 172, 180, 185 f., 195, 198, 230, 232, 238 f., 241, 243, 247, 250, 265
Fixation 195, 231
Fläche 258
Fluß der Bilder 167, 199, 274
Form 106, 164, 185, 264, 273
Fülle 63 f., 71 ff., 77, 99 f., 112, 115, 120, 145, 159, 183, 186, 195, 208 f., 213
–, präempirische 73
–, räumliche 66
–, visuelle 76, 83, 106
Funktion 162 f., 171, 202, 282
Gegebenheit 12 f., 18, 20 f., 23, 35, 37, 39 f., 43, 55, 82, 85, 102 f., 105 ff., 112 ff., 116, 123 ff., 126, 128 f., 132, 134 ff., 148, 150, 154, 178, 181, 189 f., 196, 199, 211, 220, 225, 227, 237, 253, 258, 277, 286, 289

–, absolute 11 ff., 18, 22 f., 36, 39, 47, 114, 116, 125, 130, 137, 141, 144, 150
–, adäquate 136, 146
–, allseitige 103 f.
–, eigentliche 44, 72, 133, 223, 228
–, optimale 125
–, phänomenologische 156
–, reelle (reell immanente) 21, 47, 168
–, uneigentliche 72, 116
–, visuelle 185, 257
–, volle (voll gesättigte) 104 f., 115, 126, 128, 134, 151, 196
Gegebenheitsbewußtsein 37 ff., 106, 112 f., 124 ff., 127, 137, 142, 150, 191
Gegebenheitsfülle 107, 113
Gegenständlichkeit 22, 32, 35–40, 60, 68, 104, 111, 113, 138, 147, 149 f., 196, 211, 224, 226, 230 f.
Gegenstand 14, 17, 22 f., 25 ff., 29 ff., 33 f., 38 f., 40, 42–46, 48, 51 f., 55, 58 f., 74, 76, 78, 89–92, 93 ff., 96 f., 104, 107, 114, 128, 138, 140 ff., 144, 146 ff., 155, 192, 196, 222, 239, 249
–, bewegter 281
–, erscheinender 17, 111, 115, 144, 197
–, intentionaler 18, 129
–, leibhafter 14, 17
–, unveränderter 44, 85, 89, 95
–, wahrgenommener 43, 46, 142
Gegenstandsbewußtsein 34
Gegenwart, leibhafte 50
Gehalt, dinglicher 63
–, immanenter 92
–, reeller 17
Geltung 35
Geometrie 204, 236
Geschwindigkeit 197, 267 f.
Geschlossenheit 253, 257
Gesamtauffassung 50 f., 53, 63, 82, 90, 240
Gesamtbild 215 f.
Gesamtsystem 187, 200
Gesichtsfeld 83, 110, 115, 117 f., 179, 216, 226
Gesetze 35, 134
Gesetzmäßigkeit 246, 264, 268 f., 270 f., 277, 286 f., 289
Gestalt 115, 229, 263 f., 265 ff., 269, 271, 286
–, präempirische 263, 266
Gestaltabschattung 270 f.
Gestaltmannigfaltigkeit 271
Gestaltveränderung 272
Glauben 24, 46 f., 49, 142, 151 f.
Gleichheit 86 f., 164 f., 172 f., 192, 274
Größe 166 f., 172, 198, 229 f., 251, 263
Hexaeder 248, 264, 268
Hintergrund, dinglicher 81
Ich 11 f., 40 f., 84, 87, 134, 148 ff., 154, 156, 162 f., 241, 279, 281, 284, 288 f.
Ich-Bewegung 158
Ichleib 80, 84, 88, 148, 161, 163
Ich-Punkt (imaginärer) 228, 232, 238, 241 f., 279 ff.
Ich-Wahrnehmung 25
Ich-Zentrum (räumliches) 131, 280

Ideal 110, 115f., 118, 120, 122, 125, 134, 138, 150f.
Identifikation 27, 33f., 36–39, 50, 60, 64, 90–92, 100, 102, 143ff., 147, 214, 222
Identifizierung 33, 35, 37, 60, 155, 193, 259, 265
Identität 26f., 32, 36, 44f., 60, 64, 75, 93, 95f., 100, 102, 118, 150, 155f., 167ff., 176, 199f., 214, 217f., 227, 236, 238, 243ff., 259, 265, 272ff., 279, 286
Immanenz 18, 20, 23, 43, 60, 62, 96, 168
Implikation 193, 196, 208
Indizierung, kinästhetische 275
Intention(en) 29, 40, 59, 96, 103, 105–109, 112–115, 126, 128ff., 135, 137, 142, 147, 178f., 180f., 187–194, 196, 202f., 208, 211, 222, 245, 265, 286
–, lebendige 192f., 195, 221, 285
–, leere 31, 36, 57ff., 74, 112, 124, 126, 222, 245
–, volle 36, 57, 59, 196, 245
intentional 87, 106, 288
Intentionalität 40, 63, 139, 141f., 182, 193, 200, 209
Interesse 128–131, 133ff., 196
Jetzt 65, 199f., 224
Jetztgegebenheit 200, 223
Jetztmoment 200
Jetztpunkt 100, 199, 223
Kinästhese 154
Klarheit 74f., 109f., 124f., 132f., 145, 172
konstant, Konstanz 176f., 202, 207–210, 219, 221, 270f., 274, 282 [278
Konstanz, kinästhetische 210,
konstituieren 8, 55, 67, 134, 142, 163, 175, 181, 189, 191, 213, 215, 217, 222, 239, 241, 245, 250, 256ff., 261, 263f., 267, 282, 284, 287, 289
konstituieren, sich 61, 63ff., 67, 75, 77, 85, 102ff., 153f., 156, 158f., 165, 190, 196, 204, 215f., 226, 235, 237, 243, 267, 275, 277, 281, 288, 291
Konstitution 3, 8, 13, 21, 35, 52, 60, 68, 73, 77f., 80ff., 84, 108, 114, 120, 122, 130, 136, 139, 152f., 159f., 162f., 176, 178, 199, 202f., 209, 215ff., 226, 230, 236, 239f., 242ff., 246, 255, 257, 262, 272, 278, 284, 286
Kontiguität 55, 75
Kontinuation 70, 72
Kontinuität 90, 99, 101ff., 104ff., 110, 121, 123, 135, 150, 152f., 167f., 172f., 187, 189, 191, 193, 198, 207, 216, 219f., 226f., 232, 244f., 257f., 260f., 265, 273f., 281
Kontinuum, Kontinua 71, 99, 167, 170, 173, 190, 204, 242, 254, 274
Kopfbewegungen, kinästhetische 171
Körper 80, 82ff., 87, 97, 121, 159, 162, 179, 201, 204, 206, 209, 216, 227, 233, 241, 254, 256f., 261f., 264, 267f., 274ff., 281, 284
–, dreidimensionaler 242

–, geometrischer 88, 111, 120 f., 157, 270
–, ruhender 268
–, unveränderter 268
Körperbewegungen 159, 181, 208, 213, 227, 235
Körpererscheinungen 284
Körperlichkeit 227, 250, 256, 263, 274
Körperoberfläche 250, 253
Körperwendung 183
Korrespondenz 192 f., 198, 244, 247, 252
Lage(n) 89, 91, 154, 159, 164, 166 f., 169, 174, 179, 182, 208, 213 ff., 218, 241, 252, 264, 266, 272, 275 ff., 281
–, kinästhetische 271
–, objektive 119
–, präempirische 120
–, unveränderte 91, 277
–, wechselnde 162
Lage der Figur 251
Lage des Dinges 119
Lage des Ich-Punktes 242
Lage im (visuellen) Feld 117, 231
Lageempfindung 162, 201
Lagenkonfigurationen 221
Lagenkonstellationen 217
Lagenordnung, feste 215
Lagensystem 165
– des visuellen Feldes 233
–, identisches 234
–, okulomotorisches 234
Leib(er) 150, 155, 157, 161 ff., 175 f., 279–283, 289
Leibesbewegungen 159, 176, 278, 282
Leibhaftigkeit 15 f., 21 f., 25, 46, 51, 124 f.
Leibhaftigkeitsbewußtsein 24, 39
Linie(n) 166, 170, 188 ff., 248, 266
Mannigfaltigkeit(en) 166, 171 f., 175, 186 ff., 195 ff., 200 ff., 204, 216, 226, 233 ff., 238 ff., 243, 246, 250, 254, 258, 265, 268, 271 f., 289, 291
–, kinästhetische 170, 234, 238
–, lineare 170, 187, 190, 253
–, zweidimensionale 165 f., 238, 242
materia prima 65, 67, 73, 75, 78 f.
materia secunda 65, 67, 78
Materialisierung 71 f., 136, 156
Materie 66, 72, 77, 81, 164, 200
–, anhängende 71, 162
–, eigentliche 160, 162
–, (raum)füllende 66, 71, 74, 77 f., 157
–, objektive 160
–, präempirische 164, 166
–, uneigentliche 160
Maximalgebiete 124, 126, 130, 135, 139
Maximalpunkte 116, 124–127, 130, 135, 139
Meinung 47, 51, 113 f., 125, 127, 129 ff., 144, 210
Merkmal(e) 34, 43 ff., 54, 62, 79, 81, 90
Metaphysik 140
Minderung 105 ff., 112 f., 131
Modifikation 219, 249
– der Dehnung und Entfernung 256

– der Objektmannigfaltigkeit 219
– der Umstände, bestimmte 218
– der Wendung 249
–, kinästhetische 213, 215, 254 f., 278
–, lineare 249
–, okulomotorische 255
–, stetige 219, 229, 234, 244, 248, 256
–, zyklische 249
Momente 38 f., 42, 49 f., 54, 56 f., 59, 61, 63 ff., 74, 77, 90, 92 ff., 97 f., 101, 106 f., 111 ff., 114, 118, 120, 123, 135, 142, 151, 159 f., 168, 171, 189, 191, 196, 240, 244, 259, 265, 271, 273, 286
Motivation 188, 196, 230, 239, 243, 275, 280, 283, 285, 290 ff.
Motivationsbeziehung 178, 241
Motivationseinheit 191, 200, 245
Näherung 155
Null-Entfernung 131
Null-Grenze 172
Nullpunkt 87, 234
– des Erscheinens 107
Oberfläche 227, 256, 262
Objekt 10 f., 15, 66, 87 ff., 122, 131, 133 f., 136, 143, 147, 150, 154, 157 f., 176, 182, 191, 195, 197, 203, 205 f., 208 f., 210 f., 213, 215 f., 218 ff., 222, 226 ff., 230 ff., 234 ff., 242–246, 249 f., 254, 256, 258 ff., 272, 281 f.
–, bewegtes 158, 281
–, dreidimensionales 240 f.
–, geschlossenes 258 f.
–, intentionales 24
–, ruhendes 89, 117, 119, 180, 183, 191 f., 200, 206, 232, 236
–, unverändertes 228 f., 258
–, verdeckendes 245 f., 261
–, visuelles 282
–, volles dingliches 67
Objektbewegung 175
Objektbild 215
Objekterscheinung 89
Objektfeld 157, 175 f., 179, 182, 184, 191 f., 205 ff., 209 f., 215 f., 218 f., 227, 230
Objektität 36, 197, 210 f., 217, 221 f., 224 f., 226 f., 234, 236, 239–243, 247, 258
Objektivation 35, 60, 197 ff., 212, 238
Objektivierung 168, 235, 248, 271
Objektivität 35, 145
–, dreidimensionale 255
Objektkonstitution 212
Objektmannigfaltigkeit 210 f.
Objektmomente 192
Objektordnung 216
Objektreihe 282
Objektseite 192 f., 195, 198, 206, 208 f., 242 f., 286
Objektsysteme, ruhende 183 f.
Objektumgebung 210
Objektverdeckungen 219
Objektwelt, erscheinende 258
Objektzusammenhang 183, 213, 230

Ordnungsform, objektive 239
Ordnungssystem, festes 234
Ordnungsverläufe 223
Orientierung (im Feld) 218, 234, 244, 251, 255
–, feste 233
–, kinästhetische 276
–, okulomotorische 231
Orientierungs(ver)änderungen 233, 235, 243, 249, 251
orthoid 253
Ortsänderung 234
Ortsfeld 184, 220
Ortskontinuum 243
Ortsmannigfaltigkeit 179 f., 183, 186, 241
Ortsstelle, absolute 222
Ortssystem 184 f., 224, 230, 233, 238
–, okulomotorisches 235
–, objektives 233
Ortsveränderung(en) 89, 168 f.
Parallelverschiebung 235 f., 251
Partialabschattung 109
Partialauffassungen 109
Partialdarstellung 110, 121
Partialerscheinungen 92
Perzeption(en) 16, 22, 24, 27, 29, 45, 48 ff., 56 f.
–, äußere 54
–, bloße 36, 46, 48
–, leere 57
Phänomen(e) 3, 9, 16 f., 26, 37 ff., 47, 57, 120, 140 f., 151, 156, 158, 164, 172, 182, 198 f., 206 f., 236, 257, 273
–, objektivierendes 8, 11, 24
–, psychisches 6, 47
–, reines 3, 14
–, subjektives 257
Phänomenologie 3 f., 12, 19, 140, 258
Phantasien 24, 55 ff., 74 f., 108, 126 f., 141, 153, 177, 221, 261, 265, 289, 291
Phase(n) 64, 68, 71, 86, 99 ff., 107 f., 112 f., 115, 130, 155, 161, 168, 181, 183, 187 f., 190, 196, 198, 210 f., 215, 218 f., 223 ff., 235, 250, 266–273, 276 f., 283, 286
Polarkoordinaten 250
Potentialität 53, 190
Prädikat 34, 61
Prädikation, bestimmende 59
präphänomenal 71
Prinzipien der Verknüpfung 244
Progressus (der Erfahrung) 135, 138
Projektion 127, 160, 227, 241 f.
Prozeß, kinästhetischer 136, 254, 258
Psychologie 48, 140
Punkt(e) 100, 120 f., 165 f., 181, 191 ff., 198, 218, 232 ff., 236, 242, 247, 251 ff., 256, 258 f., 261, 263, 268, 274
Punktsystem 250, 260
Quadrat 180, 182, 206
Qualität(en) 42, 68, 70 f., 86, 120, 150, 152, 159, 164 f., 167, 174, 185, 263, 266, 273 f.
–, okulomotorische 234
–, primäre 67
–, raumbedeckende 66, 69, 263

–, sekundäre 67
–, visuelle 68, 273
Raum 4, 43, 66, 68 ff., 72, 77, 79 f., 117–121, 160 f., 204, 216, 232, 234, 236 f., 239, 242, 255, 259, 261 f.
–, dinglicher 72
–, dreidimensionaler 242
–, Euklidischer 240
–, körperlicher 75
–, leerer 82, 257, 261
–, objektiver 117, 158, 166, 204, 230, 232, 279
–, reiner 263 f.
–, taktueller 156, 159
–, unendlicher 210
–, visueller 156, 159
Raumanschauung 52, 122
Raumbestimmtheit 79
Raumdinge 105, 120, 212
Raumdinglichkeit 122, 171
Raumerfüllung 67, 70, 79
Raumfeld 255, 259
Raumform(en) 66 f., 152
Raumfülle 52, 68 f., 72, 74, 76, 84, 160
Raumgestalt 52, 263
Raumkonstitution 83, 187, 238
Raumkörper 120 f., 154 f., 204, 274
Raumlage 118, 242, 260
Räumlichkeit 66, 69, 77, 154 f., 159, 238, 240
–, dreidimensionale 154, 156, 174
–, objektive 160, 176, 206, 240
Raumobjekt 142
Raumobjektivierung 133
Raumordnung 214, 261
Raumverhältnis 109, 215
Realität 140, 223, 287, 289
Realitätsillusion 288
Reduktion, phänomenologische 3, 9, 11, 16, 18, 22 f., 26, 39 f., 62, 122, 139 ff.
reell 18, 24, 40, 43, 45, 50, 245
reell immanent 23 f., 30, 38, 46, 63, 124, 142
Reflexion 22, 48, 148
Reihe, kinästhetische 190, 216, 237, 254, 267, 270, 278 f.
Relationen 34, 46, 218, 275
–, kinästhetische 275
Relief 172 ff., 228 f.
Richtung 103, 105, 108, 144, 183, 186, 188, 193, 221, 232, 240, 249 ff., 252 f., 257
–, gegenständliche 98, 146, 155
Richtungssystem, zweidimensionales 250
Rückkehr, zyklische 270
Rückseite 51, 53, 56, 58 f., 74, 78, 96 ff., 155, 209
Ruhe 65, 119 f., 156 ff., 175 f., 184, 186, 207, 239 f., 244, 267, 270, 272 f., 277 ff., 281, 284, 286
–, kinästhetische 266, 282, 284
–, objektive 119, 256, 272
Ruhemannigfaltigkeit 186, 215, 230, 232, 236, 240, 254, 262, 266 f., 269, 272, 276 f., 281, 284
Sachlage, phänomenologische 75, 86, 178, 180, 216
Sättigung 113 ff., 131, 159, 164, 167, 169
Schauen 27 f., 36, 39, 90

Scheindrehung im Feld 230, 251
Scheinverschiebung im Feld 230
Schicht 20, 75, 87, 114, 186, 204, 225 f.
Sehen 171, 191, 228 f.
Sehfeld 11, 117, 119, 133, 165 ff., 171
Sein 33, 39 f., 63, 124, 141, 258, 285, 287 f., 290 f.
Seite 44, 50–59, 69, 73 f., 78 f., 81, 89, 91, 95, 98, 102, 109, 120, 123, 143–149, 154 f., 191, 195, 203, 206 ff., 211 f., 224 f., 237, 250, 252, 254, 256, 259, 290
–, erscheinende 49, 52, 78, 82, 174, 195, 250
–, okulomotorische 203
Selbstgegebenheit 13, 22, 36, 127, 200
Selbststellung(en) 23–26, 29–36, 38 ff., 45, 48
Setzung 24, 140, 243, 285, 290
–, absolute 290
–, kontinuierliche 199
–, transzendentale 41
–, urteilsmäßige 141
Sichtbarkeit 222 ff., 237
Sinnesdata 69
Sinnesqualitäten 6, 42, 138
Situation, kinästhetische 245, 267, 269 f., 272
Sphäre 59, 109, 125, 132, 140, 153, 164, 192, 195, 198 f., 209 f., 228, 257, 262
–, phänomenologische 265
–, visuelle 200
Standpunkt 268, 271, 277, 289
–, kinästhetischer 271
Steigerung 105–108, 112 f., 116, 123, 126 f., 131, 133, 254
Stellung 87, 132, 145, 148, 156, 165, 215, 235, 241, 250, 271, 277, 279, 283
Stellungs(ver)änderung 231, 267, 277
stetig 70 f., 73, 82, 85 f., 99, 102, 107, 112, 165, 170, 180, 192, 210, 238 f., 244 f., 248 f., 251 f., 265 ff., 272 ff., 276, 278, 290
Strahl, intentionaler 191, 193 ff., 198, 214
Strahlenbündel 191 f., 198, 208, 214, 222, 242, 250
Strecken 89 f., 101, 108, 194
Subjekt 34, 36, 40, 60, 140
Substanz, präempirische 168
Sukzession 183, 274
Synthese (Synthesis) 36, 38, 55, 57, 59 f., 64, 86 f., 90, 95 ff., 99 ff., 107 f., 110 ff., 135 ff., 150 ff., 153 ff.
System 170, 172 f., 190, 195, 202 f., 208, 213, 229, 233, 236 f., 250, 252 f., 255, 264 f., 267 f., 272, 277, 284, 291, 293
–, dreidimensionales 270
–, eindimensionales 172
–, kinästhetischer 154, 227, 230, 253, 255
–, okulomotorisches 235, 266
–, zyklisches 253
Tastempfindungen 160–163
Tastfeld 133
Tastraum 79, 131, 159
Teilbarkeit 61 f., 165 f., 170
Tiefe 173 f., 227 f.
Tonempfindungen 170

Transformationen 184 ff., 192, 251
Transzendenz 18, 20, 23 f., 47, 116, 168
Typus 183 f., 202, 205, 230
Übergang, kinästhetischer 241
–, kinetischer 261
Umbestimmung 93
Umdrehung 234, 252
Umgebung 10, 80 f., 84, 185, 210, 243
Umkehr 104, 201, 220, 222 f., 245
Umstände, kinästhetische 182, 187, 194, 201 f., 206, 210, 215, 217–221, 225, 228, 230, 239, 242, 245, 247, 249, 268, 278, 281 ff., 284
Unendlichkeit 119, 121 f., 151 f., 249, 266 f.
Unveränderung 70, 90, 100, 116, 118, 137, 149, 182, 189, 207, 211, 239, 263, 265, 268, 271, 273, 275, 279
Urdinge 105 f., 120, 131
Urmaterial 238
Urmaterie 74
Urteil 40, 49, 140, 149, 278
Variationen 220, 240, 270
–, kinästhetische 229
Veränderung(en) 64, 70, 87 f., 103, 111, 117 f., 149, 158 f., 166 ff., 177, 182, 187 ff., 200, 215, 220, 240, 244, 246, 255, 262 f., 269 f., 271 f., 274 f., 277, 284, 286
–, dingliche 239, 272
–, gesetzmäßige 234
–, kinästhetische 161, 185, 208, 248, 271, 278, 282, 284
–, kinetische 87, 116 f., 150, 154
–, kontinuierliche 100, 118
–, materielle 175
–, objektive 267 f.
–, phänomenologische 151, 199, 282
–, qualitative 167, 186, 263 ff., 269, 272
–, quantitative 175
–, stetige 108, 222, 230, 276 f.
–, zyklische 252
Veränderungsmannigfaltigkeit 109, 238
Veränderungsreihe 108 ff., 112, 115
–, kinästhetische 280
Verarmung 115, 193, 212
Verbindungen, assoziative 180, 183
Verdeckung 89, 157, 207, 219, 226 f., 235 ff., 244 f., 247 ff., 250, 252, 254 f., 258
Verhältnisse, kinästhetische 270, 282
Verknüpfung, assoziative 219
Verlauf/Verläufe 170, 180, 183 f., 187, 191, 213, 217, 220, 273, 292
–, kinästhetischer 164, 169 ff., 176, 186, 220 f., 223, 277 f., 281
–, visuelle 176
Verschiebung 104, 159, 165 f., 229 ff., 233, 235–238, 244, 247, 250, 258
Verschmelzung 187
–, assoziative 171
Vollkommenheit 107, 109, 113, 137, 150

Vollkommenheitsbewußtsein 129
Vorderseite 49, 51 ff., 56 f., 75 f., 78, 96 ff., 115, 250
Vordeutungen 105, 124, 126
Vorkommnisse, phänomenologische 80, 88, 207, 227
Vorstellung 36, 49, 57, 113, 139, 153
Wahrnehmung 5–13, 16 ff., 20, 22, 24–32, 28 ff., 42 ff., 46–51, 53–56, 58, 60–66, 68, 74 f., 77, 80–90, 92, 94 f., 97–103, 106, 114–117, 119, 124 ff., 130 f., 136, 139 ff., 142, 144, 149 ff., 154 f., 189 f., 196, 210 ff., 216, 218, 221, 223 f., 226, 233 f., 265–269, 271, 281, 283, 287 f., 290 f. [130
–, adäquate 105, 110, 115, 125,
–, darstellende 25, 46, 52
–, eigentliche 44, 210 f., 224
–, einfältige 142 f., 154, 226
–, inadäquate 115, 121
–, motorische 210
–, ruhende 98, 100, 115, 210
–, selbststellende 25, 46
–, taktuelle 66, 76
–, unveränderte 42, 44, 73, 85 f., 90 f., 149
–, veränderte 91
–, visuelle 73, 75
Wahrnehmungsabläufe 85
Wahrnehmungsbewegung 126
Wahrnehmungsfeld 10, 44, 121
Wahrnehmungskorrelation 42
Wahrnehmungsmannigfaltigkeiten 9, 114, 269
Wahrnehmungsreihe 116, 136, 155, 211, 268 ff., 286
Wahrnehmungsverlauf 210, 218, 226, 291
Wahrnehmungszusammenhang 286, 291
Welt 4 ff., 40, 80 ff., 140, 209 f., 217, 227, 275, 280, 282 f., 288 ff.
Wendung(en) 249–256, 258, 260 f.
Werte, kinästhetische 220
Wesen 12 f., 22 f., 26 f., 32, 141
Wesensanalyse 122
Wesenserfassung 12, 23
Wesenserschauung 28, 30
Wirklichkeit 141, 293
Wissenschaften 4, 6 f., 40
Zeit 63, 65 f., 84, 88, 177, 198, 224, 270, 277
–, dingliche 62
–, erscheinende 64
–, objektive 62, 200
–, phänomenologische 244
Zeitbewußtsein 64, 199
Zeitfluß 167, 197, 199, 218, 265
Zeitfolge, präempirische 288
Zeitlichkeit 62, 64, 66, 68, 84, 88, 197 f., 200, 225
–, objektive 198, 200
–, präempirische 60, 62
Zeitordnung 268
Zeitpunkt 65 f., 68, 86, 100, 199, 218, 221, 269 f., 273
Zeitreihe 183, 198 ff.
Zeitstelle 65, 199, 224, 266
–, objektive 199, 224
–, präempirische 198
Zeitstrecke 63 f., 84, 99, 170, 177, 197, 266, 268

Zerstückung 62, 68 f., 72, 83, 165 f., 259
Zuordnung, kinästhetische 255, 275 ff.
Zusammenhang 156, 220 ff., 234, 246, 264, 277
Zusammenziehung 229 ff., 235, 248, 259
zweidimensional 109, 117, 123, 166, 170, 241, 254
zyklisch 205 f., 253